国家社科基金重大委托项目
中国社会科学院创新工程学术出版资助项目

中国民族地区
经济社会调查报告

总顾问　陈奎元
总主编　王伟光

2013 年调查问卷分析·北方卷

本卷主编　王延中　丁　赛

中国社会科学出版社

图书在版编目 (CIP) 数据

中国民族地区经济社会调查报告·2013年调查问卷分析·北方卷 / 王延中,
丁赛主编. —北京：中国社会科学出版社, 2015.10
ISBN 978 - 7 - 5161 - 7266 - 7

Ⅰ.①中…　Ⅱ.①王…②丁…　Ⅲ.①民族地区经济 - 经济发展 - 调查报告 -
中国②民族地区 - 社会发展 - 调查报告 - 中国　Ⅳ.①F127.8

中国版本图书馆 CIP 数据核字 (2015) 第 282688 号

出 版 人	赵剑英
责任编辑	许　琳　梁剑琴
特约编辑	大　乔
责任校对	董晓月
责任印制	李寡寡

出　　版	中国社会科学出版社
社　　址	北京鼓楼西大街甲 158 号
邮　　编	100720
网　　址	http://www.csspw.cn
发 行 部	010 - 84083685
门 市 部	010 - 84029450
经　　销	新华书店及其他书店

印刷装订	北京市兴怀印刷厂
版　　次	2015 年 10 月第 1 版
印　　次	2015 年 10 月第 1 次印刷

开　　本	710×1000　1/16
印　　张	25.25
插　　页	2
字　　数	427 千字
定　　价	89.00 元

凡购买中国社会科学出版社图书，如有质量问题请与本社营销中心联系调换
电话：010 - 84083683
版权所有　侵权必究

《21世纪中国少数民族地区经济社会发展综合调查》
项目委员会

顾问委员会
总 顾 问 陈奎元

学术指导委员会
主 任 王伟光

委 员（按姓氏笔画为序）

丹珠昂奔　李　扬　李培林　李　捷　陈改户　武　寅
赵胜轩　郝时远　高　翔　黄浩涛　斯　塔

专家委员会
首席专家 王延中

委 员（按姓氏笔画为序）

丁卫东	丁　宏	丁　赛	马　援	王　平	王希恩
王　锋	开　哇	车明怀	扎　洛	方　勇	方素梅
尹虎彬	石玉钢	龙远蔚	卢献匾	田卫疆	包智明
吐尔干·皮达	朱　伦	色　音	刘正寅	刘世哲	
刘　泓	江　荻	赤列多吉	李云兵	李红杰	李克强
吴大华	吴　军	何星亮	张若璞	张昌东	张继焦
陈建樾	青　觉	郑　堆	赵立雄	赵明鸣	赵宗福
赵剑英	段小燕	姜培茂	聂鸿音	晋保平	特古斯
俸代瑜	徐　平	徐畅江	高建龙	黄　行	曹宏举
曾少聪	管彦波	毅　松			

项目工作组
组 长 扎　洛　孙　懿

成 员（按姓氏笔画为序）

丁　赛　孔　敬　刘文远　刘　真　李凤荣　李益志
宋　军　陈　杰　周学文　程阿美　管彦波

总　序

实践的观点是马克思主义哲学最基本的观点，实事求是是马克思主义的活的灵魂。坚持一切从实际出发、理论联系实际、实事求是的思想路线，是中国共产党人把马克思主义基本原理与中国实际相结合，领导中国人民进行社会主义革命和社会主义建设不断取得胜利的基本经验。改革开放以来，在实事求是、与时俱进思想路线指导下，中国特色社会主义伟大事业取得了举世瞩目的伟大成就，中国道路、中国经验在世界上赢得广泛赞誉。丰富多彩的成功实践推进了中国化马克思主义的理论创新，也为哲学社会科学各学科的繁荣发展提供了坚实沃土。时代呼唤理论创新，实践需要哲学社会科学为中国特色社会主义理论体系的创新发展做出更大的贡献。在中国这样一个统一的多民族的社会主义国家，中国特色的民族理论、民族政策、民族工作，构成了中国特色社会主义的重要组成部分。经济快速发展和剧烈社会转型，民族地区全面建成小康社会，进而实现中华民族的伟大复兴，迫切需要中国特色民族理论和民族工作的创新，而扎扎实实开展调查研究则是推进民族研究事业适应时代要求、实现理论创新、服务发展需要的基本途径。

早在20世纪50年代，应民族地区的民主改革和民族识别之需，我国进行了全国规模的少数民族社会历史与语言调查，今称"民族大调查"。这次大调查搜集获取了大量的有关民族地区社会历史的丰富资料，形成300多个调查报告。在此次调查的基础上，整理出版了400余种、6000多万字的民族社会历史建设的巨大系统工程——《民族问题五种丛书》，为党和政府制定民族政策和民族工作方针，在民族地区开展民主改革和推动少数民族经济社会的全面发展提供了重要的依据，也为新中国民族研究事业的发展奠定了坚实的基础。

半个多世纪过去了，如今我国边疆民族地区发生了巨大而深刻的变化，各民族逐渐摆脱了贫困落后的生产生活状态，正在向文明富裕的现代化社会迈进。但同时我们也要看到，由于历史和现实的原因，各民族之间以及不同民族地区之间经济社会的发展依然存在着很大的差距，民族地区经济发展不平衡性问题以及各种社会问题、民族问题、宗教问题、生态问题，日益成为推动民族地区经济社会发展必须着力解决的紧迫问题。深入民族地区开展长期、广泛而深入的调查研究，全面了解各民族地区经济社会发展面临的新情况、新问题，科学把握各民族地区经济社会发展趋势，是时代赋予民族学工作者的使命。

半个多世纪以来，中国社会科学院民族学与人类学研究所一直把调查研究作为立所之本。1956 年成立的少数民族语言研究所和 1958 年成立的民族研究所（1962 年两所合并），从某种意义上讲，就是第一次民族大调查催生的结果。作为我国多学科、综合性、国家级的民族问题专业研究机构，民族所非常重视田野调查，几代学人已在中国各民族地区近 1000 个点进行过田野调研。20 世纪 90 年代，民族所进行了第二次民族地区典型调查，积数年之功完成了 20 余部调研专著。进入新的历史时期，为了更好地贯彻党中央对我院"三个定位"的要求，进一步明确今后一个时期的发展目标和主攻方向，民族所集思广益，经过反复酝酿、周密论证，组织实施了"21 世纪初中国少数民族地区经济社会发展综合调查"。这是我国民族学研究事业发展的迫切需要，也是做好新时期民族工作的前提和基础。

在充分利用自 20 世纪 50 年代以来开展的少数民族社会历史与语言调查相关研究成果的基础上，本次民族大调查将选择 60—70 个民族区域自治地方（包括城市、县旗或民族乡）作为调查点，围绕民族地区政治、经济、社会、文化、生态五大文明建设而展开，计划用 4—5 年的时间，形成 60—70 个田野调查报告，出版 50 部左右的田野民族志专著。民族调查是一种专业性、学科性的调查，但在学科分化与整合均非常明显的当代学术背景下，要通过调查研究获得开拓性的成果，除了运用民族学、人类学的田野调查方法外，还需结合社会学问卷调查方式和国情调研、社会调查方式，把静态与动态、微观与宏观、定量分析与定性分析、典型与一般有机结合起来，突出调查研究的时代性、民族性和区域性。这是新时期开展民族大调查的新要求。

　　立足当代、立足中国的"民族国情"，妥善处理民族问题，促进各民族平等团结，促进各民族地区繁荣发展，是中国特色社会主义的重要任务。"21世纪初中国少数民族地区经济社会发展综合调查"作为国家社科基金特别委托项目和中国社会科学院创新工程重大项目，希望立足改革开放以来少数民族地区的发展变化，围绕少数民族地区经济社会发展，有针对性地开展如下调查研究：（1）民族地区经济发展现状与存在问题调查研究；（2）民族地区社会转型、进步与发展调查研究；（3）西部大开发战略与民族问题调查研究；（4）坚持和完善民族区域自治制度调查研究；（5）民族地区宗教问题调查研究；（6）民族地区教育与科技调查研究；（7）少数民族传统文化与现代化调查研究。

　　调查研究是加强学科建设、队伍建设和切实发挥智库作用的重要保障。基础研究与应用对策研究是现代社会科学不可分割的有机统一的整体。通过全面深入系统的调查研究，我们冀望努力达成以下几个目标：一是全面考察中国特色民族理论、民族政策的探索和实践过程，凝练和总结中国解决民族地区发展问题、确立和谐民族关系、促进各民族共同繁荣发展的经验，把握民族工作的一般规律，为未来的民族工作提供坚实的理论支撑，为丰富和发展中国特色社会主义理论体系做出贡献。二是全面展示改革开放特别是进入21世纪以来民族地区经济社会发展的辉煌成就，展示以"平等、团结、互助、和谐"为核心内容的新型民族关系的当代发展状况，反映各族人民社会生活的深刻变化，增强各民族的自豪感、自信心，建设中华民族共同体，增强中华民族凝聚力。三是深入调查探寻边疆民族地区经济社会发展中存在的问题，准确把握未来发展面临的困难与挑战，为党和国家全面了解各民族发展现状、把握发展趋势、制定未来发展规划提供可靠依据。四是通过深入民族地区进行扎实系统的调研，搜集丰富翔实的第一手资料，构筑我国民族地区社会发展的基础信息平台，夯实民族研究的基础，训练培养一支新时代的民族问题研究骨干队伍，为民族学研究和民族地区未来发展奠定坚实的人才基础。

　　我们深信，参与调查研究的每一个专家和项目组成员，秉承民族学人类学界前辈学人脚踏实地、不怕吃苦、勤于田野、精于思考的学风，真正深入民族地区、深入田野，广泛汇集干部群众的意见、倾听干部群众的呼声，通过多种方式方法取得丰富的数据资料，通过科学严谨的数据分析和系统深入的理论研究，一定会取得丰硕的成果。这不仅会成为新世纪我国民族学与人类学学科建设的一个重要里程碑，也一定会为党和政府提供重要决策参考，为促进我国民族理论和民族工作的新发展，为在民族地区全面建成小康社会，为实现中华民族的伟大复兴做出应有的贡献。

王伟光

前　言

在 2015 年度出版的《中国民族地区经济社会调查报告》系列论著中，有三本书是 2013 年度 16 个调查点的问卷分析报告。这 16 个调查点是国家社科基金特别委托项目和中国社会科学院创新工程重大专项"21 世纪初中国少数民族地区经济社会发展综合调查"（以下简称"综合调查"）确定的县级民族区域自治地方。根据项目计划，在每一个调查点设立了一个子课题，每个子课题组成单独的调研组，每个调研组在深入社会调查与实地调研基础上，完成一本以该行政区域为依托、以当地进入 21 世纪之后经济社会发展成绩、经验、特点为主题的调查研究报告。报告经过鉴定评估、专家审读和修改完善后，按照统一的体例规范汇集为《中国民族地区经济社会发展报告》系列丛书陆续编辑出版。与此同时，为配合各子课题的专题调研，"综合调查"项目还组织了专门的问卷调查队，按照抽样调查方法对每个调查点进行约 400 户的入户问卷调查（城乡住户大约各 200 户）和一些其他类型的问卷调查。《中国民族地区经济社会调查报告·2013 年调查问卷分析（综合卷）》、《中国民族地区经济社会调查报告·2013 年调查问卷分析（北方卷）》、《中国民族地区经济社会调查报告·2013 年调查问卷分析（南方卷）》，就是根据 2013 年度 16 个调查点城乡居民入户问卷调查数据完成的 3 本分析报告。其中北方卷是位于新疆、内蒙古、甘肃、青海 4 个中国北部省区 8 个调研点县市的分析报告，南方卷是云南省、贵州省两省 8 个调研点的分析报告。综合卷则包括了 1 个涵盖全部数据的综合分析报告与 4 个分别涵盖新疆、云南、贵州和内蒙古调研点数据的省区分析报告。这 3 本书相互联系，只是覆盖范围有一定差别。鉴于中国巨大的区域差别，覆盖范围的差别也能够在一定程度上影响对有关问题的分析判断。这 3 本书与首批出版发行的 10 多本调研专著在形式和方法上虽有较明显的差别，但在调查内容上又可以互相印证、相互补充。调研专著和问卷分析论著，在本项目中是一个整体，都属于"综合调查"的有机组成部分。

在传统的民族学、人类学研究方法中，虽然不排斥问卷调查，但专业研究人员更看重深入细致的田野调查，特别是经长期深入小社区进行参与式观察、详细记录、整体分析而成的民族志。这些在长期实践中积累起来的民族学、人类学学科传统当然有其合理性和科学性。在设计"综合调查"项目时，我们也是特别看重这一点，要求每个子课题组必须保证至少一个月左右的实地调研时间，而且每个专家可以就相关专题进行多次回访与重复调研，以体现这次调查的专业属性和学科特色。与此同时，我们特别强调这次调查属于"综合调查"，不仅要进行传统田野调查，而且强调课题组要尽量参加从省到乡镇（村）各个层面的座谈会，收集面上的资料和宏观信息，把微观调查与宏观调查结合起来。问卷调查也属于这些调研点应该进行的一种数据采集方式，与上述调查配合起来。只所以这样安排，主要是为了更好地完成立项时确定的研究目标与任务。作为中国进入 21 世纪以来中国社会科学院民族学与人类学所组织的一次历时长、覆盖面广的大规模少数民族和民族地区调查，国家社科基金与中国社会科学院对这项调查不仅给予专项资金，而且赋予了很高的使命。这就是要充分反映改革开放以来少数民族地区的发展变化，通过对一些具有代表性的民族地区的典型调查和问卷调查，系统回顾总结中国特色民族理论、民族政策的探索和形成过程，全面展示改革开放尤其是 21 世纪初以来民族地区经济社会发展的辉煌成就，准确把握未来发展面临的困难与挑战，为实现民族地区全面协调可持续发展、全面小康社会建设和中华民族伟大复兴的历史任务建言献策。我们意识到完成上述目标将是一个长期任务，也需要多个学科、多种研究方法共同攻关才能完成的任务。尽管各子课题组的深入田野调查依然是调研专著的基础，但是我们还希望在当代被各学科广泛应用的社会调查、问卷调查等方式也能够发挥相应的作用。我们不仅仅是把问卷调查作为收集面上数据的工具，或者作为印证调研专著意见的补充材料，而是作为社会心态调查的重要抓手。问卷调查的数据可以而且应该成为更好地反映当前中国民族地区的城乡居民社会心态、意愿与政策建议的渠道。这对我们的研究来说是十分必要的，对于完成好立项时确定的目标任务来说也是必不可少的。

　　其实，当今社会科学各个学科越来越注意定量分析。标准化的数据是进行定量分析的前提。统计资料是当前社会科学分析研究非常倚重的基本数据信息，但因为学科差异和研究问题的复杂多样性，仅仅依靠统计资料是无法进行专业性很高的定量分析研究，还必须进行专业性的问卷调查，以获取可以比较的标准化数据。人口学、经济学、社会学、政治学、法学、宗教学、新闻学等诸多人文社会科学学科，已经利用问卷调查方式开展了很多影响巨大的调查研究，而且现在越来越注意学术研究的定量分析。我们知道，定性（质性）研究与定量研究（量化分析）并无高低之分，两者各有更适合自己的领域和视角。在不少研究中，研究者往往交互甚至并用两种研究方式，取得了很好的效果。对社会现象、社会问题、社会发展趋势的深入研究，不仅要掌握其长时段内没有变化或者变化很小的本质属性和制度依据，而且要进行较短时段内的现象描述、掌握其发展走向及程度差异。定量研究在后一个方面更有用武之地。特别是在把握一个区域、人群整体性的社会倾向、社会态度、社会意见、社会评价等方面，问卷调查的标准化设计，显然更容易获取相关研究数据。现代科学技术特别是信息处理技术的发展，提高了迅速处理庞大的数据的能力，这就为利用问卷调查数据进行各种各样的定量分析提供了极大的方便。在此基础上，根据研究需要，可以更准确地发现问题、研究问题、分析相关关系或因果关系，验证假设、揭示规律，提出更具针对性、前瞻性的对策建议。在现代社会科学期刊发表的文章中，定量研究占有越来越大的比重，问卷调查在其中发挥了很大的作用。改革开放以来，我国社会科学各学科在全国范围包括在民族地区也开展了目标不同、类型各异的大量问卷调查工作，定量分析的范围、领域、广度、深度都得到极大的发展。其中经济学、社会学是进行量化分析较为明显的两大学科门类，民族学、人类学也时常利用问卷调查工具、统计分析方法进行量化分析。我们这次"综合调查"本身就把问卷调查和量化分析作为一种基本研究方式。

　　在迅速变化的经济社会背景下进行大规模的问卷调查难度不小。设计好问卷是做好问卷调查的第一步，能否进入现场开展工作是问卷调查的关键，调研队伍的专业化水平和工作态度是确保调研质量的前提，对调查研究过程的全面严格管理是问卷调查成败的根本。在问卷设计方面，项目组专门成立了问卷设计小组和问卷调查技术专家组。反复征求广大专家学者对调查内容的意见，同时邀请长期从事民族学、人类学、社会学问卷调查专家进行技术把关，调查问卷的设计经过所内外专家多次讨论、反复修改，在开展试调查基础上完成的。2013 年调查问卷共计 3 套，即：民族问题专题干部调查问卷、家庭调查问卷和社区调查问卷。其中城乡居民入户调查问卷是主问卷。家庭调查问卷将城镇调查内容和农村调查内容合二为一，具体包括受访者个人基本情况、工作情况、家庭生产生活情况、移民搬迁、公共设施状况、社会生活及评价和社会保障，总计 157 个问题，800 个变量。社区问卷是和家庭问卷相对应，即了解抽样调查家庭所在社区的公共基础设施的相关信息，共 9 大问题，54 个变量，具体包括道路、垃圾处理、通讯、交通、公共服务等内容。干部调查问卷包括了 41 个问题，有效变量 176 个，问卷问题以主观评价为主，涉及民族交往交流、双语教育、干部任用提拔、民族和宗教政策、不同时段的民族关系比较和未来预期、小康社会建设等内容。在实施方面，调查问卷采用分层随机抽样原则，以调查地点的城镇化率确定城乡调查问卷比例，每个调查点完成调查问卷 400—500 份。为了配合 16 个课题组的实地田野调查，县市内的调查社区以能代表当地特色并结合课题组的原则进行筛选，社区内的调查家庭严格按照随机等距抽样原则确定，为了减少替换率，调查队的调研人员付出了很大的努力。考虑到研究任务的需要和可操作性，进一步扩大与深化民族地区高校合作，依托民族院校师生组织了专门的问卷调查队伍，制定了细致的工作流程、严格的操作规范。通过技术培训和调查过程的全程跟踪指导，特别是各子项目组专家队伍的协调支持，使调查队顺利进入现场并按计划完成了调研工作。2013 年共完成新疆、贵州、云南、内蒙古、甘肃、青海 6 个省区 16 个县市、旗的城乡居民入户调查有效问卷 6391份；其中城镇问卷 2531 份占比 39.6%，农村问卷 3859 份占比 60.4%，城乡居民调查问卷的分布与我国的城镇化率基本一致。调查样本中可供分析研究的民族有 18 个，分别是：汉族、蒙古族、藏族、维吾尔族、苗族、布依族、白族、哈萨克族、傣族、佤族、水族、纳西族、景颇族、土族、达斡尔族、塔吉克族、裕固族、鄂温克族。调查问卷的内容力求涵盖政治、经济、文化、教育、科技、卫生等方面，以体现民族学、人类学、社会学、经济学的不同研究视角。2013 年 16 个调查点共获得 124 份社区调查问卷，分别对应城镇家庭 2531 份调查问卷和农村家庭 3859 份调查问卷。应当指出的是，16 个子课题组专家不仅协助问卷调查队进入现场，而且按要求完成了干部问卷调查任务。课题组成员在实地调查中利用各级干部座谈会、政府部门访谈过程中开展了专题问卷调查，共回收有效问卷774份。这为我们了解民族地区的干部状况、开展比较研究提供了难得的资料。在相关各方共同努力下，2013年的问卷调查总体顺利。

　　2013年的问卷调查工作由新疆师范大学民族学与社会学学院、云南大学民族研究院、贵州大学和中央民族大学民族学与社会学学院具体完成，为了保证调查质量，调查队的成员以富有调查经验的民族学或社会学专业的教授、博士研究生和硕士研究生组成。考虑到民族地区不同的民族语言，调查队特意选择来自调查点的学员和老师加入。问卷调查工作于2013年的6—8月开展并完成，在"21世纪初中国少数民族地区经济社会发展综合调查"办公室的领导和协调下，调查程序严格规范。具体程序为：开展问卷试调查，组建16支调查队伍，明确调查队的督导员、调研员和问卷审核人员，6个省区都有专人再次负责问卷复核工作，办公室的相关工作人员全程跟踪。问卷回收后又由中国社会科学院民族学与人类学研究所组织人员进行随机抽样的电话回访，数据录入完成并清理后，由专人进行问卷质量评估。调查问卷回答的有效率和总体效度均符合要求，问卷质量值得信赖，调查样本具有代表性。

　　《21世纪初民族地区经济社会调查报告·2013年调查问卷分析》中16个调查点的统计描述报告由中国社会科学院民族学与人类学研究所、中央民族大学民族学与社会学学院参与实地问卷调查的博士研究生和硕士研究生撰写完成，报告内容的体例大体一致，围绕了调查地点及受访者基本情况、调查家庭的经济情况、工作就业情况、民族文化与教育、生活状况、政策评价6个方面展开，并根据不同调研地点的地方特色和热点现实问题在内容上呈现不同的侧重。新疆、云南、内蒙古、贵州等省区统计描述报告以及总报告，主要由长期进行问卷调查分析研究工作的一批青年学者和博士研究生完成。我们对于各子报告进行了多次讨论审议和修改，但限于研究者的知识基础和时间约束，有些报告仍未能完全达到预期目标。总报告及省区分析报告立足于区域内各调查点的具体调查数据，从民族地区整体和省区层面对调查数据进行整合与分析，着重展现民族省区21世纪以来的发展状况和取得的成就，为总结不同省区的发展经验、面临的困难问题和未来发展思路提供整体性的看法与判断。总体上看，根据2013年问卷调查数据完成的21篇报告，大多还是统计描述报告，内容主要是基于调查数据的统计性描述，属于较浅层次的定量概括，还没有进行系统、深入的数据挖掘研究。已完成的一些专题分析报告，受体例篇幅的限制暂时没有收录在这 3 本分析报告中。尽管如此，我们的问卷分析报告，已经比较清晰地给出了 16 个调查点和所在省区的经济、社会各方面的发展概貌，给出了当地干部群众对许多问题的看法及期待。这对于准确掌握我国民族地区经济、政治、文化、社会、生态等各个领域的基本情况，当地民族、宗教等政策的落实，以及系统总结少数民族地区发展经验、研究存在的问题、提出相应的政策建议具有重要意义。这也为以后开展深入专题研究、历史数据分析提供了良好的基础。在这三本书出版之际，我们对所有参与问卷调查工作的广大干部群众、专家学者、高校师生、管理服务人员表示衷心的感谢。

对民族地区和少数民族经济社会发展状况进行大规模的综合调查，需要投入巨大的人力、物力、时间成本和组织管理成本，而且还需要克服许多难以想象的困难，我们只能尽力在有限的条件下做到最好。在 2013 年问卷调查的基础上，"21 世纪初中国少数民族地区经济社会发展综合调查"课题组今后将不断完善问卷内容，力争减少调查环节中所有可避免的疏漏，在调查数据专业化处理的基础上为课题组所有研究成员提供数据服务，组织民族学、人类学、社会学、经济学的专家进行数据挖掘和深入研究，以最终达到课题组的目标，即：以通过大规模的社会调查获取的第一手数据资料为支撑，全面回顾总结中国特色民族理论和民族政策探索和形成的过程，努力推出代表国家水准的高质量研究成果，为丰富和发展中国特色社会主义理论体系作出贡献。

王延中　丁　赛

目　　录

第一章

新疆喀什市问卷调查分析报告

新疆维吾尔自治区喀什市是中国社会科学院民族学与人类学研究所"21世纪初中国少数民族地区经济社会发展综合调查"2013年的调研点之一。本章基于家庭调查问卷的数据，主要描述了喀什市在经济发展、劳动就业、文化教育、人民生活和政策执行等方面的情况，并总结受访者对民族政策、基础设施建设、突发事件应对、社会保障和文化传统保护等方面的评价和建议，力图在此基础上对喀什市今后的经济、社会、文化发展和政府能力建设提出合理而有效的建议。

第一节 喀什市城乡受访者基本情况

一 调查点基本背景

喀什市位于新疆维吾尔自治区西南部、喀什地区西北部，地理位置为北纬39°25′18″—39°25′20″、东经75°56′10″—75°04′36″，属暖温带大陆性干燥气候，年平均温度11.7℃，年平均降雨量63.8毫米，年平均蒸发量2478毫米。① 总面积554.8平方公里，下辖恰萨、亚瓦格、吾斯塘博依、库木代尔瓦扎4个街道办事处以及乃则尔巴格等10个乡镇。②

根据2010年第六次全国人口普查资料，喀什市总人口为506640人，性别比为99.81③；其中，维吾尔族396977人，占总人口的78.4%；汉族

---

① 喀什市地方志编纂委员会编：《喀什市志》，新疆人民出版社2002年版，第2页。
② 喀什市政府网站（"概况""行政区划"），http://www.xjks.gov.cn/。
③ 新疆维吾尔自治区人民政府人口普查领导小组办公室编：《新疆维吾尔自治区2010年人口普查资料》，中国统计出版社2012年版，第2页。

106654人，占总人口的21.1%；此外还有乌孜别克族、柯尔克孜族、回族、蒙古族等民族。[①]

喀什市1952年10月25日经国务院批准，正式宣布建市；1986年被定为中国历史文化名城，主要文化景观有始建于1442年的艾提尕尔清真寺、《福乐智慧》作者玉素甫墓等。[②] 2010年，国务院颁布《关于支持喀什霍尔果斯经济开发区建设的若干意见》，其中喀什经济开发区面积约50平方公里（含新疆生产建设兵团），包括喀什市40平方公里左右。[③]

二　受访者个人情况

（一）基本情况

本次调查共发放问卷422份。受访者性别、民族、户籍、年龄和受教育程度见表1-1。其中，年龄最小的为14岁，最大的为96岁，平均年龄为47.8岁，主要为31—50岁的中青年人。

表1-1　　　　　　　　　　　受访者基本情况

		人数（个）	百分比（%）			人数（个）	百分比（%）
性别	男	261	61.8	民族	汉族	130	30.8
	女	159	37.7		维吾尔族	284	67.4
	未作答	2	0.5		柯尔克孜族	1	0.2
户籍	农业户口	167	39.6		乌孜别克族	1	0.2
	非农业户口	252	59.7		未作答	6	1.4
	未作答	3	0.7				
年龄	20岁以下	8	1.9	受教育程度	未上学	13	3.0
	21—30岁	51	12.1		小学	99	24.4
	31—40岁	84	19.9		初中	113	26.8
	41—50岁	105	24.9		高中	44	10.4
	51—60岁	68	16.1		中专	31	7.3
	61—70岁	74	17.5		职高技校	1	0.2
	71—80岁	19	4.5		大学专科	51	12.2
	81—90岁	6	1.4		大学本科	51	12.2
	90岁以上	2	0.5		研究生	2	0.5
	未作答	5	1.2		未作答	17	4.0

---

① 新疆维吾尔自治区人民政府人口普查领导小组办公室编：《新疆维吾尔自治区2010年人口普查资料》，中国统计出版社2012年版，第34—73页。

② 喀什市地方志编纂委员会编：《喀什市志》，新疆人民出版社2002年版，第2页。

③ 中华人民共和国政府网站，http://www.gov.cn/zwgk/2011-10/08/content_1963929.htm。

（二）健康状况

受访者对自己健康状况的评价见表1-2，其中认为自己"很健康"的比例最大，为40.5%；长期患有慢性病的占受访者总数的16.3%，其中影响正常工作和生活的仅占3.3%。可见受访者整体健康状况很好。另外，有17人有残疾，占4%；有15位残疾受访者对有残疾补贴或享受残疾照顾（非现金的设施利用与人员照料服务）的情况作出回答，其中有补贴或享受照顾的占46.7%，没有补贴或不享受照顾的占53.3%。

表1-2　　　　　　　　　　　　健康状况

	人数（个）	百分比（%）
很健康	171	40.5
比较健康	118	28.0
一般	64	15.2
长期慢性病但不太影响正常工作或生活	55	13.0
长期慢性病且影响正常工作或生活	14	3.3
合计	422	100

（三）人口流动

受访者中有414人对在本地居住的原因作出了回答，其中户籍所在地的比例占了绝大多数（91.1%）。

表1-3　　　　　　　　　　在本地居住的原因

	人数（个）	百分比（%）
户籍所在地	377	91.1
务工经商	21	5.0
工作调动	4	1.0
拆迁或搬家	1	0.2
婚姻嫁娶	9	2.2
投亲靠友	2	0.5
合计	414	100

三　受访者家庭情况

如表 1－4 所示，在有效作答的受访者中，家庭总人口最少的为 1 人，最多的为 11 人。其中样本量最多的是 3 口之家，占 28.0%；4 口之家紧随其后，占 23.8%；而家中有 8 口及以上的大家庭非常稀少。调查家庭的平均规模为 3.63 人，与第六次人口普查数据相同。[①] 对比 2010 年第六次人口普查的数据，同样是 3 口、4 口之家所占比例最大。家庭在册人口、家庭同吃同住人口与总人口的情况相同：最少的是 1 口之家，最多的有 11 口之家，最普遍的也是 3 口之家，人口超过 7 人的大家庭很少。此外，同住非同吃的情况在喀什不常见。

表 1－4　　　　　　　　　　　家庭总人口数

家庭总人口数（人）	家庭个数（个）	百分比（%）	"六普"数据[②]（%）
1	29	6.9	11.2
2	64	15.2	17.32
3	118	28.0	22.06
4	100	23.8	22.03
5	67	15.9	15.38
6	27	6.4	5.91
7	12	2.9	2.94
8	2	0.5	1.51
9	1	0.2	0.76
10 及以上	1	0.2	0.98
合计	421	100	100

第二节　喀什市城乡受访者个人及家庭经济情况

一　土地拥有情况

（一）家庭总耕地面积

受访者家庭土地的类型主要为耕地，明确填报耕地数量的有 140 户，

---

①　新疆维吾尔自治区人民政府人口普查领导小组办公室编：《新疆维吾尔自治区 2010 年人口普查资料》，中国统计出版社 2012 年版，第 3 页。

②　同上书，第 147—152 页。

其中只有 2 户为非农业户口；此外还有 75 户拥有园地，均为农业户口；没有家庭拥有山地、牧草地和养殖水面。

家庭拥有的耕地面积主要集中在 3—10 亩（占拥有耕地总户数的 68.6%），其中最少的为 1.6 亩，最多的为 30 亩，家庭拥有耕地的平均值是 9.01 亩。对比表 1-5 和表 1-6，大多数家庭的土地都是自营，仅有 2 户将耕地出租。

家庭拥有的园地面积主要集中在 1 亩及以下，其中最少的为 0.1 亩，最多的为 40 亩，家庭拥有园地的平均值是 1.8 亩。调查的数据显示，没有出租园地的受访家庭。

表 1-5　　　　　　　　　　　　家庭土地总面积

单位：户（%）

	耕地	山地	园地	牧草地	养殖水面
没有	280（66.4）	422（100）	345（81.8）	422（100）	422（100）
1 亩以下	0（0）	0（0）	25（6.0）	0（0）	0（0）
1 亩	1（0.2）	0（0）	36（8.6）	0（0）	0（0）
2 亩	3（0.7）	0（0）	4（0.9）	0（0）	0（0）
3 亩	10（2.4）	0（0）	6（1.4）	0（0）	0（0）
4 亩	12（2.8）	0（0）	1（0.2）	0（0）	0（0）
5 亩	14（3.4）	0（0）	2（0.5）	0（0）	0（0）
6 亩	13（3.1）	0（0）	0（0）	0（0）	0（0）
7 亩	5（1.2）	0（0）	0（0）	0（0）	0（0）
8 亩	13（3.1）	0（0）	0（0）	0（0）	0（0）
9 亩	5（1.2）	0（0）	0（0）	0（0）	0（0）
10 亩	24（5.7）	0（0）	0（0）	0（0）	0（0）
11—14.9 亩	21（5.0）	0（0）	0（0）	0（0）	0（0）
15—19.9 亩	15（3.6）	0（0）	0（0）	0（0）	0（0）
20—24.9 亩	2（0.5）	0（0）	0（0）	0（0）	0（0）
25—29.9 亩	1（0.2）	0（0）	0（0）	0（0）	0（0）
30 亩及以上	1（0.2）	0（0）	1（0.2）	0（0）	0（0）

续表

	耕地	山地	园地	牧草地	养殖水面
不清楚	1（0.2）	0（0）	1（0.2）	0（0）	0（0）
拒绝回答	1（0.2）	0（0）	1（0.2）	0（0）	0（0）
合计	422（100）	422（100）	422（100）	422（100）	422（100）

注：表中括号内的值是所占比例。

表 1－6　　　　　　　　　**家庭自营土地面积**

单位：户（%）

	耕地	山地	园地	牧草地	养殖水面
没有	281（68.0）	422（100）	343（82.7）	422（100）	422（100）
1 亩以下	0（0）	0（0）	24（5.8）	0（0）	0（0）
1—1.9 亩	2（0.5）	0（0）	33（8.0）	0（0）	0（0）
2—2.9 亩	3（0.7）	0（0）	3（0.7）	0（0）	0（0）
3—3.9 亩	10（2.4）	0（0）	6（1.4）	0（0）	0（0）
4—4.9 亩	12（2.9）	0（0）	1（0.2）	0（0）	0（0）
5—5.9 亩	11（2.7）	0（0）	2（0.5）	0（0）	0（0）
6—6.9 亩	11（2.7）	0（0）	0（0）	0（0）	0（0）
7—7.9 亩	5（1.3）	0（0）	0（0）	0（0）	0（0）
8—8.9 亩	12（2.9）	0（0）	0（0）	0（0）	0（0）
9—9.9 亩	5（1.2）	0（0）	0（0）	0（0）	0（0）
10—10.9 亩	22（5.4）	0（0）	0（0）	0（0）	0（0）
11—14.9 亩	20（4.8）	0（0）	0（0）	0（0）	0（0）
15—19.9 亩	13（3.2）	0（0）	0（0）	0（0）	0（0）
20—24.9 亩	2（0.5）	0（0）	0（0）	0（0）	0（0）
25—29.9 亩	1（0.2）	0（0）	0（0）	0（0）	0（0）
30 亩及以上	1（0.2）	0（0）	1（0.2）	0（0）	0（0）
不清楚	1（0.2）	0（0）	1（0.2）	0（0）	0（0）
拒绝回答	1（0.2）	0（0）	1（0.2）	0（0）	0（0）
合计	413（100）	422（100）	415（100）	422（100）	422（100）

注：表中括号内的值是所占比例。

（二）家庭人均耕地面积

家庭人均耕地面积主要集中在 5 亩以下，其中最少的为 0.5 亩，最多的为 10 亩，家庭人均拥有耕地面积均值为 2.2 亩。家庭人均园地面积主要集中在 2 亩以下；其中最少的为 0.02 亩，最多的为 15 亩，两者差距悬殊；拥有园地的家庭人均面积为 0.8 亩。

表 1 - 7　　　　　　　　　　家庭人均土地面积

单位：户（%）

	耕地	山地	园地	牧草地	养殖水面
没有	279（66.1）	422（100）	349（83.3）	422（100）	422（100）
1 亩以下	17（4.0）	0（0）	44（10.5）	0（0）	0（0）
1—1.99 亩	48（11.4）	0（0）	22（5.4）	0（0）	0（0）
2—2.99 亩	40（9.5）	0（0）	0（0）	0（0）	0（0）
3—3.99 亩	20（4.7）	0（0）	0（0）	0（0）	0（0）
4—4.99 亩	10（2.4）	0（0）	0（0）	0（0）	0（0）
5—5.99 亩	2（0.5）	0（0）	0（0）	0（0）	0（0）
6—6.99 亩	0（0）	0（0）	1（0.2）	0（0）	0（0）
7—7.99 亩	0（0）	0（0）	0（0）	0（0）	0（0）
8—8.99 亩	2（0.5）	0（0）	0（0）	0（0）	0（0）
9—9.99 亩	0（0）	0（0）	0（0）	0（0）	0（0）
10 亩及以上	2（0.5）	0（0）	1（0.2）	0（0）	0（0）
不清楚	1（0.2）	0（0）	1（0.2）	0（0）	0（0）
拒绝回答	1（0.2）	0（0）	1（0.2）	0（0）	0（0）
合计	422（100）	422（100）	419（100）	422（100）	422（100）

注：表中括号内的值是所占比例。

喀什市土地主要以耕地为主，园地较少，没有山地、牧草地和养殖水面。这与喀什市所处的自然环境有关。调查数据显示，家庭间拥有耕地的差距较为明显，家庭耕地总面积最小值与最大值相差 18.75 倍；家庭人均耕地面积最小值与最大值相差 20 倍。

二　受访者个人与家庭的收入与支出

（一）受访者个人收入

受访者中没有填报个人收入的比例为 9.8%；已填报收入者中 2012 年收入最低者为 1000 元，最高者为 12 万元，均值是 24568.8 元。在表 1 - 8 中，受访者年收入大多集中在 5 万以下；从户口性质来看，农业户口的受访者要低一些，集中在 4 万元以下，年收入在 10 万元以上的受访者都是城镇户口。

无出租/售房屋、土地收入的受访者有 268 人，占受访者总数的 64.1%；有这方面收入的受访者中，2012 年收入最低者为 200 元，最高者为 12 万元，均值是 2185.4 元。在表 1-8 中，受访者租售房屋、土地的年收入主要集中在 2 万元以下，有这方面收入的主要都是农业户口的受访者，但年收入在 10 万元以上的都是非农业户口。租售房屋、土地的主要为农业户口者，但收入并不是很多。

没有劳务收入的受访者有 66 人，占受访者总数的 15.8%；有这方面收入的受访者中，2012 年收入最低者为 1000 元，最高者为 10 万元，均值是 23962 元。在表 1-8 中，受访者劳务年收入主要集中在 5 万元以下，但农业户口的受访者很少有这方面收入。

表 1-8　　　　　　　　　　　2012 年个人年收入情况

单位:%

	总收入			出租/出售房屋、土地收入			劳务收入（工资、务工）		
	农业户口	非农业户口	合计	农业户口	非农业户口	合计	农业户口	非农业户口	合计
无	9.0	10.3	9.8	21.1	92.5	64.1	20.5	12.7	15.8
10000 元以下	14.5	7.9	10.5	14.5	1.2	6.5	5.4	7.1	6.5
10000—19999 元	20.5	12.3	15.6	9.6	0.0	3.8	5.4	12.3	9.6
20000—29999 元	9.0	19.0	15.1	2.4	0.8	1.4	3.0	19.4	12.9
30000—39999 元	1.2	25.0	15.6	0.0	0.0	0.0	1.2	23.8	14.8
40000—49999 元	0.0	11.9	7.2	0.0	0.0	0.0	0.0	11.1	6.7
50000—59999 元	1.2	4.4	3.1	0.0	0.2	0.2	0.6	4.0	2.6
60000—69999 元	1.2	4.4	3.1	0.0	0.0	0.0	1.2	4.0	2.9
70000—79999 元	0.0	0.8	0.5	0.0	0.0	0.0	0.0	0.8	0.5
80000—89999 元	0.6	0.8	0.7	0.0	0.0	0.0	0.0	0.8	0.7
90000—99999 元	0.0	0.0	0.0	0.0	0.0	0.0	0.0	0.0	0.0
100000 元以上	42.8	3.2	18.9	51.2	5.6	23.7	62.0	4.0	27.0
合计	100	100	100	100	100	100	100	100	100

注：农业户口受访者样本量是 160，非农业户口受访者样本量是 250。

综上，农业户口受访者的收入要低于非农业户口受访者；劳务收入是非农业户口受访者收入的主要部分；农业户口者中从事租售房屋、土地的人比非农业户口的多。此外，值得注意的是选择"不适用""不清楚"和拒绝回答的受访者中大多数为农业户口，这也与他们的经营单位是家庭，且主要收入来源并不是固定的、明确的工资收入有关。

（二）受访家庭的收入

2012 年没有收入的家庭有 5 户。有收入的家庭中 2012 年收入最低者为 1000 元，最高者为 915000 元，平均值为 47868.4 元。在表 1-9 中，总收入最集中的区间是 1 万—4 万元，其中农业户口家庭总收入最集中的区间是 1 万—3 万元，非农业户口家庭为 1 万—8 万元。

没有出租/售房屋、土地收入的家庭有 252 户，占家庭总数的 60.3%；有这类收入的家庭中，2012 年收入最低者为 200 元，最高者为 12 万元，均值是 4683.7 元；有这类收入的农业户口家庭比非农业户口家庭多。在表 1-9 中，受访者租售房屋、土地的年收入主要集中在 4 万元以下的区间。

没有劳务收入的家庭有 36 户，占受访者总数的 8.6%；有这类收入的家庭中，2012 年收入最低者为 1200 元，最高者为 25 万元，均值是 45401.1 元。在表 1-9 中，家庭劳务年收入主要集中在 8 万元以下，但农业户口家庭有这方面收入的人很少，基本都在 3 万元以下。

表 1-9　　　　　　　　　2012 年家庭年收入情况

单位:%

	总收入			出租/售房屋、土地收入			劳务收入（工资、务工）		
	农业户口	非农业户口	合计	农业户口	非农业户口	合计	农业户口	非农业户口	合计
无	0.6	1.6	1.2	13.2	91.6	60.3	16.8	3.2	8.6
10000 元以下	10.2	4.8	6.9	16.2	1.2	7.2	6.0	5.2	5.5
10000—19999 元	19.2	8.3	12.6	10.8	0.0	4.3	3.0	8.0	6.0
20000—29999 元	18.6	10.3	13.6	7.8	0.8	3.6	6.0	10.8	8.9
30000—39999 元	9.0	11.5	10.6	6.0	0.0	2.4	2.4	11.6	7.9
40000—49999 元	2.4	9.1	6.4	0.0	0.0	0.0	0.6	8.0	5.0
50000—59999 元	4.2	8.3	6.7	0.0	0.0	0.0	1.8	7.6	5.3
60000—69999 元	0.6	8.3	5.3	1.8	0.0	0.7	0.6	8.8	5.5
70000—79999 元	0.0	14.7	8.8	0.0	0.0	0.0	0.0	14.3	8.6
80000—89999 元	0.6	6.0	3.8	2.4	0.4	1.2	0.0	5.6	3.6
90000—99999 元	0.0	6.0	3.6	0.6	0.0	0.2	0.0	6.0	3.6
100000 元以上	34.7	11.1	20.5	41.3	6.0	20.1	62.3	11.2	31.6
合计	100	100	100	100	100	100	100	100	100

注：农业户口受访者样本量是 160，非农业户口受访者样本量是 250。

综上所述,农业户口家庭的年收入低于非农业户口家庭,而且两者差距比较大。在租售房屋、土地和劳务收入方面,家庭与个人的情况相似。

(三) 受访者个人的支出

2012 年个人没有填报总支出的仅有 3 人,但各项支出中信仰或宗教性的支出和人情往来为 0 值的样本较多,非农业户口受访者比农业户口在这方面更明显。

填报个人支出的样本中,总支出的最小值为 900 元,最大值为 9 万元,平均值为 18010. 2 元;4 万元以下的比例占绝大多数,但农业户口受访者多在 2 万元以下。生活消费的最小值为 300 元,最大值为 8 万元,平均值为 12186. 4 元,绝大多数的样本值是在 3 万元以下。农业户口受访者集中在 1 万元以下,同样偏低于非农业户口受访者。民俗和宗教信仰两项支出的最小值分别为 300 元和 50 元,最大值分别为 4 万元和 6000 元,平均值分别为 3900 元和 298 元,这两项支出超过 1 万元的比例很低。人情往来消费的最小值为 200 元,最多为 2.4 万元,平均值为 1535 元;主要集中在 1 万元以下。借款的最小值为 500 元,最大值为 30 万元,平均值为 3894. 1 元;大多数受访者都没有借款。

综上所述,农业户口受访者在消费金额上也少于非农业户口受访者。生活消费支出是各项支出中所占比例较多的部分,而民俗和人情往来的消费则很少,非农业户口受访者比农业户口受访者更不注重这两方面的消费;借款的数额一般不大。另外,对各项支出都约有 1/4 的受访者选择"不适用""不清楚"或拒绝回答,较收入情况高,说明受访者往往更难准确计算自己的各项支出情况。

(四) 受访者家庭的支出

2012 年没有填报家庭总支出的仅有 3 户。没有信仰或宗教性支出的家庭占家庭总数的 47.4%,其中非农业户口受访者比农业户口受访者该比值更大。

填报支出的家庭中,总支出的最小值为 2000 元,最大值为 32 万元,平均值为 32977. 8 元;主要分布在 5 万元以下,但农业户口家庭多在 2 万元以下。生活消费的最小值为 300 元,最大值为 9 万元,平均值为 20770. 6 元,总体集中在 4 万元以下,农业户口受访者同样偏低,大多在 1 万元以下。民俗、宗教信仰两项支出的最小值分别为 200 元和 50 元,最大值分别为 5 万元和 1 万元,平均值分别为 5739. 1 元和 619. 5 元;民

表1-10 2012年个人消费支出情况

单位:%

	总支出			生活消费			民俗			信仰/宗教			人情往来			借款		
	农业户口	非农业户口	合计	农业户口	非农业户口	合计	农业户口	非农业户口	合计	农业户口	非农业户口	合计	农业户口	非农业户口	合计	农业户口	非农业户口	合计
无	0.6	0.8	0.7	0.6	0.4	0.5	5.4	2.4	3.6	24.1	71.7	52.8	10.8	20.2	16.5	69.3	90.4	82.0
10000元以下	21.7	22.0	21.9	48.8	33.7	39.7	41.6	69.0	58.1	26.5	15.1	19.7	36.1	63.5	52.6	1.8	1.2	1.4
10000—19999元	15.1	20.0	18.0	4.2	21.4	14.6	1.2	8.7	5.7	0.0	0.0	0.0	0.6	0.8	0.7	2.4	1.6	1.9
20000—29999元	3.6	17.6	12.0	1.2	14.3	9.1	0.0	0.4	0.2	0.0	0.0	0.0	0.0	0.4	0.2	1.2	1.2	1.2
30000—39999元	0.6	15.2	9.4	0.6	6.3	4.1	0.6	0.0	0.0	0.0	0.0	0.0	0.0	0.0	0.0	1.2	0.8	1.0
40000—49999元	0.6	5.6	3.6	0.0	2.8	1.7	0.0	0.4	0.2	0.0	0.0	0.0	0.0	0.0	0.0	0.0	0.8	0.5
50000—59999元	0.0	1.6	1.0	0.0	0.0	0.0	0.0	0.0	0.0	0.0	0.0	0.0	0.0	0.0	0.0	0.6	0.0	0.2
60000—69999元	0.0	0.8	0.5	0.0	0.4	0.2	0.0	0.0	0.0	0.0	0.0	0.0	0.0	0.0	0.0	0.0	0.4	0.2
70000—79999元	0.0	0.0	0.0	0.0	0.4	0.2	0.0	0.0	0.0	0.0	0.0	0.0	0.0	0.0	0.0	0.0	0.0	0.0
80000—89999元	0.0	0.0	0.0	0.0	0.8	0.5	0.0	0.0	0.0	0.0	0.0	0.0	0.0	0.0	0.0	0.0	0.4	0.2
90000—99999元	0.0	0.4	0.2	0.0	0.0	0.0	0.0	0.0	0.0	0.0	0.0	0.0	0.0	0.0	0.0	0.0	0.4	0.2
100000元以上	57.8	16.0	32.7	44.6	19.4	29.4	51.2	19.0	31.8	49.4	13.1	27.6	52.4	15.1	29.9	23.5	2.8	11.1
合计	100	100	100	100	100	100	100	100	100	100	100	100	100	100	100	100	100	100

注:农业户口受访者样本量160,非农业户口受访者样本量是250。

表 1－11

2012 年家庭消费支出情况

单位：%

	总支出			生活消费			民俗			信仰/宗教			人情往来			借款		
	农业户口	非农业户口	合计	农业户口	非农业户口	合计	农业户口	非农业户口	合计	农业户口	非农业户口	合计	农业户口	非农业户口	合计	农业户口	非农业户口	合计
无	0.6	0.8	0.7	0.0	0.4	0.2	0.0	0.4	0.2	16.2	68.1	47.4	3.6	16.7	11.5	59.9	89.3	77.6
10000 元以下	13.2	10.0	11.3	47.9	17.9	29.9	70.7	62.3	65.6	45.5	20.7	30.6	61.1	68.3	65.4	4.8	1.2	2.6
10000—19999 元	20.4	13.2	16.1	15.6	15.5	15.6	1.2	23.8	14.8	0.0	0.4	0.2	1.2	4.0	2.9	7.2	2.4	4.3
20000—29999 元	6.0	14.4	11.0	9.6	15.9	13.4	0.6	2.4	1.7	0.0	0.0	0.0	0.0	1.2	0.7	1.8	1.2	1.4
30000—39999 元	6.0	14.0	10.8	3.0	13.1	9.1	1.2	0.0	0.5	0.0	0.0	0.0	0.6	0.8	0.7	2.4	0.4	1.2
40000—49999 元	6.0	11.6	9.4	0.6	9.2	5.7	0.0	0.4	0.0	0.0	0.0	0.0	0.0	0.4	0.2	1.2	0.8	1.0
50000—59999 元	0.6	8.0	5.0	0.6	3.6	2.4	0.0	0.0	0.2	0.0	0.0	0.0	0.0	0.0	0.0	0.6	0.0	0.2
60000—69999 元	0.6	6.0	3.8	0.0	5.6	3.3	0.0	0.0	0.0	0.0	0.0	0.0	0.0	0.0	0.0	0.0	0.4	0.2
70000—79999 元	0.0	4.4	2.6	0.0	2.8	1.7	0.0	0.0	0.0	0.0	0.0	0.0	0.0	0.0	0.0	0.0	0.0	0.0
80000—89999 元	0.0	4.0	2.4	0.0	0.4	0.2	0.0	0.0	0.0	0.0	0.0	0.0	0.0	0.0	0.0	0.0	0.4	0.2
90000—99999 元	0.0	2.0	1.2	0.0	0.4	0.2	0.0	0.0	0.0	0.0	0.0	0.0	0.0	0.0	0.0	0.0	1.2	0.7
100000 元以上	46.7	11.6	25.7	22.8	15.1	18.2	26.3	10.7	16.9	38.3	10.8	21.8	33.5	8.7	18.6	22.2	2.8	10.5
合计	100	100	100	100	100	100	100	100	100	100	100	100	100	100	100	100	100	100

注：农业户口受访者样本量是160，非农业户口受访者样本量是250。

俗支出主要集中在 2 万元以下，宗教信仰支出主要在 1 万元以下。人情往来消费的最小值为 200 元，最大值为 4 万元，平均值为 3204.1 元；主要集中在 1 万元以下。借款的最小值为 500 元，最大值为 30 万元，平均值为 5678.9 元；大多数受访者都没有借款。

综上，农业户口家庭在消费上总体少于非农业户口受访者家庭。生活消费支出、民俗和人情往来的消费以及借款情况基本和个人支出一致。另外，选择"不适用""不清楚"或拒绝回答的比例比个人情况小，说明受访者对家庭支出的估计优于对个人的估计。

（五）受访者家庭的消费

表 1 - 12 列出的各项消费品中，普遍拥有比较多的是手机，农业和非农业户口受访者每户平均有 1.42 部和 2.17 部，总体为每户 1.87 部。喀什市受访者平均每户的人口规模为 3.6 人，相当于每两个人就拥有 1 部手机。此外，显像管彩色电视机、摩托车、冰箱、洗衣机，无论在农村还是城镇也都比较普遍，有一半以上受访者家庭拥有上述消费品超过一件。农村比较稀缺的有液晶/等离子电视、轿车/面包车、笔记本电脑、照相机/摄像机、空调，这些消费品在同类产品中较为高端、昂贵，在经济条件好一些的城市才更普遍。此外，农村和城镇都比较稀少的还有冰柜和自备发电机，因其用途比较专门化，所以没有成为当地家庭中的常用消费品。但无论消费品是常见还是稀缺，受访者家中在半年内打算购买的意愿都不强烈。

表 1 - 12　　　　　　　　　　家中消费品及半年内的购买意愿

物品类型	受访者户口	平均每户数量（单位：台/个/辆）	数量						半年内是否打算购买（单位：%）		
			0	1	2	3	4	5 及以上	是	否	合计
显像管彩色电视机	农业	0.96	8	158	1	0	0	0	4.9	95.1	100
	非农业	0.66	100	151	1	0	0	0	0.8	99.2	100
液晶/等离子电视	农业	0.02	164	3	0	0	0	0	1.9	98.1	100
	非农业	0.41	149	102	1	0	0	0	1.7	98.3	100
农用车/拖拉机	农业	0.31	116	50	1	0	0	0	1.9	98.1	100
	非农业	0.01	250	2	0	0	0	0	1.2	98.8	100

续表

物品类型	受访者户口	平均每户数量（单位：台/个/辆）	数量						半年内是否打算购买（单位：%）		
			0	1	2	3	4	5及以上	是	否	合计
轿车/面包车	农业	0.04	162	3	2	0	0	0	3.2	96.8	100
	非农业	0.26	192	56	3	1	0	0	3.0	97.0	100
摩托车	农业	0.84	41	113	11	2	0	0	8.1	91.9	100
	非农业	0.52	144	86	20	2	0	0	2.5	97.5	100
冰箱	农业	0.67	54	113	0	0	0	0	8.1	91.9	100
	非农业	0.91	23	228	1	0	0	0	1.7	98.3	100
冰柜	农业	0.02	164	3	0	0	0	0	1.2	98.8	100
	非农业	0.06	236	16	0	0	0	0	2.1	97.9	100
台式计算机	农业	0.06	157	10	0	0	0	0	1.3	98.8	100.
	非农业	0.42	148	102	2	0	0	0	1.7	98.3	100
笔记本电脑	农业	0.01	165	2	0	0	0	0	1.9	98.1	100
	非农业	0.28	189	54	7	1	0	0	3.8	96.2	100
手机	农业	1.42	18	89	45	7	4	4	6.9	93.1	100
	非农业	2.17	5	70	97	44	31	5	3.3	96.	100
洗衣机	农业	0.66	56	111	0	0	0	0	8.4	91.6	100
	非农业	0.87	33	218	1	0	0	0	1.7	98.3	100
照相机/摄像机	农业	0.02	164	3	0	0	0	0	2.5	97.5	100
	非农业	0.31	177	73	2	0	0	0	2.1	97.9	100
空调	农业	0.02	164	3	0	0	0	0	2.5	97.5	100
	非农业	0.20	201	51	0	0	0	0	4.3	95.7	100
自备发电机	农业	0	167	0	0	0	0	0	0.0	100	100
	非农业	0	252	0	0	0	0	0	0.4	99.6	100

注：农业户口受访者样本量是 167，非农业户口受访者样本量是 252。

三　受访者家庭的住房

（一）受访者家庭的住房情况

受访者家庭一般都拥有 1 套自有住房。自有住房总面积的最小值为 15 平方米，最大值为 1000 平方米，平均值为 136. 45 平方米。农业户口和非农业户口受访者家庭自有住房总面积的平均值分别为 180. 24 平方米和 109. 63 平方米，总面积比较集中的区间分别是 100—149 平方米和 50—99 平方米。可见农村比城镇的自有住房面积要大，其原因可能是城乡计算方式不同，农村往往包括宅基地上的院落和住房，城市只计算住房的使用面积或建筑面积。

表 1-13　　　　　　　　家庭自有住房套数

单位:%

	0 套	1 套	2 套
农业户口	4.3	95.7	0.0
非农业户口	0.8	98.4	0.8
合计	2.2	97.3	0.5

注：农业户口受访者样本量是167，非农业户口受访者样本量是252。

表 1-14　　　　　　　　家庭住房面积

单位:%

面积（m²）	自有住房总面积		本户住房的建筑面积	
	农业户口	非农业户口	农业户口	非农业户口
无	4.3	0.8	0.0	0.0
1—49	0.6	0.8	1.2	0.0
50—99	14.1	52.8	3.7	10.0
100—149	26.4	30.6	13.0	12.5
150—199	14.7	2.8	14.3	7.5
200—249	12.3	6.9	8.1	7.5
250—299	4.9	1.2	6.2	12.5
300—349	9.2	2.4	9.9	22.5
350—399	0.6	0.4	1.9	10.0
400 及以上	12.9	1.2	41.6	17.5
合计	100	100	100	100

注：农业户口受访者样本量是167，非农业户口受访者样本量是252。

如表 1-15 所示，受访者所在住房的性质大多数为自有住房，这一情况在农业户口与非农业户口的受访者之间没有区别。

表 1-15　　　　　　　　本户住房的性质

单位:%

	自有住房	租/住廉租房	租/住亲友房	租/住私人房	合计
农业户口	92.8	5.4	1.2	0.6	100
非农业户口	96.4	1.6	2.0	0.0	100
合计	95.0	3.1	1.7	0.2	100

注：农业户口受访者样本量是167，非农业户口受访者样本量是252。

（二）受访者家庭的住房条件

整体来看，受访者所在住房的 3 种建筑类型（砖木、混合、钢筋混凝土）的比例相差不大。但钢筋混凝土结构的住户基本上都是非农业户口受访者，他们占了钢混结构住户的 65.7%，而农业户口受访者主要为砖木和混合结构的房屋。

表 1 – 16　　　　　　　　　　本户住房的建筑类型

单位:%

	钢筋混凝土结构	混合结构	砖木结构	合计
农业户口	1.8	47.0	51.2	100
非农业户口	65.7	14.3	20.0	100
合计	39.9	27.5	32.6	100

注：农业户口受访者样本量是 167，非农业户口受访者样本量是 252。

住宅外道路路面情况呈现城乡差异：住宅外为自然土路的情况占所有农业户口受访者总数的 68.3%；而非农业户口受访者中最普遍的为水泥或柏油路面的情况，占 82.1%。

表 1 – 17　　　　　　　　　　住宅外道路路面情况

单位:%

	水泥或柏油路面	沙石或石板等硬质路面	自然土路	合计
农业户口	22.2	9.6	68.3	100
非农业户口	82.1	4.8	13.1	100
合计	58.1	6.7	35.2	100

注：农业户口受访者样本量是 167，非农业户口受访者样本量是 252。

做饭主要用水的城乡差异并不明显，尽管非农业户口的受访者家庭不像农业户口的受访者家庭一样存在使用江河湖水的情况，但两者基本上以使用自来水为主，比例分别为 99.6% 和 77.2%，自来水在非农业户口的受访者家庭中更普遍。

表 1 – 18　　　　　　　　　　最主要的做饭用水

单位:%

	江河湖水	井水/山泉水	自来水	合计
农业户口	21.6	1.2	77.2	100
非农业户口	0.0	0.4	99.6	100
合计	8.7	0.7	90.6	100

注：农业户口受访者样本量是 167，非农业户口受访者样本量是 252。

城乡差异同样表现在卫生设备上，在 167 户农业户口的受访者中，仅有 3 户用上了水冲式厕所，97.6% 使用的是旱厕；非农业户口的受访者中有 87.5% 家中有水冲式厕所。

表 1 – 19 卫生设备

单位:%

	水冲式厕所	旱厕	无厕所	合计
农业户口	1.8	97.6	0.6	100
非农业户口	87.5	12.5	0.0	100
合计	53.0	46.7	0.2	100

注：农业户口受访者样本量是 167，非农业户口受访者样本量是 252。

做饭燃料的使用上，农业户口的受访者家庭大多使用柴草、秸秆等（144 户，86.2%），而非农业户口的受访者家庭则大多用煤气、液化气或天然气（229 户，91.2%）。

表 1 – 20 做饭的主要燃料

单位:%

	柴草（秸秆类）	煤炭	煤气/液化气/天然气	电	合计
农业户口	86.2	5.4	7.8	0.6	100
非农业户口	2.4	6.4	91.2	0.0	100
合计	35.9	6.0	57.9	0.2	100

注：农业户口受访者样本量是 167，非农业户口受访者样本量是 252。

表 1 – 21 说明，无论是农业户口还是非农业户口的受访者，认为自己现有住房不便利和不太便利的都是极少数。而非农业户口的受访者对便利程度的评价较保守，选择"比较便利"的比例比较大，占 52.7%，而农业户口的受访者中虽然选择这个选项的也是最多的，但只占 38.6%。

表 1 – 21 对现有住房便利程度的评价

单位:%

	很便利	比较便利	一般	不太便利	不便利	合计
农业户口	37.3	38.6	21.1	1.8	1.2	100
非农业户口	26.9	52.7	17.1	1.6	1.6	100
合计	31.1	47.0	18.7	1.7	1.5	100

注：农业户口受访者样本量是 167，非农业户口受访者样本量是 252。

（三）受访者家庭住房的改善意愿和方式

农业户口和非农业户口的受访者改善住房的意愿基本一致，表示不迫切和不想改善的占了大多数。而在改善的方式上，两者则表现出了区别，85.3%的农业户口受访者希望通过自建新房的方式改善住房，而作出同样选择的非农业户口受访者比例虽然也是最高的，但选择自建新房的比例只达到 34%；农业户口的受访者中没有购买经济适用房和单位筹资共建房的意愿，这两种方式成为非农业户口者的专属。

表 1－22　　　　　　　　　　改善住房意愿

单位：%

	很迫切	比较迫切	一般	不迫切	不想改善	合计
农业户口	6.0	6.7	22.1	22.8	42.3	100
非农业户口	4.5	10.2	27.8	30.6	26.9	100
合计	5.1	8.9	25.6	27.7	32.7	100

注：农业户口受访者样本量是 167，非农业户口受访者样本量是 252。

表 1－23　　　　　　　　　　改善住房的方式

单位：%

	自建新房	购买商品房	购买经济适用房	购买单位筹资共建房	购买小产权房	购买农村私有住房	合计
农业户口	85.3	5.9	0.0	0.0	5.9	2.9	100
非农业户口	34.0	14.0	24.0	12.0	6.0	10.0	100
合计	63.6	9.3	10.2	5.1	5.9	5.9	100

注：农业户口受访者样本量是 167，非农业户口受访者样本量是 252。

（四）受访家庭对住房政策的评价

受访者对于目前的住房和住房政策整体上满意度比较高，这在农业户口和非农业户口的受访者之间没有区别。

表 1－24　　　　　　　　目前的住房和住房政策满意程度

单位：%

	很满意	满意	一般	不太满意	不满意	合计
农业户口	10.5	65.4	21.6	1.3	1.3	100
非农业户口	17.4	58.9	17.8	2.5	3.4	100
合计	14.7	61.4	19.3	2.1	2.6	100

注：农业户口受访者样本量是 167，非农业户口受访者样本量是 252。

　　同样，受访者对政府的商品房、两限房、经济适用房、廉租房和农村住房改造政策也很少表示不满意。但从表1－25中可以看出，受访者对政策的了解程度很低，分别对上述5项住房政策不清楚的受访者比例为42.3%、46.6%、42.7%、44.2%和38.1%。同时，两限房、廉租房和经济适用房等政策主要针对城市，所以农业户口的受访者对其知之甚少。

表1－25　　　　　　　　　　　对各项住房政策满意程度

单位:%

政府对商品房的政策						
	很满意	满意	一般	不太满意	不满意	不清楚	合计
农业户口	14.8	54.1	29.5	0.0	1.6	14.8	100
非农业户口	9.0	42.9	41.2	0.6	6.2	9.0	100
合计	10.5	45.8	38.2	0.4	5.0	10.5	100
政府对两限房的政策						
	很满意	满意	一般	不太满意	不满意	不清楚	合计
农业户口	11.1	68.5	18.5	0.0	1.9	11.1	100
非农业户口	7.8	45.2	41.0	1.2	4.8	7.8	100
合计	8.6	50.9	35.5	0.9	4.1	8.6	100
政府对廉租房的政策						
	很满意	满意	一般	不太满意	不满意	不清楚	合计
农业户口	16.2	38.2	44.1	0.0	1.5	16.2	100
非农业户口	5.4	48.2	38.1	1.8	6.5	5.4	100
合计	8.5	45.3	39.8	1.3	5.1	8.5	100
政府对经济适用房的政策						
	很满意	满意	一般	不太满意	不满意	不清楚	合计
农业户口	9.0	50.7	38.8	0.0	1.5	9.0	100
非农业户口	6.1	49.1	38.0	1.2	5.5	6.1	100
合计	7.0	49.6	38.3	0.9	4.3	7.0	100
政府对农村住房改造的政策						
	很满意	满意	一般	不太满意	不满意	不清楚	合计
农业户口	15.9	63.7	19.5	0.0	0.9	15.9	100
非农业户口	6.3	55.9	30.8	0.7	6.3	6.3	100
合计	10.5	59.4	25.8	0.4	3.9	10.5	100

　　注: 农业户口受访者样本量是167，非农业户口受访者样本量是252。

　　总体而言，喀什市受访者家庭拥有住房以1套为主，但家庭间面积差距较大。在住房条件方面，农村住房在卫生、燃料、道路等方面与城市有差距。受访者总体上对住房政策满意度高，但有相当比例的受访者对政策的认知度非常低。

第三节　喀什市城乡受访者的就业

一　城乡受访者的就业情况

（一）本地农业户口受访者的就业

本地农业户口的受访者中，以只是务农的居多，占 77.7%。在本地参加过非农务工的仅有 13 人，从事的年份主要集中在 2000 年以后的有 9 人；2000 年以前的只有 4 人。2013 年从事非农务工的人中，75.1% 通过家人/亲戚、朋友/熟人等渠道获得工作信息，通过政府介绍和广告等渠道的只有 25%。

在本地参加非农自营的仅有 8 人，其中开业时向亲友借款的仅 1 人，没有人向银行或信用社借款。有外出自营经历的仅 1 人，开业时也没有向亲友、银行或信用社借款。有外出从业经验的也仅有 1 人。

（二）城镇户口或城镇外来务工人员

如表 1-26，城镇户口或城镇外来务工人员的行业分布并不很集中，其中分布比例位居前三位的是居民服务和其他服务业（18%）、批发和零售业（12.4%）与教育（11.8%）。

表 1-26　　　　城镇户口或城镇外来务工人员行业情况

	人数	百分比（%）
农林牧渔业	8	5.0
采矿业	1	0.6
电力、燃气及水的生产和供应业	15	9.3
建筑业	3	1.9
交通运输、仓储和邮政业	5	3.1
信息传输、计算机服务和软件业	3	1.9
批发和零售业	20	12.4
住宿和餐饮业	3	1.9
金融业	4	2.5
房地产业	2	1.2
租赁和商业服务业	15	9.3
科学研究、技术服务和地质勘察业	2	1.2
水利、环境和公共设施管理业	2	1.2

续表

	人数	百分比（%）
居民服务和其他服务业	29	18.0
教育	19	11.8
卫生、社会保障和社会福利业	9	5.6
文化、体育和娱乐业	5	3.1
公共管理和社会组织	16	9.9
合计	161	100

　　城镇户口受访者或城镇外来务工人员的主要从业地区为县外省内，达到了50.6%。

表1-27　　　　　　　　　　从业地区

	人数	百分比（%）
乡内	24	15.4
乡外县内	52	33.3
县外省内	79	50.6
国外和港澳台	1	0.6
合计	156	100

　　城镇户口受访者或城镇外来务工人员的职业分布集中在国家机关党群组织、企事业单位负责人（26.3%）、不便分类的其他从业人员（24.4%）、商业（21.8%）和专业技术人员（17.3%）4类。其合同性质主要为固定职工（45.9%）、从事私营或个体经营人员（25.8%）和长期合同工（11.3%）。

表1-28　　　　　　　　　　职业

	人数	百分比（%）
国家机关党群组织、企事业单位负责人	41	26.3
专业技术人员	27	17.3
办事人员和有关人员	7	4.5
商业	34	21.8
农林牧渔水利生产人员	3	1.9
生产、运输设备操作人员及有关人员	6	3.8
不便分类的其他从业人员	38	24.4
合计	156	100

表 1 – 29   合同性质

	人数	百分比（%）
固定职工（包括国家干部、公务员）	73	45.9
长期合同工	18	11.3
短期或临时合同工	8	5.0
没有合同的员工	15	9.4
从事私营或个体经营人员	41	25.8
其他（请注明）	4	2.5
合计	159	100

　　城镇户口受访者或城镇外来务工人员获得第一份城镇工作的最主要渠道中，正式的方式（政府/社区安排介绍、商业职介、招聘广告、直接申请）占了 68.6%，非正式方式（家人/亲戚介绍、朋友/熟人介绍、通过本乡同民族介绍等）只占 23.1%。这与农业户口的受访者在 2013 年获得非农务工工作渠道的比例正好相反。

表 1 – 30   获得第一份城镇工作的最主要渠道

	人数	百分比（%）
政府/社区安排介绍	70	49.0
商业职介（包括人才交流会）	8	5.6
招聘广告	7	4.9
直接申请（含考试）	13	9.1
家人/亲戚介绍	13	9.1
朋友/熟人介绍	19	13.3
通过本乡同民族介绍	1	0.7
其他	12	8.4
合计	143	100

　　有外出就业经历的受访者还被要求回答外出找工作的 3 个障碍，并按照其重要性排序。其中语言障碍获选最多，位居第一。

表 1 – 31   外出找工作的重要障碍

单位:%

	第一位	第二位	第三位
语言障碍	36.4	6.1	4.0
被当地人看不起	3.0	12.1	4.0
工作辛苦收入低	18.2	9.1	8.0
想留在当地但生活成本太高	12.1	0.0	4.0
生活习俗不能适应	15.2	18.2	24.0

	第一位	第二位	第三位
气候自然环境不能适应	0.0	9.1	28.0
孩子就学困难	0.0	9.1	16.0
家里需要照顾必须返乡	9.1	12.1	12.0
当地政府的政策限制	6.1	24.2	0.0
合计	100	100	100
样本量（个）	143	142	142

二 失业和辞职状况

图 1-1 统计了受访者家庭中 16 岁及以上成员没有工作的原因，其中最多的分别为已离/退休、正在上学和料理家务三项。

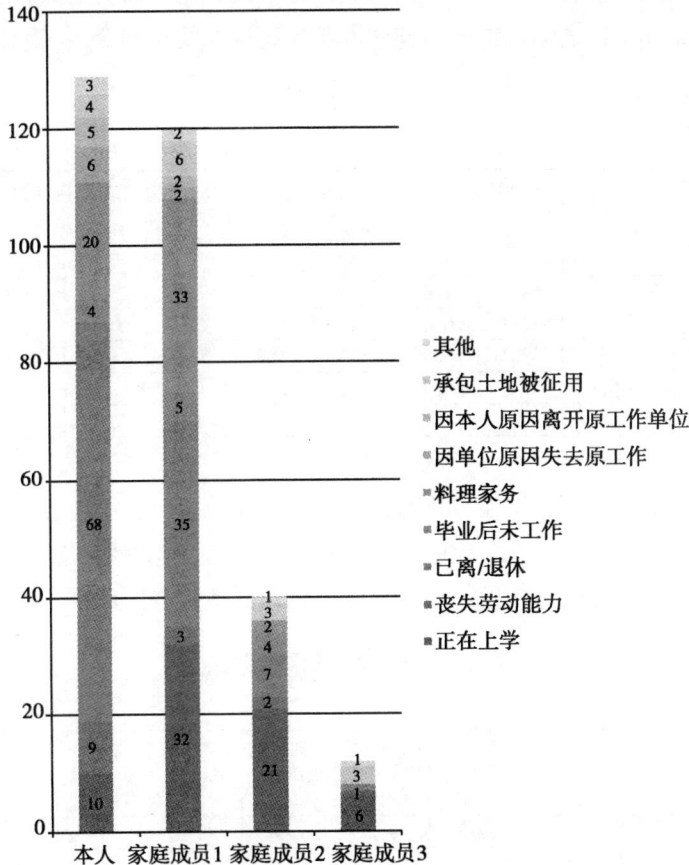

图 1-1 失业、辞职的原因

第四节　喀什市民族文化与教育

一　民族语言和文字

（一）民族语言

如表1-32所示，汉族最先掌握普通话和汉语方言，所有少数民族最先会说的都是本民族语言。

而在日常交往语言上则具有差异，汉族和维吾尔族使用普通话与人交谈的比例分别为97.7%和29.2%；两个民族中能用其他少数民族语言交谈的人分别仅有1人和4人。普通话是各民族间共通的交流语言，但由于语言差异，普通话在维吾尔族中的掌握程度未能达到令人满意的程度。

表1-32　　　　　　　　掌握语言的种类

单位:%

	小时候您最先会说哪种话（语言）				您现在能用哪些话（语言）与人交谈			
	汉族	维吾尔族	柯尔克孜族	乌孜别克族	汉族	维吾尔族	柯尔克孜族	乌孜别克族
普通话	68.5	1.4	0.0	0.0	97.7	29.2	100	100
汉语方言	22.3	0.0	0.0	0.0	26.2	0.4	0.0	0.0
本民族语言	59.2	100	100	100	77.7	100	100	100
其他少数民族语言	0.0	0.4	0.0	0.0	0.8	1.4	100	0.0
样本量	130	284	1	1	130	284	1	1

表1-33中，汉族对普通话掌握的程度最好，能流利准确地使用的人最多，而维吾尔族大多数听不懂也不会说普通话；少数民族对本民族语言普遍都能够准确地使用，会讲汉语方言和其他少数民族语言的不多。

表1-33　　　　　　　　掌握语言的熟练程度

单位:%

		能流利准确地使用	能熟练使用但有些音不准	能熟练使用但口音较重	基本能交谈但不太熟练	能听懂但不太熟练	能听懂一些但不会说	听不懂也不会说
普通话	汉族	82.3	9.2	2.3	0.0	2.3	3.8	0.0
	维吾尔族	7.3	9.2	2.3	6.1	9.5	6.1	59.5
	柯尔克孜族	0.0	0.0	100	0.0	0.0	0.0	0.0
	乌孜别克族	0.0	100	0.0	0.0	0.0	0.0	0.0

续表

		能流利准确地使用	能熟练使用但有些音不准	能熟练使用但口音较重	基本能交谈但不太熟练	能听懂但不太熟练	能听懂一些但不会说	听不懂也不会说
汉语方言	汉族	25.8	19.1	0.0	2.2	0.0	9.0	43.8
	维吾尔族	0.0	0.4	0.0	1.2	1.2	0.8	96.3
	柯尔克孜族	0.0	0.0	0.0	0.0	0.0	0.0	100
	乌孜别克族	0.0	0.0	0.0	0.0	0.0	0.0	0.0
本民族语言	汉族	90.6	4.7	0.0	0.0	0.0	0.0	4.7
	维吾尔族	99.6	0.0	0.4	0.0	0.0	0.0	0.0
	柯尔克孜族	100	0.0	0.0	0.0	0.0	0.0	0.0
	乌孜别克族	100	0.0	0.0	0.0	0.0	0.0	0.0
其他少数民族语言	汉族	0.0	1.3	0.0	0.0	0.0	1.3	97.5
	维吾尔族	0.0	0.0	0.0	0.0	0.4	2.1	97.5
	柯尔克孜族	100	0.0	0.0	0.0	0.0	0.0	0.0
	乌孜别克族	0.0	0.0	0.0	0.0	0.0	0.0	0.0

注：汉族样本量是130，维吾尔族样本量是284，柯尔克孜族样本量是1，乌孜别克族样本量是1。

（二）文字

表1-34和表1-35给出了各民族掌握文字的情况，这与掌握语言的情况相似：各民族对本民族的文字不仅会写，而且掌握得很好；对其他民族的文字基本不会书写。

表1-34 文字掌握情况

单位:%

		会	会一些	不会	不知道有没有文字	样本量
汉字	汉族	95.4	1.5	3.1	0.0	130
	维吾尔族	15.1	12.5	70.6	1.8	284
	柯尔克孜族	0.0	100	0.0	0.0	1
	乌孜别克族	0.0	100	0.0	0.0	1
本民族文字	汉族	94.3	1.0	4.8	0.0	130
	维吾尔族	84.8	9.9	5.3	0.0	284
	柯尔克孜族	100	0.0	0.0	0.0	1
	乌孜别克族	100	0.0	0.0	0.0	1

表 1 –35　　　　　　　　　　　文字水平

単位:%

		掌握足够文字，能流利书写	掌握较多文字，能书写书信	掌握文字数量不够，书写不流利	掌握文字数量太少，只能写点简单句子	完全不能用文字书写	合计	样本量
汉字	汉族	80.0	16.2	0.8	0.0	3.1	100	130
	维吾尔族	8.5	7.4	9.6	3.7	71.0	100	284
	柯尔克孜族	0.0	100	0.0	0.0	0.0	100	1
	乌孜别克族	0.0	0.0	100	0.0	0.0	100	1
本民族文字	汉族	87.6	6.7	1.0	0.0	4.8	100	130
	维吾尔族	74.7	7.1	10.3	2.8	5.0	100	284
	柯尔克孜族	100	0.0	0.0	0.0	0.0	100	1
	乌孜别克族	100	0.0	0.0	0.0	0.0	100	1

（三）双语教育

受访的少数民族中，有 92.3% 的受访者愿意说本民族的语言，占了绝大多数。

表 1 –36　　　　　　　少数民族说本民族语言的意愿

単位：人、%

	人数	百分比
不愿意说	12	4.2
很多时候都愿意说	264	92.3
只和本民族人在一起时才愿意说	7	2.4
不好说	3	1.0
合计	286	100

85.3% 的少数民族受访者愿意送自己的子女去双语学校学习，他们愿意的原因主要是对孩子未来的发展、就业、生活有利，其次是可以加强与汉族的交流、促进民族团结，其他还有顺应社会发展趋势等。不愿意送子女去双语学校的受访者中有 15 位填写了原因，认为双语教育效果不好的有 9 位。

表 1 –37　　　　　　　少数民族送子女到双语学校的意愿

単位：人、%

	人数	百分比
很愿意	65	22.7
较愿意	111	38.8

续表

	人数	百分比
愿意	68	23.8
不愿意	13	4.5
很不愿意	1	0.3
无所谓	28	9.8
合计	286	100

88.5%的少数民族受访者认为掌握当地汉话是有好处的，而且其中最多的是认为方便与其他民族交往（42.7%），这说明少数民族能体会到普通话在民族间交往中的重要作用，而不单单看重语言在经济行为中的作用。

表1-38 少数民族受访者对掌握当地汉话作用的评价

单位：人、%

	人数	百分比
有好处，方便与其他民族交往	122	42.7
有好处，方便做买卖	30	10.5
对工作生活各方面都有好处	101	35.3
不好说	24	8.4
没太大好处	9	3.1
合计	286	100

认为双语教育效果不好的受访者仅占1.5%，其中没有汉族；大多数少数民族也认为双语教育的效果是好的。同时也有16.7%的受访者表示对双语教育的效果不清楚，而且汉族比少数民族对双语教育不了解的人更多。

表1-39 对双语教育的评价

单位:%

	很好	好	一般	不好	很不好	合计	样本量
汉族	4.2	74.6	21.1	0.0	0.0	100	130
维吾尔族	21.1	58.3	16.2	1.9	2.6	100	284
乌孜别克族	0.0	100	0.0	0.0	0.0	100	1
合计	17.5	61.8	17.2	1.5	2.1	100	415

总体上，喀什市受访者中，各民族对自己民族的语言和文字掌握情况

较好。虽然少数民族能够充分意识到普通话在发展与交往中的作用，但掌握情况不太乐观，因此，虽然受访者对双语教育的评价较好，但仍需要探索方式方法，并合理借鉴其他少数民族自治地方的经验。

二　民族文化传统

（一）受访者对传统文化的认识

对于最具本地特色的传统文化类型，受访者选择最多的三项为传统民居、传统服饰和传统节日，且汉族和少数民族的选择差别不大。对于最重要的本民族文化类型，受访者选择最多的三项为传统节日、传统服饰和宗教活动习俗，汉族和少数民族同样没有差别。对留存或传播较好的本民族文化类型，选择最多的三项为传统节日、传统服饰和传统民居，汉族和少数民族同样没有差别。对于已经濒临失传急需恢复的文化类型，受访者选择最多的三项为传统服饰、传统生产方式和人生礼仪，少数民族的选择与总体情况相同，但汉族选择前三位的是：传统生产方式、人生礼仪和传统服饰。

表 1 - 40　　　　　　　　　对传统文化的认识

单位:%

		传统民居	传统服饰	传统节日	人生礼仪	传统文娱活动	传统饮食	道德规范	人际交往习俗	传统生产方式	宗教活动习俗
最具本地特色的传统文化类型	汉族	60.5	63.6	55.0	6.2	4.7	31.0	3.9	5.4	3.1	41.1
	少数民族	64.7	48.4	44.5	12.0	9.2	36.0	17.0	14.8	4.2	33.6
	合计	63.3	53.2	47.8	10.2	7.8	34.5	12.9	11.9	3.9	35.9
最重要的本民族文化类型	汉族	38.8	41.9	62.0	21.7	13.2	24.0	17.1	7.0	3.9	38.8
	少数民族	25.1	48.1	47.0	19.1	15.9	30.0	17.7	16.3	4.9	47.0
	合计	29.4	46.1	51.7	19.9	15.0	28.2	17.5	13.3	4.6	44.4
留存或传播较好的本民族文化类型	汉族	46.5	42.6	63.6	7.0	11.6	31.0	4.7	9.3	3.9	39.5
	少数民族	33.7	37.2	55.3	17.7	9.2	36.9	14.9	15.6	8.2	27.7
	合计	37.7	38.9	57.9	14.4	10.0	35.0	11.7	13.6	6.8	31.4
已经濒临失传急需恢复的文化类型	汉族	8.5	32.6	5.4	37.2	13.2	4.7	27.9	18.6	46.5	10.9
	少数民族	20.1	38.0	15.3	22.3	22.3	9.9	19.7	16.1	29.2	24.8
	合计	16.4	36.2	12.2	27.0	19.4	8.2	22.3	16.9	34.7	20.3

注：汉族样本量是 130，少数民族样本量是 286。

（二）文化传承

汉族和少数民族的受访者都认为，与自己相比，子女一辈的人很愿意接受民族语言、民族文化和民族风俗习惯。

受访者被要求选择自己了解本民族和其他民族民俗文化的三个主要渠道，获选最多的三项依次为"家庭内的口口相传或者耳濡目染""广播、电视、互联网等"和"学校教育"，汉族和少数民族的选择没有差别。这说明喀什市的受访者在了解民俗文化的途径中最重要的是家庭教育，其次是大众媒体，然后才是学校教育。

表1-41　　　　　　　　　　　子女接受民族文化的意愿

单位:%

		民族语言	民族文化	民族风俗习惯
汉族	很愿意	81.1	81.1	80.3
	较愿意	17.3	17.3	17.3
	愿意	1.6	1.6	2.4
	不愿意	0.0	0.0	0.0
	很不愿意	0.0	0.0	0.0
少数民族	很愿意	68.4	69.1	71.5
	较愿意	23.0	19.9	18.4
	愿意	4.3	6.4	5.1
	不愿意	2.5	3.5	3.6
	很不愿意	1.8	1.1	1.4

注：汉族样本量是130，少数民族样本量是286。

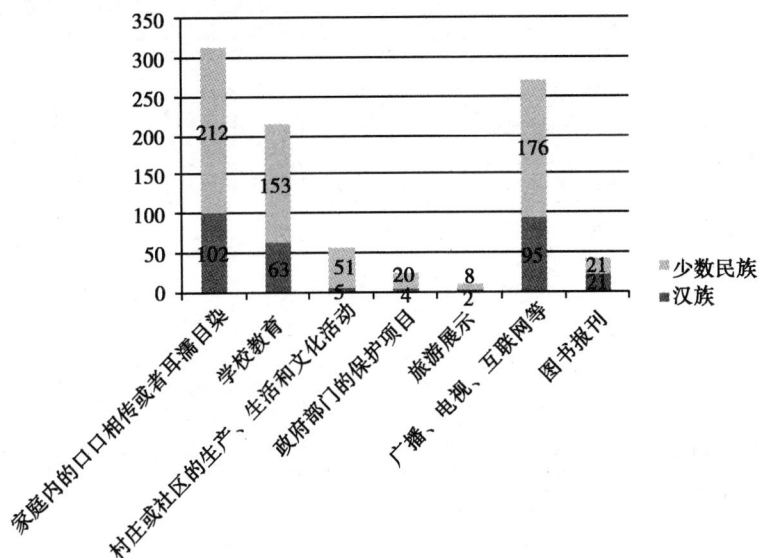

图1-2　了解本民族/其他民族民俗文化的主要渠道

（三）传统文化保护政策

对于当地政府和国家保护民族文化的工作，汉族和少数民族的评价呈相同的趋势，基本都持肯定态度。但是，汉族与少数民族之间也存在差异：对比表1-42和表1-43可以发现，汉族对当地政府和国家政策评价差别不大，但少数民族选择很满意国家工作的人数要比选择很满意当地政府工作的人数普遍多35%—60%，这说明少数民族对国家的文化保护工作更加认可。此外，汉族和少数民族对保护民族文化工作这一问题选择"不好说"的样本主要集中在"人生礼仪""传统文娱活动""人际交往习俗""传统生产方式"和"宗教活动习俗"几项，说明受访者对地方与国家上述方面的工作认知存在模糊性。

表1-42　　　　　　　　　对当地政府保护民族文化工作的评价

单位:%

		传统民居	传统服饰	传统节日	人生礼仪	传统文娱活动	传统饮食	道德规范	人际交往习俗	传统生产方式	宗教活动习俗
汉族	很满意	23.3	22.5	23.8	21.6	18.3	18.5	20.5	20.4	20.2	19.4
	满意	75.0	77.5	75.4	72.2	78.3	81.5	75.9	73.8	75.0	80.6
	不太满意	1.7	0.0	0.8	5.2	1.7	0.0	1.8	5.8	4.8	0.0
	不满意	0.0	0.0	0.0	1.0	1.7		1.8	0.0	0.0	0.0
	不好说	15.9	17.1	17.6	15.8	15.0	17.2	14.3	14.3	14.2	15.4
少数民族	很满意	79.3	76.4	78.3	78.1	80.6	81.7	80.7	82.5	78.2	75.6
	满意	4.1	4.4	3.7	5.3	3.6	1.1	4.5	2.4	5.9	3.1
	不太满意	0.7	2.2	0.4	0.8	0.8		0.4	0.8	1.7	5.9
	不满意	23.3	22.5	23.8	21.6	18.3	18.5	20.5	20.4	20.2	19.4
	不好说	75.0	77.5	75.4	72.2	78.3	81.5	75.9	73.8	75.0	80.6

注：汉族样本量是130，少数民族样本量是286。

表1-43　　　　　　　　　对国家保护民族文化工作的评价

单位:%

		传统民居	传统服饰	传统节日	人生礼仪	传统文娱活动	传统饮食	道德规范	人际交往习俗	传统生产方式	宗教活动习俗
汉族	很满意	27.5	22.2	25.6	21.2	17.2	17.8	19.3	19.2	19.4	20.6
	满意	70.8	77.8	74.4	74.7	79.3	82.2	78.9	76.0	75.7	79.4
	不太满意	1.7	0.0	0.0	4.0	1.7	0.0	1.8	4.8	4.9	0.0
	不满意	0.0	0.0	0.0	0.0	1.7	0.0	0.0	0.0	0.0	0.0
	不好说	25.0	25.7	24.3	19.0	22.7	24.2	20.5	22.8	19.0	21.9

续表

		传统民居	传统服饰	传统节日	人生礼仪	传统文娱活动	传统饮食	道德规范	人际交往习俗	传统生产方式	宗教活动习俗
少数民族	很满意	71.0	67.4	74.3	76.2	76.1	75.5	75.1	75.2	76.9	73.8
	满意	2.9	5.4	1.5	4.4	0.8	0.4	4.0	1.6	2.9	0.4
	不太满意	1.1	1.4	0.0	0.4	0.4	0.0	0.4	0.4	1.2	3.9
	不满意	27.5	22.2	25.6	21.2	17.2	17.8	19.3	19.2	19.4	20.6
	不好说	70.8	77.8	74.4	74.7	79.3	82.2	78.9	76.0	75.7	79.4

注：汉族样本量是130，少数民族样本量是286。

　　总体上，在对传统文化的认识上，喀什市的汉族和少数民族已经达成区域性的共识，但就濒危传统文化类型的认识还存在差异。在文化传承方面，家庭教育、媒体传播和学校教育是三个重要的环节。受访者对政府的文化传统保护政策的满意度也比较高。

三　国家与民族认同

（一）国家与民族

　　汉族受访者在判断当前我国民族意识的发展趋势时，选择更加认同中华民族的比例最多，而少数民族选择既认同本民族也认同中华民族的比例最多。这说明中华民族已经成为中国人的普遍认同，同时少数民族也保持着对本民族的认同。

表1－44　　　　　对当前我国民族意识的发展趋势的判断

单位：人（％）

	各民族更加认同本民族意识	更加认同中华民族	既认同本民族也认同中华民族	不清楚	合计
汉族	27（22.88）	43（36.44）	36（30.5）	12（10.18）	118（100）
少数民族	75（28.96）	29（11.24）	113（43.6）	44（16.2）	259（100）
合计	102（26.91）	72（19）	149（39.31）	56（14.78）	379（100）

　　在假设有外国人问起民族身份的情况下，259位少数民族受访者选择先说中国人的最多，占比为44.4％，选择本民族、中国人的占比为28.6％，选择中国人和本民族不分先后的比例是18.9％，不好回答的比例是8.1％；这说明"中国人"的认同在少数民族中依然占优势。

（二）少数民族身份

当少数民族受访者被问及在当地社会交往、工作就业、日常生活等方面是否有不便时，73.5% 选择没有。存在的不便最多的是语言不通、沟通不便，其次是办事不方便等。

表 1 – 45　　　　　　　　　少数民族在当地有无不便

单位：人、%

	人数	百分比
经常有	8	3.4
偶尔有	30	12.8
很少	24	10.3
没有	172	73.5
合计	234	100

当少数民族受访者被问及在外出旅行、出国时是否有不便时，选择没有的依然是大多数，占 61.6%。但值得注意的是选择"经常有"的占了20.8%，可见喀什的少数民族（主要为维吾尔族）在外出时面临的不便要比在本地严重。根据受访者的回答，最普遍的不便之处就是护照难办和语言障碍，此外还有风俗习惯不同、被污名化等。

表 1 – 46　　　　　　　　　少数民族外出有无不便

单位：人、%

	人数	百分比
经常有	26	20.8
偶尔有	14	11.2
很少	8	6.4
没有	77	61.6
合计	125	100

在喀什，无论是汉族还是少数民族，都具备强烈的对"中华民族"和"中国人"的认同，同时对自己的民族也保持着认同，这也印证了费孝通先生提出的"中华民族多元一体格局"[1]。少数民族在外出时遭遇的不便比在本地要多，因此喀什市政府在保障本地民族团结稳定的前提下，也应扩大对外宣传，消除本地少数民族在外地的负面形象。

---

① 费孝通：《中华民族多元一体格局》，中央民族大学出版社 1999 年版。

第五节 喀什市城乡受访者的社会生活

一 公共基础设施

(一) 基础设施概况

从表1-47可以看出，各项公共设施设置离非农业户口受访者家的距离基本在5公里之内，距离农业户口受访者家大多在5公里以上。其中距离所有受访者家都较远的是中学，在农村也几乎没有残疾人无障碍及康复设施。

表1-47 受访者家到公共设施的距离

单位:%

		小于1公里	1—3公里	3—5公里	5—10公里	大于10公里	合计
公共厕所	农业户口	10.7	6.3	33.0	50.0	0	100
	非农业户口	82.1	13.9	1.2	2.9	0	100
老年服务中心	农业户口	1.7	10.4	24.3	62.6	0.9	100
	非农业户口	54.6	25.0	5.6	14.8	0.0	100
公共卫生室或医院	农业户口	4.2	23.5	33.7	38.6	0	100
	非农业户口	52.8	32.4	9.2	5.6	0.0	100
活动中心（活动室、广场等）	农业户口	3.7	25.4	30.6	36.6	3.7	100
	非农业户口	47.5	27.1	13.1	12.2	0.0	100
教育设施（幼儿园）	农业户口	28.9	38.0	18.7	12.0	2.4	100
	非农业户口	51.6	29.7	14.2	4.5	0.0	100
教育设施（小学）	农业户口	15.8	57.0	15.2	8.5	3.6	100
	非农业户口	41.7	27.1	18.2	13.0	0.0	100
教育设施（中学）	农业户口	2.4	29.5	30.1	34.3	3.6	100
	非农业户口	31.3	30.9	19.3	18.5	0.0	100
治安设施（岗亭、警卫室等）	农业户口	22.3	14.9	43.9	16.9	2.0	100
	非农业户口	65.4	23.5	10.7	0.4	0.0	100
残疾人无障碍及康复设施	农业户口	0.0	31.3	18.8	25.0	25.0	100
	非农业户口	41.2	41.2	17.6	0.0	0.0	100
运动场所及器材	农业户口	16.9	12.8	20.3	48.6	1.4	100
	非农业户口	64.7	18.8	4.0	12.5	0.0	100

注: 农业户口受访者样本量是165, 非农业户口受访者样本量是250。

（二）农村基础设施建设

农业户口受访者对公共设施选择不满意的很少，选择"非常满意"和"比较满意"的比例最多的是教育设施，此外公共卫生室或医院、路灯、治安设施、村道的满意比例也较多，这是农村公共设施建设较好的方面。同时，表示村中没有公共厕所、路灯、老年服务中心、活动中心等设施的受访者较多，在 20%—32%，没有残疾人无障碍及康复设施的达到 60.4%，这些是公共设施建设中的不足之处。此外，75.9% 的农业户口受访者认为现有公共设施可以满足自己的需求，24.1% 认为不能满足，需要增设的公共设施主要为路灯、自来水、道路、卫生设施、老年活动中心等。

表 1-48　　　　　　　农业户口受访者对公共基础设施满意度

单位：人、%

	非常满意	比较满意	一般	不太满意	非常不满意	没有该设施	合计
公共厕所	35 (21.5)	40 (24.5)	33 (20.2)	3 (1.8)	1 (0.6)	51 (31.3)	163 (100)
路灯	37 (22.7)	44 (27.0)	39 (23.9)	3 (1.8)	1 (0.6)	39 (23.9)	163 (100)
卫生设施（垃圾桶、保洁等）	40 (24.5)	35 (21.5)	43 (26.4)	1 (0.6)	1 (0.6)	43 (26.4)	163 (100)
老年服务中心	26 (16.3)	42 (26.3)	38 (23.8)	14 (8.8)	1 (0.6)	39 (24.4)	160 (100)
公共卫生室或医院	25 (15.6)	68 (42.5)	50 (31.3)	3 (1.9)	1 (0.6)	13 (8.1)	160 (100)
活动中心（活动室、广场等）	20 (12.4)	49 (30.4)	68 (42.2)	3 (1.9)	1 (0.6)	20 (12.4)	161 (100)
教育设施（幼儿园、小学等）	48 (30.2)	71 (44.7)	37 (23.3)	2 (1.3)	0 (0)	1 (0.6)	159 (100)
治安设施（岗亭、警卫室等）	51 (31.7)	52 (32.3)	39 (24.2)	1 (0.6)	0 (0)	18 (11.2)	161 (100)
残疾人无障碍及康复设施	11 (8.2)	15 (11.2)	22 (16.4)	3 (2.2)	2 (1.5)	81 (60.4)	134 (100)
运动场所及器材	15 (9.8)	44 (28.8)	66 (43.1)	13 (8.5)	1 (0.7)	14 (9.2)	153 (100)
村道	16 (10.3)	66 (42.6)	49 (31.6)	14 (9.0)	10 (6.5)	0 (0)	155 (100)

受访者对基础设施存在问题选择最多的是"政府资金投入不足"，此

外"领导不重视"和"村民筹资的积极性不高"的选择比例也较高。

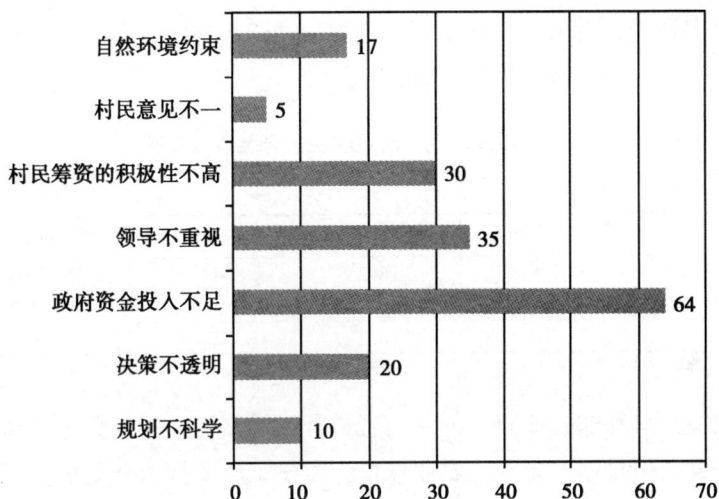

图 1-3 基础设施建设存在的问题

（三）学龄前教育

受访者中有 195 户家庭中曾有或现有学龄前儿童，其中绝大部分选择上幼儿园或学前班，占 93.8%，选择村内（社区内）幼儿园或学前班的比例最大，占 47.69%。对比受访者的户籍可以发现，农村户口的受访者中选择村内（社区内）内幼儿园或学前班的最多，占所有农村户口的作答者的 64.8%；而非农业户口的受访者中选择村内（社区内）、乡镇（街道）内、县城（跨区）内幼儿园或学前班的比例相差不大，但其中还是选择乡镇（街道）内的比例最大（37.17%）。从这个数据可以看到户籍对选择学龄前儿童教育方式的影响，农业户口的人更倾向于就近解决子女的学龄前教育，而非农业户口的人则更倾向于在更大的乡镇（街道）内选择幼儿园或学前班，在教育资源的选择上更多元。

表 1-49　　　　　　　　学龄前儿童教育选择

单位：人、%

	村内（社区内）幼儿园或学前班	乡镇（街道）内幼儿园或学前班	县城（跨区）内幼儿园或学前班	母亲照料	祖父母照料	合计
农业户口	81（64.8）	33（26.4）	10（8.0）	1（0.8）	0	125（100）
非农业户口	12（17.14）	26（37.17）	17（24.28）	12（17.14）	3（4.29）	70（100）
合计	93（47.69）	59（32.26）	27（13.85）	13（6.67）	3（1.53）	195（100）

（四）其他

大多数受访者家无法接收国外电视、网络收视信号及节目。在可以接收的 14 户中，也全都以国内节目为主。

表 1－50　　　　　接收国外电视、网络收视信号及节目情况

单位：%、个

	是	否	合计	样本量
农业户口	1.8	98.2	100	167
非农业户口	4.4	95.6	100	252
合计	3.3	96.7	100	419

农业户口和非农业户口的受访者最常用的出行方式和交通工具的种类基本一样，但排序有差别，农业户口为摩托车、步行、公交车，而非农业户口为步行、摩托车、公交车。可见，摩托车在当地是非常重要的交通工具，尤其适用于农业户口受访者；非农业户口受访者选择乘公交车的比例则比农业户口受访者多。

表 1－51　　　　　　　　出行方式和交通工具

单位：%、个

	步行	自行车	摩托车	三轮车/拖拉机	货运车	小轿车	公交车	样本量
农业户口	36.7	5.1	75.3	12.7	0.0	10.8	34.8	167
非农业户口	62.4	0.9	36.2	0.9	0.5	16.1	60.1	252
合计	51.6	2.7	52.7	5.9	0.3	13.8	49.5	419

本次调查中，共有 139 名从事农业生产的受访者对自己的灌溉方式作答，其中仅有 1 名使用人力灌溉，其他均为自然水灌溉。

喀什的公共设施在设置上还是以城市为重心，农村建设有待进一步改善。在对农村的基础建设中，也应把握政府投资使用的透明度问题。

二　城乡受访者的社会生活

（一）城乡受访者的个人生活

表 1－52 显示，伊斯兰教是选择宗教信仰受访者中人数和比例最多的，占总数的 68.3%，维吾尔族受访者中 97.8% 信仰伊斯兰教；而汉族中 91.2% 则称自己没有宗教信仰。喀什市的少数民族如有信仰也都是伊斯兰

教，因而大多数受访者对除伊斯兰教以外的其他宗教的发展趋势都不了解。

表 1 –52　　　　　　　　　　　　宗教信仰

单位:%、个

	伊斯兰教	佛教	基督教	没有宗教信仰	合计	样本量
汉族	3.2	4.8	0.8	91.2	100	110
维吾尔族	97.8	0.0	0.0	2.2	100	264
柯尔克孜族	100	0.0	0.0	0.0	100	1
乌孜别克族	100	0.0	0.0	0.0	100	1
合计	68.3	1.5	0.2	29.9	100	376

注：本表剔除了选择不知道（不清楚）的样本量。

　　过去一年中，受访者参加公益活动最多的是捐款捐物，最少的是义务参加专业咨询活动。非农业户口受访者参加最多的与总体情况相同，最少的则为社区内帮工；农业户口受访者最多和最少的公益活动分别是义务照顾社区、村的孤寡老人和义务献血。受访者在休闲时间最普遍的活动是看电视或看电影，此外朋友聚会、娱乐消遣也较多。非农业户口受访者的情况与总体情况相同，而农业户口受访者人数比例最多的前三项活动是看电视或看电影、朋友聚会和宗教活动。

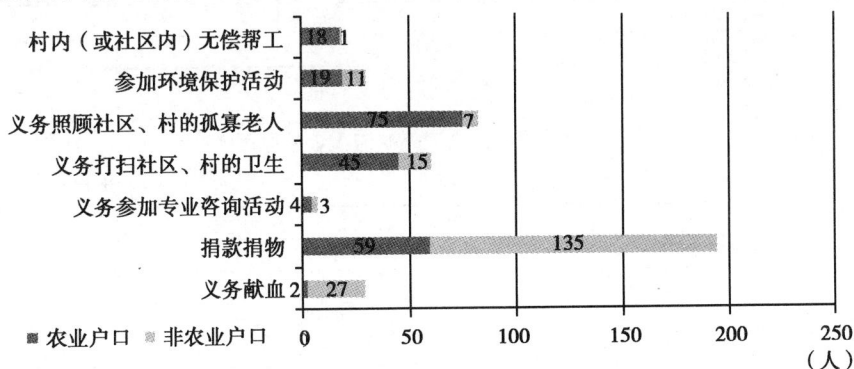

图 1 –4　过去一年参加的公益活动

（二）城乡受访者的地域间交往

　　当地户籍住户对外来流入者明确持不欢迎态度的仅占 3.8%，其原因主要是"看不惯他们的行为举止"。表 1 –54 表明，当地户籍住户对外来流入者在投资、就业、加强区域/民族间交往等方面充分肯定。此外，外来流入者对喀什的投资环境、生活便利、文化包容和安全等方面也表示了好评，但对自然环境并不满意；同时，他们也表现出长期留居和继续投资的意愿。

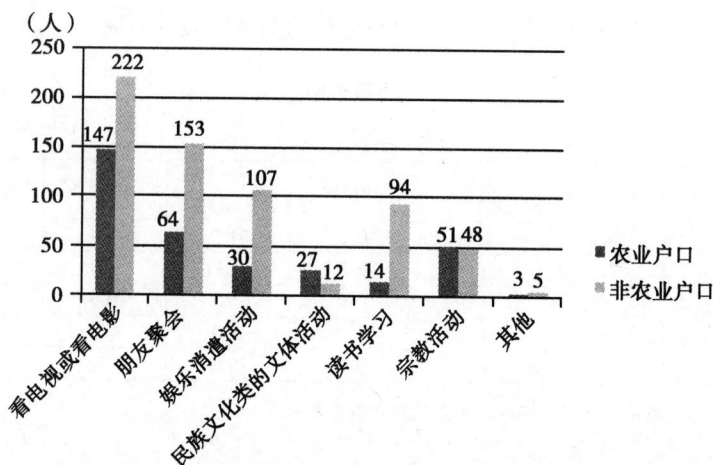

图 1-5　休闲时间的活动

表 1-53　　　　　　　　当地户籍住户对外来流入者的态度

单位：人、%

	人数	百分比
非常欢迎	101	25.9
比较欢迎	180	46.2
不欢迎	15	3.8
视情况而定	23	5.9
无所谓	71	18.2

注：样本量是 390。

表 1-54　　　　　　　　当地户籍住户欢迎外来流入者的原因

单位：%

	很同意	同意	不太同意	不同意	合计
增加了当地的投资	23.3	74.0	2.4	0.3	100
扩大了当地的就业机会	21.7	63.6	11.8	2.9	100
有利于国家安全	22.9	65.9	10.8	0.4	100
开阔了当地人的眼界	23.5	75.7	0.7	0.0	100
提高了当地的社会服务水平	20.8	72.8	6.0	0.4	100
带来了先进技术和管理方式	24.3	71.0	4.6	0.0	100
有利于缩小区域间的差距	23.2	70.5	6.3	0.0	100
增强了民族间的交往	21.8	75.5	2.3	0.4	100
增加了当地劳动力市场中的劳动力	19.6	77.7	2.3	0.4	100
有利于弘扬本地的民族文化	24.1	75.5	0.4	0.0	100

注：样本量是 397。

（三）民族间交往

汉族受访者中，有三个以上其他民族朋友的和一个都没有的比例差不多，而少数民族受访者中则是一个其他民族的朋友都没有的占比最大。这说明喀什市的少数民族比汉族更倾向于在本民族内的交往。

表 1-55　　　　　　　　　　　**有其他民族朋友的个数**

单位:%

	三个以上	两个	一个	一个都没有	合计
汉族	39.5	13.7	9.7	37.1	100
少数民族	19.2	5.5	11.4	63.8	100
合计	25.6	8.1	10.9	55.4	100

注:汉族样本量是128,少数民族样本量是280。

　　汉族与少数民族、少数民族与汉族以及少数民族与其他少数民族之间的交往意愿具有一个共同的趋势:随着亲密程度的加深(聊天—成为邻居——起工作—成为亲密朋友—结为亲家),表示愿意的人数比例都在减少,尤其到了结为亲家时基本是骤减的;除结为亲家外,其他选项都是愿意的居多,不愿意的很少。此外,少数民族对与汉族结为亲家表现出的否定态度要比汉族与少数民族结为亲家更为坚决,这从两组中"不好说"一项的数据可以看出。以上情况说明,喀什的民族交往中日常的聊天、毗邻而居、工作、交友等方面障碍不大,但在族际通婚上非常困难。

表 1-56　　　　　　　　　　　**汉族与少数民族交往的意愿**

单位:%

	很愿意	比较愿意	不太愿意	不愿意	合计
聊天	36.2	59.1	3.9	0.8	100
成为邻居	34.4	59.4	3.9	2.3	100
一起工作	33.9	54.3	9.4	2.4	100
成为亲密朋友	31.2	50.4	11.2	7.2	100
结为亲家	3.7	13.4	29.3	53.7	100

注:汉族样本量是128。

表 1-57　　　　　　　　　　　**少数民族与汉族交往的意愿**

单位:%

	很愿意	比较愿意	不太愿意	不愿意	合计
聊天	36.3	51.4	7.4	4.9	100
成为邻居	31.4	48.4	13.4	6.9	100
一起工作	31.6	51.1	10.6	6.7	100
成为亲密朋友	18.1	56.2	15.6	10.1	100
结为亲家	4.5	14.2	27.5	53.8	100

注:少数民族样本量是280。

表 1 – 58　　　　　　　　　少数民族与其他少数民族交往的意愿

单位:%

	很愿意	比较愿意	不太愿意	不愿意	合计
聊天	39.9	54.1	2.8	3.2	100
成为邻居	38.2	50.9	6.9	4.0	100
一起工作	36.9	53.9	5.3	3.9	100
成为亲密朋友	25.7	52.9	13.2	8.1	100
结为亲家	—	5.8	10.7	83.5	100

注:少数民族样本量是 280。

　　对于表 1 – 59 中列举的通婚类型,受访者表示介意的要比不介意的多,而且少数民族表示介意的比例要比汉族大;而且汉族选择"不好说"的比例要比少数民族大,这也说明少数民族对族际通婚的否定态度坚决。此处得到的结论与表 1 – 56、表 1 – 57 和表 1 – 58 的结论相似。

表 1 – 59　　　　　　　　　　通婚意愿

单位:%

		很介意	介意	不太介意	不介意	合计
女儿外嫁其他民族	汉族	5.7	53.3	40.0	1.0	100
	少数民族	30.6	54.1	1.1	14.2	100
儿子娶妻为其他民族	汉族	5.7	53.3	40.0	1.0	100
	少数民族	31.0	53.4	1.4	14.2	100
孙女外嫁其他民族	汉族	1.9	57.1	40.0	1.0	100
	少数民族	25.9	59.0	1.1	14.0	100
孙子娶妻为其他民族	汉族	1.9	56.6	40.6	0.9	100
	少数民族	26.7	56.7	1.4	15.2	100
姐妹外嫁其他民族	汉族	1.9	56.2	41.0	1.0	100
	少数民族	26.4	56.3	1.8	15.5	100
兄弟娶妻为其他民族	汉族	1.9	56.2	41.0	1.0	100
	少数民族	25.7	57.2	2.2	14.9	100

注:汉族样本量是 130,少数民族样本量是 280。

　　对于各个时期的民族关系,所有受访者中选择"不太好"和"很不好"的都占少数,对全国和本地的评价都是如此。但汉族受访者的评价则随着时间的渐近而好评减少、差评增多，尤其是在建立社会主义市场经济体制以后；而少数民族则是到最近五年来才有好评减少的现象。同时，无论是对汉族还是少数民族，都有大量受访者选择对民族关系"说不清"，但随着时间渐近选择这个选项的人也越来越少，这说明近年来人们对民族关系的关注度在提高。

表 1 - 60　　　　　　　　　对全国民族间相互关系的评价

单位:%

		很好	较好	一般	不太好	很不好	合计
改革开放前	汉族	21.9	40.6	25.0	11.5	1.0	100
	少数民族	30.7	32.2	26.3	9.8	1.0	100
改革开放初期	汉族	21.6	42.3	27.8	8.2	—	100
	少数民族	32.9	44.0	18.8	4.3	—	100
建立社会主义市场经济体制时期	汉族	8.9	47.5	43.6	0.0	—	100
	少数民族	27.9	46.5	25.1	0.5	—	100
最近五年	汉族	6.3	20.5	58.0	13.4	1.8	100
	少数民族	30.1	34.0	28.2	7.7	0.0	100

注：汉族样本量是130，少数民族样本量是280。

表 1 - 61　　　　　　　　　本地民族间相互关系的评价

单位:%

		很好	较好	一般	不太好	很不好	合计
改革开放前	汉族	15.7	47.2	25.9	11.1	0.0	100
	少数民族	26.0	43.4	21.2	8.7	0.5	100
改革开放初期	汉族	14.5	42.7	36.4	6.4	0.0	100
	少数民族	25.6	55.6	14.8	4.0	0.0	100
建立社会主义市场经济体制时期	汉族	4.4	45.6	43.0	7.0	0.0	100
	少数民族	26.5	52.6	20.4	0.4	0.0	100
最近五年	汉族	4.1	21.1	54.5	12.2	8.1	100
	少数民族	27.6	35.1	27.1	10.2	0.0	100

注：汉族样本量是130，少数民族样本量是280。

总体上，喀什市的本地户籍受访者对外来务工、投资者的态度是欢迎的，也能够充分认识到外来者对本地发展带来的好处。同时，外来者对在本地投资、发展的意愿也较强烈。

受访者在应对日常性的民族交往中没有太大的排斥，但在族际通婚这样较深层次的交往中存在一定的困难。当然，这是由于复杂的历史文化原因造成的，并不能说明存在民族间的隔阂。

三　喀什市的社会发展

（一）受访者对区域发展的评价

对 2020 年全面建成小康社会的提法，喀什市有近 1/10 的受访者表示没有听说过，84.7% 的受访者选择了有信心和很有信心。此外，仅有 23 人选择没什么信心，而没什么信心选择人数最多的三个原因依次是：经济收入提高慢（23 人次）、基础设施不足（9 人次）和自然条件差（7 人次）。由此可见，实实在在的收入分配问题是影响受访者对实现小康社会信心的主要因素。此外，知道喀什当地有体现本地发展特色或精神特色口号的受访者仅有 11 人（实际能说出的为 5 人），且均为非农业户口受访者。

表 1－62　　　　　　　　对本地 2020 年全面建成小康社会的看法

单位：人、%

	人数	百分比
很有信心	82	19.5
有信心	274	65.2
没什么信心	23	5.5
没听说过	41	9.8
合计	420	100

受访者选择人数最多的三项加快本地实现小康社会的措施依次为：加快发展当地经济（218 人次）、应提高就业工资（143 人次）和应扩大当地就业（134 人次），这说明经济发展、收入和就业是受访者最关心也是其衡量经济发展的标准。

（二）城市化进程

对于城市建设中波及的历史建筑，农业户口受访者选择最多的是保持原貌，而大多数非农业户口受访者选择保持外形但内部可改造。同时，选择不清楚的受访者占了近 1/5，其中以农业户口的受访者尤多，这说明在农村"历史建筑"的概念并不普及，相关保护政策和措施尚需宣传。

表 1-63　　　　　当地城市建设中波及的历史建筑的态度

单位:%

	保持原貌不动	保持外形但内部可改造	拆迁	异地重建	不清楚	合计	样本量
农业户口	37.2	30.5	0.6	4.3	27.4	100	165
非农业户口	29.1	53.8	1.2	3.2	12.7	100	252
合计	32.3	44.6	1.0	3.6	18.6	100	417

受访者还在假设自己的房屋被拆迁的情况下作出选择，农业户口和非农业户口的受访者选择最多的分别是"只要价钱合理就行"和"服从国家需要"，前者以经济利益为出发点，后者以国家需要为出发点。

表 1-64　　　　　假设城市建设中自己的房屋被拆迁的态度

单位:%

	只要价钱合理就行	价钱再高也不愿意拆迁	服从国家需要	看周围邻居态度	看拆迁工作的方式方法	合计
农业户口	41.8	2.4	29.2	14.5	12.1	100
非农业户口	30.8	6.8	48.0	8.0	6.4	100
合计	35.2	5.1	40.5	10.6	8.7	100

注：农业户口受访者样本量是165，非农业户口受访者样本量是252。

（三）民族文化与经济发展的关系

对于开发旅游资源和保护本民族文化遗产冲突，农业户口的受访者以赞成发展经济为主的居多，而非农业户口的受访者以赞成保护本民族传统文化为主的居多，这一现象除了反映出城市中更注重精神文化外，也侧面反映出农村对经济发展的希望。此外，汉族受访者中以赞成保护本民族传统文化为主的居多，而少数民族受访者各选项的人数差异不大。

表 1-65　　　　　对开发旅游资源和保护本民族文化遗产冲突的态度

单位:%

	以发展经济、提高现代生活水平为主	保护本民族传统文化为主，不赞同过度商业化	不好说	合计	样本量
农业户口	45.0	19.4	35.6	100	162
非农业户口	26.3	55.0	18.8	100	248
合计	33.8	40.8	25.5	100	410
汉族	31.8	56.6	11.6	100	128
少数民族	34.5	33.3	32.2	100	282
合计	33.6	40.9	25.5	100	410

喀什市受访者对区域发展信心较强，尤其关注经济发展问题，并希望区域的发展能够惠及自身，带来实实在在的好处。对于城市建设和文化发展问题，也大多主张以经济发展为主。

四　喀什市的社会保障

（一）喀什市的政府补助

属于政府补助对象的受访者共80人，其中残疾人员3人、低收入老年人4人、低保户73人。2012年，残疾人员获得政府补助的总数分别为1150元、3000元和3200元。低收入老年人获得政府补助的总数分别为720元、720元、740元和1320元。

低保户中填报获得补助的受访者中，补助总数的最小值为150元，最大值为9600元，平均值为3114元。

表1-66　　　　　　2012年低保户获得政府补助总数情况

单位：人、%

补助金额（元）	人数	比例
小于1000	11	15.94
1000—1999	21	30.43
2000—2999	10	14.49
3000—3999	8	11.59
4000—4999	6	8.70
大于5000	13	18.84
合计	69	100

（二）喀什市的老年人福利

如图1-6所示，老年人福利中受益人数最多的是旅游休闲福利，有21人；最少的是康复性福利，仅有1人。农业户口享受较好的是老年津贴、贫困补贴和公共交通福利；非农业户口享受较好的是文化福利和旅游休闲福利。比较而言，农村的老年人福利更倾向于基本生活保障，城镇则更注重解决更高层次的文化、休闲需求。

（三）喀什市的社会保险

非农业户口受访者2012年参保城镇职工养老保险和城镇居民养老保险的人数分别为75人和112人，占非农业户口受访者总数的29.8%和

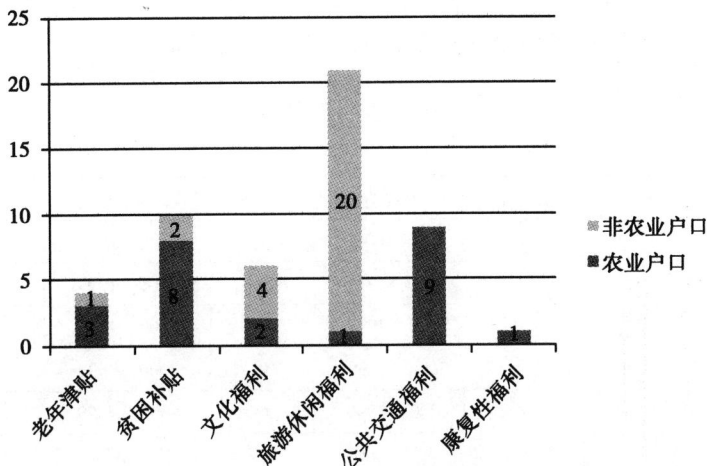

图 1-6　老年人福利项目

44.4%。城镇职工养老保险，缴纳的仅有 14 人，最少为 100 元，最多为 8000 元，集中在小于 1000 元和大于 4000 元的范围内；领取的人数仅有 2 人。城镇居民养老保险，缴纳的有 36 人，最少为 50 元，最多为 8000 元，集中在小于 1000 元和大于 3000 元的范围内；领取的仅为 2 人。

农业户口受访者参保农村居民社会养老保险的人数为 90 人，占农业户口受访者的 53.9%；有 83 人缴纳，最低为 50 元，最高为 100 元，其中 71 人为 100 元；有 7 人领取，最低为 60 元，最高为 720 元。

非农业户口受访者参保城镇职工基本医疗保险和城镇居民基本医疗保险的人数分别为 88 人和 175 人，占非农业户口受访者总数的 34.9% 和 69.4%。城镇职工基本医疗保险，缴纳的有 24 人，缴纳金额最低为 50 元，最高为 10000 元，多集中在 1000 元以下；领取的仅有 2 人且都在 3000 元以上。城镇居民基本医疗保险，缴纳的有 89 人，缴纳金额最低为 50 元，最高为 6000 元，多集中在 1000 元以下；领取的有 6 人，其中最低为 800 元，最高为 6000 元。

农业户口受访者参保新型农村合作医疗保险的人数为 128 人，占农业户口受访者的 76.6%；有 125 人缴纳，缴纳金额最低为 10 元，最高为 1500 元，其中以缴纳 10 元、20 元、30 元和 100 元的居多，分别占缴纳总人数的 21.6%、24%、20.8% 和 21.6%；仅有 6 人领取，其中最低为 2 元，最高为 5000 元。

此外，非农业户口受访者中分别有 5 人和 3 人参保了工伤保险和失业保险，但没有受访者填报缴纳或领取这两项保险；无人参保生育保险。

表 1 - 67　　　　　　　　　　参加社会保险情况

单位：人、元

	户口	参保人数	2012 年缴纳金额	人数	2012 年领取金额	人数
城镇职工养老保险	农业		小于 1000	1	小于 1000	0
			1000—1999	0	1000—1999	0
			2000—2999	0	2000—2999	0
			3000—3999	0	3000—3999	0
			4000—4999	0	4000—4999	0
			大于 5000	0	大于 5000	0
			合计	1	合计	0
	非农业		小于 1000	5	小于 1000	0
			1000—1999	2	1000—1999	2
			2000—2999	0	2000—2999	0
			3000—3999	1	3000—3999	0
			4000—4999	3	4000—4999	0
			大于 5000	3	大于 5000	0
			合计	14	合计	2
城镇居民养老保险	农业		小于 1000	5	小于 1000	0
			1000—1999	0	1000—1999	0
			2000—2999	0	2000—2999	0
			3000—3999	0	3000—3999	0
			4000—4999	0	4000—4999	0
			大于 5000	0	大于 5000	0
			合计	5	合计	0
	非农业		小于 1000	16	小于 1000	2
			1000—1999	4	1000—1999	0
			2000—2999	0	2000—2999	0
			3000—3999	6	3000—3999	0
			4000—4999	2	4000—4999	2
			大于 5000	6	大于 5000	1
			合计	34	合计	5

续表

户口	参保人数	2012 年缴纳金额（元）	人数	2012 年领取金额（元）	人数
农村居民社会养老保险 农业		小于 1000	82	小于 1000	7
		1000—1999	1	1000—1999	0
		2000—2999	0	2000—2999	0
		3000—3999	0	3000—3999	0
		4000—4999	0	4000—4999	0
		大于 5000	0	大于 5000	0
		合计	83	合计	7
非农业		小于 1000	0	小于 1000	0
		1000—1999	1	1000—1999	0
		2000—2999	0	2000—2999	0
		3000—3999	0	3000—3999	0
		4000—4999	0	4000—4999	0
		大于 5000	0	大于 5000	0
		合计	1	合计	0
城镇职工基本医疗保险 农业		小于 1000	0	小于 1000	0
		1000—1999	0	1000—1999	0
		2000—2999	0	2000—2999	0
		3000—3999	0	3000—3999	0
		4000—4999	0	4000—4999	0
		于 5000	0	大于 5000	0
		合计	0	合计	0
非农业		小于 1000	16	小于 1000	0
		1000—1999	5	1000—1999	0
		2000—2999	1	2000—2999	0
		3000—3999	0	3000—3999	1
		4000—4999	2	4000—4999	0
		大于 5000	0	大于 5000	1
		合计	24	合计	2

续表

户口	参保人数	2012 年缴纳金额（元）	人数	2012 年领取金额（元）	人数
城镇居民基本医疗保险	农业	小于 1000	4	小于 1000	0
		1000—1999	0	1000—1999	0
		2000—2999	0	2000—2999	0
		3000—3999	0	3000—3999	0
		4000—4999	0	4000—4999	0
		大于 5000	0	大于 5000	0
		合计	4	合计	0
	非农业	小于 1000	74	小于 1000	1
		1000—1999	9	1000—1999	0
		2000—2999	0	2000—2999	2
		3000—3999	2	3000—3999	1
		4000—4999	2	4000—4999	0
		大于 5000	2	大于 5000	2
		合计	89	合计	6
新型农村合作医疗保险	农业	小于 1000	124	小于 1000	3
		1000—1999	1	1000—1999	1
		2000—2999	0	2000—2999	1
		3000—3999	0	3000—3999	0
		4000—4999	0	4000—4999	0
		大于 5000	0	大于 5000	1
		合计	125	合计	6
	非农业	小于 1000	10	小于 1000	0
		1000—1999	0	1000—1999	0
		2000—2999	0	2000—2999	0
		3000—3999	0	3000—3999	0
		4000—4999	0	4000—4999	0
		大于 5000	0	大于 5000	0
		合计	10	合计	0

（四）喀什市的城乡个人和家庭医疗

受访者个人的医疗支出基本在 1 万元以下，家庭的医疗支出基本在 2

万元以下；最高的个人和家庭医疗支出分别为9.6万元和9万元；农业户口受访者的医疗支出比非农业户口受访者低。

个人和家庭的医疗报销基本在1万元以下，农业户口受访者更低，多在5000元以下；个人和家庭医疗报销的最高值均为6万元。

表1-68 　　　　　　　　　　　**医疗支出和报销**

单位：人

金额（元）	个人医疗支出			个人医疗报销			家庭医疗支出			家庭医疗报销		
	农业户口	非农业户口	合计	农业户口	非农业户口	合计	农业户口	非农业户口	合计	农业户口	非农业户口	合计
<2499	26	110	136	13	15	28	43	99	142	19	14	33
2500—4999	9	27	36	6	14	20	11	32	43	10	11	21
5000—9999	14	35	49	4	14	18	19	31	50	5	11	16
10000—19999	8	17	25	0	5	5	6	30	36	0	10	10
20000—29999	1	10	11	0	3	3	2	12	14	0	4	4
30000—39999	2	2	4	1	0	1	1	4	5	2	1	3
40000—49999	0	1	1	0	0	0	1	2	3	0	0	0
>50000	2	3	5	0	2	2	2	3	5	0	1	1
合计	62	205	267	24	54	78	85	213	298	36	52	88

（五）喀什市城乡个人和家庭教育

根据问卷中2012年的数据，教育总支出和向学校缴纳的费用表现出两极分化，即较多家庭都集中在3000元以下和1万元以上两个区间。农业户口受访者的最低和最高教育支出分别为50元和2万元，非农业户口受访者为50元和2.5万元。两类户籍受访者教育总支出的平均值分别为3653.5元和4997元，农业户口受访者比非农业户口受访者的教育支出少。

农业户口受访者的最低和最高缴纳学校费用分别100元和2万元，非农业户口受访者为200元和2.2万元。两类户籍受访者缴纳学校费用的平均值分别为4246.9元和4219元，相差不大，这说明喀什市的城乡教育成本差距很小。

自愿性教育支出方面，农业户口受访者支出的最低值和最高值分别为100元和1500元，非农业户口受访者为100元和5000元。两类户籍受访者的平均值分别为650元和1175.3元。可见非农业户口受访者在这方面的支出较多；农业户口受访者支出则不多，教育支出以缴纳给学校的费用为主。

农业户口和非农业户口受访者中享受教育资助的人都不多，获得的金额集中在 1000 元以下，最高值分别为 7000 元和 7200 元，平均值分别为 1969.4 元和 1343.2 元，总体上农业户口受访者获得教育资助的力度更大。

表 1-69　　　　　　　　　　家庭教育支出和资助

单位：人

金额（元）	教育总支出			缴纳学校费用			自愿教育支出			享受资助		
	农业户口	非农业户口	合计	农业户口	非农业户口	合计	农业户口	非农业户口	合计	农业户口	非农业户口	合计
<999	24	16	40	6	20	26	6	25	31	10	14	24
1000—1999	11	19	30	6	13	19	2	3	5	1	3	4
2000—2999	6	15	21	1	13	14	0	8	8	1	1	2
3000—3999	3	9	12	3	9	12	0	1	1	2	2	4
4000—4999	1	5	6	5	5	10	0	0	0	1	0	1
5000—5999	5	6	11	4	6	10	0	0	0	2	1	3
6000—6999	3	3	6	2	5	7	0	0	0	0	0	0
7000—7999	2	3	5	1	2	3	0	0	0	1	1	2
8000—8999	1	3	4	1	3	4	0	0	0	0	0	0
9000—9999	3	1	4	1	0	1	0	0	0	0	0	0
>10000	8	17	25	2	10	12	0	0	0	0	0	0
合计	67	97	164	32	87	119	8	40	48	18	22	40

（六）受访者对社会保障的满意度

各项社会保障项目中，享受人数较多的是新型农村养老保险制度、城镇居民养老保险制度、义务教育阶段学生营养改善计划、城镇职工基本医疗保险、新型农村合作医疗制度、城镇居民基本医疗保险制度和教育福利，享受人数较少的是高龄津贴制度、残疾人康复和就业培训、失业保险、工伤保险、生育保险、妇女福利、残疾人福利、住房福利。大多数受访者对各项保障项目的覆盖范围、保障水平和保障管理水平表示满意。

表 1 – 70　　　　　　　　　　对社会保障项目的满意度

单位：人、%

社会保障项目 （享受到的人数）	满意程度	覆盖范围		保障水平		保障管理水平	
		人数	百分比	人数	百分比	人数	百分比
新型农村养老保险制度	很满意	78	65.5	70	60.3	64	56.6
	比较满意	40	33.6	45	38.8	47	41.6
	不太满意	1	0.8	1	0.9	2	1.8
	很不满意	0	0	0	0	0	0
	合计	119	100	116	100	113	100
农村五保制度	很满意	5	38.5	4	33.3	4	33.3
	比较满意	8	61.5	8	66.7	8	66.7
	不太满意	0	0	0	0	0	0
	很不满意	0	0	0	0	0	0
	合计	13	100	12	100	12	100
农村低保制度	很满意	35	76.1	32	74.4	31	70.5
	比较满意	11	23.9	10	23.3	13	29.5
	不太满意	0	0	1	2.3	0	0
	很不满意	0	0	0	0	0	0
	合计	46	100	43	100	44	100
城镇居民养老保险制度	很满意	50	39.1	50	39.1	47	37.3
	比较满意	76	59.4	76	59.4	78	61.9
	不太满意	1	0.8	0	0	0	0
	很不满意	1	0.8	2	1.6	1	0.8
	合计	128	100	128	100	126	100
城镇低保制度	很满意	7	70.0	7	70.0	7	70.0
	比较满意	3	30.0	3	30.0	3	30.0
	不太满意	0	0	0	0	0	0
	很不满意	0	0	0	0	0	0
	合计	10	100	10	100	10	100
高龄津贴制度	很满意	3	42.9	3	42.9	3	42.9
	比较满意	2	28.6	2	28.6	2	28.6
	不太满意	2	28.6	2	28.6	2	28.6
	很不满意	0	0	0	0	0	0
	合计	7	100	7	100	7	100

续表

社会保障项目 （享受到的人数）	满意程度	覆盖范围		保障水平		保障管理水平	
		人数	百分比	人数	百分比	人数	百分比
义务教育阶段学生营养改善计划	很满意	36	48.0	32	43.2	29	41.4
	比较满意	39	52.0	42	56.8	41	58.6
	不太满意	0	0	0	0	0	0
	很不满意	0	0	0	0	0	0
	合计	75	100	74	100	70	100
残疾人康复和就业培训	很满意	2	50	2	50	2	50
	比较满意	2	50	2	50	2	50
	不太满意	0	0	0	0	0	0
	很不满意	0	0	0	0	0	0
	合计	4	100	4	100	4	100
乡村公共卫生服务机构建设	很满意	9	25.0	8	22.2	9	25.0
	比较满意	26	72.2	22	61.1	23	63.9
	不太满意	1	2.8	6	16.7	4	11.1
	很不满意	0	0	0	0	0	0
	合计	36	100	36	100	36	100
城镇职工基本医疗保险	很满意	35	36.8	34	35.1	35	36.1
	比较满意	56	58.9	63	64.9	62	63.9
	不太满意	4	4.2	0	0	0	0
	很不满意	0	0	0	0	0	0
	合计	95	100	97	100	97	100
新型农村合作医疗制度	很满意	87	62.1	81	58.7	75	56.8
	比较满意	53	37.9	57	41.3	57	43.2
	不太满意	0	0	0	0	0	0
	很不满意	0	0	0	0	0	0
	合计	140	100	138	100	132	100
城镇居民基本医疗保险制度	很满意	43	29.5	43	29.5	44	30.1
	比较满意	101	69.2	101	69.2	101	69.2
	不太满意	2	1.4	2	1.4	1	0.7
	很不满意	0	0	0	0	0	0
	合计	146	100	146	100	146	100

续表

社会保障项目 （享受到的人数）	满意程度	覆盖范围		保障水平		保障管理水平	
		人数	百分比	人数	百分比	人数	百分比
失业保险	很满意	5	50	5	50	5	50
	比较满意	5	50	5	50	5	50
	不太满意	0	0	0	0	0	0
	很不满意	0	0	0	0	0	0
	合计	10	100	10	100	10	100
工伤保险	很满意	6	85.7	6	85.7	6	85.7
	比较满意	1	14.3	1	14.3	1	14.3
	不太满意	0	0	0	0	0	0
	很不满意	0	0	0	0	0	0
	合计	7	100	7	100	7	100
生育保险	很满意	2	66.7	1	33.3	1	33.3
	比较满意	1	33.3	2	66.7	2	66.7
	不太满意	0	0	0	0	0	0
	很不满意	0	0	0	0	0	0
	合计	3	100	3	100	3	100
高龄津贴	很满意	16	76.2	16	76.2	16	76.2
	比较满意	3	14.3	4	19	3	14.3
	不太满意	2	9.5	1	4.8	1	4.8
	很不满意	0	0	0	0	1	4.8
	合计	21	100	21	100	21	100
妇女福利	很满意	1	33.3	1	33.3	1	33.3
	比较满意	2	66.7	2	66.7	2	66.7
	不太满意	0	0	0	0	0	0
	很不满意	0	0	0	0	0	0
	合计	3	100	3	100	3	100
儿童福利	很满意	17	100	16	94.1	16	94.1
	比较满意	0	0	1	5.9	1	5.9
	不太满意	0	0	0	0	0	0
	很不满意	0	0	0	0	0	0
	合计	17	100	17	100	17	100

续表

社会保障项目 （享受到的人数）	满意程度	覆盖范围		保障水平		保障管理水平	
		人数	百分比	人数	百分比	人数	百分比
残疾人福利	很满意	3	60	3	60	3	60
	比较满意	1	20	1	20	1	20
	不太满意	1	20	1	20	1	20
	很不满意	0	0	0	0	0	0
	合计	5	100	5	100	5	100
住房福利	很满意	5	50	5	50	5	50
	比较满意	4	40	4	40	4	40
	不太满意	1	10	1	10	1	10
	很不满意	0	0	0	0	0	0
	合计	10	100	10	100	10	100
教育福利	很满意	38	46.3	38	46.9	35	43.2
	比较满意	44	53.7	43	53.1	46	56.8
	不太满意	0	0	0	0	0	0
	很不满意	0	0	0	0	0	0
	合计	82	100	81	100	81	100
灾害救助	很满意	20	100	20	100	20	100
	比较满意	0	0	0	0	0	0
	不太满意	0	0	0	0	0	0
	很不满意	0	0	0	0	0	0
	合计	20	100	20	100	20	100
医疗救助	很满意	25	96.2	25	96.2	25	96.2
	比较满意	0	0	0	0	0	0
	不太满意	1	3.8	1	3.8	1	3.8
	很不满意	0	0	0	0	0	0
	合计	26	100	26	100	26	100

在喀什市，各项社会保险中覆盖面最广泛的是新型农村合作医疗保险，接近80%的农业户口受访者参保；而覆盖面最低的是工伤保险、失业保险和生育保险，参保者寥寥无几。调查数据表明，针对农业户口的社会保险参保率高于针对非农业户口社会保险参保率。

农业户口受访者比非农业户口受访者在医疗和教育支出上要少，其中教育支出的差别主要体现在自愿性支出上，缴纳学费的差别不大。

五 城乡受访者对经济社会生活的评价及对策

(一) 生活品质

对比5（或10）年前，受访者普遍感到生活水平上升了，几乎没有人选择下降；农业户口和非农业户口的受访者选择最多的都是"略有上升"，但非农业户口受访者中选择"上升很多"的比例比农业户口大，这说明非农业户口受访者对现在的生活更加乐观。对5（或10）年后生活变化的预期同样以上升为主，但其中非农业户口受访者选择"上升很多"的人数减少了，对未来乐观的程度下降。

表1-71　　　　　　　　　　对生活的评价和预期

单位:%

	上升很多	略有上升	没有变化	略有下降	下降很多	合计
对比5（或10）年前生活的变化						
农业户口	12.0	77.8	10.2	0.0	0.0	100
非农业户口	41.6	53.2	4.0	0.8	0.4	100
合计	29.7	63.1	6.5	0.5	0.2	100
预期5（或10）年后生活的变化						
农业户口	13.7	78.9	7.5	0.0	0.0	100
非农业户口	28.3	63.7	6.8	0.8	0.4	100
合计	22.4	69.8	7.0	0.5	0.3	100

注：农业户口受访者样本量是167，非农业户口受访者样本量是252。

受访者对自己社会经济地位的评价最多的是中等，其次是中下，选择上等和下等的都很少。农业户口受访者中没有评价自己为上等的，选择中下的和中等的人数比例相差不多；而非农业户口受访者有2人选择上等，选择中上的人数比例大于农业户口受访者。这说明农业户口受访者一方面估计得较保守，另一方面农村居民收入确实也低于城镇居民。另外，当问及上述对比的对象是谁时，农业户口受访者选择最多的是本乡村人，占51.0%；而非农业户口受访者选择最多的是亲戚朋友，占57.1%。相对非农业户口受访者，农业户口受访者更倾向于在广大范围内比较，这也是他们作出保守估计的原因之一。

表 1 - 72   **对自己在本地社会经济地位的评价**

单位:%

	上	中上	中	中下	下	合计
农业户口	0.0	6.7	44.8	41.8	6.7	100
非农业户口	0.8	13.2	62.8	16.5	6.6	100
合计	0.5	10.6	55.5	26.8	6.6	100

注：农业户口受访者样本量是 167，非农业户口受访者样本量是 252。

受访者有 80.4% 的比例愿意生活在城市中，其中有 88.9% 的农业户口受访者和 94% 的非农业户口受访者，其主要原因是城市生活便利以及收入高、看病上学方便等与生活息息相关的因素，文化、社会地位、信息等较复杂因素的影响不大。有进城经验的农业户口受访者在选择城市生活令自己不习惯的原因时，人数比例最多的三项依次为：各类开销多经济压力大（41 人）、人际关系淡漠难有真朋友（26 人）和住房拥挤（20 人），这些是进城务工者的"近忧"，考虑社会地位、养老和个人发展等"远虑"的人很少。

表 1 - 73   **愿意生活在城市的原因**

单位:%

	生活便利	挣钱机会多，收入高于农村	看病上学方便	文化生活丰富	社会地位高于农村	信息多，提高个人能力途径多	合计
农业户口	48.6	22.0	18.3	2.8	1.8	6.4	100
非农业户口	68.0	17.3	8.7	2.2	2.6	1.3	100
合计	61.8	18.8	11.8	2.4	2.4	2.9	100

注：农业户口受访者样本量为 167，非农业户口受访者样本量为 252。

（二）生活状态

受访者总体的社会生活压力较小，而且非农业户口受访者压力更小一些。各项压力中最大的是经济压力，同样是农业户口受访者感受到的压力更大，可见发展经济（尤其是农村经济）是当务之急。在各项压力中，认为婚姻生活有压力的人数比例最低，但这是一个极为私密的话题，受访者有可能以通过回答"没有"来规避隐私泄露的风险。表 1 - 74 还同时显示出总体上，来自赡养父母、社交和住房的压力也较小；个人发展、孩子教育和医疗健康的压力较大。除经济压力外，农业户口的受访者比非农业户口受访者压力更大的还有个人发展、孩子教育、医疗/健康三个方面。

表1-74　　　　　　　　　　　　**最近面临的压力**

单位:%

		压力很大	有压力	压力较小	没有压力	合计
经济压力	农业户口	12.3	33.1	32.3	22.3	100
	非农业户口	29.7	30.1	23.8	16.4	100
个人发展	农业户口	2.3	17.7	34.6	45.4	100
	非农业户口	4.5	22.7	29.4	43.4	100
社交压力	农业户口	1.5	21.5	35.4	41.6	100
	非农业户口	4.6	11.6	33.0	50.9	100
孩子教育压力	农业户口	7.7	16.2	20.8	55.4	100
	非农业户口	6.3	23.1	28.0	42.7	100
医疗/健康压力	农业户口	6.2	28.7	33.3	31.8	100
	非农业户口	5.6	21.7	35.7	37.1	100
赡养父母的压力	农业户口	6.2	14.6	20.8	58.5	100
	非农业户口	1.7	4.2	12.9	81.1	100
住房压力	农业户口	9.3	15.5	19.4	55.8	100
	非农业户口	3.5	7.3	13.6	75.5	100
婚姻生活压力	农业户口	1.6	5.4	12.4	80.6	100
	非农业户口	1.8	2.1	14.7	81.4	100
总体的社会生活压力	农业户口	3.1	13.8	46.2	36.9	100
	非农业户口	4.0	15.8	47.4	32.8	100

注:农业户口受访者样本量为167,非农业户口受访者样本量为252。

受访者的总体安全感比较高,对表1-75中各项感到不安全的人并不多。但非农业户口受访者对食品和生态环境安全的担忧要高于农业户口受访者。同时,为数不少的农业户口受访者对个人信息/隐私和生态环境方面的安全问题表示"不确定",这是因为他们缺少相应的认知,在风险面前也就更具有脆弱性。

表1-75　　　　　　　　　　　　**对安全感的体会**

单位:%

		很不安全	不太安全	比较安全	很安全	合计
个人和家庭财产安全	农业户口	0.0	3.1	65.9	31.0	100
	非农业户口	0.4	0.4	31.9	67.4	100
人身安全	农业户口	0.8	4.7	62.8	31.8	100
	非农业户口	0.4	0.7	33.5	65.5	100

续表

		很不安全	不太安全	比较安全	很安全	合计
交通安全	农业户口	0.0	9.4	60.2	30.5	100
	非农业户口	0.0	1.8	47.8	50.4	100
医疗安全	农业户口	0.8	7.2	65.6	26.4	100
	非农业户口	0.0	3.3	48.5	48.2	100
食品安全	农业户口	3.3	30.1	47.2	19.5	100
	非农业户口	5.1	8.5	37.1	49.3	100
劳动安全	农业户口	2.6	7.7	61.5	28.2	100
	非农业户口	3.1	1.1	40.8	55.0	100
个人信息/隐私安全	农业户口	0.0	5.0	61.3	33.6	100
	非农业户口	1.6	2.9	41.6	53.9	100
生态环境安全	农业户口	0.8	15.2	58.4	25.6	100
	非农业户口	3.7	4.1	36.5	55.7	100
人身自由	农业户口	0.8	1.6	60.8	36.8	100
	非农业户口	0.0	1.5	32.5	66.0	100
总体上的社会安全状况	农业户口	0.8	5.0	65.3	28.9	100
	非农业户口	0.0	1.6	47.3	51.2	100

注：农业户口受访者样本量为 167，非农业户口受访者样本量为 252。

　　受访者总体上感觉社会比较公平，尤其在教育、法律、政治领域的公平感较高。农业户口受访者认为比较公平的领域为教育、医疗、住房和法律，这可能与这些资源在农村社会中分配比较平均有关，此外住房具有一定的自主性；对信息和政府办事虽然认为不公平的人很少，但还有相当多的人表示"不确定"，也就是对这两个领域的实际情况了解不充分，无法判断；公平感最不好的是就业、发展领域，这可能与农民除了农业以外的其他领域就业受到阻碍有关，个人发展也因此受到局限，表现出农民对提高经济、社会地位的诉求。

　　如果遇到不公正的待遇，受访者大多数会首选通过法律诉讼等渠道解决，其次是通过业主委员会、宗族等组织解决，最后才是忍受。这说明人们面对不公正待遇时会理性地通过正当手段解决。

表 1 - 76　　　　　　　　　　对公平感的体会

单位:%

		很不公平	不太公平	比较公平	很公平	合计
教育公平	农业户口	0.8	4.7	73.4	21.1	100
	非农业户口	2.5	1.4	43.6	52.5	100
语言文字公平	农业户口	0.0	3.1	74.4	22.5	100
	非农业户口	4.6	11.0	46.8	37.6	100
医疗公平	农业户口	0.8	10.4	75.2	13.6	100
	非农业户口	2.2	4.0	50.9	43.0	100
住房公平	农业户口	1.6	10.9	72.1	15.5	100
	非农业户口	1.8	5.9	44.9	47.4	100
社会保障公平	农业户口	1.7	9.3	67.8	21.2	100
	非农业户口	0.4	9.1	53.2	37.3	100
法律公平	农业户口	0.8	0.8	63.6	34.7	100
	非农业户口	1.5	3.0	46.6	48.9	100
政治公平	农业户口	1.6	4.1	64.2	30.1	100
	非农业户口	0.4	4.6	50.4	44.6	100
就业、发展公平	农业户口	0.8	10.0	68.3	20.8	100
	非农业户口	7.4	17.3	55.4	19.9	100
信息公平	农业户口	0.9	2.6	77.4	19.1	100
	非农业户口	3.3	3.7	62.6	30.4	100
政府办事公平	农业户口	3.4	5.1	74.4	17.1	100
	非农业户口	1.2	5.5	66.7	26.7	100
总体上的社会公平状况	农业户口	3.4	2.5	78.0	16.1	100
	非农业户口	0.8	3.5	69.5	26.2	100

注：农业户口受访者样本量为167，非农业户口受访者样本量为252。

总体来说，受访者中认为表 1 - 77 中各类冲突严重的人不多，但非农业户口受访者选择"严重"的比例要比农业户口受访者多，其中"民族间冲突"一项最突出，认为非常严重和有点严重的占 36.8%，而农业户口受访者中只占 1.5%。

表1 - 77　　　　　　　　　**对冲突的严重程度的评价**

单位:%

		非常严重	有点严重	不算严重	完全不严重	合计
干部与群众间冲突	农业户口	0.0	3.4	62.8	33.8	100
	非农业户口	1.8	14.4	64.0	19.8	100
民族间冲突	农业户口	0.0	1.5	53.3	45.3	100
	非农业户口	0.4	36.4	41.2	21.9	100
城乡居民间冲突	农业户口	0.0	2.2	50.0	47.8	100
	非农业户口	0.9	16.2	58.1	24.8	100
医患冲突	农业户口	0.0	0.8	58.5	40.7	100
	非农业户口	0.4	14.8	58.3	26.5	100
不同收入水平者间冲突	农业户口	0.0	4.3	54.7	41.0	100
	非农业户口	0.5	12.3	63.0	24.2	100
不同宗教信仰者间冲突	农业户口	0.0	1.7	42.4	55.9	100
	非农业户口	0.5	23.2	52.7	23.7	100
不同受教育水平者间冲突	农业户口	0.0	5.0	48.3	46.7	100
	非农业户口	0.0	8.9	66.0	25.1	100
不同职业的人之间的冲突	农业户口	0.0	2.5	47.1	50.4	100
	非农业户口	0.0	9.9	67.3	22.8	100

注: 农业户口受访者样本量为 167, 非农业户口受访者样本量为 252。

不同民族对民族间冲突的评价也不同, 汉族受访者认为有点严重的人数比例有 50.4% , 维吾尔族只有 10.3% ; 认为不算严重的汉族有 35.9% , 维吾尔族则有 50.6% 。

表1 - 78　　　　　　　　　**不同民族对民族间冲突的评价**

单位:%

	非常严重	有点严重	不算严重	完全不严重	合计	样本量
汉族	0.9	50.4	35.9	12.8	100	130
维吾尔族	0.0	10.3	50.6	39.1	100	280
柯尔克孜族	0.0	0.0	0.0	100	100	1
乌孜别克族	0.0	0.0	100	0.0	100	1
合计	0.3	23.2	45.9	30.7	100	412

第六节　喀什市城乡受访者的政策评价

一　扶贫政策

　　表1－79中除移民搬迁工程、退耕还林还草补助工程、技术推广及培训工程、牧区扶贫工程、扶贫培训工程等项目外均为较多受访者所知道和了解。"两免一补"政策实施比较广泛,各项政策满意率都较高。在农村比较普遍的有扶贫工程生产项目和教育扶贫工程;在城市比较普遍的有:道路修建和改扩建工程及卫生设施建设项目。受访者的评价以满意为主,不满意和很不满意的很少,但农业户口受访者对人畜饮水工程和卫生设施建设项目不满的比例比较大。

表1－79　　　　　　　　　　扶贫政策及满意度

单位:%

		非常满意	满意	不满意	很不满意	合计
移民搬迁工程	农业户口	15.4	63.1	12.3	9.2	100
	非农业户口	20.4	72.8	6.8	0.0	100
"两免一补"政策	农业户口	0.0	67.9	17.9	14.3	100
	非农业户口	33.3	66.7	0.0	0.0	100
扶贫工程生产项目	农业户口	23.7	76.3	0.0	0.0	100
	非农业户口	27.6	72.4	0.0	0.0	100
退耕还林还草补助工程	农业户口	0.0	33.3	20.0	46.7	100
	非农业户口	32.7	65.3	2.0	0.0	100
道路修建和改扩建工程	农业户口	0.0	92.9	7.1	0.0	100
	非农业户口	12.5	87.5	0.0	0.0	100
基本农田建设工程	农业户口	37.8	62.2	0.0	0.0	100
	非农业户口	25.7	71.4	2.9	0.0	100
电力设施建设工程	农业户口	2.3	68.2	25.0	4.5	100
	非农业户口	31.3	52.1	14.6	2.1	100
人畜饮水工程	农业户口	4.0	88.0	8.0	0.0	100
	非农业户口	0.0	100	0.0	0.0	100
技术推广及培训工程	农业户口	10.5	66.7	8.8	14.0	100
	非农业户口	13.8	82.8	3.4	0.0	100

续表

		非常满意	满意	不满意	很不满意	合计
资助儿童入学和扫盲教育项目	农业户口	29.8	66.9	3.3	0.0	100
	非农业户口	63.0	37.0	0.0	0.0	100
卫生设施建设项目	农业户口	50.0	50.0	0.0	0.0	100
	非农业户口	0.0	0.0	0.0	100	100
种植业/林业/养殖业扶贫金	农业户口	0.0	100	0.0	0.0	100
	非农业户口	20.0	40.0	20.0	20.0	100
"村村通"工程	农业户口	15.4	63.1	12.3	9.2	100
	非农业户口	20.4	72.8	6.8	0.0	100
教育扶贫工程	农业户口	0.0	67.9	17.9	14.3	100
	非农业户口	33.3	66.7	0.0	0.0	100
牧区扶贫工程	农业户口	23.7	76.3	0.0	0.0	100
	非农业户口	27.6	72.4	0.0	0.0	100
扶贫培训工程	农业户口	0.0	33.3	20.0	46.7	100
	非农业户口	32.7	65.3	2.0	0.0	100

注：农业户口受访者样本量是 165，非农业户口受访者样本量是 250。

有 77.3% 的受访者对参与过的扶贫政策或扶贫活动的整体效果表示"满意"和"很满意"。

表 1-80　　　对参与过的扶贫政策或扶贫活动的整体效果的评价

单位：人、%

	人数	百分比
很满意	45	11.3
满意	264	66.0
不满意	23	5.8
很不满意	2	0.5
不清楚	66	16.5
合计	400	100

二　民族政策

汉族和少数民族的受访者大多数都认为对少数民族地区及少数民族实行计划生育政策是好的，但少数民族中选择"很好"的有 18.9%，汉族只有 7.5%，这说明少数民族对计划生育的评价更高。认为计划生育政策不好的人对调整意见选择最多的是"全国各地区各民族一样"。

表1-81　　　对少数民族地区及少数民族实行计划生育政策的评价

单位:%

	很好	好	一般	不好	合计	样本量
汉族	7.5	65.6	19.4	7.5	100	130
少数民族	18.9	61.1	18.9	1.1	100	285
合计	16.0	62.2	19.0	2.7	100	415B

　　汉族受访者中对民族地区和少数民族的高考加分政策选择"很满意"的分别占11.2%和11.1%，选择"满意"的分别占69.7%和68.9%；少数民族对两项政策选择"很满意"的分别占43.0%和50.4%，选择"满意"的分别占55.4%和48.4%。可见，少数民族的满意度比汉族要高。大多数受访者认为长期在城市居住的少数民族的子女也应该享受高考加分政策，其中少数民族的比例更高。

表1-82　　　　　　针对民族地区的高考加分政策的评价

单位:%

	很满意	满意	不满意	合计	样本量
汉族	11.2	69.7	19.1	100	130
少数民族	43.0	55.4	1.6	100	285
合计	34.6	59.2	6.2	100	415

表1-83　　　　　　针对少数民族的高考加分政策的评价

单位:%

	很满意	满意	不满意	合计	样本量
汉族	11.1	68.9	20.0	100	130
少数民族	50.4	48.4	1.2	100	285
合计	39.9	53.8	6.2	100	415

表1-84　　对长期居住在城市的少数民族子女高考加分政策的建议

单位:%

	应该	不应该	合计	样本量
汉族	71.4	28.6	100	130
少数民族	95.9	4.1	100	285
合计	89.6	10.4	100	415

由于少数民族在计划生育、高考加分等政策中得到实惠，因此对当前政府实施的民族特殊优惠政策的满意率也比较高：少数民族中有 98.1% 选择"很满意"和"满意"，汉族中为 82.6%。

表 1 - 85　　　　　对当前政府实施的民族特殊优惠政策的评价

单位:%

	很满意	满意	不满意	很不满意	合计	样本量
汉族	13.3	69.3	17.3	0.0	100	130
少数民族	29.3	68.8	1.2	0.8	100	285
合计	25.7	68.9	4.8	0.6	100	415

少数民族中认为在少数民族地区工作的汉族干部学习少数民族语言很有必要的占 47.3%，有必要的占 42.6%；汉族中则为 43% 和 56.1%。这说明少数民族更支持在少数民族地区工作的汉族干部学习少数民族语言，这可能与实际的沟通要求有关。

表 1 - 86　　　在少数民族地区工作的汉族干部学习少数民族语言的必要性

单位:%

	很有必要	有必要	一般	没必要	合计	样本量
汉族	43.0	56.1	0.9	0.0	100	130
少数民族	47.3	42.6	7.9	2.2	100	285
合计	46.0	46.5	5.9	1.5	100	415

三　对地方政府社会治理的评价

无论是农业户口还是非农业户口的受访者对地方政府（本县、县级市政府）应对各类突发事件的能力表示不满意的人都占少数，但非农业户口表示不满意的比例更大。农业户口受访者对地方政府应对自然灾害、生产安全事故、传染病及公共卫生事故的能力表示满意的比例比非农业户口受访者稍高，而对一般性社会治安事件、群体性突发事件、暴力恐怖事件的满意比例比非农业户口受访者稍低，这说明农村居民对政府处理人力不可控的突发"天灾"的能力更满意和关注，而城市居民对政府处理人力可控的突发"人祸"的能力更满意和关注。

表 1 - 87　　　　　　不同受访者对地方政府应对突发事件的能力的评价

单位:%

		很满意	满意	不满意	很不满意	合计
自然灾害事件	农业户口	15.4	82.5	2.1	0.0	100
	非农业户口	19.7	76.3	4.0	0.0	100
生产安全事故	农业户口	13.4	85.2	1.4	0.0	100
	非农业户口	17.5	68.7	13.4	0.5	100
传染病及公共卫生事故	农业户口	12.5	80.6	6.3	0.7	100
	非农业户口	17.1	66.2	15.3	1.4	100
一般性社会治安事件	农业户口	18.9	77.0	4.1	0.0	100
	非农业户口	15.1	78.0	6.5	0.4	100
群体性突发事件	农业户口	16.5	80.6	2.9	0.0	100
	非农业户口	14.3	80.7	4.0	0.9	100
暴力恐怖事件	农业户口	22.1	75.0	2.9	0.0	100
	非农业户口	17.2	78.7	3.2	0.9	100

注:农业户口受访者样本量是165,非农业户口受访者样本量是252。

大多数的汉族和少数民族对政府应对突发事件的能力表示满意,但少数民族选择"很满意"的比例要明显高出汉族,而且没有人选择"很不满意"。这说明少数民族对政府应对突发事件的能力的满意度要高于汉族。

表 1 - 88　　　　　　不同民族对地方政府应对突发事件的能力的评价

单位:%

		很满意	满意	不满意	很不满意	合计
自然灾害事件	汉族	4.0	91.1	5.0	0.0	100
	少数民族	24.9	72.6	2.5	0.0	100
生产安全事故	汉族	3.5	81.7	13.9	0.9	100
	少数民族	22.8	71.0	6.2	0.0	100
传染病及公共卫生事故	汉族	3.5	72.2	20.9	3.5	100
	少数民族	21.9	70.7	7.4	0.0	100
一般性社会治安事件	汉族	2.4	85.5	11.3	0.8	100
	少数民族	24.2	73.4	2.4	0.0	100
群体性突发事件	汉族	3.3	89.2	5.8	1.7	100
	少数民族	21.8	76.1	2.1	0.0	100
暴力恐怖事件	汉族	8.5	85.6	4.2	1.7	100
	少数民族	25.1	72.8	2.1	0.0	100

注:汉族样本量是130,少数民族样本量是285。

　　受访者对地方政府工作效果表示"很好"和"比较好"的占了大多数。其中,农业户口受访者评价最高的是"提供义务教育",最低的是"政府办事效率";非农业户口受访者评价最高的是"提供义务教育"和"打击犯罪,维护社会治安",评价最低的是"廉洁奉公,惩治腐败"。这说明地方政府在教育和治安方面可圈可点,但在完善自我能力和形象方面有待提高。

　　有四项有 1/4 左右的受访者选择"不清楚",按选择人数多寡依次为:"为中低收入者提供廉租房和经济适用房""扩大就业,增加就业机会""政府信息公开,提高政府工作的透明度"和"廉洁奉公,惩治腐败",这些数据说明,政府与民众还需增进沟通、提高工作透明度。下表是将选择不清楚的样本剔除后得到的结果:

表 1-89　　　　　　　不同户口受访者对地方政府工作效果的评价

单位:%

		很好	比较好	不太好	很不好	合计
坚持为人民服务的态度	农业户口	21.9	74.2	1.3	2.6	100
	非农业户口	17.0	73.1	9.9	0.0	100
政府办事效率	农业户口	19.0	58.2	19.6	3.2	100
	非农业户口	12.1	73.1	13.0	1.8	100
公开、公平、公正选拔干部和官员	农业户口	18.4	63.8	13.8	3.9	100
	非农业户口	12.2	70.1	14.7	3.0	100
提供公共医疗卫生服务	农业户口	29.6	59.1	10.1	1.3	100
	非农业户口	15.3	75.7	8.6	0.5	100
为群众提供社会保障	农业户口	24.8	64.6	9.3	1.2	100
	非农业户口	13.9	71.6	13.0	1.4	100
提供义务教育	农业户口	50.0	46.2	2.5	1.3	100
	非农业户口	23.8	72.0	3.3	0.9	100
保护环境,治理污染	农业户口	32.8	53.7	11.2	2.2	100
	非农业户口	14.3	67.3	17.5	0.9	100
打击犯罪,维护社会治安	农业户口	27.2	70.7	1.4	0.7	100
	非农业户口	17.3	73.3	9.3	0.0	100
廉洁奉公,惩治腐败	农业户口	32.4	50.9	13.0	3.7	100
	非农业户口	13.1	64.6	19.4	2.9	100
依法办事,执法公平	农业户口	28.4	61.2	5.2	5.2	100
	非农业户口	16.0	70.7	12.0	1.3	100

续表

		很好	比较好	不太好	很不好	合计
发展经济，增加人们的收入	农业户口	19.1	71.8	9.2	0.0	100
	非农业户口	13.3	69.5	13.3	3.8	100
为中低收入者提供廉租房和经济适用房	农业户口	27.8	61.1	10.0	1.1	100
	非农业户口	15.9	69.3	6.9	7.9	100
扩大就业，增加就业机会	农业户口	21.0	60.0	18.0	1.0	100
	非农业户口	14.2	68.5	9.1	8.1	100
政府信息公开，提高政府工作的透明度	农业户口	19.6	72.2	8.2	0.0	100
	非农业户口	12.9	75.6	9.0	2.5	100

注：农业户口受访者总样本量是165，非农业户口受访者总样本量是252。

少数民族受访者对地方政府工作效果评价为"很好"的比例要比汉族高，评价较高的是"提供义务教育""提供公共医疗卫生服务"和"打击犯罪，维护社会治安"，较低的是"扩大就业，增加就业机会"和"公开、公平、公正选拔干部和官员"，可见解决少数民族就业和公开选拔民族干部是喀什市政府民族工作需要改进的地方。

表1-90　　　　　　　不同民族对地方政府工作效果的评价

单位:%

		很好	比较好	不太好	很不好	合计
坚持为人民服务的态度	汉族	8.5	78.0	12.7	0.8	100
	少数民族	26.9	64.2	8.1	0.8	100
政府办事效率	汉族	7.2	76.6	15.3	0.9	100
	少数民族	23.1	65.1	10.2	1.6	100
公开、公平、公正选拔干部和官员	汉族	21.1	73.7	5.3	0.0	100
	少数民族	41.6	54.5	2.4	1.6	100
提供公共医疗卫生服务	汉族	6.7	68.9	23.5	0.8	100
	少数民族	28.8	58.5	10.6	2.1	100
为群众提供社会保障	汉族	9.0	80.3	10.7	0.0	100
	少数民族	27.6	67.9	4.1	0.4	100
提供义务教育	汉族	5.3	67.3	23.9	3.5	100
	少数民族	27.6	55.3	14.1	3.0	100
保护环境，治理污染	汉族	9.0	73.2	16.3	0.8	100
	少数民族	25.8	64.4	6.0	3.9	100

续表

		很好	比较好	不太好	很不好	合计
打击犯罪，维护社会治安	汉族	6.3	73.9	18.9	0.9	100
	少数民族	20.3	67.8	8.4	3.5	100
廉洁奉公，惩治腐败	汉族	10.6	74.5	8.5	6.4	100
	少数民族	24.2	62.1	7.7	6.0	100
依法办事，执法公平	汉族	10.1	72.7	15.2	2.0	100
	少数民族	20.1	60.8	10.8	8.2	100
发展经济，增加人们的收入	汉族	7.8	81.6	9.7	1.0	100
	少数民族	19.3	69.8	8.3	2.6	100
为中低收入者提供廉租房和经济适用房	汉族	8.5	78.0	12.7	0.8	100
	少数民族	26.9	64.2	8.1	0.8	100
扩大就业，增加就业机会	汉族	7.2	76.6	15.3	0.9	100
	少数民族	23.1	65.1	10.2	1.6	100
政府信息公开，提高政府工作的透明度	汉族	21.1	73.7	5.3	0.0	100
	少数民族	41.6	54.5	2.4	1.6	100

注：汉族样本量是 130，少数民族样本量是 285。

第七节　简要结论

通过对喀什市的数据分析，可以看出喀什市受访者对政府政策、基础设施建设、社会保障、生活水平、民族关系和传统文化传承等方面满意程度较好。同时，在受访者的回答中，不难发现他们对于经济增长的诉求：在社会发展方面，认为经济发展优先；在个人压力方面，经济压力是比较突出的部分；在对政府政策、能力的评价中，也主要关心经济发展和收入、就业方面的问题；受访者对区域发展的前景充满信心，但对个人的经济状况却并不乐观。由此可见，发展经济应作为喀什市发展的重点，正所谓"仓廪实而知礼节"，让每个个人、每个家庭、每个民族、每个社区都能在经济发展中获得实惠，才是社会稳定、民族团结的大前提，单纯从某一个层面治理而忽视了经济建设都会舍本逐末，甚至得不偿失。

收入分配和财产差距是需要关注的实际问题。以上调查数据中，土地拥有量、自有产权的房屋面积、收入水平等方面的个体/家庭间差距已经很明显。而在基础设施建设、社会福利的覆盖等方面，农村的受惠程度明显低于城市；同时，农业户口受访者对于各项政策的了解程度也不如非农业户口的受访者，这使得信息匮乏成为农村在发展经济、解决就业和完善教育与社会保障等方面最大的困境。在分配和稳定问题上，"不患寡而患不均，不患贫而患不安"，因而要让不同户籍、民族、职业、年龄的人都能在社会发展和团结稳定中获得各自的红利，用实际行动消除信息和制度上的不对称。

民族地区在经济发展的同时如何加强对文化传统的保护和传承也同样是政府和社会各界面临的重要任务。喀什是经济开发区，具有经济发展的巨大潜力；同时，喀什市也是一座历史文化名城，有丰富的文化积淀。经济发展不仅只有 GDP 增长一个指标，另外，保护文化和传统也不应排斥发展经济。喀什市各民族对于地区和民族的特色文化以及濒危传统的认知具有趋同性，对强化沟通的双语教育也都较为认可，但在语言、风俗、族际通婚等方面还存在差异，这需要管理者尊重本地文化多元的现实，以开放和平等的心态去处理差异。

第二章

新疆墨玉县问卷调查分析报告

新疆墨玉县位于连片贫困的南疆三地州，1986 年以来就一直是国定贫困县，被列为国家和自治区重点扶持的贫困县之一。墨玉县下辖 2 镇 14 乡 2012 年共有人口 51.9 万人（含兵团），其中农业人口 45.6 万人，城镇人口比重仅为 9.77%。墨玉县现有维吾尔族、汉族、回族、哈萨克族等 13 个民族。维吾尔族是墨玉县人口数量最多的民族，六次人口普查数据显示，维吾尔族所占全县总人口的比例一直保持在 95% 以上。① "21 世纪初中国少数民族地区经济社会发展综合调查"选择南疆的墨玉县为调查点之一，根据当地民族构成及社会经济发展特点，抽样选取 401 户家庭作为调查对象。调查的内容包括受访者家庭的经济生活、当地民族政策的实施情况、民族文化的传承与发展、民族关系及和谐社会构建等多个方面。

第一节　墨玉县调查地点及受访者基本情况

一　调查点基本背景

新疆维吾尔自治区墨玉县位于昆仑山北麓，塔里木盆地西南部，喀拉喀什河西岸。东以喀拉喀什河为界与和田县、洛浦县相望，西临戈壁与皮山县接壤，南抵喀喇昆仑山北麓，北入塔克拉玛干大沙漠与阿瓦提县相邻。南窄北宽，地势南高北低，属暖温带干燥荒漠气候，四季分明，春季升温快，夏季炎热、干燥少雨，秋季降温快。降水量稀少，光照充足，无霜期长，昼夜温差大，年均气温 11.6℃，年均降水 41 毫米，总面积

---

① 新疆维吾尔自治区统计局编：《新疆统计年鉴 2013》，中国统计出版社 2013 年版，第 32 页。

25788.86 平方公里。2010 年第六次全国人口普查数据显示，墨玉县常住人口 500114 人，以维吾尔族为主，占总人口的 95% 以上。按自然条件、生态环境、地貌类型与农牧业生产关系，全县划分为三个区域：南部低山河谷和山前冲积扇缘农牧区、中部老绿洲农业区及北部沙漠地带。

本次墨玉县的问卷调查共选取了喀拉喀什镇、扎瓦乡、喀瓦克乡等乡镇的 401 户家庭，调查的内容包括受访家庭的基本情况、经济情况、工作情况、民族文化与教育、社会状况、相关政策等方面。

二　受访者个人和家庭情况

表 2-1 给出了被访对象的总体特征：性别上，男性占 65.1%，女性占 34.9%；民族方面，汉族占 7.7%，维吾尔族占 92%，回族占 0.2%。受访者的户籍分布为：农业户口的比例为 57.9%，非农业户口比例为 42.1%。受访者的年龄构成：31—45 岁的比例是 39.7%，46—60 岁的比例是 27.2%，30 岁及以下的比例是 16.7%，60 岁以上的比例是 16.5%。从受访者的受教育程度来看，未上学的比例为 2.5%，拥有小学教育程度的受访者最多，达 43.9%，初中教育程度的比例是 26.3%。以上三类受教育程度的人数占总样本量的七成以上，说明受访者的受教育程度偏低。

表 2-1　　　　　　　　　受访者个人基本情况

单位:%

性别	男	65.1	受教育程度	未上学	2.5	职业类型	国家机关党群组织、企事业单位负责人	14.3
	女	34.9		小学	43.9		专业技术人员	7.8
民族	汉族	7.7		初中	26.3		办事人员和有关人员	4.0
	回族	0.2		高中	7.8		商业人员	4.0
	维吾尔族	92.0		大学	19.5		农林牧渔水利生产人员	46.7
户籍	农业户口	57.9	个人年均总收入	小于等于10000 元	58.5		生产、运输设备操作人员及有关人员	0.8
	非农业户口	42.1		10001—30000 元	12.8		不便分类的其他从业人员	1.5
年龄	30 岁以下	16.7		30001—50000 元	16.0		学龄前儿童或在校学生	0.5
	31—45 岁	39.7		50001—100000 元	4.0		从未工作过	20.4
	46—60 岁	27.2		大于100000 元	8.8	宗教信仰	伊斯兰教	86.0
	60 岁以上	16.5					没有宗教信仰	14.0

从受访者个人年均总收入方面看，收入小于等于 1 万元的受访者占比为 58.5%，大于 10 万元的受访者占比仅 8.8%。受访者职业类型的分布表明，有 46.7% 的农林牧渔水利生产人员。从受访者宗教信仰情况看，信仰伊斯兰教的占 86%，没有宗教信仰的占 14%。

本次调查显示，墨玉县受访者家庭人口数农村为 3.78 人，城镇为 3.14 人，其中 2—5 人的家庭占农村家庭总数的 91%，占城镇家庭总数的 82%。这也说明在家庭类型中，核心家庭、主干家庭仍旧是墨玉县的主要家庭形式。

第二节　墨玉县城乡受访者个人和家庭的经济状况

一　土地拥有情况

在 224 户受访家庭中，没有耕地的 25 户家庭基本为墨玉县的城镇居民。拥有亩数在 5 亩以内和介于 5—10 亩的家庭比例大致相当，分别为 38.84% 和 42.41%；拥有 10—15 亩耕地的家庭比例为 16.96%。拥有 15 亩以上耕地的家庭非常少，约占有效样本的 2%，其中最大值为 36 亩。

表 2 - 2　　　　　　　　　　　受访者家庭土地拥有情况

单位：人、%

X = 家庭耕地（亩）	人数	百分比
0 ≤ X < 5	87	38.84
5 ≤ X < 10	95	42.41
10 ≤ X < 15	38	16.96
≥ 15	4	1.79
合计	224	100

对于耕地的使用，有 99.3% 的家庭都选择自己经营。当问及出租耕地多少亩时，98% 的居民没有选择出租，仅有的几户出租面积 2—16 亩不等。

墨玉县是一个人均耕地仅 1.1 亩的贫困县，本次调查户中没有家庭拥有山地。园地方面，82.8% 的农村家庭没有园地，剩余家庭中拥有园地面积为 0.4—5 亩不等。绝大部分家庭均为自营。

二　受访者个人和家庭的收入和支出

2012 年墨玉县经济平稳健康发展。根据墨玉县统计年鉴数据，2012年全县生产总值达到了 25.05 亿元，按可比价计算增长了 12.1%。完成农林牧渔业总产值 20.28 亿元，同比增长 7.4%；工业总产值 1.25 亿元，比去年同期增长 83.8%；实现社会消费品零售总额 3.17 亿元，同比增长 11.2%。2012 年，墨玉县农牧民人均纯收入达到 3671.7 元，较上年增收 604 元，增长 19.7%。城镇居民人均可支配收入 16160.71 元，同比增长 13.1%。

（一）个人与家庭收入

在受访者收入调查中，访问员主要对受访者个人及家庭的货币总收入进行了询问，问卷中的具体收入类型主要包括出租/售房屋、土地收入和劳务收入（工资、务工）两类。

从受访者个人总收入来看，填报没有收入的受访者占比是 6.1%。在有收入的 165 人中，2012 年个人总收入在 6 万元以下的人数比例为 93.3%；收入在 10 万元及以上的受访者不足 2%。收入最高者为 212000 元。

以农业户口和非农业户口划分，农业户口受访者 2012 年总收入均低于 6 万元，平均收入为 1367 元；非农业户口中的大部分受访者收入集中在 6 万元以下，6 万元以上的收入段仅占非农业户口总人数的 7.1%。平均收入为 35102 元。

从收入类型看，填报收入的受访者中有 10% 的比例是获得了"出租/售房屋、土地收入"，收入从 3000 元到 100000 元不等，其中半数介于 1 万—4 万元，平均为 40369 元。劳务收入（工资、务工）方面，90% 有收入者获得该项收入，收入介于 60—64400 元，其中 2 万元以下占 24.2%，2 万—4 万元以下占 42.2%，4 万—6 万元以下占 21.2%，6 万元及以上占 3%。均值为 24056 元。

调查数据中农业户口受访者的平均个人收入低于统计年鉴公布的农村家庭人均纯收入，而非农业户口受访者的平均个人收入高于统计年鉴公布的数据。主要原因可能是农村以家庭为经营单位，个人收入可能只限于家庭经营外的收入。根据受访者自报的家庭收入数据，计算得到农村受访者家庭的全年人均收入是 4689.6 元，城镇受访家庭的全年人均收入是

18273.34 元。

（二）个人与家庭支出

对受访者的支出调查包括了受访者个人及家庭的生活消费支出，具体支出类型包括四项：生活消费支出；全年民俗支出（包括节日各项支出），其中含信仰或宗教性支出；全年人情往来费用；本年度借款总额。

根据对 2012 年受访者个人总支出的统计，自报支出为 0 元的比例是 54.8%。在填报个人支出的受访者中，支出介于 0 至 1 万元的占比是 16.78%，1 万元（含）至 5 万元以下的占比是 76.6%，5 万元（含）至 8 万元（含）的占比是 6.62%，支出的最大值为 8 万元。从农业户口与非农业户口的比较来看，农业户口受访者的总支出低于非农业户口受访者。

支出类型的计算结果表明：第一，生活消费支出金额介于 700 元至40000 元的占比达到了 31.2%，其中支出介于 1 万元至 2 万元的人数最多，占 56.8%。该项平均支出为 14659 元。第二，共有 26.2% 的受访者有民俗支出，支出金额介于 200 元到 12000 元，其中支出介于 1000 元至3000 元的人数最多，占受访者的 64.8%。该项平均支出为 2223 元。第三，共有 26.9% 的受访者有人情往来支出，支出金额介于 100 元至 24000元，其中支出介于 1000 元至 5000 元的人数最多，占比 63%。该项平均支出为 3249 元。

年度借款方面，共有 9.7% 的受访者有借款支出，支出金额介于 500元至 300000 元，其中借款额在 20000 元以下者居多，占 61.5%。该项平均支出为 41936 元。

受访者家庭总支出方面，1 万元以下的受访者家庭占 7.3%，1 万元（含）至 3 万元的受访者家庭占 54.5%，3 万元（含）至 5 万元的受访者家庭占比 24.1%，5 万元（含）至 7 万元的受访者家庭占比 8.9%，7 万元（含）至 9 万元的受访者家庭占比 5%。受访者家庭总支出的最高金额为 84000 元。

农业户口和非农业户口的受访者家庭支出对比结果表明，两类家庭支出金额基本集中在 1 万元（含）至 3 万元，但是非农业户口家庭支出在 3万元以上的数量远多于农业户口的受访者家庭。农业户口的受访者家庭年平均支出 20244 元，非农业户口家庭年平均支出 39867 元，接近农业受访者家庭平均支出的 2 倍。

表 2 – 3　　　　　　　　受访者家庭支出情况

单位:%

X＝受访者家庭总支出（万元）	农业户口	非农业户口
0＜X＜1	5.59	9.76
1≤X＜3	78.77	19.51
3≤X＜5	15.08	37.40
5≤X＜7	0.56	21.14
7≤X＜9	0.00	12.20

注：农业户口受访者样本量是 179，非农业户口受访者样本量是 123。

　　根据调查数据计算得到农村受访家庭的全年人均支出是 5853.63 元，城镇受访者家庭的全年人均支出是 16444.86 元。从中可看出城乡之间存在着收入差距。

　　在年度支出项目上，城乡受访者家庭的生活消费支出都占到了九成以上。全年民俗支出上城乡差异不大，城镇家庭这方面的支出占总支出的 18%，而农村家庭该比例为 16%。宗教方面的支出在城乡受访家庭中的总支出都不大，城镇为 3%，农村为 5%。在人情往来方面，农村家庭的该项支出占比是 11%，城镇家庭的占比是 15%。

　　（三）家庭消费情况

　　1. 电视机

　　根据调查结果统计显示，有 23.7% 的受访者家庭没有显像管彩色电视机，只有黑白电视机，有 73.6% 的家庭拥有 1 台显像管彩色电视机，有 2 台显像管彩色电视机的家庭只占 2.7%。从农业户口与非农业户口的比较看来，在拥有显像管彩色电视机方面，农业户口家庭的比例要略高于非农业户口家庭，前者为 81%，后者为 69.8%。当问及半年内是否打算购买显像管彩色电视机时，有 75.8% 的受访者不打算购买，19% 的家庭打算买，还有 5.2% 的家庭则表示不确定。

　　同时，在液晶/等离子电视机拥有程度方面，非农业户口受访者家庭拥有 1 台或 1 台以上的比例为 27.8%，农业户口受访者家庭拥有 1 台或 1 台以上的比例仅为 3%。有约 1/5 的受访者半年内打算购买液晶/等离子电视机。

表 2 - 4   受访者家庭拥有电视机的情况

单位:%

台数	农业户口	非农业户口	合计
显像管彩色电视机			
0 台	19.0	30.2	23.7
1 台	76.7	69.2	73.6
2 台	4.3	0.6	2.7
合计（频次）	232	169	401
液晶/等离子电视机			
0 台	97.0	72.2	86.5
1 台	2.6	27.2	13.0
2 台	0.4	0.6	0.5
合计（频次）	232	169	401

2. 车辆

伴随生活水平的提高，人们外出时选择的交通工具也越来越丰富，许多家庭开始购置属于自己的交通工具，以期带来快捷方便的生活感受。在本次调查中，主要询问了受访者家庭是否拥有农用车/拖拉机、轿车/面包车和摩托车三类交通工具。

其中，农业户口受访家庭拥有农用车/拖拉机的比例为 6.9%。有21.7% 的农业户口受访家庭半年内有购买农用车/拖拉机的想法。轿车/面包车拥有方面，农业户口受访家庭的拥有率是 4.7%，远低于非农业户口受访家庭的 21.9%，有 21.7% 的受访城乡家庭半年内打算购买。有 70%的受访者家庭拥有摩托车，其中农业户口家庭的摩托车拥有率为 86.6%，非农业户口家庭的摩托车拥有率为 47.4%，以上两项均高于农用车/拖拉机及轿车/面包车的拥有率，而该项农业户口受访者家庭拥有率又远高于非农业户口家庭拥有率。有 15.5% 的受访家庭半年内打算购买。

表 2 - 5   受访者家庭拥有车辆的情况

单位:%

辆数	农业户口	非农业户口	合计
农用车/拖拉机			
0 辆	93.1	98.8	95.5
1 辆	6.5	1.2	4.2
2 辆	0.4	0.0	0.2

辆数	农业户口	非农业户口	合计
轿车/面包车			
0 辆	95.3	78.1	88.0
1 辆	4.7	21.9	12.0
摩托车			
0 辆	13.4	52.7	29.9
1 辆	84.5	46.2	68.3
2 辆	2.1	1.2	1.5

注：农业户口受访者样本量是232，非农业户口受访者样本量是169。

3. 冰箱、冰柜

冰箱、冰柜是家庭生活中重要的消费品之一，为人们保鲜食物提供重要帮助。从总体来看，受访者中有冰箱的家庭的比例高达87.3%，其中农业户口受访者家庭拥有率为87.9%，非农业户口受访者家庭拥有率为86.4%，二者基本持平。冰柜的拥有率双方都很低。同时，半年内仅有9%的家庭希望购买冰箱，而愿意购买冰柜的比例为6.2%。

表 2 - 6　　　　　　　　　受访者家庭拥有冰箱、冰柜的情况

单位：%

台数	农业户口	非农业户口	合计
冰箱			
0 台	12.1	13.6	12.7
1 台	87.9	86.4	87.3
冰柜			
0 台	98.7	98.8	98.8
1 台	0.9	1.2	1.0

注：农业户口受访者样本量是232，非农业户口受访者样本量是169。

4. 电脑

当今社会信息发展迅速，电脑也逐渐进入家庭中，成为人们日常生活和娱乐休闲的重要组成部分。农业户口受访者家庭中拥有台式计算机和笔记本电脑的比例均不足1%，而在非农业户口受访者家庭中，这两项的比例分别为35.5%和11.3%。半年内有购买意愿的均为城镇受访家庭，其

中 21.7% 的家庭想要购买台式机，15.7% 的家庭想要购买笔记本电脑。

表 2 - 7 　　　　　　　　　　受访者家庭拥有电脑的情况

单位:%

台数	农业户口	非农业户口	合计
台式机			
0 台	99.1	64.5	84.5
1 台	0.4	34.3	14.7
2 台	0.4	1.2	0.7
笔记本电脑			
0 台	99.1	88.8	94.8
1 台	0.4	10.7	4.7
2 台	0.4	0.6	0.5

注: 农业户口受访者样本量 232，非农业户口受访者样本量 169。

5. 手机

在现代生活中，手机已经成为人们互相沟通、对外联络的必备工具。在本次调查中，受访者家庭手机拥有率为 86%，其中，农业户口受访者家庭手机拥有率为 80.6%，非农业户口家庭手机拥有率为 93.5%。在手机拥有数量方面，拥有 1—2 部手机的家庭居多，拥有手机数量最多的家庭有 5 部手机。当问及半年内是否打算购买手机时，有 18.2% 的受访家庭表示有意愿。

表 2 - 8 　　　　　　　　　　受访者家庭拥有手机的情况

单位:%

部数	农业户口	非农业户口	合计
0 部	19.4	6.5	14.0
1 部	53.4	43.2	49.1
2 部	19.0	34.3	25.4
3 部	6.9	12.4	9.2
4 部	0.4	2.4	1.2
5 部	0.9	1.2	1.0

注: 农业户口受访者样本量 232，非农业户口受访者样本量 169。

6. 洗衣机

在受访者中，84.3% 的家庭拥有洗衣机，其中农业户口受访者家庭拥有率为81.9%，非农业户口受访者家庭拥有率为87.6%，前者略低于后者。在农业户口受访者家庭中，有2户拥有2台洗衣机。在半年之内，有8.5%的受访者家庭有购买洗衣机的意愿。

表2-9　　　　　　　　受访者家庭拥有洗衣机的情况

单位:%

台数	农业户口	非农业户口	合计
0 台	18.1	12.4	15.7
1 台	81.0	87.6	83.8
2 台	0.9	0.0	0.5

注：农业户口受访者样本量232，非农业户口受访者样本量169。

7. 照相机、摄像机、空调

大多数受访者家庭中没有照相机和摄像机。非农业户口家庭的拥有率为11.2%，略高于农业户口家庭2.2%的拥有率。半年内，有9.5%的受访者家庭有购买的意愿。

农业户口受访者家庭均未购买空调，非农业户口受访者家庭拥有率则为13%，最多的一户有2台。在半年之内，有27.4%的非农受访家庭有购买空调的意愿，是以上7项中购买意向比例最高的。

表2-10　　　　　受访者家庭拥有照相机、摄像机、空调的情况

单位:%

台数	农业户口	非农业户口	合计
照相机、摄像机			
0 台	97.8	88.8	94.0
1 台	2.2	11.2	6.0
空调			
0 台	100	87.0	94.5
1 台	0.0	12.4	5.2
2 台	0.0	0.6	0.2

注：农业户口受访者样本量232，非农业户口受访者样本量169。

三　城乡受访者家庭的住房

（一）住房情况

墨玉县401份调查问卷中明确回答住房情况的有393位受访者。其中，目前有1套自有住房（拥有产权）的受访者最多，占总人数的98%，

1.3%的受访者拥有 2 套自有住房，无房者比例不足 1%。

表 2 - 11　　　　　受访者自有住房（拥有产权）拥有情况

单位：人、%

套数	频率	百分比
0 套	3	0.8
1 套	385	98.0
2 套	5	1.3
合计	393	100

　　在对受访者自有住房（拥有产权）面积情况进行统计后发现：农业户口受访者家庭住房面积介于 40 平方米到 550 平方米，平均为 263.9 平方米/户；非农业户口受访者家庭住房面积介于 30 平方米到 3333 平方米，平均为 180 平方米/户。大多数受访者的房屋面积均超过了 100 平方米。

表 2 - 12　　　　　　受访者家庭住房情况

单位：%

X = 住房建筑面积（平方米）	农业户口	非农业户口	合计
0 < X < 100	3.6	42.1	19.8
100 ≤ X < 200	26.2	27.4	26.7
200 ≤ X < 300	23.1	15.9	20.1
X ≥ 300	47.1	14.6	33.4

注：农业户口受访者样本量 225，非农业户口受访者样本量 164。

　　在对调查点房屋面积进行调查时发现：农业户口受访者家庭住房面积介于 60 平方米到 720 平方米，平均为 369.2 平方米/户；非农业户口受访者家庭住房面积介于 5 平方米到 900 平方米，平均为 314.6 平方米/户。大多数受访者的房屋面积均超过了 100 平方米。

表 2 - 13　　　　　　受访者家庭住房面积情况

单位：%

X = 住房建筑面积（m^2）	农业户口	非农业户口	合计
0 < X < 100	0.4	2.4	1.3
100 ≤ X < 200	12.0	7.3	10.0
200 ≤ X < 300	24.0	11.0	18.5
X ≥ 300	62.2	25.6	46.8

注：农业户口受访者样本量 222，非农业户口受访者样本量 76。

在对本户住房性质进行分析时，231 位农村受访者家庭全部是自有住房，城镇的绝大多数受访者房屋性质也为自有住房，其次为租住他人房屋。

表 2 - 14　　　　　　　城镇受访者家庭的住房性质情况

单位:%

住房性质	百分比
自有住房	76.33
租住廉租房	7.69
租住亲友房	4.14
租住私人房	4.18
集体宿舍	1.18
其他	6.51

注：城镇受访者家庭样本量是 169。

住宅外道路路面情况结果显示：农村受访者住宅外的道路以自然土路为主，城镇受访者住宅外的道路以水泥或柏油路为主。城乡之间的道路差异还是较为明显。

表 2 - 15　　　　　　　　住宅外道路路面情况

单位:%

路面情况	农业户口受访者	非农业户口受访者
水泥或柏油路	14.72	64.29
沙石或石板等硬质路面	4.33	8.33
自然土路	80.95	27.38

注：农业户口受访者样本量 231，非农业户口受访者样本量 168。

（二）家庭生活条件

在家庭用水方面，除农村 1 户为窖水、1 户选择雨雪水外，其余城乡受访者家庭做饭用水都是自来水。在家用卫生设备方面，农村受访者家庭使用旱厕的比例为 98.7%，城镇受访家庭使用水冲式厕所的比例为 81.07%。在受访者做饭使用的主要燃料方面，农村受访者家庭使用柴草（秸秆类）的比例最高，达 80.95%；使用煤气/液化气/天然气的占比 17.75%；城镇受访者家庭使用煤气/液化气/天然气的占比 80.36%，其次是使用煤炭的家庭，比例为 15.48%。受访者住房的建筑类型方面，农村受访者家庭中房屋砖木结构为最多，占总数的 74.24%，其次是混合结构为 18.78%；城镇受访家庭中房屋钢筋混凝土结构占 67.08%，砖木结构占比 23.6%。总体上，城镇受访者家庭的生活条件优于农村受访者家庭。

（三）城乡受访者的主观感受

对受访者就目前住房和住房政策进行评价所做的统计表明，农村受访者对调查的各项住房政策满意度均高于非农村受访者，不满意的比例除了农村住房改造外也都低于非农村受访者。城镇受访者对商品房和两限房的不满意比例最高达到了 16.67% 和 16.1%。

表 2 −16　　　　　　　　　　受访者对住房政策的满意度

单位:%、个

	农业户口受访者				非农业户口受访者			
	满意	一般	不满意	样本量	满意	一般	不满意	样本量
当前的住房满意度	69.48	28.64	1.88	213	58.16	29.79	12.06	141
政府对商品房的政策	63.64	30.30	6.06	165	50.0	33.33	16.67	132
政府两限房政策	64.78	28.30	6.92	159	50.85	33.05	16.1	118
政府有关廉租房的政策	61.25	33.75	5.00	160	49.62	38.17	12.21	131
政府经济适用房政策	67.30	27.67	5.03	159	44.96	40.31	14.73	129
农村住房改造政策	63.73	25.98	10.29	204	50.0	41.38	8.62	116

在对现有住房条件的便利性进行评价时，有 87% 的城镇受访者和 65% 的农村受访者都认为比较便利，仅有 1.31% 的农村受访者和 4.21% 的城镇受访者认为不便利。

表 2 −17　　　　　　　　现有住房的便利情况和改善意愿

单位:%

	农业户口受访者	非农业户口受访者
便利情况		
便利	65.07	86.75
一般	33.62	9.04
不便利	1.31	4.21
改善意愿		
迫切	74.24	21.08
一般	10.04	21.08
不迫切或不想改善	15.72	57.84

注：农业户口受访者样本量 229，非农业户口受访者样本量 166。

在问及改善住房意愿的迫切程度时,认为"很迫切(26.1%)"和"比较迫切(27.4%)"的农村受访者占到总数的74%,而城镇受访者只有21%;认为"不迫切(11.5%)"或"不想改善(19.8%)"的农村受访者占比是15.72%,而城镇受访者则占到总数的57.84%。在有意愿改善住房的受访者中,选择改善的最主要途径为"自建新房"的农村受访者占总数的93.26%,城镇受访者选择自建新房的占比为46.67%;其次分别为"购买商品房(22.67%)""购买经济适用房(16%)""换租更大的房子(6.67%)""购买单位筹资共建房(5.33%)"。

第三节　墨玉县城乡受访者的就业

一　城乡受访者的就业

有关就业状况的分析主要针对三类人群:本地农业户口受访者、城镇户口和城镇外来务工人员。同时还将给出受访者中失业、辞职人员的基本情况。

在本地农业户口受访者中,"只是务农"的受访者比例最高,占到总数的94.9%,"兼顾务农与非农工作"及"只从事非农工作"的受访者比例分别仅为2.3%。

表2-18　　　　　　　　　农业户口受访者工作情况

单位:%

目前的工作状况	有效百分比
只是务农	94.9
兼顾务农与非农工作	2.3
只从事非农工作	2.3
家务劳动者	0.5

注:农业户口受访者样本量是221。

城镇户口受访者和城镇外来务工人员分布的行业主要集中在居民服务和其他服务业、教育、公共管理和社会组织等行业中。当前主要工作的职业以"国家机关党群组织、企事业单位负责人""办事人员和有关人员""专业技术人员"及"商业"从事者为主。这部分受访者本年度从业的主要地区为乡内及乡外县内。

"政府/社区安排介绍"是受访者选择第一份城镇工作获取渠道比例

最高的，其次为"直接申请（含考试）"，通过他人介绍或招聘广告获取工作的人数较少。

二　失业、辞职

根据调查结果显示，失业、辞职的受访者中女性人数多于男性。受访者本人没有工作的最主要原因为料理家务，占到总数的 41.6%，其次为已离/退休和因单位原因（如破产、改制、下岗/内退/买断工龄、辞退等）失去原工作，分别占到总数的 18.2% 和 16.9%，其他还包括上学、毕业后未工作、因个人原因失去原工作、承包土地被征用、丧失劳动能力等原因。其中，女性料理家务的人数远多于男性，离/退休人数略高于男性，而男性因单位原因（如破产、改制、下岗/内退/买断工龄、辞退等）失去原工作人数则略高于女性。

表 2－19　　　　　　　　　城镇受访者没有工作的原因

单位：人、%

原因	男	女	总数	总数有效百分比
正在上学	2	2	4	5.2
丧失劳动能力	1	1	2	2.6
已离/退休	6	8	14	18.2
毕业后未工作	4	2	6	7.8
料理家务	8	24	32	41.6
因单位原因失去原工作	8	5	13	16.9
因本人原因失去原工作	1	2	3	3.9
承包土地被征用	1	1	2	2.6
其他	1	0	1	1.3
合计	32	45	77	100

注：单位原因包括破产、改制、下岗/内退/买断工龄、辞退等；个人原因包括家务、健康、辞职等。

对受访者家人没有工作的原因进行统计分析结果显示：最主要原因为料理家务，占到总数的 51.9%，其次为毕业后未工作和正在上学，分别占到总数的 19.2% 和 18.3%，其他还包括已离/退休、因单位原因（如破产、改制、下岗/内退/买断工龄、辞退等）失去原工作、丧失劳动能力等原因。

表 2－20　　　　　　　　受访者家人没有工作的原因

单位：人、%

原因	频数	百分比
正在上学	19	18.3
丧失劳动能力	2	1.9
已离/退休	5	4.8
毕业后未工作	20	19.2
料理家务	54	51.9
因单位原因失去原工作	4	3.8
合计	104	100

注：单位原因包括破产、改制、下岗/内退/买断工龄、辞退等。

在没有工作的期间，失业、辞职的受访者主要通过在职业介绍机构求职、委托亲友找工作、用网络及其他媒体求职、参加用人单位招聘或招考等方式寻找工作。

第四节　墨玉县民族文化与教育

一　民族语言和文字

在语言与文字使用方面，本次调查主要涉及了语言的学习、使用和掌握程度以及文字的使用情况。因墨玉县的维吾尔族人口占到了 95%，本次调查样本中维吾尔族的比例也占到了 92%，其他少数民族只有 1 位回族受访者，因此以下分析将集中在维吾尔族受访者。

受访者小时候最先会说的语言情况表明，首先农村所有维吾尔族受访者都是先学会本民族语言，城镇中有 33 人先会说普通话，占 169 位受访者的 19.53%。最先学会汉语言方言和其他民族语言的城镇受访者各有 3 人，比例均为 1.78%。受访者现在与人交谈使用本民族语言的比例最高，农村受访者为 100%，而城镇受访者也达到了 85.21%；能使用普通话的农村受访者有 6 人，占总调查样本 230 人的 2.61%，城镇能使用普通话的受访者为 99 人，达到了 58.58%。使用汉语方言及其他少数民族语言的比例极低。

语言掌握程度上，几乎所有人都能"流利准确地使用"本民族语言。在普通话的掌握程度方面，农村维吾尔族受访者中高达 96.54% 的受访者"听不懂也不会说"，在城镇的受访者中该比例是 39.64%。农村中能熟练掌握普通话的受访者比例仅有1人占比0.43%，城镇该比例是42.01%，汉语方言和其他少数民族语言的掌握人数较少，在此不再赘述。

在文字的掌握程度和使用方面，受访者对本民族文字的掌握程度最高，"会"和"会一些"的比例合计在农村受访者中占到总数的89.17%，城镇受访者达到了95.1%。从汉字的掌握程度来看，"会"和"会一些"的维吾尔族受访者比例在农村仅为6.93%，城镇是52.66%，而"不会"汉字的农村受访者比例则高达93.07%，城镇受访者为47.34%。

表 2-21　　　　　　　　　　维吾尔族受访者文字掌握程度

单位:%

	农业户口受访者		非农业户口受访者	
	汉字	本民族文字	汉字	本民族文字
会	0.87	76.62	32.54	93.87
会一些	6.06	12.55	20.12	1.23
不会	93.07	10.83	47.34	4.90

注：农业户口受访者样本量231，非农业户口受访者样本量163。

文字水平情况与语言水平情况表现出一致性，在本民族文字的使用方面，78.78%的农业户口受访者和94.48%的非农业户口受访者都能"掌握足够文字，能流利书写"或"掌握较多文字能书写书信"；而"完全不能用文字书写"的农村受访者比例为10.82%，城镇受访者为4.29%。在汉字的使用方面，农村维吾尔族受访者的水平远低于城镇维吾尔族受访者，城镇受访者中有37%的比例能够"掌握足够文字，能流利书写"或掌握较多文字能书写书信"，农村中没有达到该水平的受访者。而"完全不能用文字书写"的农村受访者比例高达91.3%，城镇受访者比例为46.15%。

表 2-22　　　　　　　　　　维吾尔族受访者的文字水平

单位:%

	农业户口受访者		非农业户口受访者	
	汉字	本民族文字	汉字	本民族文字
掌握足够文字，能流利书写	0	75.32	22.49	90.8
掌握较多文字，能书写书信	0	3.46	14.79	3.68
掌握文字数量不够，书写不流利	4.78	7.36	11.83	1.23

续表

	农业户口受访者		非农业户口受访者	
	汉字	本民族文字	汉字	本民族文字
掌握文字数量少，能写简单字句	3.91	3.03	4.73	0
完全不能用文字书写	91.30	10.82	46.15	4.29

注：农业户口受访者样本量231，非农业户口受访者样本量169。

　　在民族语言的使用意愿方面，绝大多数人都愿意在不同场合说自己的民族语言，只有6.47%的农村受访者认为"只在和本民族人在一起时才愿意说"。

表2-23　　　　　　　　　　　民族语言的使用

单位:%

评价	农业户口受访者	非农业户口受访者
很多时候都愿意说	93.53	99.25
只在和本民族人在一起时才愿意说	6.47	0
不好说	0	0.75

注：农业户口受访者样本量232，非农业户口受访者样本量134。

　　对于子女语言培养方面，50.44%农村受访者和59.56%的城镇受访者愿意送自己的子女去双语学校学习；城乡受访者中都有超过17%的比例表示不愿意；另有31.74%的农村受访者和22.79%的城镇受访者认为无所谓。

表2-24　　　　　　　　　送子女到双语学校学习的意愿

单位:%

	农业受访者	非农业受访者
很愿意	12.61	28.68
较愿意	28.26	18.38
愿意	9.57	12.50
不愿意	16.09	11.76
很不愿意	1.74	5.88
无所谓	31.74	22.79

注：农业户口受访者样本量230，非农业户口受访者样本量136。

　　有2/3的城乡维吾尔族受访者都认为学习当地汉话有好处，可以方便交往、做买卖并对工作生活各方面都有好处等，认为没有什么好处的农村受访者为 14.60%，城镇受访者达到了 35.61%。

不愿意送孩子上双语学校的受访者大多认为孩子应该先学好母语，上母语学校，不能为了学习汉语而忘记了自己的民族语言。也有部分受访者认为双语学习的学习效果不是很好，孩子虽然会读汉语但是完全不懂读的是什么意思，没有达到预期的学习目的。

表 2 - 25　　　　　　　　　　对使用当地汉话的评价

单位:%

	农业户口受访者	非农业户口受访者
有好处，方便与其他民族交往	21.24	30.30
有好处，方便做买卖	33.63	13.64
对工作生活各方面都有好处	14.60	18.94
没太大好处	14.60	35.61
不好说	15.93	1.52

注：农业户口受访者样本量 226，非农业户口受访者样本量 132。

在对少数民族地区的双语教育效果进行评价时，认为双语教育效果好的农村受访者比例（26.73%）略高于不好的比例（26.29%），城镇受访者认为双语效果好的比例为 30.77%，明显高于认为双语教育效果不好的 24.85% 的比例；有 45.26% 的城镇受访者和 30.77% 的农村受访者认为双语教育效果一般。另有 1.72% 的农村受访者和 13.61% 的城镇受访者对此并不清楚。

表 2 - 26　　　　　　　　少数民族地区的双语教育效果评价

单位:%

	农业户口受访者	非农业户口受访者
很好	6.47	12.43
好	20.26	18.34
一般	45.26	30.77
不好	18.53	14.79
很不好	7.76	10.06
不清楚	1.72	13.61

注：农业户口受访者样本量 232，非农业户口受访者样本量 169。

二　文化传统

根据对农村受访者的调查，认为最具本地特色的传统文化类型排名前三位的依次是"传统节日""传统服饰""宗教活动习俗";非农户口受访者认为"传统民居""传统服饰""宗教活动习俗"是位居前三位的最具本地特色的传统文化。而"传统生产方式""人际交往习俗"则是城乡受访者都认为的相比不太具有本地特色的文化类型。

与最具本地特色的传统文化类型不同的是,农业户口受访者认为"传统服饰"(69.40%)和"宗教活动习俗"(62.50%)是最重要的本民族文化类型。非农户口受访者的认可比例同最具本地特色的传统文化相一致。

在留存或传播较好的本民族文化类型方面,受访者意见较为分散,"传统节日""传统饮食"和"传统服饰"为得到城乡受访者认可的前三位。"传统生产方式"(9.09%)则被认为相比是留存或传播不太好的本民族文化类型。

对于已经濒危失传急需恢复的文化类型,"传统服饰"成为城乡受访者认为最急需恢复的文化类型。"传统节日"(11.5%)成为相比不需要很急迫恢复的文化类型。

表 2 - 27　　　　　　　维吾尔族受访者认为当地民族文化的现状

单位:%

	农业户口受访者				非农业户口受访者			
	最具本地特色的传统文化类型	最重要的本民族文化类型	留存或传播较好的本民族文化类型	已经濒危失传急需恢复的文化类型	最具本地特色的传统文化类型	最重要的本民族文化类型	留存或传播较好的本民族文化类型	已经濒危失传急需恢复的文化类型
传统民居	43.10	19.4	18.61	27.71	60.12	17.86	20.83	23.53
传统服饰	67.67	69.40	43.29	44.16	51.79	42.86	36.90	30.72
传统节日	56.90	39.22	46.75	9.52	37.50	43.45	36.90	14.38
人生礼仪	8.19	13.36	27.27	13.85	11.31	22.02	19.64	16.34
传统文娱活动	17.24	17.24	19.91	31.17	11.31	10.71	17.26	28.10
传统饮食	28.88	33.19	44.16	22.51	39.88	31.55	40.48	22.88
道德规范	16.38	12.50	20.35	20.78	9.52	21.43	17.86	28.10
人际交往习俗	1.29	14.22	11.69	17.75	4.17	18.45	14.29	18.30
传统生产方式	7.33	3.02	9.09	44.59	3.57	8.93	8.33	24.84
宗教活动习俗	50.0	62.50	27.71	29.00	51.19	43.45	31.55	30.72

注:农业户口受访者样本量232,非农业户口受访者样本量168。

在对当地政府相关保护文化政策进行评价时，受访者满意度最高的是对"传统民居"的保护政策，满意度为87%，其他各项的满意度基本都在75%以上，只有"传统饮食""宗教活动习俗"的满意度低于此标准（前者为69.3%，后者仅为50.9%）。

在对国家相关保护文化政策进行评价时，受访者满意度最高的是对"人际交往习俗"的保护政策，满意度为85%，其他各项的满意度也基本都在75%以上，只有"宗教活动习俗"的满意度低于此标准，仅为54.4%。

在问及受访者子女在接受本民族语言、文化和风俗习惯的意愿方面与自身或自身的长辈相比较如何时，无论是民族语言、民族文化还是民族风俗习惯，几乎所有农村数受访者都认为自己的子女会很愿意或较愿意接受。而城镇受访者中认为子女不愿意接受语言、文化和民族风俗的比例在6%—7%。

表2-28　　　维吾尔族城乡受访者子女对民族文化传承的态度

单位:%

	农业户口受访者			非农业户口受访者		
	民族语言	民族文化	民族风俗习惯	民族语言	民族文化	民族风俗习惯
很愿意	95.2	93.01	93.01	75.60	73.21	76.19
较愿意	4.8	6.99	6.55	10.71	11.90	10.71
愿意	0	0	0	6.55	7.14	5.95
不愿意	0	0	0	3.57	4.17	4.17
很不愿意	0	0	0	1.79	2.38	1.79
无所谓	0	0	0.44	1.79	1.19	1.79

注：农业户口受访者样本量229，非农业户口受访者样本量168。

总体看来，城乡维吾尔族受访者中高达77%的人都是通过家庭内部的口口相传或者耳濡目染来接受本民族或其他民族民俗文化的。同时，广播、电视、互联网等现代传媒工具在社会生活中的广泛使用也为受访者尤其是非农业户口受访者了解民族民俗文化起到了重要作用。选择学校教育的比例在非农业户口受访者中是38.55%，但在农业户口受访者中仅有16.59%；村庄或社区的生产、生活和文化活动在农村的影响更大些、图书报纸等方式也有19.15%的农业户口受访者和13.86%的非农业户口受访者从中获取民俗文化知识。旅游展示是使用最少的渠道。

表 2 - 29　　　　　受访者了解本民族/其他民族民俗文化的主要渠道

单位:%

	农业户口受访者	非农业户口受访者
家庭内的口口相传或者耳濡目染	77.29	77.71
学校教育	16.59	38.55
村庄或社区的生产、生活和文化活动	26.64	21.69
政府部门的保护项目	6.99	9.04
旅游展示	4.80	10.24
广播、电视、互联网	43.67	52.41
图书报纸	19.65	13.86

注：农业户口受访者样本量229，非农业户口受访者样本量166。

第五节　墨玉县城乡受访者的社会生活

一　公共设施

在受访者中，家里曾有或现有学龄前儿童的共占55.4%，对学龄前儿童所选择的教育方式，选择"母亲照料"的受访者最多，所占比例为37.4%；之后依次为"村内（社区内）幼儿园或学前班"，占32%；"乡镇（街道）内幼儿园或学前班"，占18.9%；县城（跨区）内幼儿园或学前班，占10.4%。最少为"祖父母照料"，仅占1.4%。

受访者家中基本收不到国外电视、网络收视信号及节目，还是以收看、收听国内电视、广播节目为主。外出时，常见的交通方式是步行或者骑摩托车，中长距离的会选择乘坐公交车。约1/4的受访者会骑自行车外出，而拥有轿车、货运车、三轮车或拖拉机的受访者人数较少，均不足受访者人数的1/10。

根据受访者到常见公共设施的距离判断，城镇的公共设施较之农村更加便利和完善。农村距离在3公里以内较为常见的依次为：小学、幼儿园、中学、公共卫生室或医院、残疾人无障碍及康复设施、治安设施、活动中心、老年服务中心、运动场所及器材、公共厕所。其中，排名前三的均为教育设施，这也是"十一五"规划以来国家对中西部地区教育事业的不断重视和对基础教育设施建设力度不断加强的结果。受访者对有的公共设施距离选择"不知道"的人数达到了近 1/3 的比例，反映出这些公共设施数量不足或位置偏僻。

表 2 - 30　　　　　　　　　受访者从家到下列公共基础设施的距离

单位:%

	农业户口受访者					非农业户口受访者				
	小于1 公里	1—3 公里	3—5 公里	5—10 公里	10 公里以上	小于1 公里	1—3 公里	3—5 公里	5—10 公里	10 公里以上
公共厕所	7.50	30.00	17.50	22.50	22.50	51.67	51.67	3.33	0	0
老年服务中心	18.52	35.80	33.33	6.17	6.17	68.24	25.88	5.88	0	0
公共卫生室或医院	13.5	42.94	33.13	6.75	3.68	66.46	29.88	3.66	0	0
活动中心（活动室、广场等）	13.29	31.47	32.17	18.88	4.20	47.30	46.62	6.08	0	0
教育设施（幼儿园）	34.08	52.02	11.21	2.24	0.45	69.46	26.35	4.19	0	0
教育设施（小学）	33.04	59.38	6.25	0.89	0.45	61.31	34.52	2.98	0.60	0.60
教育设施（中学）	16.67	51.35	26.58	3.60	1.80	52.41	42.17	4.22	0.60	0.60
治安设施（岗亭、警卫室等）	28.57	21.20	39.63	9.68	0.92	51.23	33.95	13.58	1.23	0
残疾人无障碍及康复设施	13.11	47.54	26.23	13.11	0	36.84	42.11	21.05	0	0
运动场所及器材	13.41	30.49	32.93	19.51	3.66	47.30	39.19	12.16	1.35	0

　　注：农业户口受访者样本量 196，非农业户口受访者样本量 103。

　　在 218 户受访农业户口居民中，选择自然水灌溉为农业灌溉最主要方式的比例几乎达到百分之百。根据受访者对本村内公共基础设施使用效果评价结果显示：满意度较高的前两项为村道、教育设施（幼儿园、小学等），比例分别为 67.5% 和 67.1%；满意度最低的两项依次为卫生设施（垃圾桶、保洁等）、公共厕所，满意度分别仅为 6.2%、1.3%。同时，在村内没有的公共设施中公共厕所、路灯、卫生设施（垃圾桶、保洁等）高居前三位。这也说明如果相应的公共设施到位，农村居民的生活会更为方便，生活质量会更高。

表 2 – 31 　　　　　　　　　　农村公共基础设施满意度

单位:%

	非常满意	比较满意	一般	不太满意	非常不满	不好说	没有该设施	合计
公共厕所	0.4	0.9	4.4	0.9	0.4	4.4	88.4	100
路灯	3.6	5.8	4.9	1.8	1.8	2.2	80.0	100
卫生设施（垃圾桶、保洁等）	1.3	4.9	8.0	10.2	3.6	4.4	67.1	100
老年服务中心	4.0	17.8	25.8	8.0	0.9	10.7	31.1	100
公共卫生室或医院	13.3	28.9	36.9	8.0	0.9	2.2	8.9	100
活动中心（活动室、广场等）	18.2	23.6	33.8	2.7	0.4	3.1	16.4	100
教育设施（幼儿园、小学等）	22.2	44.9	23.1	4.9	1.3	2.2	1.3	100
治安设施（岗亭、警卫室等）	20.4	20.9	34.7	16.4	1.3	2.7	2.7	100
残疾人无障碍及康复设施	7.6	24.4	10.7	1.8	0.0	7.1	47.1	100
运动场所及器材	4.9	17.3	15.6	2.2	2.2	11.1	46.2	100
村道	26.2	41.3	17.3	3.6	1.3	4.0	4.0	100

注：农业户口受访者样本量是196。

超过八成的受访者认为目前村内的基础设施能满足其日常生活基本需要，但还是希望在条件允许的前提下能够修缮村道，加装路灯，增加公共厕所等设施的数量，真正达到方便百姓生活的目的。目前基础设施建设存在的问题主要来源于政府资金投入不足、规划不科学、领导决策不透明、态度不重视等原因。

二　社会生活

（一）个人生活

因为受访者中九成以上都是少数民族，均信仰伊斯兰教，所以在问及当地伊斯兰教信众未来发展情况时，半数以上的城乡受访者认为伊斯兰教信众的规模将"不断扩大"，两成左右的城乡受访者认为"没有变化"，认为"逐渐缩小"的仅占城乡总样本量的5%以下。另有接近两成的城乡受访者"不知道"，即没有考虑过这个问题。在问及道教、天主教等宗教的信众发展趋势时，绝大多数群众均表示"不知道"，故不在此赘述。

在受访者中，休闲时间（工作后或晚上）经常参与的活动为"看电

视或看电影"（占有效样本的 84.3%）、"朋友聚会"（占有效样本的
44.3%）、"宗教活动"（占有效样本的 41.3%），受访者参与"民族文化
类的文体活动""娱乐消遣活动""读书学习"、散步、聊天等活动较少。

表 2 - 32　　　　　　　　　　休闲时间参与活动情况

单位:%

	农业户口受访者	非农业户口受访者
看电视或看电影	85.78	82.14
朋友聚会	26.29	69.05
娱乐消遣活动	14.66	20.83
民族文化类的文体活动	36.21	26.19
读书学习	11.21	36.90
宗教活动	62.07	12.50

注: 农业户口受访者样本量232，非农业户口受访者样本量168。

（二）地域间交往

在地域间交往方面，拥有本地户籍的受访者对本地的外来流入人员总
体持比较欢迎的态度，农村受访者相对于城镇受访者持积极态度的比例更
高。其中，表示欢迎态度的受访者大多认为外来人员到当地工作、生活可
以"增加了当地的投资""开阔了当地人的眼界""有利于国家安全"。

表 2 - 33　　　　　　　　　受访者对地域间交往的看法

单位:%

	农业户口受访者			非农业户口受访者		
	同意	不同意	不清楚	同意	不同意	不清楚
增加了当地的投资	80.21	11.77	8.02	57.24	13.15	29.61
扩大了当地的就业机会	69.73	22.7	7.57	47.37	26.31	26.32
有利于国家安全	72.19	19.25	8.56	51.32	19.07	29.61
开阔了当地人的眼界	74.73	13.98	11.29	62.50	15.79	21.71
提高了当地的社会服务水平	69.73	16.22	14.05	51.32	19.07	29.61
带来了先进技术和管理方式	66.84	20.33	12.83	51.32	22.36	26.32
有利于缩小区域间的差距	65.95	21.08	12.97	50.67	22.0	27.33
增强了民族间的交往	69.35	19.36	11.29	47.37	27.63	25.00

续表

	农业户口受访者			非农业户口受访者		
	同意	不同意	不清楚	同意	不同意	不清楚
增加了当地劳动力市场中的劳动力	62.90	25.27	11.83	49.34	19.08	31.58
有利于弘扬本地的民族文化	63.59	22.82	13.59	40.13	27.63	32.24

注：农业户口受访者样本量187，非农业户口受访者样本量152。

持不欢迎态度的受访者的理由主要为"看不惯他们的行为举止""他们破坏了当地的生活环境""他们到来后本地人的就业机会减少"。

（三）民族间交往

新疆墨玉县维吾尔族人口数占当地总人口数的九成以上，汉族及其他少数民族人口数量较少。本次调查的受访者中维吾尔族的人数占总样本量的九成以上，与当地民族构成比例相一致，对该地区民族间交往情况的调查，有助于了解墨玉县乃至南疆地区的民族间交往情况。

调查数据显示，农村维吾尔族受访者没有其他民族好朋友的比例达到了92.61%，城镇维吾尔族受访者该比例为54.01%，表现出维吾尔族人际交往关系的单一性和交往民族的排他性，当然这也与当地维吾尔族人口达到九成以上，农村中更是鲜有汉族居民有直接关系。

表 2-34　　　　　　　　　受访者有几个其他民族朋友

单位:%

	农业户口受访者	非农业户口受访者	
	维吾尔族	维吾尔族	汉族
三个及以上	2.17	18.25	25.81
两个	1.30	12.41	35.48
一个	3.91	15.33	16.13
没有	92.61	54.01	22.58
合计	100	100	100

注：农业户口受访者样本量是230，全部是维吾尔族；农村受访者中没有汉族，非农业户口受访者样本量是168，其中维吾尔族样本量是137，汉族样本量是31。

在31位汉族城镇受访者中，绝大多数人都愿意和少数民族的人"聊天""成为邻居""一起工作"，但是愿意"成为亲密朋友"的人数则大幅下降，不足总人数一半。同时，没有一个人愿意与少数民族"结为亲家"。

在 369 位维吾尔族受访者中，愿意和汉族"聊天""一起工作"的人数分别占总人数的 42.5% 和 35.7%；约 1/4 的人愿意与汉族"成为邻居"或"亲密朋友"；愿意"结为亲家"的仅有 0.3%。

在与其他少数民族的群众进行交往时，愿意一起"聊天""工作""成为邻居"或"亲密朋友"的比例分别为 48.2%、40.6%、36.8%、27.8%，比与汉族交往时略高。同时，愿意与其他少数民族群众"结为亲家"的仅占 1%。

表 2-35　　　　　　　　　维吾尔族受访者对民族间交往的看法

单位:%

	少数民族与汉族					与其他少数民族				
	很愿意	比较愿意	不太愿意	不愿意	不好说	很愿意	比较愿意	不太愿意	不愿意	不好说
聊天	16.8	25.7	22.2	23.8	11.4	12.5	35.7	20.4	21.8	9.5
成为邻居	6.8	19.5	25.2	42.5	6.0	9.8	27.0	23.7	28.1	11.4
一起工作	8.1	27.6	30.1	27.9	6.2	10.6	30.0	21.8	25.6	11.7
成亲密朋友	1.9	23.3	16.0	54.2	4.1	7.4	20.4	22.3	43.9	5.7
结为亲家	0.0	0.3	1.4	91.6	6.0	0.5	3.5	85.0		9.5

注：维吾尔族受访者样本量为 369。

在进行通婚选择时，若通婚对象为其他民族，那么无论是女性外嫁还是男性外娶，绝大多数受访者都表示介意的态度，显示出信仰伊斯兰教民族在通婚方面的重要特征。

表 2-36　　　　　　　　　维吾尔族受访者对不同民族间通婚的看法

单位:%

	很介意	介意	不太介意	非常介意	不好说
女儿外嫁其他民族	41.2	7.5	1.5	48.5	1.3
儿子娶妻为其他民族	41.2	6.5	3.3	47.7	1.5
孙女外嫁其他民族	40.7	7.8	2.0	48.0	1.8
孙子娶妻为其他民族	40.7	7.0	3.0	46.5	3.0
姐妹外嫁其他民族	41.2	8.0	2.8	45.5	2.8
兄弟娶妻为其他民族	41.5	7.3	3.0	45.7	2.5

注：维吾尔族受访者样本量是 369。

在问及受访者对四个时段（改革开放前、改革开放初期、建立社会主义市场体制时期、最近五年）中全国民族关系的看法时，受访者表示

"最近五年"，认为民族关系好的比例较之其他三个时段明显下降。同时，也有相当数量的维吾尔族受访者选择了"不清楚"。

表2-37　　　　　受访者对全国不同阶段民族关系融洽程度的看法

单位:%

| | 农业户口受访者 | | | 非农业户口受访者 | | | | | |
| | 维吾尔族 | | | 维吾尔族 | | | 汉族 | | |
	好	一般	不好	好	一般	不好	好	一般	不好
改革开放前	58.39	36.24	5.37	75.58	22.09	2.32	76.0	8.0	16.0
改革开放初期	53.21	45.51	1.28	72.83	22.83	4.34	80.0	20.0	0
建立社会主义市场经济体制时期	50.29	44.44	5.26	71.57	21.57	6.86	53.57	39.29	7.14
最近五年	36.02	33.33	30.65	50.0	25.96	24.04	6.45	3.23	90.32

注：农业户口受访者样本量149，全部为维吾尔族；非农业户口受访者样本量168，其中维吾尔族样本量137，汉族样本量31。

根据受访者对本地（本县、县级市、区）在不同时期不同民族间相互关系的评价结果，受访者认为"改革开放前"的民族关系为最好，之后依次是"改革开放初期"和"建立社会主义市场经济体制时期"。"最近五年"不同民族间相互关系的好感度有所下降，但持"好"的态度的维吾尔族受访者比例明显高于持"不好"态度的比例。

表2-38　　　　　受访者对当地不同阶段民族关系融洽程度的看法

单位:%

| | 农业户口受访者 | | | 非农业户口受访者 | | | | | |
| | 维吾尔族 | | | 维吾尔族 | | | 汉族 | | |
	好	一般	不好	好	一般	不好	好	一般	不好
改革开放前	53.46	42.14	4.40	74.23	22.68	3.09	62.96	18.52	18.51
改革开放初期	47.85	47.24	4.91	65.35	26.73	7.92	55.56	40.74	3.70
建立社会主义市场经济体制时期	44.62	46.77	8.60	60.18	27.43	12.38	43.33	43.33	13.34
最近五年	31.86	48.04	20.10	47.54	23.77	28.69	6.45	3.23	90.32

注：农业户口受访者样本量149，全部是维吾尔族；非农业户口受访者样本量168，其中维吾尔族137，汉族样本量31。

三　社会发展

随着社会经济的不断发展，合理进行城市规划、改造和开发土地成为城市建设的重要工作内容之一。本次调查的受访者对当地城市建设中历史建筑（以旧的传统民居和祖屋为主）的改造拆迁态度结果显示，认为"保持外形但内部可改造"的人数最多，占到有效样本的 35.7%；认为应该"保持原貌不动"的人数次之，占 20.6%；认为要"异地重建"的人数约占 15.1%；认为应该"拆迁"的人数最少，仅为 1.6%。另有 27.1% 的受访者回答"不清楚"。当自家房屋被纳入拆迁计划时，38.6% 的受访者认为应该"服从国家需要"；32% 的受访者持"价钱再高也不愿意拆迁"的态度；有 12% 的受访者认为"只要价钱合理就行"；10.5% 的受访者要看"拆迁工作的方式方法"；另有 6.9% 的受访者需要"看周围邻居态度"。上述数据也说明，明确同意"拆"与坚决"不拆"两种完全相反的态度占比位居前两位，且相差不大，体现出一定的极端性。

当开发旅游资源和保护本民族文化遗产发生冲突时，认为应该"保护本民族传统文化为主，不赞同过度商业化"的人数最多，占比 69.1%。另有 17.6% 的受访者认为应该"以发展经济为主，提高现代生活水平为主"。有 13.3% 的人认为"不好说"。

在问及当地有无关于体现本地发展特色或精神特色的口号时，有 92.1% 的受访者表示"不知道"，有 4.8% 的受访者认为没有，仅有 2.9% 的受访者认为有。其中能准确说出"和谐墨玉"等口号的不足 1%。

2012 年，党的十八大报告提出全面"建成"小康社会的目标。在问及受访者"您对 2020 年所在地区全面建成小康社会建设"的态度时，九成以上的农村受访者都认为可以实现，但城镇受访者认为可以实现的比例为 75.15%。持"没有信心"或"不可能"态度的城镇受访者要多于农村受访者。

表 2-39　受访者对 2020 年所在地区全面建成小康社会建设的信心情况

单位：%

信心程度	农业户口受访者	非农业户口受访者
很有信心	35.53	31.36
有信心	62.72	43.79
没什么信心	0.88	10.65
不可能	0.44	5.92
没听说过	0.44	8.28

注：农业户口受访者样本量 228，非农业户口受访者样本量 169。

对 2020 年建成小康社会"没有信心"的城镇受访者所选择的原因主要集中在"自然条件差""经济收入提高慢""社会秩序混乱、人们不安定""居住条件差""中央援助不足"等原因。而为了加快本地建成小康社会，受访者则认为本地应采取"加快发展当地经济""加快当地的基础设施建设""提高医疗水平"等有效措施。

四　社会保障

在受访者中，共有 165 人为低保户，1 人为残疾。绝大多数受访者获得政府补贴的金额都介于 2000 元至 4000 元。家庭获得补贴最多的为 10800 元，最少的为 360 元，平均为 4157.6 元。

受访者及其家人参加社会保险的情况表明，农村受访者本人参加"新型农村合作医疗保险"的人数最多，占 90.52%，其次为"农村居民社会养老保险"（58.33%）；城镇受访者参加"城镇居民基本医疗保险"（47.59%）、"城镇职工基本医疗保险"（48.52%）、"城镇职工养老保险"（27.11%）、"城镇居民养老保险"（12.15%）。"生育保险""失业保险"和"工伤保险"只有极少的城镇受访者参加，比例都在 5% 以下。从受访者家人参加社会保险情况来看，与其本人参加社会保险的情况类似，依次为："新型农村合作医疗保险"（50.9%）、"农村居民社会养老保险"（31.7%）、"城镇居民基本医疗保险"（19%）、"城镇职工基本医疗保险"（15.5%）、"城镇职工养老保险"（10.5%）、"城镇居民养老保险"（9.7%）、"生育保险"（5.5%）、"失业保险"（5.2%）。同样是参加"工伤保险"的人数最少，占比为 4.2%。

受访者全年医疗费用总支出方面，共有 69 位农村受访者和 97 位城镇受访者填报了该项支出，农村受访者全年医疗费用平均支出是 4011.45元，城镇受访者全年医疗费用的平均支出是 11773.15 元。受访者家庭全年的医疗费用支出上，共有 83 位农村受访者和 104 位城镇受访者填报了家庭全年医疗费用支出，农村受访者家庭该项全年平均支出为 4793.86元，城镇受访者家庭该项全年平均支出为 16194.22 元。

受访者家庭在 2012 年教育支出和享受资助的情况大致如下：填报教育支出的受访者占比 24.4%，数额介于 100 元到 65000 元，户均支出为 6299 元。有 18.2% 的受访者向学校缴纳过费用，数额介于 200 元到 63000元，户均支出为 4443.8 元；有自愿性教育支出的受访者家庭占比是

16.2%，数额介于 100 元至 20000 元，户均 1904.6 元。享受资助方面，共有 4.7% 的受访者家庭享受资助，数额介于 100 元到 3000 元，户均 1236.8 元。

有关受访者及其家庭成员目前已享受的社会保障项目在问卷中共有 23 类，调查内容涉及是否享受该项目及对该项目在覆盖范围、保障水平、保障管理水平等三个方面的满意程度。调查结果显示，参保率最高的前三项分别是"新型农村合作医疗制度"（51.6%）、"新型农村养老保险制度"（27.7%）、"城镇职工基本医疗保险"（26.7%）。以上三项的项目评价结果显示：在覆盖范围评价方面，满意度最高的为"新型农村养老保险制度"（99.1%），最低的为"城镇职工基本医疗保险"（90.4%）；在保障水平评价方面，满意度最高的为"新型农村养老保险制度"（98.2%），最低的为"城镇职工基本医疗保险"（84.9%）；在保障管理水平评价方面，满意度最高的为"新型农村养老保险制度"（95.6%），最低的为"城镇职工基本医疗保险"（78.6%）

五　评价及对策

受访者在生活水平上的主观感受表明，农村有 75.43% 的受访者认为自己的生活水平相比 10 年（或 5 年）前略有上升，14.22% 的受访者认为上升很多，仅有 1.29% 的人认为自己的生活水平略有下降。城镇中有 53.85% 的受访者认为自己的生活水平相比 10 年（或 5 年）前略有上升，23.08% 的受访者认为上升很多，有 3.55% 的受访者认为自己的生活水平略有下降，2.96% 的城镇受访者认为自己生活水平下降很多。而在对未来 10 年（或 5 年）的生活水平变化进行预测时，93.1% 的农村受访者和 72.62% 的城镇受访者都认为会上升，有 1.72% 的农村受访者和 7.74% 的城镇受访者认为会下降。

在对自身的社会经济地位进行评价时，没有农村受访者认为自己处于上等层次，城镇有 2.37% 的受访者认为自己的社会经济地位处于上层。有 93.1% 的农村受访者和 71.59% 的城镇受访者都认为自己的社会经济地位处于中等或中上、中下位置；而认为自己处于下等位置的农村受访者比例为 5%，城镇受访者比例是 15.38%。在选择对比的对象时，农村受访者首选本乡村人（54.26%），城镇受访者首选是亲戚朋友（33.54%），位于第二位的都是本民族的人。

在社会压力部分，认为没有总体的社会生活压力的受访者比例要高于有压力的人数比例。其中，城乡受访者认为压力来源最大的两项分别是经济压力和个人发展压力，而压力负担最小的两项则是婚姻生活压力和赡养父母的压力。

表 2 - 40　　　　　　　　受访者对社会生活压力的主体感受

单位:%

	农业户口受访者				非农业户口受访者			
	压力很大	有压力	压力很小	没有压力	压力很大	有压力	压力很小	没有压力
经济压力	18.53	61.21	17.67	2.59	37.28	31.95	15.38	15.38
个人发展	8.19	51.72	25.86	14.22	8.33	42.26	23.21	26.19
社交压力	7.39	17.39	56.52	18.70	13.77	25.15	23.35	37.72
孩子教育压力	12.99	22.51	38.53	25.97	24.40	14.88	15.48	45.24
医疗/健康压力	12.99	19.48	41.99	25.54	25.44	21.89	19.53	33.14
赡养父母的压力	5.19	7.79	18.61	68.40	13.69	12.50	14.88	58.93
住房压力	11.64	14.66	26.72	46.98	23.67	21.30	13.02	42.01
婚姻生活压力	2.59	10.78	26.72	59.91	6.51	9.47	8.28	75.74
总体的社会生活压力	17.11	21.49	30.7	30.7	22.29	21.69	16.27	39.76

注：农业户口受访者样本量232，非农业户口受访者样本量169。

在对社会生活的安全感进行主体感受评价时，所有选项内容认为"很安全""比较安全"的受访者人数要远高于认为不安全的受访者人数，农业户口受访者认为安全的比例明显高于城镇受访者。其中，城镇受访者选择个人和家庭财产、医疗和劳动安全比例位居前三位，认为不安全比例最高的三位是人身、交通和个人信息、隐私安全；农村受访者认为劳动、食品和医疗是位居前三的安全内容，而交通、人身、个人与财产的不安全比例是最高的三项内容。

表 2 - 41　　　　　　　　受访者对社会生活安全感的主体感受

单位:%

	农业户口受访者			非农业户口受访者		
	不安全	安全	不确定	不安全	安全	不确定
个人和家庭财产安全	20.26	77.15	2.59	23.81	73.21	2.98
人身安全	20.43	73.92	5.65	34.52	60.72	4.76
交通安全	21.55	75.43	3.02	30.36	66.07	3.57

	农业户口受访者			非农业户口受访者		
	不安全	安全	不确定	不安全	安全	不确定
医疗安全	14. 72	83. 12	2. 16	26. 35	72. 45	1. 20
食品安全	13. 04	85. 22	1. 74	29. 76	68. 45	1. 79
劳动安全	12. 12	86. 15	1. 73	25. 00	70. 83	4. 17
个人信息、隐私安全	17. 67	78. 88	3. 45	30. 95	67. 26	1. 79
生态环境安全	14. 72	82. 25	3. 03	28. 57	67. 86	3. 57
人身自由	18. 53	80. 61	0. 86	27. 38	68. 45	4. 17
总体上的社会安全状况	16. 38	82. 76	0. 86	28. 48	67. 28	4. 24

注：农业户口受访者样本量 232，非农业户口受访者样本量 168。

在对社会领域各方面公平性进行评价时，绝大多数的受访者都认为是比较公平的，且农业户口受访者的公平感强于非农业户口受访者。具体分析来看，城乡公平性排名最高的是"法律公平"，城乡排名后两位的则是"政府办事公平"和"就业、发展公平"。

表 2 - 42　　　　　　　受访者对社会各领域公平性的主观感受

单位:%

	农业户口受访者			非农业户口受访者		
	不公平	公平	不确定	不公平	公平	不确定
教育公平	21. 55	71. 55	6. 9	34. 91	56. 21	8. 88
语言文字公平	27. 27	67. 97	4. 76	31. 55	58. 33	10. 12
医疗公平	12. 50	82. 33	5. 17	27. 38	65. 48	7. 14
住房公平	11. 21	81. 46	7. 33	29. 59	64. 49	5. 92
社会保障公平	16. 45	77. 49	6. 06	25. 44	65. 09	9. 47
法律公平	12. 99	82. 68	4. 33	21. 30	70. 42	8. 28
政治公平	16. 96	78. 69	4. 35	25. 0	64. 29	10. 71
就业、发展公平	36. 21	58. 62	5. 17	37. 28	53. 25	9. 47
信息公平	28. 57	67. 1	4. 33	31. 33	59. 03	9. 64
政府办事公平	45. 26	51. 74	3. 0	43. 20	47. 92	8. 88
总体上的社会公平状况	15. 52	80. 17	4. 31	21. 89	62. 13	15. 98

注：农业户口受访者样本量 231，非农业户口受访者样本量 169。

当问及如何处理不公平的对待时，农业户口受访者选择比较集中的处理方式是："没有解决办法，但可寻求宗教安慰"（33.77%）、"无能为力，只有忍受"（27.71%）、"通过业主委员会、宗族等组织解决问题"

（21.65%），其他的 10 种方式比例都在 5% 以下。城镇受访者选择排名前三的处理方式是："无能为力，只有忍受"（26.79%）、"通过业主委员会、宗族等组织解决问题"（18.45%）、"通过法律诉讼等渠道"（17.86%），位居第四的是"没有解决办法，但可寻求宗教安慰"（10.71%），其余的 10 种方式比例都在 3% 以下。

在对受访者从自身经验出发就当前我国社会出现的一些群体间或地区间利益冲突的严重程度进行评价时，农村受访者认为目前冲突非常严重的是不同受访水平者间的冲突，其次是"不同受教育水平"和"民族间冲突"。农村受访者认为有点严重比例最高的是"干群冲突"，其次是"医患冲突"和"不同宗教信仰者间的冲突"。如果将非常严重和有点严重合并，农业户口受访者中位居前四位的是："干部与群众间冲突"（41.81%）、"医患冲突"（25.00%）、"不同宗教信仰者间冲突"（23.71%）和"民族间冲突"（18.97%）。非农业户口受访者中认为非常严重的集中在"民族间冲突"和"不同宗教信仰者间冲突"，"不同收入水平者间冲突"的比例为 7.1%，位居第四；其余的选择比例都较低；在有点严重的选项比例中，城乡居民、医患、不同收入水平者间、民族间冲突的比例位居前四；如果把非常严重和有点严重合并，城乡居民间冲突、民族间冲突、不同宗教信仰者间冲突和不同收入者间冲突位居前四。

表 2-43　受访者对当前我国出现的群体间或地区间利益冲突的评价

单位:%

	农业户口受访者				非农业户口受访者			
	非常严重	有点严重	不严重	不清楚	非常严重	有点严重	不严重	不清楚
干部与群众间冲突	3.02	38.79	50.43	7.76	1.78	8.88	83.42	5.92
民族间冲突	4.31	14.66	75.43	5.60	11.24	13.61	66.27	8.88
城乡居民间冲突	3.02	7.76	83.19	6.03	3.55	30.18	56.8	9.47
医患冲突	2.16	22.84	68.53	6.47	2.96	16.57	73.37	7.10
不同收入水平者间冲突	6.47	6.47	79.73	7.33	7.1	13.61	65.09	14.20
不同宗教信仰者间冲突	3.02	20.69	67.24	9.05	11.24	10.65	58.58	19.53
不同受教育水平者间冲突	4.31	8.19	76.29	11.21	3.61	7.83	71.09	17.47
不同职业的人之间的冲突	2.16	6.93	81.39	9.52	5.39	7.19	67.66	19.76

注：农业户口受访者样本量 231，非农业户口受访者样本量 169。

在问及是否愿意到城市生活时，持愿意态度的城镇受访者（97.63%）要明显多于持愿意态度的农村受访者（69.3%）。其中，城乡受访者选择愿意在城镇或城市生活的最主要原因是"生活便利"，其他还包括"看病上学方便""挣钱机会多""收入高于农村"等。而在问及在进城工作或生活时对城市有哪些不习惯的地方时，大部分农村受访者都选择"各类开销多""经济压力大"为最主要原因，其他也包括"人际关系淡漠所以难以交到真心朋友""收入和社会地位低导致被人看不起""住房拥挤"等。

第六节　墨玉县城乡受访者的政策评价

一　扶贫政策

在问及受访者关于当地政府实施相关扶贫政策时，了解度及满意度最高的两项依次为"'两免一补'政策"和"教育扶贫工程"。以上两项政策均为教育相关政策，能得到群众较为广泛的了解和认可，一方面得益于国家和地方政府对西部地区教育事业发展的高度重视和对政策的广泛宣传和良好实施，政策具有普遍适用性；另一方面充分证明了该地区群众在子女受教育阶段切实享受到政策的优惠，为子女顺利完成学业、提升基本素质和提高就业能力提供助益，同时侧面反映出对子女教育的不断重视和当地教育事业的发展。

同时，对于扶贫政策中"移民搬迁工程""退耕还林还草补助工程""技术推广及培训工程""种植业/林业/养殖业扶贫金""牧区扶贫工程""扶贫培训工程"等政策，受访者的了解程度较低，均不到各项有效样本的十分之一。

表2－44　　　　　　　　农村受访者对扶贫工程的满意情况

单位:%

项目	A. 当地政府实施下列哪些扶贫政策?（可多选）	B. 您对这些扶贫政策满意吗?（单选）					
		非常满意	满意	不满意	很不满意	不好说	合计
移民搬迁工程	7.0	14.3	64.3	7.1	0.0	14.3	100
"两免一补"政策	57.9	16.7	32.4	4.7	2.2	1.7	100
扶贫工程生产项目	29.9	4.2	22.4	1.5	0.7	1.0	100
退耕还林还草补助工程	6.5	1.7	3.7	0.2	0.0	0.7	100

项目	A. 当地政府实施下列哪些扶贫政策?（可多选）	B. 您对这些扶贫政策满意吗?（单选）					
		非常满意	满意	不满意	很不满意	不好说	合计
道路修建和改扩建工程	34.9	10.5	19.2	4.0	0.7	0.5	100
基本农田建设工程	14.5	4.0	8.7	1.0	0.2	0.5	100
电力设施建设工程	33.4	16.5	13.5	2.7	0.2	0.5	100
人畜饮水工程	24.4	10.5	10.5	2.5	0.7	0.2	100
技术推广及培训工程	4.7	0.5	2.7	0.7	0.5	0.2	100
资助儿童入学和扫盲教育项目	18.5	3.2	13.5	0.5	0.5	0.7	100
卫生设施建设项目	20.9	4.0	13.7	1.5	1.2	0.0	100
种植业/林业/养殖业的扶贫金	6.0	0.5	4.2	0.7	0.5	0.0	100
村村通工程（广播电视/道路/通信网络）	11.2	3.0	6.7	0.7	0.7	0.0	100
教育扶贫工程	56.9	16.5	28.2	4.5	4.0	3.7	100
牧区扶贫工程	6.2	0.7	4.0	0.7	0.2	0.5	100
扶贫培训工程	9.0	16.7	52.8	19.4	8.3	2.8	100

注：农业户口受访者样本量231。

在问及农村维吾尔族受访者对政府实施的扶贫政策的总体评价时，85%的受访者表示对当前参与过的扶贫政策或扶贫活动的整体效果"很满意"或"满意"，3%的受访者认为"很不满意"。

表2-45　农村受访者对当前参与过的扶贫政策或扶贫活动的整体满意度

单位：%

满意度	百分比
很满意	14
满意	71
不满意	12
很不满意	3
合计	100

注：农业户口受访者样本量231。

二 民族政策

我国是统一的多民族国家，有56个民族。为促进少数民族政治、经济、文化等各项事业的全面发展，我国制定了一系列民族政策，主要包括坚持民族平等团结、民族区域自治、发展少数民族地区经济文化事业、培养少数民族干部、发展少数民族科教文卫等事业、使用和发展少数民族语言文字、尊重少数民族风俗习惯、尊重和保护少数民族宗教信仰自由等八个方面。其中，在各民族自治地区，结合当地现实情况，民族政策的具体内容和实施各有不同。本次调查中关于民族政策的实施效果方面，主要集中在生育政策、教育政策及语言文字政策三个方面。

我国关于少数民族的"计划生育"政策从 20 世纪 80 年代初开始实施，大致以该民族人口是否超过 1000 万为分界线：人口超过 1000 万的少数民族，提倡一对夫妇生育一个孩子，严格控制二胎，坚决杜绝多生；人口在 1000 万以下的少数民族，允许一对夫妇生育二胎，个别的可以生育三胎，不准生育四胎。由于各民族和地区具体情况不同，具体执行方面有所差异。在新疆，政府规定"城镇少数民族居民一对夫妻只准生育两个子女，少数民族农牧民一对夫妻可生育三个子女。符合特定条件的可再生育一个子女"。

对当前少数民族地区及少数民族实行计划生育政策进行评价时，认为"很好""好"的群众仅占有效样本量的 37%，认为"一般"的为 34%，认为"不好"的接近三成，达 29%。也就是说，对少数民族计划生育政策评价中，"认可""不认可""一般"的意见大致各占 1/3，也反映出受访者对该项政策认识方面的较大分歧。

根据对持"不认可"态度的受访者的进一步追问，即如果不认可该如何调整该项政策？受访者的意见大致如下：七成以上的受访者都选择"废除计划生育子女数量限制政策，由家庭自主决定"；两成左右的受访者选择"全国各地区各民族一样"；选择"全国城市地区生育子女数量统一"的人数较少，仅占有效样本的 4%。

表 2-46   维吾尔族对少数民族地区及少数民族计划生育的评价

单位:%

评价	百分比
很好	12
好	25
一般	34
不好	29
合计	100

注：维吾尔族样本量 369。

表 2 - 47　　　　　　维吾尔族针对少数民族地区及少数民族的
计划生育政策的调整方式　　　　　　单位:%

调整对策	百分比
全国各地各民族一样	23
全国城市地区生育子女数量统一	4
废除计划生育子民数量政策限制，由家庭自主决定	73

注：维吾尔族样本量367。

自 1977 年恢复高考招生制度以来，教育部规定"边疆、山区、牧区、少数民族聚居地区的少数民族考生可在高等学校调档分数线下适当降低 20 分投档，散居在汉族地区的少数民族考生，在与汉族考生同等条件下优先录取"的政策。根据新疆维吾尔自治区 2013 年高考加分政策说明，在少数民族加分方面：（1）回族考生在统考成绩总分的基础上增加 10 分投档；（2）凡参加汉语言统考并报汉语言招生计划或民考汉招生计划的维吾尔族、哈萨克族、蒙古族、柯尔克孜族、塔吉克族、锡伯族、乌孜别克族、塔塔尔族、达斡尔族、藏族、俄罗斯族十一个民族的考生（以下称民考汉），在录取时分别按以下两种情况予以照顾：父母双方均为上述民族者，加 50 分；父母一方为上述民族者，加 10 分；（3）参加民族语言统考并报民族语言招生计划的汉族及其他民族（不含对民考汉已给予照顾的十一个民族）考生（以下统称汉考民），在录取时与民考汉考生的照顾分值一样对待。

在受访者中，有接近九成的受访者认为对当前民族地区的高考加分政策"满意"或"比较满意"，有超过九成的受访者认为针对少数民族的高考加分政策"满意"或"比较满意"。以上两项问题的满意度较高，主要原因在于受访对象中少数民族的比例较高，占到总样本量的 92.3%，自身及亲属、朋友在受教育阶段大都享受过高考加分政策。

在问及"如果是少数民族且长期在城市居住，其子女高考是否应该加分？"时，79% 的受访者选择应该，而 21% 的受访者则认为不应该。认为不应该的原因在于，长期生活在城市中的少数民族学生所享受的教育环境和教育资源与其他生活在城市中的汉族学生相同，在此基础上其享受高考少数民族加分政策显得"不公平"。

表 2 – 48   维吾尔族对民族地区高考加分政策的评价

单位:%

满意度	百分比
很满意	34
满意	55
不满意	9
很不满意	2
合计	100

注：维吾尔族样本量 366。

表 2 – 49   维吾尔族针对少数民族的高考加分政策的评价

单位:%

满意度	百分比
很满意	46
满意	45
不满意	6
很不满意	3
合计	100

注：维吾尔族样本量 366。

表 2 – 50   维吾尔族对长期居住在城市的少数民族考生
高考是否应该加分的态度   单位:%

态度	百分比
应该加分	79
不应该加分	21
合计	100

注：维吾尔族样本量 366。

2009 年 9 月 29 日，胡锦涛同志在国务院第五次全国民族团结进步表彰大会上发表重要讲话指出："在民族地区工作的汉族同志要努力学习少数民族语言，了解当地民族历史文化，密切同少数民族群众的关系。"新疆维吾尔自治区党委和人民政府在《关于进一步加强民族工作的意见》中也明确指出："大力开展学习双语活动，汉族干部要学习少数民族语言，少数民族干部要学习国家通用语言。"受访者在回答"在少数民族地区工作的干部是否需要学习和掌握当地的民族语言"的问题时，认为

"有必要"和"很有必要"的占比达到84%，仅有4%的受访者认为没有必要。即大多数受访者认为在少数民族地区工作的干部学习和掌握当地少数民族语言十分必要，只有这样，他们才能将国家相关惠民政策准确、及时地传达给少数民族同胞，同时也能及时了解少数民族同胞的所思所想，促进当地的民族团结与社会和谐。

表2-51 维吾尔族认为在少数民族地区工作的干部
是否需要学习和掌握当地的民族语言 单位:%

必要性	百分比
很有必要	63
有必要	21
一般	12
没必要	4
合计	100

注：维吾尔族样本量366。

综合以上各项调查，受访者对当前政府实施的民族特殊优惠政策总体还是比较满意的，仅有8%的受访者认为"不满意"，而认为"很不满意"的受访者则为1%。

表2-52 维吾尔族对政府实施的民族特殊优惠政策满意度

单位:%

满意度	百分比
很满意	49
满意	42
不满意	8
很不满意	1
合计	100

注：维吾尔族样本量366。

三 移民搬迁

在对受访者就近年来政府实施的移民搬迁政策及效果进行评价时，认为"很满意""满意"的受访者占有效样本总量的25%左右；选择"不太满意""不满意"的受访者则低于有效样本量的10%；30%左右的受访者认为政府移民政策及其效果"一般"。35%左右的受访者对政府相关政策表示"不清楚",这与当地人口流动性较小,大多数受访者并未参与移民搬迁有关。

表 2－53　　　　　　　　农村受访者对移民搬迁政策的评价

单位:%

	很满意	满意	一般	不太满意	不满意	不清楚	合计
对上级政府的移民搬迁政策总体	3.7	23.7	33.9	1.0	0.5	37.2	100
对上级政府的移民搬迁政策实际效果	2.5	15.2	37.4	2.2	3.7	38.9	100
对当地政府的移民搬迁政策措施总体	3.5	21.2	28.7	5.5	1.7	39.4	100
对当地政府的移民搬迁政策实际效果	3.2	14.7	32.9	5.5	2.0	41.7	100
对接受移民搬迁的地方政府相关政策措施	3.5	13.5	33.7	5.2	3.0	41.1	100
对接受移民搬迁的地方政府相关政策实际效果	3.5	17.2	30.9	3.2	2.0	42.9	100

注:农业户口受访者样本量是 231。

四　政策评价

在对受访者就现住地地方政府(县、县级市政府)应对自然灾害事件、生产安全事故、传染病及公共卫生事故、一般性社会治安事件、群体性突发事件、暴力恐怖事件时的能力和表现进行评价时,可以看出:

总体而言,半数以上的城乡受访者对当地政府在应急事件上的处理较为满意,其中对"一般性社会治安事件"处理的城镇受访者满意度最高,对"自然灾害事件"处理的农村受访者满意度最高;次之为"传染病及公共卫生事故"的处理,城乡满意人数分别占有效样本总量的 71%和 69%,说明当地政府近年来在公共卫生事业服务(如扩充医疗资源、建立医疗设施、改善医疗条件等)、社会治安方面(如加大警力投入、维持良好社会治安、警民团结等方面)投入力度较大,工作取得了良好成效,得到了百姓的认可。以上调查中城乡受访者满意度最低的为"暴力恐怖事件"。

表 2 −54　　　　　　　　　**受访者对当地政府应对各类事件的评价**

单位:%

	农业户口受访者			非农业户口受访者		
	满意	不满意	不清楚	满意	不满意	不清楚
自然灾害事件	74.24	12.22	13.54	52.07	8.88	39.05
生产安全事故	60.26	19.65	20.09	58.58	12.43	28.99
传染病及公共卫生事故	70.74	24.02	5.24	68.64	12.43	18.93
一般性社会治安事件	73.80	20.52	5.68	69.23	15.98	14.79
群体性突发事件	61.57	25.33	13.10	57.74	20.83	21.43
暴力恐怖事件	53.28	24.45	22.27	51.48	19.53	28.99

注：农业户口受访者样本量229，非农业户口受访者样本量168。

　　墨玉县城乡受访者就当地政府（本县、县级市政府）各项工作效果的评价显示，选择"很好""比较好"两者比例之和均超过了50%。其中农村满意度最高为"坚持为人民服务的态度"，占有效样本的80.52%，之后依次为"提供义务教育""为群众提供社会保障""提供公共医疗卫生服务""政府办事效率""保护环境治理污染"这五项；城镇受访者满意度最高的是"提供义务教育"和"为群众提供社会保障"，之后满意度在70%以上的依次为"坚持为人民服务的态度""提供公共医疗卫生服务""保护环境，治理污染""打击犯罪，维护社会治安"。农村受访者中满意度较低的是"扩大就业，增加就业机会""政府信息公开，提高政府工作的透明度"；城镇受访者中满意度较低的是"政府信息公开，提高政府工作的透明度"和"廉洁奉公，惩治腐败"。

表 2 −55　　　　　　　　　**受访者对当地政府各项工作的评价**

单位:%

	农业户口受访者			非农业户口受访者		
	好	不好	不清楚	好	不好	不清楚
坚持为人民服务的态度	80.52	13.85	5.63	76.79	18.45	4.76
政府办事效率	72.41	24.14	3.45	67.26	28.57	4.17
公开、公平、公正选拔干部和官员	60.34	34.06	5.60	60.84	30.73	8.43
提供公共医疗卫生服务	74.46	20.78	4.76	76.19	17.26	6.55

续表

	农业户口受访者			非农业户口受访者		
	好	不好	不清楚	好	不好	不清楚
为群众提供社会保障	74.46	19.05	6.49	77.25	16.76	5.99
提供义务教育	75.88	16.23	7.89	77.38	13.69	8.93
保护环境，治理污染	67.10	26.84	6.06	74.40	17.86	7.74
打击犯罪，维护社会治安	62.88	31.44	5.68	70.83	20.24	8.93
廉洁奉公，惩治腐败	58.70	37.82	3.48	56.55	35.12	8.33
依法办事，执法公平	65.37	32.03	2.60	63.47	29.94	6.59
发展经济，增加人们的收入	61.90	35.07	3.03	65.87	28.74	5.39
为中低收入者提供廉租房和经济适用房	58.19	36.21	5.60	60.24	33.13	6.63
扩大就业，增加就业机会	52.81	42.43	4.76	60.12	33.33	6.55
政府信息公开，提高政府工作的透明度	56.64	40.26	3.10	52.44	40.85	6.71

注：农业户口受访者样本量231，非农业户口受访者样本量168。

第七节　初步结论

综合本次调查，可以看出：新疆墨玉县地区人口民族构成相对单一，维吾尔族为当地主体民族，汉族及其他少数民族人口较少，近半数都从事传统的农耕产业。当地群众普遍受教育水平相对较低，究其原因，主要为以下三个方面：一是新疆维吾尔自治区地处西北地区，教育资源有限，受教育意识不强，受教育水平低于全国平均水平；二是受访者中少数民族比例很高，少数民族受教育水平普遍低于汉族受教育水平；三是受访者中1980年以前出生的人数占到总人数的75%以上，其适龄受教育的阶段早于国家"十一五"规划实施之后新疆地区受教育水平明显提升的阶段。

从收入和支出情况来看，当地群众人均年收入水平大多在6万元以下，人均年支出也大多低于5万元，消费支出和医疗支出所占的比重较大。大多数家庭都已经拥有电视机、电冰箱等日常家电，手机也早已普及，但是汽车、电脑等物品的消费仍旧比较谨慎。基本都有自己的自有房屋，房屋也比较宽敞。生活方面，农村居民大多选择砖木结构的房屋，使用柴草燃料和旱厕，城镇居民则住楼房，使用煤气、液化气等，家中具有水冲式厕所。想要改善自己目前住房情况的人超过了半数，绝大多数都想要自建新房。

从就业情况来看，当地农村居民基本都在务农，而城镇居民则大多在政府部门或企事业单位工作，也有部分经商者。因为社会性别分工的不同，更多的女性主动放弃工作的机会而在家中负责赡养老人、抚养儿童，承担起照料家务的重任。

当地群众基本都能够熟练的掌握自己的民族语言和文字，可以与同民族的人良好地沟通，可以顺利地书写。他们大多希望能够送自己的孩子到双语学校学习，认同多学习一门语言有助于以后的社会交往。当地群众认为本民族的服饰和宗教活动是非常具有特点的，也是本民族最重要的文化构成，同时要传承和发扬本民族的传统节日、传统饮食。现今的社会发展速度很快，流行文化对传统民族文化的影响很大，对青少年的影响也很巨大，要充分重视民族传统文化的保护和延续，通过家庭内部的口口相传、公共媒体的广泛宣传等方式让其更好地发展下去。

在日常生活中，绝大多数孩子都根据其年龄被送到了相应的教育机构进行学习。自家房屋附近学校、医院、休闲活动场所等公共设施基本能够保证需求，但是公共卫生设施还需要进一步改善。工作之余，大多数人会看电视、和朋友聚会聊天等，也会参加宗教活动。虽然大多数人认为多和外来的群众进行交流可以开阔眼界，但是真正能和外来群众成为朋友的人却比较少，因为文化、信仰、习俗方面的较大不同无形中造成了民族间交往的隔阂。虽然大家普遍认为目前的民族关系的融洽程度并不是中华人民共和国成立后最好的时期，但是对社会生活仍旧拥有较强的安全感，态度积极乐观。对于国家实施的相关政策，大多数人并非十分了解但满意度较高。

总之，墨玉县社会经济发展总体呈现平稳发展态势，取得了阶段性成就，但是在公共设施建设、传统文化保护、政府政务公开等方面还需要不断细化和落实。同时，在维护国家安全和地区稳定方面，当地政府也依然不能放松，为营造和谐、团结、繁荣的墨玉继续努力。

第三章

新疆塔什库尔干塔吉克自治县
问卷调查分析报告

　　塔什库尔干塔吉克自治县位于新疆维吾尔自治区南部，帕米尔高原的东南部。塔吉克族是个跨国民族，除新疆外还分布于亚洲的塔吉克斯坦、阿富汗、乌兹别克斯坦、巴基斯坦、印度、伊朗等国。我国的塔吉克族大部分聚居在新疆喀什地区的塔什库尔干塔吉克自治县，该县也是"21世纪初中国少数民族地区经济社会发展综合调查"调查点之一。根据塔什库尔干塔吉克自治县当地民族构成及社会经济发展特点，抽样选取了406户家庭作为本次问卷调查对象。调查内容包括受访者家庭的经济生活、当地民族政策的实施情况、民族文化的传承与发展、民族关系及和谐社会构建等多个方面。

第一节　塔什库尔干塔吉克自治县
城乡受访者基本情况

一　塔什库尔干塔吉克自治县的基本背景

　　塔什库尔干塔吉克自治县（以下简称塔县）成立于1954年，是我国塔吉克民族的主要聚居地。"塔什库尔干"意为"石头城"，因县城北侧的一座古石头城遗址而得名。"塔吉克"意为"王冠"，是中亚操伊朗语居民的族名。

　　塔县地处祖国西部边陲，位于"万山之祖、万水之源、世界屋脊"的帕米尔高原东麓，塔里木盆地西缘，内与喀什地区叶城、莎车县及克州的阿克陶县毗邻，外与巴基斯坦、阿富汗、塔吉克斯坦及克什米尔地区接壤，边境线长达888.5公里，是全国唯一一个与陆地三国接壤的边境县，有两个对外开放的一类口岸和一个待开放的中阿口岸，区位优势独特，是我国向西开放和通往中亚南亚的桥头堡，战略地位十分重要。塔县总面积2.5万平方公里，占全疆总面积的3.3%。东西长484公里，南北宽329公里，全县平均海拔4000米以上。县域境内雪峰连绵，沟壑纵横，全年只有冷暖两季，无霜期70—120天，太阳年均辐射量为2848小时，紫外线强烈，昼夜温差大，年平均气温3.3摄氏度，最低气温零下43摄氏度，年降水量仅为69毫米，属典型的大陆高原干旱荒漠气候，南部山区常年积雪覆盖，被地质学家称为"永冻层"，被生物学家称为"生命禁区"。塔县是我国集高原、高寒、边境、贫困于一体的特殊艰苦地区之一，其艰苦程度与西藏阿里地区雷同，1986年被国务院列入国家级贫困县，2001年被列入国家扶贫开发重点县。2000年人口普查数据显示，全县有塔吉克人口27163人，占全县总人口的81.11%。改革开放30余年，塔县的经济得到了快速发展，人民生活水平有了显著提高，社会各项事业有了很大的进步。2002年全县GDP是1.29亿元，人均GDP为3468元。[1] 2012年GDP达到了7.12亿元，人均GDP是18248元。[2] 2010年人口普查数据中，塔县总人口是37843人，塔吉克族人口30629人，占全县总人口的80.94%。

二　城乡受访者的个人情况

本次调查的样本量共405位受访者。表3-1是关于受访者的个人特征。性别上，男性受访者占56.7%，女性受访者占43.3%。民族构成为：汉族占12.8%，少数民族占87.2%，其中回族和乌孜别克族各占0.2%，维吾尔族占6.2%，柯尔克孜族占5.7%，塔吉克族占74.9%。年龄结构分布：31—45岁占48.3%，46—60岁占24.6%，30岁以下的年轻人占18%，达到退休年龄的占9.1%。户籍中的农业户口占51.6%，非农业户口占48.4%；拥有小学文化程度的人数最多，占所有样本的32.8%，初中文化程度的占比23.4%，未上学的占比7.9%，这三类受教育程度的受访者共占总样本的64%，说明塔县的教育程度总体偏低。在个人平均年收入方面，小于1万元的占35.7%，大于10万元的占22.8%。在职业类

---

① 新疆维吾尔自治区统计局编：《新疆统计年鉴2003年》，中国统计出版社2003年版，第65页。

② 同上书，第53页。

型方面，26.4% 受访者是农林牧渔水利生产人员，从未工作过的占21.8%。在宗教信仰方面，信仰伊斯兰教的占 87.6%，信仰基督教的占0.3%，无宗教信仰的占 12.2%。

表 3 – 1　　　　　　　　　　受访者的个人情况

单位:%

性别	男	56.7	户籍	农业户口	51.6	职业类型	国家机关党群组织、企事业单位负责人	9.7
	女	43.3		非农业户口	48.4		专业技术人员	8.7
民族	汉族	12.8	受教育程度	未上学	7.9		办事人员和有关人员	7.2
	回族	0.2		小学	32.8		商业人员	5.4
	维吾尔族	6.2		初中	23.4		农林牧渔水利生产人员	26.4
	柯尔克孜族	5.7		高中	20.7		生产、运输设备操作人员及有关人员	2.1
	塔吉克族	74.9		大学	15.3		军人	0.8
	乌孜别克族	0.2	个人年收入	小于等于10000 元	35.7		不便分类的其他从业人员	14.4
年龄	30 岁以下	18.0		10001—30000 元	10.5		从未工作过	21.8
	31—45 岁	48.3		30001—50000 元	19.1		不适用	3.6
	46—60 岁	24.6		50001—100000 元	12.0	宗教信仰	伊斯兰教	87.6
	61 岁及以上	9.1		大于等于100001 元	22.8		基督教	0.3
							没有宗教信仰	12.2

注：职业类型是按照人力资源与社会保障部职业能力建设司公布的国家职业分类目录编制而成，详情可参见网站：http://ms.nvq.net.cn/nvqdbApp/htm/fenlei/index.html。

三　城乡受访者家庭情况

调查的有效数据表明，城镇家庭总人口为 4 人的最多，占 43%；其次是总人口为 5 人、3 人、6 人和 2 人的家庭，平均家庭规模是 4.49 人；农村家庭人口为 5 人的比例最高为 31.37%，其次是 4 人家庭、6 人家庭和 3 人家庭，农村平均家庭规模是 4.91 人。

根据新疆的计划生育政策，城镇汉族居民一对夫妻可生育 1 个子女，少数民族居民一对夫妻可生育 2 个子女；汉族农牧民一对夫妻可生育两个子女，少数民族农牧民一对夫妻可生育 3 个子女。而调查户主要是以少数民族农村居民为主，且他们多数喜欢大家庭的生活方式，所以家庭人口数为 4—7 人的非农业户口受访者家庭占比 76.47%，农业户口受访者家庭占比 75.39%。

表 3 - 2　　　　　　　　　　　家庭人口情况

单位:%

家庭人口数	农业户口受访者家庭	非农业户口受访者家庭
1	0.49	1.54
2	7.35	6.15
3	9.31	12.82
4	25.98	43.08
5	31.37	16.41
6	14.71	10.77
7	4.41	5.13
8	2.45	1.54
≥9	3.92	2.56

注：农业户口受访者样本量 204，非农业户口受访者样本量 195。

第二节　塔什库尔干塔吉克自治县城乡受访者个人和家庭的经济状况

一　土地拥有情况

塔吉克自治县全县 14 个乡镇场中有 8 个乡场位于距离县城 80 公里以外的山谷之中，因为地处高寒山区，可利用土地少，土层薄，地力贫瘠。根据 2008 年测算的数据，全县共有耕地 5.6 万亩，人均耕地 2.2 亩，且 85% 以上的耕地为 25 度以上的山坡地，保水、保肥差，单产低，亩产仅 70 公斤左右。农作物主要以春小麦、青稞、豌豆、玉米等耐高寒作物为主。[①] 牧草场均为高寒荒漠草场。

（一）耕地情况

本次填报了家庭耕地面积的受访者有 232 位，其中有 11 户不清楚自家的耕地情况，有效问卷是 221 份。具体家庭耕地面积分布：家庭拥有耕地面积 0—5 亩的最多，比例为 32.6%，基本占去了总数的 1/3，其中完

---

① 新疆维吾尔自治区统计局编：《新疆统计年鉴 2013 年》，中国统计出版社 2013 年版。

全没有土地的占到总数的 19.0%；其次是拥有 6—10 亩耕地的受访者，比例为 23.6%；而家庭拥有 11—20 亩耕地的占比是 32.6%，与拥有 0—5 亩耕地的户数一样；拥有耕地 20 亩以上的共有 11.2%。

在收集到的 227 份关于家庭人均拥有耕地面积的有效问卷中，有 8 位受访者不清楚自家人均耕地面积，其余 219 户家庭人均拥有耕地的平均值是 2.62 亩，与统计数据较为近似。由于本身拥有土地量少，所以基本上没有人出租土地，都是自己种植经营。

表 3－3　　　　　　　　　　　　　　　家庭耕地面积

家庭耕地面积	百分比（%）
0—5	32.6
6—10 亩	23.6
11—15 亩	18.9
16—20 亩	13.7
21—25 亩	6.9
26 亩以上	4.3
合计	100

注：受访者样本量 219。

（二）园地和牧草地情况

填报家庭牧草地数量的有效问卷是 159 份，其中没有牧草地的受访者家庭占到总户数的 73.0%；拥有 1—5 亩牧草地的占总户数的 11.9%；拥有 6—30 亩牧草地的占 8.8%；拥有 50—100 亩牧草地的占总户数的 2.5%；而拥有 200 亩牧草地以上的占 3.8%，这其中拥有牧草地面积最大的有 650 亩。与耕地相比，牧草地拥有量在每户中的差异要大得多。

表 3－4　　　　　　　　　　　　　　　家庭牧草地面积

家庭牧草地面积	百分比（%）
0 亩	73.0
1—5 亩	11.9
6—30 亩	8.8
50—100 亩	2.5
200 亩以上	3.8
合计	100

注：受访者样本量 159。

二　受访者个人和家庭的收入和支出

家庭是社会生活的基本单位，家庭的收入和支出状况直接反映了家庭经济生活的状况和质量。本部分将从家庭和受访者个人的收入及支出几方面来描述和分析塔县的家庭收入水平与结构。

在此次居民收入的调查中，我们主要对受访者个人及家庭的总收入和总支出进行询问，总收入包括劳务收入，如工资和外出务工收入，还包括出租/出售房屋和土地收入。总支出主要包括生活消费支出、全年民俗支出（包括节日各项支出）、全年人情往来费用和 2012 年借款总额等。

（一）受访者及家庭的总收入

将受访者回答的 2012 年家庭总收入进行分段后发现，多数家庭的总收入在 5000 元到 9 万元以内，这一收入段包括了 70.8% 的被调查家庭，其中有 41.3% 的家庭年收入在 4 万元以上。从表 3-5 可以看出，仍然有 18.0% 的家庭年收入在 5000 元以下，同时有超过 2.2% 的家庭年收入在 14 万元以上，收入差距比较明显。

表 3-5　　　　　　　　　　家庭总收入分组情况

单位:%

	家庭类型		总体
	农业户口家庭	非农业户口家庭	
5000 元以下	28.3	8.9	18.0
5000 元到 1 万元	18.5	7.4	12.6
1—2 万元	15.1	7.7	10.4
2—4 万元	20.1	15.6	17.7
4—6 万元	10.9	31.4	21.6
6—9 万元	4.0	12.5	8.5
9—14 万元	1.3	14.0	9.0
14 万元以上	1.8	2.5	2.2
合计	100	100	100

注：农业户口受访者样本量 162，非农业户口受访者样本量 187。

收入差距还体现在不同类型的家庭之间，非农业户口家庭和农业户口家庭之间的收入差距反映了城乡差异。非农业户口家庭中有的家庭收入主要集中在 2 万—9 万元的比例为 59.5%，而农业户口家庭的总收入主要集中在5000元至6万元。经计算得到塔县的农业户口受访者家庭2012年人均收入是5448.76元；非农业户口受访者家庭2012年人均收入是14278.25元。

根据调查，76.6%的农业户口受访家庭和93.4%的非农业户口受访家庭在总收入中没有出租/出售房屋和土地收入，其余有出租/出售房屋收入的城乡家庭也主要集中在1万元以下。

劳务收入是城镇受访家庭的主要收入来源，有90.4%的受访城镇家庭有这方面的收入，有48.8%的农村受访家庭自报有劳务收入。城镇受访家庭的劳务收入平均占总收入的95%，农村受访家庭的劳务收入占家庭总收入的70.3%。

（二）受访者家庭总支出与结构

根据受访者估算的家庭总支出与家庭总收入两相对比，发现家庭总收入与家庭总支出紧密相关。从表3-6中可以直观的看出，81.7%的家庭年总支出在1万至9万元，近1/3的家庭年总支出超过4万元，3.9%以上的家庭年总支出超过9万元。不过，仍有6.7%的家庭年总支出在5000元以下。

表3-6　　　　　　　　　家庭总支出分组情况

单位:%

	家庭类型		总体
	农业户口家庭	非农业户口家庭	
5000以下	11.5	1.8	6.7
5000到1万元	9.7	9.6	9.7
1—2万元	27.2	20.5	24.0
2—4万元	31.5	28.2	30.4
4—6万元	10.8	21.1	16.4
6—9万元	5.4	16.3	10.9
9—14万元	2.4	3.6	3.0
14万元以上	0	1.8	0.9

注：农业户口受访者样本量158，非农业户口受访者样本量164。

受访者家庭中农业户口家庭和非农业户口家庭的总支出情况也差异显著。非农业户口家庭的总支出主要集中在2万元至9万元，占总数的86.1%；农业户口家庭的总支出主要集中在5000元至6万元，占总数的80.2%。这与总收入的分布情况大致一样。经计算得到农业户口受访家庭

2012 年的人均支出是 5931.74 元，非农业户口受访家庭 2012 年的人均支出是 12324.58 元。

　　本次调查将家庭支出分为消费性支出（包括衣食住行、教育、医疗和通信娱乐等方面）和非消费性支出（民俗支出、宗教性支出、人情往来费用和年度借款总额等方面）。其中，生活消费支出占农村受访家庭总支出的 64%，占城镇受访家庭总支出的 66%。全年民俗支出（包括节日各项支出）在农村受访家庭的总支出中占比 17%，在城镇受访家庭中占比 16%；信仰宗教性支出在农村家庭中占比 1.4%，在城镇家庭中占比 0.8%；全年人情往来费用在城乡受访家庭中占比均为 13%。

三　城乡受访者家庭的消费品情况

（一）电视机

　　根据调查结果统计显示，有 8.1% 的受访者家庭没有显像管彩色电视机，有 84.9% 的家庭拥有 1 台显像管彩色电视机，有 2 台显像管彩色电视机的家庭占 5.7%，有 3 台及以上的仅占 1.2%。农业户口家庭与非农业户口家庭在拥有显像管彩色电视机方面，农业户口家庭的比例要略高于非农业户口家庭，前者为 92.8%，后者为 90.8%。当问及半年内是否打算购买显像管彩色电视机时，有 91.3% 的受访者不打算购买，8.7% 的家庭打算买。

　　液晶/等离子电视机拥有情况统计显示，93.8% 的家庭没有这种电视，农业户口家庭中仅有 2.9% 的家庭拥有 1 台，非农业户口受访者家庭拥有 1 台或 1 台以上的比例为 9.7%，非农业户口受访者家庭的拥有程度略高于农业户口受访者家庭。有约 1/10 的受访者半年内打算购买液晶/等离子电视机。

表 3-7　　　　　　　　　受访者家庭拥有电视情况

单位:%

台数	农业户口家庭	非农业户口家庭	合计
显像管彩色电视机			
0 台	7.2	9.2	8.1
1 台	87.1	82.7	84.9
2 台	4.3	7.1	5.7
3 台	1.4	0.5	1
6 台	0	0.5	0.2

续表

台数	农业户口家庭	非农业户口家庭	合计
液晶/等离子电视机			
0 台	97.1	90.3	93.8
1 台	2.9	9.2	6
2 台	0	0.5	0.2

注：农业户口受访者样本量51，非农业户口受访者样本量49。

（二）车辆

如今，交通事业日益发达，人们外出时选择的交通工具也越来越丰富，许多家庭开始购置属于自己的交通工具，以期带来快捷方便的生活感受。在本次调查中，主要针对受访者农用车/拖拉机、轿车/面包车和摩托车共三类交通工具的拥有情况。

其中，农用车/拖拉机拥有情况方面，农业户口家庭与非农业户口家庭对该项交通工具的拥有率分别为29.2%和9.2%，有14.6%的家庭半年内有购买的想法。

轿车/面包车拥有情况方面，农业户口家庭10.6%的拥有率明显低于非农业户口家庭18.9%的拥有率，有9.7%的家庭半年内打算购买。

摩托车方面，有近半数的受访者家庭都拥有摩托车，其中农业户口家庭的摩托车拥有率为50%，非农业户口家庭的摩托车拥有率为40.8%，以上两项均高于农用车/拖拉机及轿车/面包车的拥有率，有7.4%的家庭半年内打算购买。

表3-8　　　　　　　受访者家庭拥有车辆情况

单位：%

辆数	农业户口家庭	非农业户口家庭	合计
农用车/拖拉机			
0 辆	70.8	90.8	80.5
1 辆	29.2	9.2	19.5
合计	100	100	100
轿车/面包车			
0 辆	89.4	81.1	85.4
1 辆	10.1	17.9	13.9
2 辆	0.5	1	0.7
合计	100	100	100

辆数	农业户口家庭	非农业户口家庭	合计
摩托车			
0 辆	50	59.2	54.5
1 辆	47.1	38.3	42.8
2 辆	2.4	2	2.2
3 辆	0.5	0.5	0.5
合计	100	100	100

注：农业户口受访者样本量51，非农业户口受访者样本量49。

（三）冰箱

　　冰箱、冰柜为人们保鲜食物提供重要帮助并成为家庭中重要的消费品之一。从总体来看，受访者家庭中有冰箱的比例为65.4%，其中农业户口受访者家庭拥有率为51.5%，非农业户口受访者家庭拥有率为76.5%。冰柜的拥有率在两类家庭中都很低，均不到6%。而半年内仅有8.1%的家庭希望购买冰箱，愿意购买冰柜的比例为5.4%。

表3-9　　　　　　　　　受访者家庭拥有冰箱情况

单位:%

台数	农业户口	非农业户口	合计
冰箱			
0 台	48.5	23.5	36.4
1 台	51	75	62.6
2 台	0.5	1.5	2.8
合计	100	100	100
冰柜			
0 台	94.2	94.4	94.3
1 台	4.8	4.1	4.5
2 台	1	1.5	1.2
合计	100	100	100

注：农业户口受访者样本量51，非农业户口受访者样本量49。

（四）电脑

　　当今社会信息发展迅速，电脑也逐渐进入家庭中，成为人们日常生活和娱乐休闲的重要组成部分。通过对电脑拥有情况进行分析看到，农业户口家庭中拥有台式机和笔记本电脑的比例分别为 10.6% 和 4.8%，而在非农业户口受访者家庭中，这两项的比例分别为 44.4% 和 11.7%。半年内购买的意愿方面，9% 的家庭想要购买台式机，9.9% 的家庭想要购买笔记本电脑。

表 3 – 10　　　　　　　　　　受访者家庭拥有电脑情况

单位:%

台数	农业户口家庭	非农业户口家庭	合计
台式机			
0 台	89.4	55.6	73
1 台	10.6	42.9	26.2
2 台	0	1	0.5
3 台	0	0.5	0.2
合计	100	100	100
笔记本电脑			
0 台	95.2	88.3	91.8
1 台	4.8	10.2	7.4
2 台	0	1	0.5
3 台	0	0.5	0.2
合计	100	100	100

注：农业户口受访者样本量51，非农业户口受访者样本量49。

（五）手机

在现代生活中，手机已经成为人们必不可少的社会信息工具，塔县调查数据显示，405 户家庭的手机拥有率达到 96%。家里有 2 部手机的占总数的近 1/3，其次拥有 1 部手机的家庭占比是 27.9%。而拥有 3 部及以上家庭的占比是 38.2%，最多的家庭共拥有 7 部手机。此项中，农业户口家庭与非农业户口家庭的差别不大，当问及半年内是否打算购买手机时，有 9.4% 的受访家庭有意愿。

（六）洗衣机

有 68.3% 的受访者家庭都拥有洗衣机，其中农业户口受访者家庭拥有率为 55.8%，非农业户口受访者家庭拥有率为 81.6%，前者明显低于后者。而在半年之内，有 8.1% 的受访者家庭有购买洗衣机的意愿。

（七）照相机、摄像机、空调和自备发电机

根据调查情况，拥有照相机或摄像机的家庭有 13.4%，其中农业户口家庭该拥有率是 8.3%，非农业户口家庭该拥有率是 18.8%，有 7.4%的受访者家庭在半年内有意购买。而拥有空调和自备发电机的家庭均不到 2%。

四　城乡受访者家庭的住房

（一）城乡受访者家庭的住房状况

调查显示，塔县 406 位受访者中，有 390 位受访者都回答了住房问题，如表 3-11 所示，拥有一套住房的有 306 户，占所有住户的 78.5%；拥有 2 套或 3 套住房的家庭有 63 户，分别占 13.6% 和 2.6%；而没有住房的家庭有 10 户，占 2.6%，最多的一户拥有 8 套住房。农业户口家庭和非农业户口家庭在住房套数上的差距不大。

表 3-11　　　　　　　　　调查户自有住房情况

单位:%

套数	家庭所占比例		合计
	农业户口家庭	非农业户口家庭	
0 套	2.5	2.6	2.6
1 套	78.6	78.3	78.5
2 套	12.9	14.3	13.6
3 套	3	2.1	2.6
4 套	1	1.1	1
5 套	1	1.1	1
7 套	1	0	0.5
8 套	0	0.5	0.3
合计	100	100	100

注：农业户口受访者样本量 209，非农业户口受访者样本量 198。

在对受访者自有住房（拥有产权）面积进行统计后发现：农业户口受访者家庭住房面积介于 20m² 到 900m²，平均为 114.2m²/户；非农业户口受访者家庭住房面积介于 43m² 到 900m²，平均为 118.5m²/户。

在对调查户本户住房的性质进行分析时，可以看到，89.9% 的家庭住房性质都是自有住房，租住廉租房的占 7.2%，其次是租住亲友房或私人房的，共占 2.9%。

（二）城乡受访者家庭的生活条件

受访者的生活条件将主要从住宅外的道路情况、住户的卫生设备、做饭用水及做饭的主要燃料这些方面进行分析。

表 3-12　　　　　　　　　　受访者生活条件情况

	农业户口受访者家庭	非农业户口受访者家庭
住宅外道路路面情况		
水泥或柏油路面	37.13	36.08
沙石或石板等硬质路面	9.13	11.86
自然土路	55.94	52.06
做饭用水		
江河湖水	1.47	1.03
井水/山泉水	35.29	11.28
雨雪水	0.98	
自来水	62.25	87.69
卫生设备		
水冲式厕所	8.21	37.56
旱厕	57.0	26.40
无厕所	34.78	36.04
做饭主要燃料		
柴草（秸秆类）	24.88	3.70
煤炭	11.44	6.35
煤气/液化气/天然气	55.22	87.30
畜粪	8.46	2.65

注：农业户口受访者样本量 204，非农业户口受访者样本量 195。

根据调查，55.94% 的农业户口受访者和 52.06% 的非农业户口受访者房屋外道路都是自然土路，住宅外为水泥或柏油路面的城乡受访者家庭占比分别为 37.13% 和 36.08%，还有 9.13% 的农业户口受访家庭和 11.86% 的非农业户口受访者家庭屋外是沙石或石板等硬质路面。仅从路面情况看，塔县的城乡差异不大，道路情况都有待改进。

在家用卫生设备方面，使用旱厕的农村受访者家庭占到农村受访者总数的 57.00%，非农业户口受访家庭以水冲式厕所为主，比例为 37.56%，家中没有厕所的农业户口与非农业户口受访者家庭比例分别为 34.78% 和 36.04%。

在家庭用水方面，大部分的农业户口与非农业户口受访者家庭主要用自来水，35.29%的农业户口受访家庭和11.28%的非农业户口受访者家庭使用井水或山泉水，使用江河湖水和雨雪水的城乡受访家庭比例都很低。

做饭使用的主要燃料方面，使用煤气/液化气/天然气的农业户口与非农业户口受访者家庭比例为最高，尤其是非农业户口受访家庭达87.30%；农业户口受访家庭有24.88%的比例使用柴草（秸秆类），使用煤炭的受访家庭比例为11.44%；另外农业户口与非农业户口都有一定比例的受访家庭使用畜粪。

（三）城乡受访者对住房政策的评价和住房改善意愿

在对住房便利的感受方面，有80%以上的农业户口与非农业户口受访家庭认为住房便利，只有7.84%的农业户口与非农业户口受访住户认为住房不便利，还有11.76%、12.31%的农业户口与非农业户口住户感觉住房便利程度一般。

表3-13　　　　　　　　　　受访者对住房政策的评价

单位:%

	农业户口受访者	非农业户口受访者
对当前住房		
满意	86.67	75.00
一般	8.72	18.37
不满意	4.61	6.63
政府对商品房的政策		
满意	72.46	54.64
一般	15.94	28.87
不满意	11.60	16.49
政府两限房政策		
满意	54.55	78.95
一般	36.36	15.79
不满意	9.09	5.26
政府有关廉租房政策		
满意	76.40	60.00
一般	10.11	17.33
不满意	13.49	22.67
政府经济适用房		
满意	76.19	59.26
一般	12.70	27.16

续表

	农业户口受访者	非农业户口受访者
不满意	11.11	13.58
农村住房改造政策		
满意	76.34	68.22
一般	14.50	26.17
不满意	9.16	5.61
现有住房的便利情况		
便利	80.39	81.03
一般	11.76	12.31
不便利	7.84	7.84
改善住房的意愿		
迫切	27.27	33.85
一般	9.60	17.44
不迫切或不想改善	63.13	48.72

注：农业户口受访者样本量204，非农业户口受访者样本量195。

统计受访者就目前住房和住房政策进行的评价可以看出：86.67%的农业户口受访者对当前的住房表示满意，非农业户口受访者该比例是75%。同时也有4.61%的农业户口受访者和6.63%非农业户口受访者明确表示不太满意或不满意。

受访者关于政府对商品房、两限房、廉租房、经济适用房及农村住房改造的相关政策评价上可以看出，农村受访者对有关廉租房、农村住房改造政策、经济适用房和商品房的满意度都在70%以上且相互之间差距不大，对两限房的政策满意度最低，其比例为54.55%；非农业户口受访者对政府两限房政策的满意度最高达到了78.95%，其次是对农村住房改造的相关政策为68.22%，经济适用房的满意度为59.26%，商品房政策的满意度是54.64%，是城镇各项中最低的。

在问及改善住房意愿的迫切程度时，认为"很迫切"（12.7%）和"比较迫切"（21.15）的非农业户口受访者占到总数的1/3，农业户口受访者占到总数的27%；认为"不迫切（12.2%）"或"不想改善"（50.93）的则占到农业户口受访总数的63.13%，非农业户口受访者总数的48.72%。

在有改善住房意愿的受访者中，农业户口受访者主要集中选择"自建新房"的受访者最多，占总数的65%，其次分别为"购买商品房"（15%）、

"购买经济适用房"（11.67%）；非农业户口受访者主要集中选择"购买商品房"（36.25%）、"自建新房"（35%）、"购买经济适用房"（16.25%），此外还有6.25%的非农业户口受访者选择"购买单位筹资共建房"。

第三节　塔什库尔干塔吉克自治县城乡受访者的就业

就业是民生之本，也是本次调查中关注的重要方面，问卷中调查了本地农业户口受访者的工作情况，非农业户口及城镇外来务工人员的工作情况，此外还调查了失业辞职人员的基本情况。

一　城乡受访者的就业情况

（一）本地农业户口受访者的就业情况

从本地农业户口受访者目前的工作状态来看，只是务农的受访者比例为59.4%，其次是家务劳动者，该类人群所占比例是14.6%，只从事非农工作的占比是9.9%。

表3-14　　　　　　　　　农业受访者目前的工作状态

单位:%

	比率
只是务农	59.4
以务农为主，同时也从事非农工作	7.3
以非农工作为主，同时也务农	2.1
只从事非农工作	9.9
失业或待业人员	1
家务劳动者	14.6
退休人员	1.6
全日制及非全日制学生	3.6
其他不工作也不上学的成员	0.5
合计	100

注：农业户口受访者样本量205。

（二）城镇户口受访者或城镇外来务工人员的就业情况

从行业类型来看，非农业户口或城镇外来务工人员集中最多的是教育业和公共管理或社会组织业，这两个领域分别占比12.8%和23.5%，其余各个领域的从业人员都不到10%。受访者的就业具有以公共管理居多，行业类型多样化的特点。

从个人当前的主要职业来看，以"国家机关党群组织、企事业单位负责人"最多，占近1/3；从事"办事人员和有关人员""专业技术人员"及"商业"的人数很接近，分别为12.1%、12.7%和12.1%，这部分受访者大部分属于固定职工（包括国家干部和公务员）。

对第一份城镇工作获取渠道的调查结果显示，最主要的渠道是"直接申请（含考试）"，占比39.3%；其次为"政府/社区安排介绍"，占比27.1%，通过他人介绍或招聘广告获取工作的人数较少。

从受访者主要从业的地区来看，有超过七成（72%）的从业人员选择在乡外县内工作，其次是在乡内工作，占23.2%，在省外工作的只有4.9%。

二　城镇受访者的失业和辞职情况

根据调查结果显示，在这部分失业、辞职的受访者中女性人数多于男性。受访者本人没有工作的最主要原因为料理家务，占到总数的56.10%，其次为已离/退休受访者，占比为19.60%，其他还包括上学、毕业后未工作、因个人原因失去原工作、丧失劳动能力等原因。其中，女性料理家务的人数远多于男性，离/退休人数男性远超女性（见表3-15）。

表3-15　　　　　　　　　受访者没有工作的原因

单位:%

	男	女	合计
正在上学	21.40	3.10	10.30
丧失劳动能力	4.80	0.00	1.90
已离/退休	42.90	4.60	19.60
毕业后未工作	4.80	1.50	2.80
料理家务	11.90	84.60	56.10
因单位原因（如破产、辞退等）失去原工作	2.40	0.00	0.90
因本人原因（如健康、辞职等）离开原工作	4.80	1.50	2.80
其他	7.10	4.60	5.60
合计	100	100	100

注：男性样本量7，女性样本量4。

在调查中了解到，在没有工作期间，失业、辞职的受访者主要采取在职业介绍机构求职、委托亲友找工作、用网络及其他媒体求职、参加用人单位招聘或招考等方式寻找工作，还有 1.5% 的受访者表示不想工作。

第四节 塔什库尔干塔吉克自治县民族文化与教育

一 民族语言和文字

在语言与文字使用方面，调查主要涉及了语言的学习、使用及掌握程度和文字的使用情况。本次在塔县调查中，农村样本量是 209，其中塔吉克族受访者为 182 人，汉族 21 人，维吾尔族 1 人，其他少数民 5 人；城镇样本量是 198 人，其中塔吉克族 122 人，汉族 31 人，维吾尔族 24 人，其他少数民族 21 人。因此，在分析农村少数民族时将集中在塔吉克族。

城乡少数民族受访者小时候最先会说的语言表明，塔吉克族和维吾尔族受访者 100% 小时候最先学会本民族语言，没有塔吉克族和维吾尔族受访者小时候最先会说汉语方言或普通话。有少部分城乡受访者（城镇 8%，农村 15%）从小同时掌握本民族和维吾尔族语言。产生以上调查结果的原因与当地民族构成以塔吉克族为主且维吾尔族在当地居民中占有相当的比例有直接关系。

从城乡受访者现在与人交谈使用语言情况来看，依旧是使用本民族语言的比例最高，达到 98% 以上；能使用普通话的城镇受访者比例高于农村受访者比例；因塔县的塔吉克族上学使用的语言是维吾尔语，所以塔吉克族受访者有 86.90% 的农村受访者和 90.83% 的城镇受访者能使用维吾尔语，同时，该县的维吾尔族受访者也有 66.67% 的比例能使用塔吉克语。

在语言掌握程度上，几乎所有人都能"流利准确地使用"本民族语言，在普通话的掌握程度方面，城镇受访者明显好于农村受访者。

表 3-16　　　　　　　　　　少数民族的语言文字

单位:%

	农业户口受访者	非农业户口受访者	
	塔吉克族	塔吉克族	维吾尔族
小时候最先会说的语言			
普通话	0	0	0
汉语方言	0	0	0

续表

	农业户口受访者	非农业户口受访者	
	塔吉克族	塔吉克族	维吾尔族
本民族语言	100	100	100
其他少数民族语言	14.92	8.20	0
能交谈的语言			
普通话	30.36	56.67	70.83
汉语方言	0	1.67	8.33
本民族语言	98.81	97.50	100
其他少数民族语言	86.90	90.83	66.67
普通话的程度			
熟练使用	11.94	26.42	39.13
不熟练	16.42	35.12	30.44
能听懂一些但不会说	16.42	7.55	0
听不懂也不会说	55.22	30.91	30.43
文字使用			
其中：汉字			
会	10.43	13.08	39.13
会一些	7.98	17.31	26.09
不会	81.59	59.61	34.78
本民族文字			
会	2.31	9.00	83.33
会一些	1.16	5.00	8.33
不会	92.53	86.00	8.33
文字水平			
其中：汉字			
掌握	9.04	71.43	—
掌握文字数量不够	4.22	9.52	—
掌握文字数量太少	4.22	14.29	25.00
完全不能用文字书写	82.53	4.76	75.00
本民族文字			
掌握	1.28	15.38	83.33
掌握文字数量不够	3.85	0	8.33
掌握文字数量太少	0	2.56	0

续表

	农业户口受访者	非农业户口受访者	
	塔吉克族	塔吉克族	维吾尔族
完全不能用文字书写	94.87	80.77	8.33
其他少数民族文字			
掌握	78.79	89.32	
掌握文字数量不够	7.58	2.91	
掌握文字数量太少	5.30	1.94	
完全不能用文字书写	8.33	5.83	100

注：农业户口受访者样本量156，非农业户口受访者样本量102。

由于长期和维吾尔族、汉族等民族密切交往，塔吉克语中吸收了许多维吾尔语和部分汉语词汇。莎车、泽普、叶城一带的塔吉克族居民都通用维吾尔语。调查数据显示，塔县的塔吉克族居民60%以上兼通维吾尔语。

塔吉克族在20世纪30年代前，使用过波斯文。后因塔吉克族都到维吾尔学校学维吾尔语言文字，故逐渐使用维吾尔文。目前，塔吉克族主要使用维吾尔文和汉文。所以在此次调查中，我们看到，会使用塔吉克本民族文字的人仅占塔吉克农业户口受访者的1.28%和非农业户口受访者的15.38%；而会使用汉字的非农业户口塔吉克族达到了71.43%，农业户口塔吉克族受访者只有9.04%。而会使用其他少数民族文字（即指维吾尔文字）的农业户口受访者有78.79%，非农业户口塔吉克族受访者的比例高达89.32%。

通过对文字水平情况的了解，在本民族文字的使用方面，与上面的分析结果相似，94.87%的农村塔吉克族受访者"完全不能用文字书写"，城镇塔吉克族受访者该比例为80.77%。在汉字的使用方面，农村塔吉克族受访者中有82.53%"完全不能用文字书写"，城镇塔吉克族受访者该比例只有4.76%。

在民族语言的使用意愿方面，绝大多数人都愿意在不同的场合说自己的民族语言，只有4.35%的城镇塔吉克族受访者和6.7%的农村塔吉克受访者认为只在和本民族人在一起的时候才愿意说，城镇塔吉克族受访者中有2位受访者不愿意说本民族语言，占比8.7%。

对于子女语言培养方面，有94.06%的农村少数民族受访者愿意送子女去双语学校学习，不愿意的比例仅为3.24%；城镇少数民族受访者中有 88.62% 的比例愿意送子女去双语学校，不愿意的比例是 5.99% 。

表 3 – 17　　　　　　　　少数民族送子女到双语学校学习的意愿

单位:%

	农业户口受访者	非农业户口受访者
很愿意	68.11	52.69
较愿意	16.22	16.17
愿意	9.73	19.76
不愿意	3.24	5.99
无所谓	2.70	5.39
合计	100	100

注：农业户口受访者样本量 185，非农业户口受访者样本量 167。

愿意送孩子上双语学校的城乡少数民族受访者认为，学习双语之后在找工作、做买卖、和其他人交往、提高汉语水平、掌握多种能力等方面都有好处，还有部分城乡受访者是因为尊重孩子到双语学校上学的意愿。

不愿意送孩子上双语学校的城乡受访者大多认为孩子应该先学好母语，上母语学校，不能为了学习汉语而忘记了自己的民族语言。也有部分城乡受访者认为双语学习的学习效果不是很好，孩子虽然会读汉语但是完全不懂读的是什么意思，没有达到预期的学习目的。

根据对受访者的了解，有 45.00% 的农村少数民族受访者和 61.08% 的城镇少数民族受访者认为会说当地汉话对工作生活各方面都有好处。

表 3 – 18　　　　　　　　少数民族对会说当地汉话的效用评价

单位:%

评价	农业户口受访者	非农业户口受访者
有好处，方便与其他民族交往	45.00	32.93
有好处，方便做买卖	6.67	2.99
对工作生活各方面都有好处	45.00	61.08
没太大好处	2.78	0
不好说	0.56	2.99

注：农业户口受访者样本量 180，非农业户口受访者样本量 165。

在对少数民族地区的双语教育效果进行评价时，认为双语教育效果

"很好"和"好"的农村受访者比例为 70.59%，城镇受访者比例为 66.26%；认为不好的农村受访者比例为 2.67%，城镇受访者比例为 6.02%。

表 3-19　　　　　　少数民族对少数民族地区双语教育效果的评价

单位:%

评价	农业户口受访者	非农业户口受访者
很好	21.93	18.07
好	48.66	48.19
一般	16.58	15.06
不好	2.67	6.02
很不好	0	0
不清楚	10.16	12.65
合计	100	100

注：农业户口受访者样本量 187，非农业户口受访者样本量 166。

二　民族传统文化

根据对塔县的本次调查，城乡少数民族受访者认为最具本地特色的传统文化类型排名前三位的依次是"传统服饰""传统节日"和"人生礼仪"；而"宗教活动习俗""传统生产方式""人际交往习俗"则是城乡受访者认为相比不太具有本地特色的三种文化类型。

与最具本地特色的传统文化类型相同，"传统节日""传统服饰"和"人生礼仪"也是当地城乡少数民族受访者认为最重要的本民族文化类型，只是城乡少数民族受访者的三者排列顺序有所不同；"宗教活动习俗""传统生产方式""人际交往习俗""传统文娱活动"四项也是城乡少数民族受访者选择比例最低的文化类型。

在留存或传播较好的本民族文化类型方面，"传统节日""传统服饰"和"人生礼仪"得到城乡少数民族受访者认可的前三位。"传统生产方式"（4.2%）则被城乡受访者认为相比是留存或传播不太好的本民族文化类型。

对于已经濒危失传急需恢复的文化类型，"传统民居""传统服饰""传统文娱活动""传统生产方式"成为农村受访者认为急需恢复的前四位文化类型。"传统生产方式""传统民居""传统服饰"和"传统饮食"成为城镇少数民族受访者认为急需恢复的前四位文化类型。

表 3 - 20　　　　　　　　　少数民族对民族文化发展的看法

单位:%

	农业户口受访者				非农业户口受访者			
	最具本地特色的传统文化类型	最重要的本民族文化类型	留存或传播较好的本民族文化类型	已经濒危失传急需恢复的文化类型	最具本地特色的传统文化类型	最重要的本民族文化类型	留存或传播较好的本民族文化类型	已经濒危失传急需恢复的文化类型
传统民居	30.65	25.81	32.26	43.45	21.08	19.76	16.27	35.66
传统服饰	74.73	56.99	49.46	30.95	76.51	57.49	57.83	25.87
传统节日	58.60	62.90	54.3	10.12	63.25	53.29	56.02	6.29
人生礼仪	46.24	38.71	32.80	13.10	37.95	43.71	34.94	12.59
传统文娱活动	9.14	16.67	10.75	23.81	18.67	16.17	13.25	14.69
传统饮食	30.65	20.43	19.89	15.48	32.53	22.75	27.11	19.58
道德规范	16.67	19.89	16.67	14.88	9.64	22.16	10.84	11.89
人际交往习俗	11.29	16.67	17.74	7.14	9.64	14.97	14.46	7.69
传统生产方式	4.3	4.84	5.38	23.21	2.41	2.40	3.61	36.36
宗教活动习俗	2.69	8.06	10.22	10.71	1.2	4.79	6.63	14.69

注: 农业户口受访者样本量186，非农业户口受访者样本量166。

在对当地政府对表 3 - 20 中的 10 项内容所进行的相关保护政策进行评价时，城镇少数民族受访者除了对"传统民居"（73.33%）、"传统生产方式"（76.36%）和"宗教活动习俗"（76.97%）的满意度低于80%，其余的七项保护政策满意度都在 80% 以上，其中对"传统节日"保护的满意度最高为83.64%；农村少数民族受访者的总体满意度高于城镇少数民族受访者。除对传统生产方式的满意度为 79.79% 外，其余 9 项保护政策的满意度都在 80% 以上，其中对"传统节日"保护政策的满意度达到了 92.55%。

在对国家上述 10 项相关保护文化政策进行评价时，无论农村还是城镇少数民族受访者的满意度都高于对当地政府的评价。农村少数民族受访者的满意度均在 80% 以上，满意度最高的是对"传统节日"的保护政策，其满意度为 92.02%，满意度最低的是"传统生产方式"的保护政策，其满意度为 81.91%。城镇少数民族受访者的整体满意度低于农村受访者，最高值也是对"传统节日"的保护政策，满意度为 86.67%，除最低值是"传统民居"的满意度为 77.58% 外，其他项目的满意度也都在 80% 以上。

在问及城乡受访者其子女在接受本民族语言、民族文化和民族风俗习惯的意愿方面与自身或自身的长辈相比较如何时,无论是民族语言、民族文化还是民族风俗习惯,绝大多数城乡受访者都认为自己的子女会很愿意接受,而认为不愿意接受的比例均不足5%。

本次调查询问了少数民族受访者了解本民族/其他民族民俗文化的主要渠道,即从家庭内的口口相传或者耳濡目染、学校教育、村庄或社区的生产、生活和文化活动、政府部门的保护项目、旅游展示、广播电视互联网等、图书报刊7个途径中选择,农村受访者最主要的途径是:家庭内的口口相传或者耳濡目染(80.75%)、村庄或社区的生产、生活和文化活动(25.67%)、学校教育(20.86%)和广播电视互联网等(11.76%),其余途径的选择比例都在5%以下;非农业户口受访者选择的最主要的途径是:家庭内的口口相传或者耳濡目染(71.86%)、村庄或社区的生产、生活和文化活动(31.74%)、广播电视互联网等(26.35%)、学校教育(15.56%)、图书报纸(10.18%),其他途径的选择比例在5%以下。

三　认同感

有近半数的农村少数民族受访者(48.85%)和60.00%的城镇少数民族受访者既认同本民族也认同中华民族,1/3左右的城乡少数民族受访者更加认同中华民族,更加认同本民族意识的农村受访者比例是13.32%,而城镇受访者该比例是6%。

表3-21　　　　少数民族对当前我国民族意识的发展趋势评价

单位:%

	农业户口受访者	非农业户口受访者
更加认同本民族意识	13.32	6.00
更加认同中华民族	33.33	31.33
既认同本民族也认同中华民族	48.85	60.00
不清楚	4.60	2.67
合计	100	100

注:农业户口受访者样本量174,非农业户口受访者样本量150。

据此次调查显示,塔县有63.10%的农村少数民族受访者和75.90%的城镇少数民族受访者认为其民族身份在社会交往、工作就业、日常生活和外出旅行、出国时不会产生不便利的情况,12.30%的农村受访者和

9.64%的城镇受访者感觉自己的民族身份偶尔会对其生活造成不便，只有1.20%的城镇受访者觉得生活中经常有不方便的情况，在实地调查中得知这种情况主要源于语言问题。当问及民族身份在外出旅行出国时有无不便利，回答不清楚的城乡受访者比例明显高于问及在当地社会交往、工作就业和日常生活中的不便利问题中的不清楚比例，其原因应是很多人没有外出旅行和出国的经验历以无法准确回答。在已回答的样本中，城镇受访者除不清楚外的四个选项比例都高于农村受访者。

表 3 – 22　　　　　　　　　　民族身份情况

单位:%

	农业户口受访者		非农业户口受访者	
	民族身份在对当地社会交往、工作就业、日常生活中有无不便利	民族身份在外出旅行、出国时有无不便利	民族身份在对当地社会交往、工作就业、日常生活中有无不便利	民族身份在外出旅行、出国时有无不便利
经常有	0	1.08	1.20	1.82
偶尔有	12.30	6.49	9.64	7.27
很少	7.49	4.86	9.64	9.09
没有	63.10	47.57	75.90	63.03
不清楚	17.11	40.00	3.61	18.79
合计	100	100	100	100

注：农业户口受访者回答民族身份对当地交往影响的样本量是187，非农业户口受访者样本量是166，回答外出旅行问题的样本量是185，非农业户口受访者样本量是165。

少数民族对自己民族身份的认识这一问题上，有86.11%的农村少数民族受访者和77.44%城镇少数民族受访者表示若被外国人问到他的民族身份，会首先表示自己是中国人，然后才是自己的本民族身份；有5%的农村受访者和14.63%的城镇受访者觉得中国人和本民族身份不分先后。只有8.89%的农村受访者和7.93%的城镇受访者会先表示自己的民族身份。

第五节　塔什库尔干塔吉克自治县城乡受访者的社会生活

一　城乡公共基础设施

城乡受访者回答家中对曾有或现有学龄前儿童照料方式的样本量是

232，当地城乡学龄前儿童的教育方式排在首位的是由母亲照料，农业户口占29.91%，非农业户口占35.65%；其次是选择乡镇和县城内幼儿园的城乡比例相近；选择村（社）内幼儿园的农业户口比例为17.95%，而非农业户口比例只有7.83%。

表3-23　　　　　　　　　　　学龄前儿童的教育方式

单位:%

教育方式	农业户口受访者家庭	非农业户口受访者家庭
村（社）内幼儿园或学前班	17.95	7.83
乡镇（街道）内幼儿园或学前班	23.08	22.61
县城内幼儿园或学前班	21.37	22.61
母亲照料	29.91	35.65
父亲照料	0.85	0.87
祖父母照料	0.85	2.61
其他	5.98	7.83
合计	100	100

注：农业户口受访者样本量117，非农业户口受访者样本量115。

受访者家中绝大多数收不到国外的电视、网络收视信号及节目，还是以收看、收听国内电视、广播节目为主。城乡受访者外出时，常见的交通方式是步行（农业户口69.41%，非农业户口62.22%）或者骑摩托车（农业户口35.00%，非农业户口15.29%），其次是小轿车（农业户口15.56%，非农业户口15.29%），而选择自行车、三轮车、货车或公交车的农业户口及非农业户口受访者人数均非常少。

根据对156户农业户口家庭耕地灌溉主要方式的调查，我们得知78.8%的农业户口受访者家庭采取自然水渠灌溉的方式；其次是9.6%的受访者家庭用人力排灌的方式；再次是采用机电排灌和人工水窖的家庭，比例分别是4.5%和1.3%；还有5.8%的家庭无灌溉。

表3-24反映了当地的公共基础设施与受访者家庭之间的距离，从中我们可以看出，塔县的城镇公共设施状况好于农村地区。城镇受访者家庭距离公共基础设施在3公里以内的居多，城镇除"残疾人无障碍及康复设施"（7.73%）和"运动场所及器材"（21.72%），其他设施在3公里以内的比例都在57%及以上；农业户口受访者家庭距离公共基础设施10

公里以上的家庭比例明显高于非农业户口。而受访者中回答"不知道"的比重比较大，也反映出这些设施数量不足或位置偏僻。

表 3-24　　　　　从受访者家庭到下列公共基础设施的距离远近

单位:%

公共基础设施	小于 1公里	1— 3公里	3— 5公里	5— 10公里	10公里 以上	不知道	合计	样本量 (个)
公共厕所								
农业户口受访者	69.61	8.82	4.41	1.96	1.96	13.24	100	204
非农业户口受访者	74.49	13.27	5.1	1.02	0	6.12	100	196
老年服务中心								
农业户口受访者	13.37	22.77	9.9	9.41	12.87	31.68	100	202
非农业户口受访者	29.29	27.78	10.1	10.61	4.04	18.18	100	198
公共卫生室或医院								
农业户口受访者	26	42	13	6.5	8	4.5	100	200
非农业户口	34.18	30.61	14.29	9.18	9.69	2.04	100	196
活动中心（活动室、广场等）								
农业户口受访者	20.59	28.43	12.25	8.82	10.29	19.61	100	204
非农业户口受访者	35.75	27.46	12.44	11.4	3.11	9.84	100	193
教育设施（幼儿园）								
农业户口受访者	23.9	38.54	13.66	9.76	9.27	4.88	100	205
非农业户口受访者	33.67	31.63	14.29	7.14	12.24	1.02	100	196
教育设施（小学）								
农业户口受访者	24.76	41.26	12.62	11.17	8.74	1.46	100	206
非农业户口受访者	32.99	27.41	19.8	7.11	11.68	1.02	100	197
教育设施（中学）								
农业户口受访者	25.73	29.61	12.14	13.59	10.68	8.25	100	206
非农业户口受访者	39.9	23.23	13.13	11.11	11.62	1.01	100	198
治安设施（岗亭、警卫室等）								
农业户口受访者	43.2	33.98	12.62	1.94	2.91	5.34	100	206
非农业户口受访者	56.41	24.1	14.87	0	1.03	3.59	100	195
残疾人无障碍及康复设施								
农业户口受访者	2.99	3.48	5.97	1.49	9.45	76.62	100	201
非农业户口受访者	5.67	2.06	8.76	0	3.61	79.9	100	194
运动场所及器材								
农业户口受访者	9.76	14.15	10.73	3.9	10.24	51.22	100	205
非农业户口受访者	12.63	9.09	13.13	2.02	3.54	59.6	100	198

农业户口受访者对调查问卷罗列的公共设施中满意度（选择"非常满意"和"比较满意"）超过一半的是教育设施（58.0%）和治安设施（72.5%）；满意度最低（选择"不太满意"和"非常不满"）的是路灯（17.2%）和村道（25.3%），这造成居民生活的不便利。

表3-25　　　　　　农业户口受访者对农村公共设施的满意情况

单位:%

公共基础设施	满意度						
	非常满意	比较满意	一般	不太满意	非常不满	没有该设施	合计
公共厕所	12.5	35.1	9.1	8.2	4.3	30.8	100
路灯	12.4	12	6.7	11.5	5.7	51.7	100
卫生设施（垃圾桶、保洁等）	9	13.8	10.5	5.7	0.5	60.5	100
老年服务中心	8.1	11.8	10.8	0.5	0	68.8	100
公共卫生室或医院	16	33.5	13.6	6.3	5.3	25.2	100
活动中心（活动室、广场等）	11.2	20.4	10.7	4.1	0	53.6	100
教育设施（幼儿园、小学等）	23.3	34.7	10.4	3.5	0.5	27.7	100
治安设施（岗亭、警卫室等）	29	43.5	8.5	0.5	0	18.5	100
残疾人无障碍及康复设施	5.7	3.1	2.1	0.5	0.5	88	100
运动场所及器材	13	6.2	3.6	2.1	0.5	74.6	100
村道	19.8	30.7	11.9	12.9	12.4	12.4	100

注：农业户口受访者样本量是204。

对于上述基础设施，有八成以上（84.7%）的群众认为能够基本满足他们的需求，还有部分群众认为还应该增设如银行、垃圾桶等基础设施。受访者认为所在的村里基础设施建设存在的问题主要是因为政府资金投入不足和领导不重视。

二　城乡受访者的社会生活

在过去一年参加过公益活动的264位受访者中，进行"捐款捐物"的人最多，有55.7%；其次是"义务打扫社区、村的卫生"的受访者，占总人数的38.6%；之后依次是"参加环境保护活动"（28.8%）、"村内或社区内无偿帮工"（23.1%）、"义务献血"（12.1%）、"义务照顾社区、村的孤寡老人"（8.7%）和"义务参加专业咨询活动"（3.0%）。

因为受访者中九成以上都是少数民族，均信仰伊斯兰教，所以在问及当地伊斯兰教信众关于伊斯兰教未来发展情况时，近半数的受访者认为伊斯兰教信众的规模将"不断扩大"，四成左右认为"没有变化"，认为"逐渐缩小"的仅占总样本量的不到 10%。另有接近四成的受访者"不知道"，即没有考虑过这个问题。在问及道教、天主教等宗教的信众发展趋势时，绝大多数群众均表示"不知道"。

在城乡受访者中，休闲时间（工作后或晚上）经常参与的活动比例最高的前两位是"看电视或看电影"（农业户口受访者 69.08%，非农业户口受访者 68.69%）、"朋友聚会"（农业户口受访者 27.05%，非农业户口受访者 28.79%）。除此之外农业户口受访者选择"民族文化类的文体活动"的比例是 14.49%，娱乐消遣活动为 8.21%，读书学习为 7.25%，没有选择宗教活动的受访样本。非农业户口受访者中剩余的四项活动中，除了宗教活动的比例是 1.01%，其余选择娱乐消遣活动的有 14.65%、民族文化类的文体活动为 14.41%、读书学习为 16.67%。可见，非农业户口受访者的休闲活动较之农业户口受访者要丰富。

在拥有当地户籍的受访者中，84.49% 的农业户口受访者和 87% 的非农业户口受访者对到本地的外来流入人员持欢迎态度，表示欢迎态度的城乡受访者大多认为外来流入人员增加了当地的投资、扩大了当地的就业机会、开阔了当地人的眼界、增加了当地劳动力市场中的劳动力。表示不欢迎态度的受访者认为外来者破坏了当地的生活环境、赚走了当地人的钱但对当地没有贡献、减少了本地人的就业机会。

在对城乡受访者民族间的交往情况进行了解时，有 61.24% 的农业户口少数民族受访者和 77.78% 的非农业户口少数民族受访者表示有三个以上的其他民族朋友，完全没有其他民族朋友的农业户口少数民族受访者有 30.34%，非农业户口少数民族受访者有 14.81%。

不管是汉族还是少数民族，将近 3/4 的人都愿意与其他民族的人聊天、当邻居、一起工作或成为亲密朋友，但只有不到 15% 的人愿意与其他民族的人结为亲家。

三　农业户口及非农业户口受访者对社会发展的评价

随着社会经济的不断发展，合理进行城市规划、改造和开发土地成为城市建设的重要工作内容之一。在本次调查中，当问及农业户口及非农业户口受访者对当地城市建设中对历史建筑（以旧的传统民居和祖屋为主）的改造拆迁问题的态度时，认为应该"保持原貌不动"的人数最多，占到农业户口及非农业户口有效样本的57%和54%；认为"可以拆迁"的农业户口及非农业户口受访者占比是17%和12%；认为应该"保持外形但内部可改造拆迁"的农业户口受访者比例是9.95%，非农业户口受访者比例是8.63%；选择"异地重建"的非农业户口受访者比例是7%，农业户口受访者比例是3%。

当自家房屋被纳入拆迁计划时，表示"服从国家需要"的比例最高，非农业户口受访者是46.15%，农业户口受访者该比例是41.26%；认为"只要价钱合理就行"的农业户口及非农业户口受访者比例位居第二；还有13%的农业户口及非农业户口受访者觉得"价钱再高也不愿意拆迁"；其余的受访者态度主要"看拆迁工作的方式方法"的农业户口受访者比例是6.8%，非农业户口受访者比例是8.21%；选择"看周围邻居态度"的比例农业户口受访者为0.94%，非农业户口受访者为1.54%。

当开发旅游资源和保护本民族文化遗产发生冲突时，认为应该"保护本民族传统文化为主，不赞同过度商业化"的人数最多，占农业户口受访者有效样本的57.81%和非农业户口受访者样本的74.87%；另有21.88%的农业户口受访者和15.51%的非农业户口受访者认为应该"以发展经济为主，提高现代生活水平为主"。

2012年，党的十八大报告首次提出全面"建成"小康社会的目标。在问及受访者"您对2020年所在地区全面建成小康社会建设"的态度时，68%的农业户口受访者和69%的非农业户口受访者都认为可以实现；仅有2.9%的农业户口受访者和9.65%的非农业户口受访者持"没有信心"或"不可能"的态度；还有29.47%的农业户口受访者和21.32%的非农业户口受访者没有听说过小康社会这个概念。

在持"没有信心"态度的受访者中，信心不足的主要原因是"经济收入提高慢"（79.2%）、"自然条件差"（25.0%）、"基础设施不足"（20.8%）和"政府扶持政策不到位"（16.7%）。而为了加快本地建成小康社会，受访者认为最应该采取的有效措施为"加快发展当地经济"（52.1%）、"提高就业工资"（37.9%）和"提高教育水平"（31.7%）。

四 农业户口及非农业户口受访者的社会保障

在受访者中，共有156人为低保户，3人为残疾；这两类人群一年获得政府补贴的金额都介于1200元至4800元，获得补贴最多的为9600元，最少的为 210 元，还有 15 位没有获得过政府补助。

从受访者家人参加社会保险情况来看，与其本人参加社会保险的情况类似，农业户口受访者依次为："农村居民社会养老保险"（96.27%）、"新型农村合作医疗保险"（89.34%）、"农村居民社会养老保险"（41.57%）；非农业户口受访者依次为："城镇职工基本医疗保险"（64.38%）、"城镇居民基本医疗保险"（42.67%）、"城镇职工养老保险"（30.2%）、和"城镇居民养老保险"（26.09%）；参与了"工伤保险""失业保险"和"生育保险"的非农业户口受访者一共不足 15%。

五　农业户口及非农业户口受访者对生活状况的评价

认为自己的生活水平相比 10 年（5 年）前上升很多或略有上升的农业户口及非农业户口受访者比例达到了 90% 以上，仅有不足 2% 的农业户口及非农业户口受访者认为自己的生活水平下降了。而在对未来 10 年（5 年）的生活水平变化进行预测时，95% 以上的农业户口及非农业户口受访者都认为会上升，仅有 2% 左右的农业户口及非农业户口受访者认为会下降。

表 3 - 26　　　　　　　　　　　生活水平的感觉

	农业户口受访者	非农业户口受访者
与 10 年（5 年）前相比，生活水平的变化		
上升很多	63.46	54.31
略有上升	31.73	39.09
没有变化	3.37	5.08
略有下降	0.48	1.02
下降很多	0.96	0.51
合计	100	100
未来 10 年（5 年）中，生活水平的变化		
上升很多	58.29	57.22
略有上升	37.69	37.22
没有变化	2.51	3.33
略有下降	1.01	1.67
下降很多	0.5	0.56
合计	100	100
您认为自己的社会经济地位在本地属于		
上	2.04	6.19
中上	9.18	12.89

续表

	农业户口受访者	非农业户口受访者
中	61.73	59.79
中下	18.88	15.98
下	8.16	5.15
合计	100	100

注：农业户口受访者样本量207，非农业户口受访者样本量196。

在对自身的社会经济地位进行评价时，61.73%的农村受访者和59.79%的非农业户口受访者认为自己处于中等；感觉自己处于中下的农业户口及非农业户口受访者比例高于感觉自己处于中上的比例；认为处于上和下的农业户口及非农业户口受访者都不高。而当受访者把自己的生活水平与别人相比时，54.86%的农业户口受访者会与本乡村人比较，其次是亲戚朋友（20.00%）和县里的人（14.86%），选择"本乡村的同民族人"的比例是5.71%，选择"县里的同民族的人"的比例只有4.00%。城镇受访者选择比例最高的是"县里的人"（35.62%），其次是"本乡村人"（25.34%），选择"亲戚朋友"的比例是24.66%。

在问及是否愿意到城市生活时，持愿意态度的农业户口受访者比例是52.74%，非农业户口受访者比例是75%，无论农业户口及非农业户口受访者，该态度的比例要明显多于持不愿意态度的受访者比例。其中，受访者选择愿意在城镇或城市生活的最主要原因是生活便利，其次是看病上学方便和挣钱机会多。

第六节　塔什库尔干塔吉克自治县
城乡受访者的政策评价

一　扶贫政策

问卷调查结果表明，受访者比较熟悉的是"电力设施建设工程"（66.1%）、"村村通工程（广播电视/道路/通信网络）"（51.2%）和"道路修建和改扩工程"（35.6%），其他大部分扶贫政策或项目，受访者都表示不知道。一般来说，除了对当地政策实施十分了解的基层工作人员，大多数受访者都只了解和自己相关的政策，对其余扶贫政策则不清楚。73.2%的受访者对当前参与过的扶贫政策或扶贫活动的整体效果感到满意。

表 3 - 27　　农业户口受访者了解当地政府实施具体扶贫政策情况

单位:%

扶贫政策或项目	受访者了解或参与扶贫政策或项目的比例
移民搬迁工程	29.7
"两免一补"政策	54.0
扶贫工程生产项目	18.8
退耕还林还草补助工程	3.5
道路修建和改扩建工程	35.6
基本农田建设工程	10.4
电力设施建设工程	66.1
人畜饮水工程	49
技术推广及培训工程	7.4
资助儿童入学和扫盲教育工程	11.1
卫生设施建设项目	33.4
种植业/林业/养殖业扶贫金	3.2
村村通工程（广播电视/道路/通信网络）	51.2
教育扶贫工程	24.3
牧区扶贫工程	5.9
扶贫培训工程	7.4

注:农业户口受访者样本量205。

二　民族政策

在对当前少数民族地区及少数民族实行计划生育政策进行评价时，认为"很好"或"好"的农业户口受访者比例是81.54%，非农业户口受访者比例是72.11%；认为"一般"的农业户口受访者比例是8.21%，非农业户口受访者比例是10.53%；认为"不好"的农业户口受访者比例是10.26%，非农业户口受访者比例是17.37%。从这里可以看出，大多数受访者对少数民族计划生育政策感到满意。

对觉得少数民族计划生育政策不好的受访者进行进一步的提问，即如果不认可该如何调整该项政策，给出具体意见的非农业户口受访者样本量是 15 人，农业户口受访者样本量是 11 人。大体上，非农业户口受访者选择"废除计划生育子女数量限制政策，由家庭自主决定"的有 9 人，占比是 60.00%；农业户口受访者选择"全国各地区各民族一样"和"全国城市地区生育子女数量统一"的共有 9 人占比 81.82%。

在对民族地区和少数民族的高考加分政策的评价上，94% 左右的农业户口及非农业户口受访者都感到满意，主要原因在于受访对象中少数民族的比例较高，自身及亲属、朋友在受教育阶段大都享受过高考加分政策。

三　对政府社会治理的评价

从受访者就现住地地方政府（本县、县级市政府）应对各种突发事件的能力和表现所进行的评价可以看出：农业户口及非农业户口受访者总体对当地政府在应急事件的处理上较为满意，其中对"一般性社会治安事件"处理的满意度最高，满意人数（选择"很满意"及"满意"的受访者）占农业户口受访者有效样本总量的 77.88%，占非农业户口受访者有效样本总量的 82.23%。说明当地政府近年来在社会治安方面如警力投入、维持良好社会治安、警民团结等方面工作取得了良好成效，得到了百姓的认可。但同时，在这些评价中选择不清楚的农业户口及非农业户口受访者比例占到了有效样本的 14%—47%，也说明有些受访者没有给出自己明确的评价。

表 3-28　　对地方政府应对各种突发事件的能力和表现的评价

单位:%

	农业户口受访者				非农业户口受访者			
	满意	不满意	不清楚	合计	满意	不满意	不清楚	合计
自然灾害事件	69.23	11.06	19.71	100	71.06	6.60	22.34	100
生产安全事故	70.67	5.77	23.56	100	70.05	5.08	24.87	100
传染病及公共卫生事故	74.40	-22.34	21.74	100	79.70	4.06	16.24	100
一般性社会治安事件	77.88	22.12	0	100	82.23	3.55	14.21	100
群体性突发事件	54.33	2.88	42.79	100	57.87	5.08	37.06	100
暴力恐怖事件	50.96	1.92	47.12	100	54.31	3.55	42.13	100

注：农业户口受访者样本量 208，非农业户口受访者样本量 197。

在对农业户口及非农业户口受访者就当地政府（本县、县级市政府）各项工作的效果进行评价时，绝大多数农业户口及非农业户口受访者对各

项工作选择了"很好"或"比较好"。农业户口受访者满意度最高的是
"提供义务教育""提供公共医疗卫生服务""为群众提供社会保障",相
对满意度最低的三项内容是"为中低收入者提供廉租房和经济适用房"
"廉洁奉公,惩治腐败""政府信息公开,提高政府工作的透明度"。非农
业户口受访者满意度最高的是"提供义务教育""打击犯罪,维护社会治
安""提供公共医疗卫生"和"为群众提供社会保障",相对满意度最低
的三项内容是:"廉洁奉公,惩治腐败""为中低收入者提供廉租房和经
济适用房"和"政府信息公开,提高政府工作的透明度"。

表 3-29　对当地政府(本县、县级市政府)各项工作的效果的评价

单位:%

	农业户口受访者				非农业户口受访者			
	好	不好	不清楚	合计	好	不好	不清楚	合计
坚持为人民服务的态度	76.33	15.46	8.21	100	86.22	11.23	2.55	100
政府办事效率	69.42	22.81	7.77	100	78.46	16.92	4.62	100
公开、公平、公正选拔干部和官员	68.75	19.23	12.02	100	77.55	13.27	9.18	100
提供公共医疗卫生服务	80.19	14.5	5.31	100	89.80	7.65	2.55	100
为群众提供社会保障	83.09	9.18	7.73	100	87.76	7.14	5.10	100
提供义务教育	89.42	4.81	5.77	100	93.37	5.1	1.53	100
保护环境,治理污染	70.53	15.46	14.01	100	77.04	17.35	5.61	100
打击犯罪,维护社会治安	78.26	4.83	16.91	100	90.77	2.05	7.18	100
廉洁奉公,惩治腐败	60.87	12.56	26.57	100	69.07	10.31	20.62	100
依法办事,执法公平	74.40	14.49	11.11	100	78.57	12.25	9.18	100
发展经济,增加人们的收入	73.08	16.34	10.58	100	85.05	8.25	6.70	100
为中低收入者提供廉租房和经济适用房	58.74	11.65	29.61	100	69.39	8.16	22.45	100
扩大就业,增加就业机会	70.05	15.46	14.49	100	77.55	10.72	11.73	100
政府信息公开,提高政府工作的透明度	62.50	12.5	25.00	100	71.28	10.26	18.46	100

注:农业户口受访者样本量208,非农业户口受访者样本量195。

第七节　简要结论

世代居住在中国的民族中，塔吉克族是唯一的白色人种，以目深鼻高的长相和美丽的花帽闻名，该民族60%的人口都聚居在塔县。冰雪覆盖的帕米尔高原是塔吉克族的世居之地。塔吉克族人散布在崇山峻岭间的狭窄河谷，过着半牧半农的生活，他们曾被纪录片导演刘湘晨文艺地称为"距离太阳最近，距离现代生活最远"的太阳部族。

塔县县城只有几条街，各种商品却已算齐全：饮食、服装、化妆品、建材、家用电器……如果要买传统式样的奶茶壶或者一块馕，走进店铺通常会看到一张维吾尔族人的脸，那么问价钱就需要用维语了；如果要买鸭舌帽、感冒药或者电视机，通常会看到一张汉族人的脸，这时就需要切换语言了。塔吉克族人善于做带图案的手工羊毛毯，拿着羊毛毯去县城卖钱，换回生活必需品，这是他们最直接的经济手段。由于县城经商的商人一般不懂塔吉克语，汉语和维语是塔县通用的"商业语言"，这也意味着，不会这两种语言之一，即便在县城，都无法与人交流。如果想要买更多品种的商品，就必须走下高原，坐五六个小时的车到喀什市。在除塔县之外的整个喀什地区，维族人口比例大约是90%。

从收入和支出来看，受访者家庭年收入大多在6万元以下，大部分家庭都拥有自己的住房，家庭常用电器也相对比较普及。在生活基本情况方面，农村居民大多选择砖木结构的房屋，使用柴草燃料和旱厕，城镇居民则住楼房，使用煤气、液化气等，家中具有水冲式厕所。想要改善自己目前住房情况的人超过了半数，绝大多数都想要自建新房。而在家庭分工中，更多的女性承担起了抚养儿童、照料家务等事务。

本次调查中有关教育内容显示，塔县受访者的受教育水平总体偏低，初中及以下受教育水平的人占到六成，究其原因主要与本次调查的受访者中1980年以前出生的人数占76.8%有关，他们接受适龄教育时期正是新疆地区教育水平普遍较低之时。加之当时塔吉克族只有语言没有文字，农村学校98%以上是塔吉克族学生，学生在学校学习汉语，回家使用塔吉克语，因而教学效果差，学习成绩差，普及九年义务教育有困难。目前，当地群众大多希望能够送孩子到双语学校学习，尤其要学好汉语，这样有利于以后的升学考试、就业及社会交往等各个方面。调查中发现，学过维语、有文化的塔吉克族人普遍认为，不需要创建塔吉克自己的文字，用维语就够了；但没上过学的受访者，则希望有自己的文字。当地群众认为本民族的服饰和宗教活动非常具有特点，也是本民族最重要的文化构成，同时要传承和发扬本民族的传统节日、传统饮食。社会发展日新月异，流行文化对传统民族文化的冲击很大，对青少年的影响也很显著，民族文化不仅要通过家庭内部的口口相传，公共媒体的广泛宣传等方式也很重要并值得重视，各级政府应充分重视民族传统文化的保护和延续，以使其更好地发展下去。

在工作之余，大部分人会和家人朋友聚会交流或者看电视来打发闲暇时间，也有一些人固定参加宗教活动，但是这种交流基本上只限于同民族之间。虽然大多数受访者认为和外来人员交流可以开阔眼界，也与其他民族尤其是汉族有一些来往，但是真正能与其他民族结为朋友的受访者却比较少，主要是因为文化、信仰、习俗方面的较大差异，再加上近些年新疆地区恐怖事件频发，产生了民族间的隔阂。所以，年长者（50 岁以上）普遍认为目前的民族关系并不是中华人民共和国成立以后最好的时期，但总的来说，大家对于社会的发展还是抱有积极的态度。调查中还发现，国家实施的经济社会发展政策并没有全部被受访者知道和了解，政府的宣传力度也不够，有很多受访者表示在遇到矛盾纠纷时不知道该借助国家的哪方面法律法规及相关政策帮助自己。

塔县长期作为国家级贫困县得到了国家大量的转移支付资金和项目，同时，随着一些国家建设项目、开放口岸等措施，塔县的经济得到了快速发展。塔县与巴基斯坦等国的贸易往来也带动了自治县个体、私营经济的发展，吸引了更多的国内外客商。而通过旅游宣传，塔县的旅游业也发展迅速，每年接待游客的人数呈快速增长态势，每年都有来自十几个国家和地区的几十万人到塔县观光旅游，达到年均接待国内外游客 10 万人次，实现旅游年收入 2000 余万元。人民生活水平有了显著提高，社会各项事业有了很大的进步，城市建设日新月异，塔县全民的整体素质和文明程度不断提高，各民族群众的思想观念不断转变，逐步适应了市场经济的发展，特别是少数民族群众逐步从过去传统封闭的生产生活方式中解脱出来，走出深山办企业、创市场，读书深造，学习先进的科学文化知识，各民族之间互相学习、互相尊重、互相帮助、互相团结，呈现出比较融洽和谐的社会局面。

第四章

新疆和布克赛尔蒙古自治县
问卷调查分析报告

新疆维吾尔自治区和布克赛尔蒙古自治县是中国社科院民族学与人类学研究所"21世纪初中国少数民族地区经济社会发展综合调查"2013年的调研点之一。和布克赛尔蒙古自治县（以下简称"和布赛克尔县"）交通区位优势明显，资源丰富，已探明的矿产资源近30种。其中石油、天然气、煤等十多种矿产的蕴藏量都在亿吨以上。① 氧化铍、膨润土储量位居亚洲第一。改革开放30余年，和布克赛尔县发生了翻天覆地的变化。本章基于当地406份家庭调查问卷的数据进行统计描述，以展现和布克赛尔县的经济社会发展现状。

第一节 和布克赛尔蒙古自治县城乡受访者基本情况

一 新疆和布克赛尔蒙古自治县基本情况

和布克赛尔县位于准噶尔盆地西北部，隶属于新疆维吾尔自治区塔城地区。县境东西长210公里，南北宽207公里，总面积为3.06万平方公里，是新疆西北部的一个边境县，也是全疆唯一的蒙古自治县。②

和布克赛尔县下辖2个镇、6个乡、4个牧场。县境内有新疆生产建设兵团农十师一八四团场（共6个连队）、农十师煤矿、一三七团场煤矿

---

① 《和布克赛尔今昔比》，和布克赛尔蒙古自治县人民政府门户网站，http：//www. xjhbk. gov. cn/Article/ShowArticle. aspx？ArticleID=65389。

② 和布克赛尔蒙古自治县人民政府门户网站，http：//www. xjhbk. gov. cn/Article/ShowArticle. aspx？ArticleID=58384。

等 9 个驻县单位。2012 年全县总人口 5.42 万人（不含兵团），19 个民族，其中蒙古族 1.73 万人，汉族 1.97 万人，哈萨克族 1.50 万人，维吾尔族、回族、俄罗斯族、柯尔克孜族等民族 0.22 万人。全县农村人口 3 万人，城镇人口 2.42 万人。① 和布克赛尔县传统上是畜牧业大县，现在全县依然有 85% 的农牧民人口主要从事游牧生产。近年来，和布克赛尔县主动融入"丝绸之路经济带"发展战略，努力建设成为大型煤炭煤电煤化工基地、疆电外送基地、国家级准北能源基地、大型非常规油气生产加工和储备基地、石油化工装备制造业基地。经济的腾飞使和布克赛尔县得以在教育事业中不断加大财政投入力度。2012 年，和布克赛尔县在全面推行高中免费教育基础上，在全疆首次将学前 3 年教育纳入免费教育行列。

二　受访者个人情况

本次调查的有效问卷为 403 份，其中农业户口受访者是 182 人，占比 45.16%；非农业户口受访者是 221 人，占比 54.84%。其受访者民族、性别、年龄、受教育情况、户籍情况如表 4-1、表 4-2、表 4-3 所示。

表 4-1　　　　　　　　　　　受访者性别和民族

单位：人、%

	汉族	蒙古族	维吾尔族	侗族	哈萨克族	景颇族	塔塔尔族	合计
男	65	95	12	1	74	0	1	248
	26.2	38.3	4.8	0.4	29.8	0.0	0.4	100
女	36	79	2	0	31	1	0	149
	24.2	53.0	1.3	0.0	20.8	0.7	0.0	100
合计	101	174	14	1	105	1	1	397
	25.4	43.8	3.5	0.3	26.4	0.3	0.3	100

参加本次调查的受访者中男性 248 人，占比为 62.5%，女性 149 人，占比为 37.5%；汉族受访者 101 人，占比为 25.4%，蒙古族 174 人，占比为 43.8%，哈萨克族 105 人，占比为 26.4%。2010 年新疆人口普查数据显示：和布克赛尔县的男性比例是 52.8%，女性比例是 47.2%；人口规模前三位的民族是汉族、蒙古族和哈萨克族，其中汉族占比为 47.7%，

---

① 和布克赛尔蒙古自治县人民政府门户网站，http://www.xjhbk.gov.cn/Article/ShowArticle.aspx? ArticleID=58392。

蒙古族占比为 26.1%，哈萨克族占比为 22.3%，其他民族占比为
7.4%。① 为了便于进行不同民族间的比较分析和研究，本调查数据中蒙
古族和哈萨克族的抽样比例多于人口普查的相应比例，同时也使本次调查
数据分析时以蒙古族和哈萨克族为主要分析对象。

　　参加本次调查的受访者的平均年龄为 47 岁，由表 4 - 2 可知，30 岁以
下受访者 49 位，占总受访者的 12.2%；31—45 岁的受访者 143 位，占总
量的 35.5%；46—60 岁受访者 133 位，占总量的 33%；60 岁以上受访者
78 位，占总量的 19.3%。

表 4 - 2　　　　　　　　　　　　受访者年龄

单位：人、%

	人数	有效百分比	累积百分比
30 岁以下	49	12.2	12.2
31—45 岁	143	35.5	47.7
46—60 岁	133	33.0	80.7
60 岁及以上	78	19.3	100
合计	403	100	

　　受访者受教育程度如表 4 - 3 所示。其中，初中文化程度受访者最多，
占总受访者人数的 29.5%，共 118 人。高中、中专、职校文化程度受访
者占比 26.1%，共 104 人；大专、本科及以上文化程度的受访者比例达
到了 18.8%；小学文化程度的有 86 人，占比 21.5%；未上学的受访者有
17 人，占总数的 4.3%。总体上，和布克赛尔县受访者中初中以上受教育
程度的受访者比例为 45%。在初中及以下文化程度中农业户口受访者所
占比重较大，非农业户口受访者的教育水平明显高于农业户口受访者。

表 4 - 3　　　　　　　　　　　　受访者受教育程度

单位：人、%

	样本量	百分比	农业户口受访者	百分比	非农业户口受访者	百分比
未上学	17	4.3	12	6.74	5	2.27
小学	86	21.5	62	34.83	23	10.45
初中	118	29.5	73	41.01	44	20.00

<hr />

　　①　新疆维吾尔自治区人民政府人口普查领导小组办公室编：《新疆维吾尔自治区 2010 年人
口普查资料》，中国统计出版社 2012 年版，第 34—40 页。

续表

	样本量	百分比	农业户口 受访者	百分比	非农业户口 受访者	百分比
高中	55	13.8	18	10.11	37	16.82
中专	48	12	8	4.49	40	18.18
职高技校	1	0.3	0	0	1	0.45
大学专科	57	14.3	5	2.81	52	23.64
大学本科	18	4.5	0	0	18	8.18
合计	400	100	178	100	220	0.45

注：农业户口受访者样本量为 178，非农业户口受访者样本量为 220。

三　受访者家庭情况

和布克赛尔县的受访者家庭以 3 口、4 口之家较为普遍，两者所占比例相差不大，且两者之和达到了全县受访家庭的 61.23%。2 口之家也占到了 17.91%，5 口及以上的受访家庭所占比例达到了 14.71%。非农业户口和农业户口受访者家庭相比，家庭人口规模差异不大，这也说明和布克赛尔县的计划生育工作卓有成效。

表 4 - 4　　　　　　　　　受访者家庭规模

人口数	样本量 （个）	百分比 （%）	农业户口 受访者	百分比 （%）	非农业户口 受访者	百分比 （%）
1	23	6.15	11	6.71	12	5.71
2	67	17.91	36	21.95	31	14.76
3	112	29.95	44	26.83	68	32.38
4	117	31.28	48	29.27	69	32.86
5	38	10.16	17	10.37	21	10.00
6 及以上	17	4.55	8	4.88	9	4.30
合计	374	100	164	100	210	100

第二节　和布克赛尔蒙古自治县城乡受访者
个人和家庭经济状况

和布克赛尔县是新疆主要牧业县之一，其草场面积 2370.05 万亩，可利用草场 1909 万亩，牧草丰茂。[①] 本次调查中农业户口受访者为 182 人，

---

① 和布克赛尔蒙古自治县人民政府门户网站，http://www.xjhbk.gov.cn/Article/ShowArticle.aspx? ArticleID = 5068。

根据填报数据计算得到的农村家庭人均拥有耕地面积是 3.69 亩；人均牧草地面积是 24.71 亩。人均牧草地面积之所以较之全县可利用草场面积要低，主要原因是受访者中没有填报该项数据的农业户口受访者人数占到了总量的一半略多，而填报的受访者也有可能低报。

一　城乡受访者个人和家庭收支

根据 140 户农业户口受访者家庭填报的 2012 年家庭总收入计算，得出人均家庭年收入是 6509.157 元，以 173 户非农业户口受访者家庭填报的 2012 年家庭总收入计算，得出人均家庭年收入是 14857.95 元。结果表明，城镇住户家庭人均收入是农村住户家庭人均收入的 2.28 倍。

表 4 - 5　　　　　　　　　　家庭人均年收入的具体分布

单位：人、%

	农业户口受访者家庭	所占比例	非农业户口受访者家庭	所占比例
1000 元以下	22	15.71	2	1.16
1000—2999 元	34	24.29	12	6.94
3000—4999 元	18	12.86	6	3.47
5000—6999 元	23	16.43	21	12.14
7000—8999 元	12	8.57	16	9.25
9000—10999 元	9	6.43	19	10.98
11000—12999 元	4	2.86	15	8.67
13000—15000 元	2	1.43	6	3.47
15000 元以上	16	11.43	76	43.93
合计	140	100	173	100

注：农业户口受访家庭为 140 户，非农业户口受访家庭为 173 户

根据受访者自报的 2012 年家庭总支出除以家庭人口数得到了家庭人均支出，其中农业户口的农村居民家庭的人均年支出为 8433.219 元，高于家庭人均收入 1924 元，非农业户口的城镇居民家庭的人均年支出是 12395.86 元，低于家庭人均收入 2462 元。非农业户口的城镇居民家庭人均支出是农业户口的农村居民家庭人均支出的 1.47 倍。和收入相比，农业户口和非农业户口居民家庭人均支出的差距略小。

表4-6　　　　　　　　家庭人均支出的具体分布

	农业户口受访者家庭	所占比例（％）	非农业户口受访者家庭	所占比例（％）
1000元以下	10	5.49	2	0.90
1000—2999元	26	14.29	7	3.17
3000—4999元	20	10.99	13	5.88
5000—6999元	24	13.19	18	8.14
7000—8999元	17	9.34	17	7.69
9000—10999元	8	4.40	22	9.95
11000—12999元	4	2.20	13	5.88
13000—15000元	4	2.20	9	4.07
15000元以上	69	37.91	120	54.30
合计	182	100	221	100

　　农业户口受访者家庭和非农业户口受访者家庭的生活消费支出分别占到了家庭总消费支出的64%和65%，两者几乎没有差异。全年民俗支出（包括节日各项支出）占家庭总支出的比例，农业户口受访者家庭是18%，非农业户口受访者家庭是23%。

表4-7　　　　　　　　家庭相关支出情况

单位：个、%

	农业户口家庭	样本量	非农业户口家庭	样本量
全年民俗支出占家庭总支出的比例				
汉族	19	28	20	25
蒙古族	19	53	21	46
哈萨克族	14	28	28	33
全年信仰或宗教支出占家庭总支出的比例				
汉族	1	19	1	17
蒙古族	4	48	3	42
哈萨克族	10	23	4	32
全年人情往来费用占家庭总支出的比例				
汉族	24	31	17	30
蒙古族	15	49	18	44
哈萨克族	28	30	20	31

　　在不同民族的家庭中，汉族和蒙古族家庭的民俗支出包括节日各项支出占家庭总支出的比重差异不大，而哈萨克族城镇家庭的这项支出明显高

于农村家庭。信仰或宗教支出中，汉族无论是农业户口受访者家庭还是非农业户口受访者家庭该项支出占家庭总支出的比重仅有1%；蒙古族农业户口受访者家庭和非农业户口受访者家庭的该项支出比例基本一致；哈萨克族非农业户口受访者家庭的该项支出比例和蒙古族基本一样，但农业户口受访者家庭的该项支出比重明显高出，达到了10%。全年人情往来费用占家庭总支出的比例同民俗支出和信仰或宗教支出相比，明显占比要高。农业户口受访者家庭中，哈萨克族家庭该比例最高，其次是汉族家庭，蒙古族家庭该比例是15%；在非农业户口受访者家庭中，哈萨克族家庭依旧比例最高，但三者之间的差距不大。

二　受访者家庭的消费品拥有情况

下面是对和布克赛尔县受访者家庭消费品的统计。

表4-8　　　　　　　　　　　家庭耐用品情况

单位：台/辆/部、%、个

	农业户口受访者家庭			非农业户口受访者家庭		
	0	1	1	0	1	1
显像管彩色电视机	15.93	82.42	1.65	30.32	65.61	4.07
液晶/等离子电视机	86.26	13.74	0	69.68	30.32	0
农用车/拖拉机	77.47	21.98	0.55	92.31	6.33	1.36
轿车/面包车	88.46	11.54	0	81.90	16.74	1.36
摩托车	50.55	47.80	1.65	66.06	31.67	2.26
冰箱	62.64	36.81	0.55	23.98	76.02	0
冰柜	37.36	61.54	1.10	42.08	56.56	1.36
台式电脑	87.91	12.09	0	54.75	45.25	0
笔记本电脑	94.51	5.49	0	85.52	13.58	0
手机	6.59	39.56	53.85	4.98	28.51	66.52
洗衣机	43.96	56.04	0	19.91	78.28	1.81
照相机、摄像机	94.51	4.95	0.55	81.00	19.00	0
空调	100	0	0	99.10	0.90	0
自备发电机	100	0	0	99.55	0.45	0
样本量	182			221		

　　表4-8显示，电视机、手机、摩托车、冰箱、冰柜、洗衣机已经成为和布克赛尔县居民较为普及的消费品。与非农业户口受访者家庭相比，农业户口受访者家庭以彩色电视机为主，拥有液晶/等离子电视机的比例只有13.74%，不足非农业户口受访者家庭该比例的一半。农业户口受访者家庭拥有农用车和摩托车的比例明显高于非农业户口受访者家庭；洗衣机和冰箱拥有的比例虽然低于非农户口受访者家庭，但冰柜的拥有率却高于非农户口受访者家庭。非农业户口受访者家庭中台式机笔记本电脑和照相机或摄像机的拥有比例高出农业户口受访者家庭；无论是农业户口受访者家庭还是非农户口受访者家庭的手机拥有率都很高，和布克赛尔县夏季并不炎热，因而空调拥有率不高。

三　城乡受访者家庭的生活条件

（一）城乡受访者家庭的住房

　　和布克赛尔县受访者家庭绝大多数都拥有1套自有住房，非农业户口受访者家庭拥有自有住房的比例低于农业户口受访者家庭5个百分点。拥有2套及以上自有住房的农业户口受访者家庭和非农业户口受访者家庭的差异不明显，但非农业户口受访者家庭不拥有自有住房的家庭的住房性质更加多样。

表4-9　　　　　　　　　　　　受访者家庭住房性质

单位:%、个

	农业户口家庭		非农业户口家庭	
	所占比例	样本量	所占比例	样本量
自有住房	94.41	169	89.40	194
其中：拥有1套自有住房	84.36	151	76.96	167
拥有2套及以上自有住房	10.05	18	12.44	27
租/住廉租房	2.23	4	8.30	18
租/住亲友房	0	0	0.46	1
租/住私人房	0	0	0.46	1
其他	3.36	6	1.38	3
合计	100	179	100	217

　　和布克赛尔蒙古自治县的住房建筑类型以砖木结构和钢筋混凝土结构

为主,农业户口受访者家庭住房超过半数是砖木结构,非农业户口受访者家庭住房有近一半是钢筋混凝土结构。住房便利的家庭在农业户口受访者家庭中占65.93%,在非农业户口受访者家庭中占77.51%,农业户口受访者家庭中认为住房不便利的比例高于非农业户口受访者家庭6个百分点。农业户口受访者家庭改善住房意愿迫切的比例达到了52.52%,而非农业户口受访者家庭该比例只有31.58%。如果改善住房的话,农业户口受访者家庭和非农业户口受访者家庭自建新房比例都最高,除此之外,农业户口受访者家庭的改善途径依次是购买商品房、购买经济适用房和购买农村私有住房;而非农业户口受访者家庭的改善途径与农业户口受访者家庭相比,增加了购买两限房、购买单位筹资公建房和换租更大的房子,其中购买单位筹资公建房的比例达到了12.87%。

表4-10 受访者家庭住房情况

单位:%、个

	农业户口家庭		非农业户口家庭	
	所占比例	样本量	所占比例	样本量
住房结构				
钢筋混凝土结构	14.44	26	48.56	101
混合结构	11.67	21	13.46	28
砖木结构	68.89	124	37.5	78
其他	5	9	0.48	1
合计	100	180	100	208
住房便利程度				
很便利	22.91	41	33.01	69
比较便利	43.02	77	44.5	93
一般	18.99	34	13.87	29
不太便利	10.06	18	7.18	15
不便利	5.03	9	1.44	3
合计	100	179	100	209
打算改善住房的意愿				
很迫切	22.35	40	11.96	25
比较迫切	30.17	54	19.62	41
一般	15.64	28	14.83	31
不迫切	12.29	22	20.10	42
不想改善	19.55	35	33.49	70
合计	100	179	100	209

续表

	农业户口家庭		非农业户口家庭	
	所占比例	样本量	所占比例	样本量
改善住房的途径				
自建新房	59.26	64	49.50	50
购买商品房	24.07	26	17.82	18
购买经济适用房	12.04	13	15.84	16
购买两限房	0	0	0.99	1
购买单位筹资共建房	0	0	12.87	13
换租更大的房子	0	0	2.97	3
购买农村私有住房	4.63	5	0	0
合计	100	108	100	101

(二) 城乡受访者家庭的日常生活条件

　　和布克赛尔蒙古自治县农业户口受访者家庭住宅外的道路以自然土路为主，之后依次是沙石或石板等硬质路面和水泥或柏油路面；非农业户口受访者家庭因大多地处城镇所以住宅外道路是水泥或柏油路面的比例占到了 54.13%，然而自然土路的比例也有 32.57%。这也表明和布克赛尔县的道路设施建设还需进一步完善。

表 4 - 11　　　　　　　　　　住宅外道路路面情况

	农业户口受访者家庭		非农业户口受访者家庭	
	所占比例（%）	样本量（个）	所占比例（%）	样本量（个）
水泥或柏油路面	17.58	32	54.13	118
沙石或石板等硬质路面	21.43	39	13.3	29
自然土路	60.99	111	32.57	71
合计	100	182	100	218

　　非农业户口受访者家庭做饭的主要用水是自来水，其比例为88.21%；井水或山泉水是农业户口受访者家庭做饭的主要用水，其比例为 63.48%，无论是农业户口受访者家庭还是非农业户口受访者家庭使用池塘水做饭的比例都很低。

表 4 - 12　　　　　　　　　　　　做饭用水的来源

	农业户口受访者家庭		非农业户口受访者家庭	
	所占比例（％）	样本量（个）	所占比例（％）	样本量（个）
井水/山泉水	63.48	113	11.32	24
自来水	35.96	64	88.21	187
池塘水	0.56	1	0.47	1
合计	100	178	100	212

家庭卫生设备不仅是生活便利的标志，也表明了家庭的生活质量。表 4 - 13 中的数据显示，非农业户口受访者家庭中有 58.99% 的家庭拥有水冲式厕所，而农业户口受访者家庭该比例只有 12.22%。而农业户口受访者家庭中有 45.00% 的比例没有厕所，非农业户口受访者家庭该比例也有 17.97%。

表 4 - 13　　　　　　　　　　受访者家庭的卫生设备情况

	农业户口受访者家庭		非农业户口受访者家庭	
	所占比例（％）	样本量（个）	所占比例（％）	样本量（个）
水冲式厕所	12.22	22	58.99	128
旱厕	42.78	77	23.04	50
无厕所	45.00	81	17.97	39
合计	100	180	100	217

表 4 - 14 给出了受访者家庭做饭所使用的主要燃料情况，农业户口受访者家庭以煤炭为主要的做饭燃料，其后依次是畜粪、煤气/液化气/天然气和柴草（秸秆类），使用电的比例不足 2%。非农业户口受访者家庭以煤气/液化气/天然气为主要的做饭燃料，使用煤炭的比例也达到了 34.58%，使用其他燃料的比例都较低。

表 4 - 14　　　　　　　　　　受访者家庭做饭的燃料来源

	农业户口受访者家庭		非农业户口受访者家庭	
	所占比例（％）	样本量（个）	所占比例（％）	样本量（个）
柴草（秸秆类）	12.35	21	2.80	6
煤炭	52.94	90	34.58	74
煤气/液化气/天然气	15.29	26	60.28	129
电	1.18	2	0.47	1
畜粪	18.24	31	1.87	4
合计	100	170	100	214

第三节　和布克赛尔蒙古自治县城乡受访者的就业

一　城乡受访者的就业情况

就业是民生中最重要的问题之一，也是本次调查关注的内容。根据问卷中有关就业的 22 个问题得出了以下的相关统计。

（一）农业户口劳动力的就业状况和工作获得渠道

填报就业问题的 185 位农业户口受访者中，只是务农的人数占 35.7%，以务农为主，同时也从事非农工作的人数占 11.9%，以非农工作为主，同时也务农的人数比例是 6.5%，只从事非农工作的人群占 20.0%。由此看出，和布克赛尔县农业户口劳动力的非农就业比例略高于不从事非农就业的劳动力比例。

本次调查中对非农务工或自营进行了地域上的划分，即本地非农务工、本地非农自营、外出从业、外出自营四个类型。此外，问卷中还询问了非农务工和自营的开始时间、就业途径、最初的自营方式等问题。

表 4-15　　　　　　　　　农业户口受访者工作状况

单位：人

	频次	有效百分比
只是务农	66	35.7
以务农为主，同时也从事非农工作	22	11.9
以非农工作为主，同时也务农	12	6.5
只从事非农工作	37	20.0
失业或待业人员	9	4.9
家务劳动者	10	5.4
退休人员	11	5.9
全日制学生	4	2.2
其他不工作也不上学的成员	14	7.6
合计	185	100

非农务工既是工业化城镇化的必然，也是农民提高收入的重要渠

道。本次调查数据显示，和布克赛尔县本地自发的非农务工最早始于改革开放前的 20 世纪六七十年代，其人数比例占到了至今依然从事非农就业总人数的 9.5%；改革开放之后到 2000 年前有外出务工经历的人数占到了总人数的 31%；2000 年至今外出务工的人数占比达到了 60%，这也表明 21 世纪以来城镇化工业化的发展带来了更多的非农就业机会。

通过政府或社区安排介绍开始非农务工的人员最多，其所占比例为 51%。朋友或熟人介绍的比例是 23.5%，家人或亲戚介绍的比例为 13.7%，通过本乡同民族介绍的比例为 5.9%，直接申请（含考试）的比例是 5.9%。由此看出，和布克赛尔县当地政府对农民从事非农务工所作出的努力。

表 4 – 16　　　　　　受访者最初找到本地非农务工的最主要渠道

	频次	有效百分比（%）
政府/社区安排介绍	26	51.0
直接申请（含考试）	3	5.9
家人/亲戚介绍	7	13.7
朋友/熟人介绍	12	23.5
通过本乡同民族介绍	3	5.9
合计	51	100

和布克赛尔蒙古自治县从事本地非农自营的人数很少，调查样本中只有 20 人。和布克赛尔蒙古自治县从事过本地非农自营的人群中开业时向亲友借款的比例为 28.9%，向银行或信用社贷款的比例为 5.7%。由此看出，从事本地非农自营的和布克赛尔蒙古自治县人员开业时，向亲友借款或向银行贷款的比例不高。

和布克赛尔蒙古自治县本次调查中农民自报有外出务工经验的只有 26 人，这也说明当地农民固守家园的特点。在这些自报有外出务工经验的受访者中，通过朋友或熟人介绍外出务工的人员最多，其所占比例为 42.3%，超过了通过政府或社区安排或介绍的外出务工人员的 38.5% 的比例。因而与之前的本地非农务工途径有所不同。家人或亲戚介绍的比例为 11.5%，通过本乡同民族介绍的比例为 3.8%，通过招聘广告的比例也是 3.8%。

表 4 - 17　　自报有外出务工经验的农村受访者找到这份工作的最主要渠道

	频次	有效百分比（％）
政府/社区安排介绍	10	38.5
招聘广告	1	3.8
家人/亲戚介绍	3	11.5
朋友/熟人介绍	11	42.3
通过本乡同民族介绍	1	3.8
合计	26	100

　　和布克赛尔蒙古自治县从事过外地非农自营的受访者，开业时向亲友借款的比例为 23.1％。向银行或信用社贷款的比例为 16.0％，这比从事本地非农自营的受访者开业时向银行或信用社借款的比例（5.7％）高出了 10.3 个百分点。其主要原因为，跟本地自营相比外地自营需要更多的资金支持。

　　通过本次调查我们了解到，和布克赛尔蒙古自治县农业户口受访者外出找工作的重要障碍主要有语言障碍、家里需要照顾必须返乡、工作辛苦收入低等。

表 4 - 18　　　　　　　　外出找工作的主要障碍

	频次	有效百分比（％）
语言障碍	26	29.9
被当地人看不起	3	3.4
工作辛苦收入低	9	10.3
想留在当地但生活成本太高	5	5.7
生活习俗不能适应	4	4.6
气候自然环境不能适应	5	5.7
孩子就学困难	3	3.4
家里需要照顾必须返乡	9	10.3
当地政府的政策限制	2	2.3
其他	21	24.1
合计	87	100

（二）非农业户口或城镇外来务工人员就业

本次调查的非农业户口或城镇外来务工人员共有 150 人填报了所从事

的行业，其中教育行业人数最多，占比为22%。其次是卫生、社会保障和社会福利业，占比为14.7%，接着是公共管理和社会组织，占比为13.3%。农林牧渔业占比为12.7%，居民服务和其他服务业人员占比为9.3%。电力、燃气及水的生产和供应业人员占比为7%，信息传输、计算机服务和软件业人员占比为7%，制造业人员占比为7%，住宿和餐饮业人员占比为7%，金融业人员占比为7%。批发和零售业人员占比为6.7%，水利、环境和公共设施管理业人员占比为5.3%。在非农业户口或城镇外来务工人员从事行业中也有采矿业、建筑业、交通运输、仓储和邮政业、租赁和商业服务业、科学研究、技术服务和地质勘查业、文化、体育和娱乐业等行业，但这些行业人员比例较少。

和布克赛尔蒙古自治县非农业户口或城镇外来务工人员当前的八类职业中，有19.51%的受访者为国家机关党群组织、企事业单位负责人；从事农林牧渔水利生产人员的比例最高，达到了29.67%；有19.51%的受访者是不便分类的其他从业人员，专业技术人员比例为12.20%，其他职业的人员比例都较低。

表4-19　　　　　　　　非农业户口受访者当前的主要职业

单位：人、%

职业类型	样本量	所占比例
国家机关党群组织、企事业单位负责人	48	19.51
专业技术人员	30	12.20
办事人员和有关人员	18	7.32
商业人员	16	6.50
农林牧渔水利生产人员	73	29.67
生产、运输设备操作人员及有关人员	8	3.25
军人	5	2.03
不便分类的其他从业人员	48	19.51
合计	246	100

和布克赛尔蒙古自治县的受访者中非农业户口或城镇外来务工人员工作的劳动合同性质为固定职工的比例最高，占比为65.8%，短期工或临时合同工比例最小，为2.5%。合同性质为其他的比例占10.6%。他们找到工作的最主要渠道是通过政府/社区安排介绍。

表 4 - 20　　　非农业户口或城镇外来务工人员工作的劳动合同性质

单位：个、%

	样本量	百分比
固定职工（包括国家干部、公务员）	106	65.8
长期合同工	11	6.8
短期或临时合同工	4	2.5
没有合同的员工	12	7.5
从事私营或个体经营人员	11	6.8
其他	17	10.6
合计	161	100

二　非农业户口受访者的失业、辞职人员情况

非农业户口受访者家中 16 岁及以上成员没有工作的原因有正在上学、丧失劳动能力、已退休或毕业后未工作、料理家务、因单位原因（如破产、改制、下岗/内退/买断工龄、辞退等）失去原工作，因本人原因（如家务、健康、辞职等）失去原工作、承包土地被征用，还有其他，共 9 个选项。其中除了其他这一模糊的原因，农业户口受访者中料理家务的受访者所占比例最高达到了 34.37%。需要注意的是毕业后未工作的农业户口受访者比例占 15.63%。近年来大学生择业困难较大，一方面需要国家更加关注和政策层面的相关措施，另一方面也需要大学生本身改变就业观念，更好地适应市场经济的发展。

表 4 - 21　　　　　家中 16 岁及以上成员没有工作的原因

单位:%、人

	农业户口受访者		非农户口受访者	
	所占比例	样本量	所占比例	样本量
正在上学	3.12	2	15.49	11
丧失劳动能力	9.38	6	4.23	3
已离/退休	4.69	3	22.54	16
毕业后未工作	15.63	10	4.23	3
料理家务	34.37	22	15.49	11

续表

	农业户口受访者		非农户口受访者	
	所占比例	样本量	所占比例	样本量
因单位原因（如破产、改制、下岗/内退/买断工龄、辞退等）失去原工作	0	0	15.49	11
因本人原因（如家务、健康、辞职等）失去原工作	4.69	3	4.23	3
承包土地被征用	3.12	2	0	0
其他	25.00	16	18.30	13
合计	100	64	100	71

失业者没有工作的时间长短直接关系到再次就业，和布克赛尔县调查样本中自报是失业人员的样本量共 41 人，在所有受访者中的比例为 10%。其中在 12 个月以内没有工作的失业人员有 13 人，占全部失业样本量的 31.71%；一年以上两年以内没有工作的人员是 1 人，占比 2.44%；三年及以上没有工作的失业人员是 27 人，占比 65.85%。

为寻找工作，这些失业人员主要通过以下途径：委托亲友、利用网络及其他媒体、参加用人单位招聘或招考，但其中有 16 人表示不想工作。

第四节　和布克赛尔蒙古自治县民族文化和教育

民族文化和教育决定着民族的未来发展，也是本次调查的重要内容之一。本次调查询问了和布克赛尔蒙古自治县不同民族的民族语言使用、双语教育和民族传统文化情况。

一　民族语言和文字

民族语言和文字是一个民族的灵魂。本次调查中回答语言使用的汉族样本量共 98 人，小时候最先会说的语言是其他少数民族语言的受访者有 36 人，占比 36.73%；蒙古族受访者样本量共 173 人，有 9 人小时候最先会说的语言是普通话或汉语方言，占比为 5.2%；哈萨克族受访者样本量共 103 人，有 4 人小时候最先会说的语言是普通话或汉语方言，占比为 3.88%。

表 4 – 22　　　　　　　　　　　　语言使用情况

单位:%

	蒙古族	哈萨克族
与人交谈能使用的语言		
能使用普通话或汉语方言交谈	71.00	42.72
能使用本民族语言交谈	77.51	91.26
能使用其他少数民族语言交谈	61.54	33.01
语言程度		
普通话或汉语方言		
其中:熟练使用	40.83	21.00
不太熟练	39.05	25.00
基本不会	20.12	54.00
本民族语言		
其中:熟练使用	100	100
不太熟练		
基本不会		
其他少数民族语言		
其中:熟练使用	41.72	7.14
不太熟练	23.18	23.47
基本不会	35.10	69.39

注:蒙古族 169 个样本和哈萨克族 103 个样本中既有能使用普通话或汉语方言,又有能使用本民族语言和其他少数民族语言的受访者。

表 4 – 22 中的数字显示,蒙古族语言使用的广度超过了哈萨克族,蒙古族中有 71.00% 和 61.54% 的受访者可以使用普通话和其他少数民族语言进行交谈;而哈萨克族有 42.72% 的受访者可以使用普通话,有 33.01% 的受访者可以使用其他少数民族语言。在使用程度上,蒙古族和哈萨克族都全部可以熟练使用本民族语言,蒙古族能熟练使用普通话或汉语方言的比例明显超过了哈萨克族,哈萨克族不会使用普通话或汉语方言的比例达到了 54.00%。蒙古族还有 41.72% 的受访者可以熟练使用其他少数民族语言。这种情况的出现是因为和布克赛尔县是个多民族聚居县,拥有学习各种语言的大环境。

表 4 - 23　　　　　　　　　　　　　　**文字使用情况**

单位:%、个

	蒙古族	哈萨克族
一、汉字使用		
会	22. 62	14. 29
会一些	44. 05	27. 55
不会	33. 33	58. 16
二、本民族文字使用		
会	97. 69	96. 04
会一些	0. 58	1. 98
不会	1. 73	1. 98
样本量	169	101
三、汉字掌握		
掌握较多文字,能书写书信	27. 98	16. 00
掌握文字数量不够,书写不流利	23. 21	19. 00
掌握文字数量太少,只能写点简单字句	17. 86	7. 00
完全不能用文字书写	30. 95	58. 00
四、本民族文字掌握		
掌握较多文字,能书写书信	95. 38	92. 23
掌握文字数量不够,书写不流利	2. 89	2. 91
掌握文字数量太少,只能写点简单字句	0	1. 94
完全不能用文字书写	1. 73	2. 91
样本量	168	100

　　文字使用上,无论是蒙古族还是哈萨克族都是本民族文字的使用程度远高于汉字。蒙古族中不会汉字的受访者比例只有 33.33%,而哈萨克族为 58.16%。关于文字掌握水平,蒙古族在汉字的掌握程度上显著超过了哈萨克族,本民族文字掌握上也好于哈萨克族。

　　问卷中关于"您愿意说本民族语言吗?"的回答,91.52% 的蒙古族受访者和 100% 哈萨克族受访者回答很多时候都愿意,6.06% 的蒙古族受访者回答只在和本民族人在一起时才愿意说,2.42% 的蒙古族受访者回答不愿意说民族语言。当问及"您觉得会说当地汉语对您有好处吗?"的时候,49.38% 的蒙古族受访者和 52.04% 的哈萨克族受访者认为有好处,方便与其他民族交往；42.59% 的蒙古族和 36.73% 的哈萨克族受访者认为对工作生活各方面都有好处；1.85% 的蒙古族受访者和 3.06% 的哈萨克族受访者认为有好处，方便做买卖。由这两道题的回答来看，和布克赛尔县人们特别愿意说本民族语言，也认为汉语对他们有好处。

表 4 - 24　　　　　　　　　少数民族受访者对语言的态度

单位:%

	蒙古族	哈萨克族
您愿意说本民族语言吗		
不愿意说	2.42	0
很多时候都愿意说	91.52	100
只在和本民族人在一起时才愿意说	6.06	0
会说当地方言是否有好处	0	0
有好处，方便与其他民族交往	49.38	52.04
有好处，方便做买卖	1.85	3.06
对工作生活各方面都有好处	42.59	36.73
不好说	6.17	8.16
样本量（个）	169	98

二　城乡受访者的民族教育

和布克赛尔县的九年义务制基础教育主要以双语教育为主。绝大多数蒙古族和哈萨克族愿意送子女去双语学校的比例基本一样，；蒙古族明确表示不愿意送子女去双语学校的比例为 6.59%，约高出哈萨克族 4 个百分点；但哈萨克族对此持无所谓态度的比例约是蒙古族的 2 倍。

对双语教育的评价中，绝大多数蒙古族和哈萨克族受访者都认为双语教育效果好，蒙古族该比例的受访者略高于哈萨克族。认为双语教育效果不好的蒙古族受访者有 7.88%，是哈萨克族受访者的 2 倍多；表示对双语教育效果不清楚的哈萨克族受访者比例达到了 11.11%，是蒙古族受访者该比例的近 3 倍。双语教育在新疆得到了足够的重视，但毋庸置疑的是，目前的双语教育体制依然存在缺陷，需根据实际不断地加以改进。

表 4 - 25　　　　　　　　　　双语教育意愿与评价

单位:%、人

	蒙古族	哈萨克族
是否愿意送子女去双语学校		
愿意	88. 02	87. 13
不愿意	6. 59	1. 98
无所谓	5. 39	10. 89
合计	100	100
双语教育的评价		
好	76. 97	72. 73
一般	10. 30	13. 13
不好	7. 88	3. 03
不清楚	4. 85	11. 11
合计	100	100
样本量	167	101

三　民族传统

（一）民俗文化传统

和布克赛尔县蒙族族受访者认为最具本地特色的前三位传统文化类型依次是"传统服饰""传统节日"和"传统民居"；哈萨克族受访者认为最具本地特色的前三位传统文化类型依次是"传统节日""传统服饰"和"传统文娱活动和传统饮食"。两相比较，发现蒙古族和哈萨克族不同之处是：蒙古族受访者有64.16%的比例认为"传统服饰"是最具本地特色的传统文化，其次的"传统节日"比例为60.12%，两者较为接近；哈萨克受访者中有87.63%的比例认为"传统节日"是最具本地特色的传统文化类型，之后的"传统服饰"比例为42.27%，只有"传统文化"比例的一半；"传统文娱活动"和"传统饮食"的比例一样多，都是35.05%。

和布克赛尔县蒙古族受访者认为的最重要的本民族文化类型，依次是"传统节日""传统服饰""传统民居"和"传统文娱活动"等；哈萨克族受访者认为最重要的本民族文化类型依次是"传统节日""传统饮食""传统服饰"和"人生礼仪"等。由此可见，和布克赛尔县的蒙古族和哈萨克族在对本民族文化重要类型的认识上略有差异。

表 4 - 26　　　　　　　　最具本地特色和最重要的传统文化类型

单位:%、个

	最具本地特色的传统文化类型		最重要的本民族文化类型	
	蒙古族	哈萨克族	蒙古族	哈萨克族
传统民居	31.79	17.53	25.15	15.46
传统服饰	64.16	42.27	58.48	23.71
传统节日	60.12	87.63	59.06	75.26
人生礼仪	13.29	17.53	19.30	22.68
传统文娱活动	25.43	35.05	25.15	20.62
传统饮食	26.01	35.05	18.71	30.93
道德规范	9.83	4.12	14.04	12.37
人际交往习俗	6.36	3.09	8.19	6.19
传统生产方式	3.47	3.09	7.02	5.15
宗教活动习俗	10.40	14.43	14.62	13.40
样本量	173	97	171	97

和布克赛尔县的蒙古族受访者认为留存或传播较好的本民族文化类型前三位依次是"传统节日""传统服饰"和"传统饮食";前两者与蒙古族受访者认为的最具有本民族特色的文化类型相同。而蒙古族受访者认为已经濒危失传急需恢复的文化类型中比例最高的是"传统民居",其次是"传统服饰""人生礼仪"和"传统生产方式"。哈萨克族受访者认为留存或传播较好的本民族文化类型依次是"传统节日""传统饮食""传统文娱活动""传统服饰"等;其排序与哈萨克族受访者认为最具本民族特色的文化类型基本一致,在已经濒危失传急需恢复的文化类型中,哈萨克族受访者选择"传统服饰"的比例最高,其次为"传统民居""宗教活动习俗""传统文娱活动""人际交往习俗"等。两者比较,哈萨克族受访者与蒙古族受访者对已经濒危失传急需恢复的文化类型选择差异明显。

表 4 - 27　　　留存或传播较好及濒危失传急需恢复的本民族文化类型

单位:%、个

	留存或传播较好的本民族文化类型		已经濒危失传急需恢复的文化类型	
	蒙古族	哈萨克族	蒙古族	哈萨克族
传统民居	21.18	14.58	43.03	36.17
传统服饰	51.76	26.04	27.88	50.00
传统节日	55.29	76.04	6.67	7.45

续表

	留存或传播较好的本民族文化类型		已经濒危失传急需恢复的文化类型	
	蒙古族	哈萨克族	蒙古族	哈萨克族
人生礼仪	12.35	13.54	26.67	10.64
传统文娱活动	23.53	31.25	14.55	12.77
传统饮食	25.88	39.58	17.58	7.45
道德规范	11.76	6.25	17.58	10.64
人际交往习俗	11.18	6.25	15.15	12.77
传统生产方式	4.71	5.21	26.67	20.21
宗教活动习俗	14.71	15.63	15.15	25.53
样本量	170	96	165	94

表4-28是受访者对当地政府保护民族文化工作的评价和对国家保护民族文化政策的评价。有关传统民居，蒙古族和哈萨克族受访者对国家政策的评价优于当地政府的评价，且都是对当地政府表示不满意的比例高于对国家政策不满意的比例。对"传统服饰"的评价，蒙古族和哈萨克族受访者都是对地方政府的评价好于国家政策的评价，哈萨克族受访者对国家政策不满的比例与对地方政府不满的比例基本一样，蒙古族受访者对国家政策表示不满的比例高于对地方政府的不满比例。"传统节日"的满意度无论对地方政府还是对国家政策都是各项最高的。"人生礼仪""传统文娱活动"等其余方面，对当地政府的评价和对国家政策的评价差异不大。总体上，蒙古族受访者对当地政府的评价略好于对国家政策的评价，而哈萨克则恰好相反。

表4-28　　　　对政府保护民族文化的工作及相关政策的评价

单位:%、个

	当地政府		国家政策	
	蒙古族	哈萨克族	蒙古族	哈萨克族
传统民居				
满意	71.26	59.38	72.41	80.46
不满意	18.96	30.21	16.09	11.49
不好说	9.78	10.41	11.49	8.05
传统服饰				
满意	84.48	70.10	80.46	67.37
不满意	9.20	20.62	11.49	20.00
不好说	6.32	9.28	8.05	12.63

续表

	当地政府		国家政策	
	蒙古族	哈萨克族	蒙古族	哈萨克族
传统节日				
满意	89.60	95.92	85.55	93.81
不满意	5.78		6.36	
不好说	4.62	4.08	8.09	6.19
人生礼仪				
满意	70.11	75.00	72.41	73.68
不满意	8.06	2.08	4.59	3.16
不好说	21.83	22.92	22.99	23.16
传统文娱活动				
满意	83.04	77.32	83.04	76.04
不满意	7.02	7.21	5.26	6.25
不好说	9.94	15.46	11.70	17.71
传统饮食				
满意	87.93	84.54	87.93	83.33
不满意	5.75	2.06	4.02	2.08
不好说	6.32	13.40	8.05	14.58
道德规范				
满意	82.94	61.86	79.53	62.50
不满意	6.47	12.38	8.19	12.50
不好说	10.59	25.77	12.28	25.00
人际交往习俗				
满意	78.95	57.89	80.12	57.45
不满意	10.52	4.21	7.01	5.32
不好说	10.53	37.89	12.87	37.23
传统生产方式				
满意	76.61	56.84	74.27	55.32
不满意	12.87	17.90	13.45	19.15
不好说	10.53	25.26	12.28	25.53
宗教活动习俗				
满意	79.53	64.58	80.70	66.32
不满意	7.60	21.88	5.85	22.10
不好说	12.87	13.54	13.45	11.58
样本量	173	97	171	97

（二）接受民族传统意愿

由表4-29可知，和布克赛尔县的受访者无论是蒙古族还是哈萨克族都觉得他们的子女和他们及他们上辈相比，很愿意接受民族语言、民族文化和民族风俗习惯。

表4-29　您觉得您的子女和您及您上辈相比，接受本民族文化传统的意愿如何

单位:%、个

	蒙古族	哈萨克族
民族语言		
愿意	99.42	97.12
不愿意	0.58	1.92
无所谓	0	0.96
民族文化		
愿意	99.42	97.12
不愿意	0.58	2.88
民族风俗习惯		
愿意	98.27	97.12
不愿意	1.73	2.88
样本量	173	104

（三）城乡受访者了解民族传统的途径

和布克赛尔县的蒙古族和哈萨克族受访者对了解本民族/其他民族民俗文化的主要渠道选择内容基本一致但顺序表现出了不同。蒙古族受访者中以家庭内的口口相传或耳濡目染为主要渠道的选择比例达到了85.55%，学校教育位居第二（44.51%），广播、电视、互联网等名列第三（38.73%）；哈萨克族受访者认为了解本民族/其他民族民俗文化的主要渠道是广播、电视、互联网，该比例最高达到了72.12%；家庭内的口口相传或耳濡目染位居第二（54.81%），名列第三的是学校教育（46.15%）。两个民族选择村庄或社区的生产、生活和文化活动的比例均为20%左右。表4-30中的数字表明，旅游展示对于了解本民族/其他民族民俗文化基本不起作用。

表4-30　　　　　了解本民族/其他民族民俗文化的主要渠道

单位:%、个

	蒙古族	哈萨克族
家庭内的口口相传或者耳濡目染	85.55	54.81
学校教育	44.51	46.15
村庄或社区的生产、生活和文化活动	19.65	20.19

续表

	蒙古族	哈萨克族
政府部门的保护项目	9.83	4.81
旅游展示	0	0
广播、电视、互联网等	38.73	72.12
图书报刊	10.98	6.73
样本量	173	104

（四）对民族文化遗产的态度

当开发旅游资源和保护本民族文化遗产发生冲突时，74.02%的蒙古族受访者和79.73%的哈萨克族受访者选择"保护本民族文化传统为主，不赞同过度商业化"；两个民族均有16%左右的受访者表示"不好说"，10.24%的蒙古族受访者选择"以发展经济为主，提高现代生活水平"，而哈萨克族受访者中选择该选项只有4.05%。由此看出多数人是注重本民族文化遗产保护的。

表4-31　当开发旅游资源与保护民族文化遗产发生冲突时的态度

单位:%

	蒙古族	哈萨克族
以发展经济为主，提高现代生活水平	10.24	4.05
保护本民族传统文化为主，不赞同过度商业化	74.02	79.73
不好说	15.75	16.22
样本量（个）	127	74

第五节　和布克赛尔蒙古自治县城乡受访者的社会生活

一　城乡受访者的社会交往

（一）城乡受访者的地域之间交往

问卷中"如果您是当地户籍住户，对于到本地的外来流入人员的态度"问题的回答，表明大多数当地居民欢迎外来流入人员，持欢迎态度比例最高的是哈萨克族，其次是蒙古族和汉族；蒙古族受访者持不欢迎态度的比例为16.77%，远高于汉族和哈萨克族。

表4-32　　　　　　　　　本地户籍居民对外来流入人员的欢迎程度

单位:%

	汉族	蒙古族	哈萨克族
欢迎	56.99	69.46	78.41
不欢迎	3.23	16.77	1.14
视情况而定	11.83	2.99	3.41
无所谓	27.95	10.78	17.04
样本量（个）	93	167	88

　　因不同民族持不欢迎态度的样本量都较小，因此，该内容的分析就不再分民族。通过对外来人员持不欢迎的理由排序，发现对外来人员持不欢迎态度的第一理由是他们到来后本地人的就业机会减少，持这种观点的人的比例为53.66%；第二理由是他们赚走了当地人的钱，但对当地没有贡献，持这种观点的人的比例为34.21%；第三个理由是他们破坏了当地的资源等自然环境，持这种观点的人的比例为48.28%。

　　问卷中罗列了10个对外来人员欢迎的理由，表4-33的数据显示，除了有利于国家安全和有利于缩小区域间的差距之外，同意其他8个理由的受访者比例都达到或超过了一半。

表4-33　　　　如果您是当地户籍住户，您欢迎外来人员到当地工作、生活的原因

单位:%

	汉族	蒙古族	哈萨克族
增加了当地的投资	51.22	77.30	56.47
扩大了当地的就业机会	56.1	69.50	61.18
有利于国家安全	43.90	68.79	50.59
开阔了当地人的眼界	56.1	75.89	64.71
提高了当地的社会服务水平	53.66	69.50	51.76
带来了先进技术和管理方式	57.32	67.14	54.12
有利于缩小区域间的差距	43.90	64.54	38.82
增加了民族间的交往	59.76	78.72	63.53
增加了当地的劳动力市场中的劳动力	65.85	70.21	58.82
有利于弘扬本地的民族文化	54.88	70.00	56.47
样本量（个）	82	141	85

　　外来人员对和布克赛尔县的投资环境、宗教文化、社会交往、社会安全性都表示很好。外来者中的多数人愿意在和布克赛尔县继续或扩大投资。36.4%的外来人很愿意在和布克赛尔县长期居住，63.6%的外来人愿

意在和布克赛尔县长期居住。由此看出，和布克赛尔县是深受人们喜爱，适合投资，适合长期居住的好地方。

（二）城乡受访者的民族之间交往

民族地区朋友之间的交往也表现出了民族间的交往，调查问卷中问到了受访者有几个其他民族朋友，表4－34 给出了和布克赛尔县的汉族、蒙古族和哈萨克族的回答情况。

表4－34　　　　　　　　拥有其他民族朋友的个数

单位:%

	汉族	蒙古族	哈萨克族
三个以上	74.47	70.66	78.49
两个	5.32	12.57	7.53
一个	3.19	1.20	0
一个都没有	17.02	15.57	13.98
合计	100	100	100
样本量（个）	94	167	93

表4－34 显示，无论是汉族、蒙古族还是哈萨克族都有超过70%的绝大多数受访者拥有三个以上其他民族朋友。一个都没有的汉族受访者比例最高为17.02%，其次是蒙古族受访者为15.57%，哈萨克族受访者该比例是13.98%。

汉族受访者愿意和少数民族的人聊天的比例为96.9%，愿意成为邻居的比例为93.8%，愿意一起工作的比例为97.9%，很愿意成为亲密朋友的比例为93.6%，很愿意结为亲家的比例下降为47.3%。这也说明，随着交往程度的加深，汉族和其他少数民族交往的意愿只有在结为亲家时才明显下降为到不足一半。

表4－35　　　　汉族受访者与少数民族进行社会交往的意愿

单位:%

	聊天	成为邻居	一起工作	成为亲密朋友	结为亲家
很愿意	61.1	59.4	58.5	58.1	29.7
比较愿意	35.8	34.4	39.4	35.5	17.6
不太愿意	3.2	4.2	1.0	4.3	13.5
不愿意	0.0	2.0	1.1	2.1	39.2
合计	100	100	100	100	100

注：汉族受访者样本量94。

少数民族族受访者愿意和汉族的人聊天的比例为98.2%，愿意成为邻居的比例为97.5%，愿意一起工作的比例为99.0%，愿意成为亲密朋友的比例为88.8%，愿意结为亲家的比例为19.2%。同汉族一样，绝大多数少数民族都愿意和汉族交往，但因民族习俗和信仰的不同，愿意成为亲密朋友的比例下降了10个百分点，愿意结为亲家的少数民族比例不到汉族该比例的一半。

表4-36　　　　　少数民族受访者与汉族进行社会交往的意愿

单位:%

	聊天	成为邻居	一起工作	成为亲密朋友	结为亲家
很愿意	57.7	56.7	58.2	51.6	8.7
比较愿意	40.5	40.8	40.8	37.2	10.5
不太愿意	1.8	2.1	1.0	6.3	12.2
不愿意	0	0.4	0	4.9	68.6
合计	100	100	100	100	100

注：少数民族受访者样本260。

少数民族被受访者愿意和其他少数民族的人聊天的比例为97.9%，愿意成为邻居的比例为96.9%，愿意一起工作的比例为97.5%，愿意成为亲密朋友的比例为89.2%，愿意结为亲家的比例为17.2%。总体情况，与表4-36少数民族与汉族的交往意愿基本一致。

表4-37　　　　少数民族受访者和其他少数民族进行社会交往的意愿

单位:%

	聊天	成为邻居	一起工作	成为亲密朋友	结为亲家
很愿意	60.4	59.9	59.5	54.0	8.8
比较愿意	37.5	37.0	38.0	35.2	8.4
不太愿意	1.4	1.4	1.1	4.2	14.2
不愿意	0.7	1.7	1.4	6.6	68.6
合计	100	100	100	100	100

注：少数民族受访者样本260。

对于不同时期的民族间的关系，和布克赛尔县受访者认为改革开放初期是全国和本地民族关系最好的时期，分别达到了92.7%和91.6%。其次是建立社会主义市场经济体制时期，分别达到了82.8%和82.1%；位居第三的是改革开放前的80.9%和81.5%；最近5年认为全国和本地民族关系好的比例分别是70.6%和76.9%。由此可见，改革开放和经济发展促进了和布克赛尔县的民族关系，但随着改革的深化和经济发展加快，地区发展和不同人群的差距逐渐明显，这也是最近 5 年认为民族关系好的比例略有下降的原因。

表 4－38　　　　　对不同时期全国和本地的民族关系的评价

单位:%

	全国				本地			
	改革开放前	改革开放初期	建立社会主义市场经济体制时期	最近5年	改革开放前	改革开放初期	建立社会主义市场经济体制时期	最近5年
很好	58.9	45.7	44.6	35.3	60.8	46.6	45.9	39.9
较好	22.0	47.0	38.2	35.3	20.7	45.0	36.2	37.0
一般	13.9	6.5	15.5	21.7	13.5	7.6	16.0	17.6
不太好	4.2	0.8	1.7	6.5	4.1	0.8	1.9	5.2
很不好	1.0	0	0.0	1.2	0.9	0	0	0.3
合计	100	100	100	100	100	100	100	100

注：样本量为 347。

二　城乡受访者对社会发展的感受和评价

本次调查问卷有关社会发展的问题具体包含了城市规划和建设、小康建设等。对于城市建设中看待历史建筑的改造拆迁问题，和布克赛尔县农业户口受访者和非农业户口受访者的态度基本一致，持保持原貌不动态度的农业户口受访者和非农业户口受访者的比例都超过了一半，也是所有选项比例中最高的；持保持外形但内部可改造态度的农业户口受访者比例是 16.57%，而非农业户口受访者该比例是 22.82%。有 28.57% 的农业户口受访者和 20.39% 的非农业户口受访者持不清楚的态度。由此看出，多数人是希望历史建筑原貌不动。

表 4－39　　　　　当地城市建设中应如何看待历史建筑

（以旧的传统民居和祖屋为主）的改造拆迁问题

单位:%

	农业户口受访者	非农业户口受访者
保持原貌不动	50.29	53.40
保持外形但内部可改造	16.57	22.82
拆迁	2.86	2.43

续表

	农业户口受访者	非农业户口受访者
异地重建	1.71	0.97
不清楚	28.57	20.39
合计	100	100
样本量（个）	175	206

当城市建设中自己的房屋被拆迁时，和布克赛尔县农业受访者选择比例最多的是"只要价钱合理就行"；选择"服从国家需要"的比例也达到了33.14%；非农业户口受访者选择"只要价钱合理就行"与"服从国家需要"的比例差异不大。这也说明，受访者很重视房屋拆迁的经济补偿。

表 4-40　　　　　　城市建设中您对房屋被计划拆迁的态度

单位:%、个

	农业户口受访者	非农业户口受访者
只要价钱合理就行	46.86	44.71
价钱再高也不愿意拆迁	5.14	3.85
服从国家需要	33.14	42.79
看周围邻居态度	8.00	4.33
看拆迁工作的方式方法	6.86	4.33
合计	100	100
样本量	175	208

当问及关于体现本地发展特色或精神特色口号的时候，76.2%的人表示不知道，20.9%的人表示当地没有特色口号，只有2.9%的人表示当地有特色口号。表示当地有特色口号的人列举的口号有：创建自治区精神文明先进县、弘扬江格尔文化等。由此看出，一方面和布克赛尔县政府单位没有很好地宣传当地口号，另一方面和布克赛尔县人民对当地的发展特色或精神特色口号的关注度不够。

当问及全面建成小康社会的信心时，农业户口受访者表示有信心的比例是80%，而非农业户口受访者该比例是94.4%。认为2020年全面建成小康社会不可能或没有信心的农业户口受访者比例近12%，而非农业户口受访者该比例仅为3.26%。

表 4 - 41　受访者对 2020 年所在地区全面建成小康社会建设的信心

单位:%

	农业户口受访者	非农业户口受访者
很有信心	18.78	29.77
有信心	60.77	64.65
没什么信心	8.84	2.33
不可能	2.76	0
没听说过	8.84	3.26
合计	100	100
样本量（个）	181	215

表 4 - 42 给出了农业户口受访者和非农业户口受访者所认为的加快本地建成小康社会的有效措施。"加快发展当地经济""中央政策应落实到位"和"扩大当地就业"是农业户口受访者选择比例最高的前三项措施;"加快发展当地经济""提高就业工资"和"提高医疗水平"是非农业户口受访者选择比例最高的前三项措施。

表 4 - 42　加快本地建成小康社会的有效措施

单位:%

项目	农业户口受访者	非农业户口受访者
加快发展当地经济	54.17	55.56
加快当地的基础设施建设	18.45	14.49
政府应当更廉洁	16.67	12.56
中央政策应落实到位	27.38	24.64
扩大当地就业	19.64	25.12
提高就业工资	18.45	36.23
调控房价	5.95	4.83
提高医疗水平	16.07	35.27
提高养老金水平	15.48	18.84
提高教育水平	13.69	16.91
样本量（个）	168	207

三　城乡受访者的社会保障

社会保障是指国家通过立法,积极动员社会各方面资源,保证无收入、低收入以及遭受各种意外灾害的公民能够维持生存，保障劳动者在年老、失业、患病、工伤、生育时的基本生活不受影响，同时根据经济和社会发展状况，逐步增进公共福利水平，提高国民生活质量。

　　和布克赛尔县受访者中23.2%是低保户，1.2%是军属，2.7%是残疾人员，2%是受灾人员。表4－43是受访者参加社会保险的情况，其中参加新型农村合作医疗保险的受访者比例为87.01%，参加农村居民社会养老保险的受访者比例达到了59.30%；非农业户口受访者参加城镇居民养老保险的比例最高达到了86.08%，参加城镇职工基本医疗保险的比例是56.92%，参加城镇居民基本医疗保险的比例是27.27%。无论农业户口还是非农业户口受访者，除养老、医疗外，其他方面的保险参加的比例均不高。

表4－43　　　　　　受访者个人及受访者家庭参加社会保险情况

单位:%

	农业户口受访者	非农业户口受访者
城镇职工养老保险	0	63.0
城镇居民养老保险	6.06	86.08
农村居民社会养老保险	59.30	8.85
城镇职工基本医疗保险	2.02	56.92
城镇居民基本医疗保险	2.04	27.27
新型农村合作医疗保险	87.01	16.34
工伤保险	3.03	16.32
失业保险	3.06	13.76
生育保险	6.06	11.70
样本量（个）	99	188

　　因自报享受到老年福利项目的受访者为47人，所以未进行不同的类别加以分析。从数据上看，享受健康性质福利服务的人数比例最高为9.1%。其次是老年津贴，所占比例为6.4%，接着是公共交通福利服务，比例是5.9%。

　　对于受访者及其家庭成员目前享受到的保险比例及对目前享受到的社会保险的满意度，享受新型农村养老保险制度和新型农村合作医疗制度的人数比例最高，其满意度也最高。享受高龄津贴制度和残疾人福利的人数最少，其满意度也不高。

表 4 - 44   受访者及其家人对目前享受的社会保险的满意度

单位:%

	农业户口受访者			非农业户口受访者		
	覆盖范围满意度（满意比例）	保障水平满意度（满意比例）	保障管理水平满意度（满意比例）	覆盖范围满意度（满意比例）	保障水平满意度（满意比例）	保障管理水平满意度（满意比例）
新型农村养老保险制度	88.29	88.29	89.19	100	95.45	100
农村五保制度	100	100	100	100	100	100
农村低保制度	86.76	88.24	83.82	87.50	93.33	99.33
城镇居民养老保险制度	91.67	91.67	83.33	93.85	98.41	95.16
城镇低保制度	100	100	100	95.65	100	100
高龄津贴制度	75.00	75.0	75.00	66.67	100	100
义务教育阶段学生营养改善计划	88.24	88.24	88.24	95.45	95.24	95.24
残疾人康复和就业培训	0	0	0	80.00	60.00	60.00
乡村公共卫生服务机构建设	92.50	92.50	92.50	94.74	88.89	94.44
城镇职工基本医疗保险	100	100	100	98.39	96.67	96.67
新型农村合作医疗制度	94.00	94.7	96.69	100	97.50	100
失业保险	100	83.33	100	92.65	92.54	100
工伤保险	100	100	100	100	96.00	96.15
生育保险	100	100	80.00	100	96.15	100
老年人福利	80.00	80.00	90.91	100	100	100
妇女福利	72.73	81.82	83.33	100	100	100
儿童福利	83.33	83.33	83.33	100	100	93.33
残疾人福利	100	100	66.67	100	100	100
住房福利	100	100	94.44	100	100	100
教育福利	94.44	100	93.75	100	100	97.73
灾害救助	87.50	100	66.67	100	100	80
医疗救助	66.67	93.75	85.71	80.00	97.73	100
城镇居民基本医疗保险制度	85.71	100	100	100	80.00	80.00
样本量（个）	16			46		

表4-44是对23项社会保障制度或险种的评价，其中农业户口受访者只有16人，非农业户口受访者有46人，虽然评价的样本量较小，但也可以从一定程度反映和布克赛尔县受访者对当前社会保障的态度。总体上，无论是农业户口还是非农业户口的绝大多数受访者对表中的社会保障内容评价都是满意或较为满意。

四　城乡受访者对社会生活环境的评价

表4-45给出了农业户口受访者和非农业户口受访者对教育、语言文字、医疗、住房、社会保障、法律、政治、就业与发展、信息、政府办事和总体上的社会公平评价情况。无论是农业户口受访者还是非农业户口受访者对上述10项内容明确认为公平的比例都超过了一半，非农业户口受访者认为公平的比例平均超过了农业户口受访者。其中，农业户口受访者认为教育公平的比例最高达到了87.92%；认为公平的比例达到70%—80%的是"医疗公平""住房公平"和"语言文字公平"；只有认为"政府办事公平"和"就业、发展公平"的比例在50%—60%，认为"就业、发展公平"的比例是53.04%，是所有内容中最低的。非农业户口受访者认为公平的比例达到80%以上的有6项内容，其中"医疗公平"位居第一达到了89.15%；其次是"社会保障""教育""法律"和"住房"；达到70%—80%比例的内容分别是"政治""信息""语言文字"和"政府办事"；最低的是"就业发展公平"，比例为66.37%。这也反映出城市总体的政府管理和公共服务较之农村更为规范，同时，就业、发展公平是城乡居民最为关注的问题。

表4-45　　　　　　　　受访者对以下各领域的公平感程度比例

单位:%

	农业户口受访者				非农业户口受访者			
	不公平	公平	不确定	合计	不公平	公平	不确定	合计
教育公平	6.04	87.92	6.04	100	10.86	81.45	7.69	100
语言文字公平	9.89	74.17	15.94	100	14.03	77.37	8.60	100
医疗公平	8.84	78.45	12.71	100	4.52	89.15	6.33	100
住房公平	12.09	74.72	13.19	100	10.50	80.82	8.68	100
社会保障公平	15.93	68.69	15.38	100	7.34	82.57	10.09	100
法律公平	4.95	71.42	23.63	100	6.36	80.91	12.73	100
政治公平	6.63	67.96	25.41	100	5.94	79.45	14.61	100
就业、发展公平	18.23	53.04	28.73	100	18.18	66.37	15.45	100

续表

	农业户口受访者				非农业户口受访者			
	不公平	公平	不确定	合计	不公平	公平	不确定	合计
信息公平	7.69	60.99	31.32	100	4.55	77.72	17.73	100
政府办事公平	23.63	56.04	20.33	100	15.00	71.82	13.18	100
总体上的社会公平状况	13.74	68.68	17.58	100	5.91	83.18	10.91	100
样本量（个）	182				220			

表 4-46 是当受访者在生活中遭遇某种不公平时认为产生作用的第一途径。农业户口受访者选择"通过法律诉讼等渠道"的比例最高达到了30.18%，其次是"无能为力，只能忍受"的比例为21.30%，"上访或集体上访"的比例为20.12%，选择"通过业主委员会、宗教等组织解决问题"的比例只有5.33%，选择其他途径的农业户口受访者都在10.65%以下。

非农业户口受访者选择"通过法律诉讼等渠道"的比例最高达到了44.95%，选择"通过业主委员会、宗教等组织解决问题"的比例为20.20%，远高于农业户口受访者该项的比例；位于第三位的是"上访或集体上访"，比例是13.64%，选择"无能为力，只能忍受"的比例是9.60%；其他内容的选择比例都不足3%。

总体上，以法律方式解决生活中遭遇的不公平是农业户口和非农业户口受访者选择比例最高的方式。

表 4-46　　　　当生活中遭遇某种不公平，受访者采取的解决途径

单位:%

	农业户口受访者	非农业户口受访者
无能为力，只能忍受	21.30	9.60
没有解决办法，但可寻求宗教安慰	2.96	1.01
不用自己关心，有别人会管	2.37	1.52
自己想办法在网络上发信息		
找相关报纸电视等媒体反映问题	3.55	2.53
通过非正式的渠道如托人、找关系	1.78	2.53
通过业主委员会、宗教等组织解决问题	5.33	20.20
组织周围群众集会、游行、示威等方式	1.78	0.51
上访或集体上访	20.12	13.64

续表

	农业户口受访者	非农业户口受访者
通过法律诉讼等渠道	30.18	44.95
个人暴力		1.01
集体暴力抗争		
其他	10.65	2.53
样本量（个）	169	198

本次调查问卷中还问及了关于个人和家庭财产、人身、交通、医疗、食品、劳动、个人信息和隐私、生态、人身自由以及社会总体的安全感评价。虽然农业户口受访者和非农业户口受访者都有一定比例的不确定选择，但除选择安全的比例除食品安全为77.35%外，农业户口受访者的评价都在80%以上，非农业户口受访者的评价都在85%以上。这也说明了受访者的安全感很高，但同时也共同表现出对食品安全、医疗安全的忧虑。此外，农村受访者对生态环境选择不安全的比例最高达到了10.06%。

表4-47　　　　　　　　受访者对下列安全感的体会程度

	农业户口受访者				非农业户口受访者			
	安全	不安全	不确定	合计	安全	不安全	不确定	合计
个人和家庭财产安全	88.34%	7.22%	4.44%	100%	96.38%	1.36%	2.26%	100%
人身安全	90.00%	3.89%	6.11%	100%	95.47%	1.36%	3.17%	100%
交通安全	86.66%	5.56%	7.78%	100%	91.82%	2.27%	5.91%	100%
医疗安全	81.22%	9.39%	9.39%	100%	84.62%	7.69%	7.69%	100%
食品安全	77.35%	14.92%	7.73%	100%	76.47%	14.48%	9.05%	100%
劳动安全	83.98%	4.97%	11.05%	100%	85.52%	3.17%	11.31%	100%
个人信息安全、隐私安全	83.43%	3.31%	13.26%	100%	85.97%	4.98%	9.05%	100%
生态环境安全	81.00%	10.06%	8.94%	100%	89.04%	3.65%	7.31%	100%
人身自由	89.94%	1.68%	8.38%	100%	93.18%	0.91%	5.91%	100%
总体上的社会安全状况	89.94%	4.47%	5.59%	100%	94.06%	0	5.94%	100%
样本量（个）	179				220			

和布克赛尔县受访者对现住地地方政府应对突发事件的能力满意度，选择"不清楚"的比例明显高于"不满意"的比例，其中对群体性突发事

件和暴力恐怖事件选择不清楚的比例最高。农业户口受访者达到了一半左右，非农业户口受访者也有超过1/3的比例，主要原因是和布克赛尔县从未发生过类似事件，受访者对此无从了解。除了上述两类之外的其他方面的满意评价都超过了一半，两相比较，非农业户口受访者的满意度更高。

表4-48　　　　受访者对现住地地方政府（本县、县级市政府）应对突发事件的能力满意度

	农业户口受访者				非农业户口受访者			
	满意	不满意	不清楚	合计	满意	不满意	不清楚	合计
自然灾害事情	67.58%	17.58%	14.84%	100%	69.55%	7.27%	23.18%	100%
生产安全事故	53.30%	12.63%	34.07%	100%	62.73%	5.91%	31.36%	100%
传染病及公共卫生事故	63.74%	12.08%	24.18%	100%	69.09%	6.36%	24.55%	100%
一般性社会治安事件	72.38%	8.84%	18.78%	100%	73.18%	3.64%	23.18%	100%
群体性突发事件	47.78%	8.33%	43.89%	100%	62.73%	3.18%	34.09%	100%
暴力恐怖事件	44.75%	2.76%	52.49%	100%	64.38%	1.37%	34.25%	100%
样本量（个）	180				220			

和布克赛尔县非农业户口受访者对当地政府14项工作效果的好评比例"除廉洁奉公，惩治腐败"的比例为58.99%，其余各项好评比例都在60%以上，也说明当地政府这14项工作在非农业户口中得到认可。相比之下，农业户口受访者对当地政府14项工作效果的好评比例中有四项在40%—50%，分别是"廉洁奉公，惩治腐败"（41.44%）、"扩大就业，增加就业机会"（42.22%）、"政府信息公开，提供政府工作的透明度"（43.26%）和"为中低收入者提供廉租房和经济适用房"（48.89%）。其余各项的好评比例都在50%以上，其中对当地政府"提供公共医疗卫生服务"的好评比例最高达到了80%。

表4-49　　　受访者对当地政府（本县、县级市政府）以下工作效果的评价

	农业户口受访者				非农业户口受访者			
	好	不好	不清楚	合计	好	不好	不清楚	合计
坚持为人民服务的态度	70.17%	18.23%	11.60%	100%	77.78%	7.41%	14.81%	100%
政府办事效率	56.35%	22.66%	20.99%	100%	67.74%	17.05%	15.21%	100%

	农业户口受访者				非农业户口受访者			
	好	不好	不清楚	合计	好	不好	不清楚	合计
公开、公平、公正选拔干部和官员	53.59%	19.89%	26.52%	100%	66.36%	10.14%	23.50%	100%
提供公共医疗卫生服务	80.11%	10.5%	9.39%	100%	82.95%	5.07%	11.98%	100%
为群众提供社会保障	69.44%	16.12%	14.44%	100%	76.40%	7.31%	16.29%	100%
提供义务教务	76.40%	7.31%	16.29%	100%	84.79%	1.85%	13.36%	100
保护环境，治理污染	54.70%	21.54%	23.76%	100%	74.65%	6.92%	18.43%	100%
打击犯罪，维护社会治安	71.82%	7.74%	20.44%	100%	82.49%	2.3%	15.21%	100%
廉洁奉公，惩治腐败	41.44%	23.2%	35.36%	100%	58.99%	11.52%	29.49%	100%
依法办事，执法公平	58.01%	17.68%	24.31%	100%	72.81%	7.84%	19.35%	100%
发展经济，增加人们的收入	54.19%	24.02%	21.79%	100%	72.56%	10.23%	17.21%	100%
为中低收入者提供廉租房和经济适用房	48.89%	10%	41.11%	100%	74.65%	5.53%	19.82%	100%
扩大就业，增加就业机会	42.22%	26.11%	31.67%	100%	70.51%	10.14%	19.35%	100%
政府信息公开，提供政府工作的透明度	43.26%	16.85%	39.89%	100%	62.67%	6.45%	30.88%	100%
样本量（个）	180				217			

第六节　和布克赛尔蒙古自治县
城乡受访者的政策评价

在民族政策方面，和布克赛尔县本次调查中蒙古族受访者共174人，占比43.8%；哈萨克族受访者共105人，占比26.4%，因此，以下对民族政策的分析将从农业户口与非农业户口受访者、蒙古族与哈萨克族两个维度展开。

表4－50　　　　　少数民族对相关民族政策的评价情况

单位:%

	农村户口受访者		非农业户口受访者	
	蒙古族	哈萨克族	蒙古族	哈萨克族
对少数民族地区及少数民族实行计划生育政策的评价				
好	83.75	91.84	89.16	88.89

续表

	农村户口受访者		非农业户口受访者	
一般	10.00	8.16	5.44	11.11
不好	6.26	0	5.43	0
合计	100	100	100	100
样本量（个）	80	49	92	54
对民族地区高考加分政策的评价				
满意	96.25	95.92	93.55	96.30
不满意	1.25	0	2.15	0
不清楚	2.50	4.08	4.30	3.70
合计	100	100	100	100
样本量（个）	80	49	93	54
对少数民族高考加分政策的评价				
满意	96.30	95.92	92.47	92.59
不满意	0	0	2.15	1.85
不清楚	3.70	4.08	5.38	5.56
合计	100	100	100	100
样本量（个）	80	49	93	54
如果是少数民族且长期在城市居住，其子女高考是否应该加分				
应该	86.42	91.67	87.10	94.44
不应该	3.70	6.25	4.30	3.70
不清楚	9.88	2.08	8.60	1.85
合计	100	100	100	100
样本量（个）	80	49	93	54
在少数民族地区工作的干部是否需要学习和掌握当地的民族语言				
必要	95.95	100	100	88.24
一般	4.05	0	0	11.76
没必要	0	0	0	0
合计	100	100	100	100
样本量（个）	80	49	93	54
对当前政府实施的民族特殊优惠政策的满意度				
满意	89.87	60.42	77.08	97.67
不满意	5.07	35.41	4.17	0
不清楚	5.06	4.17	18.75	2.33
合计	100	100	100	100
样本量（个）	79	48	86	50

表 4 - 50 中可看出，蒙古族和哈萨克族城镇居民受访者对少数民族地

区及少数民族实行计划生育政策的评价都为89%左右；农村居民中哈萨克族对此的评价达到了91.84%，而蒙古族该比例是83.75%。哈萨克族没有受访者对计划生育政策进行差评，而蒙古族非农业户口受访者差评的比例是5.43%，农业户口受访者该比例是6.26%。

无论是蒙古族还是哈萨克族，无论是非农业户口还是农业户口受访者对民族地区及少数民族的高考加分政策表示满意的比例都达到了93%以上，也是各项政策中好评最高的。

如果是少数民族且长期在城市居住，其子女高考加分认为应该的哈萨克族受访者，无论城乡都高于蒙古族，达到了91%以上；蒙古族认为应该的农业户口和非农业户口受访者比例为87%左右。

在民族地区工作的干部学习和掌握当地的民族语言是受访者的普遍要求。

对当前政府实施的民族特殊优惠政策的评价结果表明，蒙古族的农业户口受访者好评比例达到了89.87%，非农业户口受访者该比例是77.08%；哈萨克族农业户口受访者的好评比例为60.42%，而非农业户口受访者该比例达到了97.67%。

有关扶贫政策，和布克赛尔县农业户口受访者有57.95%的比例参与了"退耕还林还草补助工程"。当地政府实施的扶贫政策中"退耕还林还草补助工程"的比例最高，其次是"移民工程"，再次是"村村通工程"。在这些扶贫政策中，和布克赛尔县受访者对"村村通工程"表示"非常满意"的比例最高。其次是"电力设施建设工程"的满意度，再次是"移民工程"的满意度。

表4-51　　农业户口受访者对当地政府（本县、县级市）扶贫政策的评价

单位:%

项目	参与当地政府实施的扶贫政策	您对这些扶贫政策满意吗？					
		非常满意	满意	不满意	很不满意	不好说	合计
移民工程	32.39	17.54	52.63	10.53	0	19.30	100
"两免一补"政策	46.59	26.83	69.51	1.22	0	2.44	100
扶贫工程生产项目	30.68	9.26	55.56	20.37	3.7	11.11	100
退耕还林还草补助工程	57.95	1.96	16.67	18.63	52.94	9.80	100

续表

项目	参与当地政府实施的扶贫政策	您对这些扶贫政策满意吗?					
		非常满意	满意	不满意	很不满意	不好说	合计
道路修建和改扩建工程	35.23	14.75	49.18	9.84	18.03	8.20	100
基本农田建设工程	6.82	8.34	25.00	25.00	8.33	33.33	100
电力设施建设工程	47.73	15.67	75.90	6.02	0	2.41	100
人畜饮水工程	42.05	2.70	32.43	20.27	40.54	4.05	100
技术推广及培训工程	7.39	7.69	30.77	23.08	7.69	30.77	100
资助儿童入学和扫盲教育项目	23.3	19.51	65.85	9.76	0	4.88	100
卫生设施建设项目	34.09	11.67	71.66	11.67	0	5.00	100
种植业、林业、养殖业扶贫金	23.86	0	23.82	11.90	61.90	2.38	100
村村通工程	48.30	18.82	62.34	11.76	4.71	2.35	100
教育扶贫基金	16.48	27.59	68.97	3.44	0	0	100
牧区扶贫基金	17.05	16.67	43.33	16.67	10.00	13.33	100
扶贫培训工程	7.39	7.69	53.85	23.08	7.69	7.69	100

注：农业户口受访者样本量 374。

和布克赛尔县农村受访者对当前参加过的扶贫政策或扶贫活动的整体满意的比例达到了 80.28%，认为不满意的比例是 19.69%。

在移民搬迁政策上，和布克赛尔县农业受访者最满意的是上级政府的移民搬迁政策，表示总体满意的比例是最高的，但同时，40% 以上的受访者对政府的移民搬迁政策不清楚。

表 5−52　　农业户口受访者对这些年来政府实施的移民搬迁
　　　　　　政策及效果的总体评价　　　　　单位:%

	很满意	满意	一般	不太满意	不满意	不清楚	合计
上级政府的移民搬迁政策	7.4	34.0	11.1	2.2	7.0	38.3	100
上级政府的移民搬迁政策实际效果	4.7	31.5	13.8	2.5	7.0	40.5	100
当地政府的移民搬迁政策措施	5.4	30.8	12.8	2.2	5.0	43.8	100
当地政府的移民搬迁政策实际效果	4.7	28.8	12.8	2.7	7.0	44.0	100

	很满意	满意	一般	不太满意	不满意	不清楚	合计
接受移民搬迁的地方政府的相关政策	5.2	30.5	11.8	2.5	2.0	48.0	100
接受移民搬迁的地方政府的相关政策实际效果	7.6	27.8	12.3	2.5	2.0	47.8	100

注：农业户口受访者样本量135。

和布克赛尔县农业户口受访者对退牧还林（还草）政策不满意的比例最高，达到了41%。认为退耕还林（还草）政策不太好的人数比例为29%。认为退牧还林（还草）政策非常好的人数比例为1%。

表4—53　　　　　　退耕还林（还草）项目效果满意度

	频次	有效百分比
非常好	1	1.0
比较好	13	13.0
一般	16	16.0
不太好	29	29.0
很差	41	41.0
合计	100	100

第七节　简要结论

通过上述对调查数据的描述分析，可以得到和布克赛尔县经济社会发展的总体概貌。和布克赛尔县在经济快速发展的同时，城乡差距依然明显存在。调查数据计算后得到，城镇住户家庭人均收入是农村住户家庭人均收入的2.28倍；非农业户口的城镇居民家庭人均支出是农业户口的农村居民家庭人均支出的1.47倍。城乡差距同时还体现在日常生活条件上。

就业是民生的根本，和布克赛尔县的农业户口受访者中外出务工或自营的比例逐年提高，现今已达到了60%以上，这与当地政府在这方面的努力有紧密关系，但其固守家园的特点仍然明显。根据调查得到，非农业户口受访者认为外出找工作的重要障碍主要"有语言障碍""家里需要照顾必须返乡""工作辛苦""收入低"等方面。

和布克赛尔县是多民族杂居的地区，本次调查中蒙古族和哈萨克族受访者比例较高，所以对民族语言、教育、文化等方面的分析就以这两个民族为主展开。无论是普通话还是本民族语言，蒙古族的语言使用、文字掌握都略好于哈萨克族。绝大多数蒙古族和哈萨克族愿意送子女去双语学校，绝大多数蒙古族和哈萨克族受访者都认为双语教育效果好。双语教育在新疆得到了足够的重视，但不可否认的是，目前的双语教育依然存在不足，需根据实际不断地加以改进。

无论是汉族、蒙古族还是哈萨克族，都有超过 70% 的受访者拥有三个以上其他民族朋友。和布克赛尔县的绝大多数受访者对政府工作、社会生活环境、社会保障、民族政策等相关政策表示好评和满意。

第五章

内蒙古鄂温克族自治旗问卷调查分析报告

鄂温克族自治旗，位于内蒙古自治区东北部，呼伦贝尔大草原南端，大兴安岭山地西北坡，地理坐标东经 118°48′02″—121°09′25″，北纬 47°32′50″—49°15′37″。位于大兴安岭山地向呼伦贝尔平原的过渡地段，地势由东南向西北倾斜，平均海拔高度 800—1000 米，全旗土地总面积为 19111 平方公里。自治旗属中温带大陆性季风气候，冬季漫长寒冷，夏季温和短促，降水较集中。年平均气温在零下 2.4—2.2 摄氏度，年平均降水量为 350 毫米左右，全年无霜期平均在 100—120 天。[①]

鄂温克族自治旗，原名索伦旗，1932 年由索伦八旗、布利亚特旗、厄鲁特旗合并而成，1958 年改为现称。该旗是全国唯一一个以鄂温克族为主体的县级区域自治地方，隶属于呼伦贝尔市。[②] 全旗辖巴彦托海、伊敏河、红花尔基 3 个镇，辉、伊敏、巴彦嵯岗、锡尼河东、锡尼河西 5 个苏木，大雁矿区和巴彦塔拉达斡尔民族乡。巴彦托海镇是旗党政机关驻地，也是全旗的政治、经济、文化中心。

根据 2012 的统计显示，全旗总户数达 57331 户，总人口为 143473 人。从性别构成来看：男性人口为 74283 人，女性人口为 69190 人，性别比为 1.074∶1。总人口中：非农业人口 125695 人，占总人口的 87.6%（即城镇化率）。作为一个多民族聚居地区，由 26 个民族构成，少数民族人口为 58865 人，占总人口的 41.0%。其中蒙古族 27903 人，达斡尔族 14117 人，鄂温克族 11269 人，占总人口的比例分别为

---

① 《鄂温克族自治旗概况》编写组：《鄂温克族自治旗概况》（修订本），民族出版社 2008 年版，第 1—2 页。

② 《鄂温克族自治旗志》编撰委员会编：《鄂温克族自治旗志》，中国城市出版社 1996 年版，第 11—13 页。

19.4%、9.8% 和 7.9%。[①]

第一节　鄂温克族自治旗城乡受访者基本情况

　　为了深入了解鄂温克族自治旗当地的经济社会发展状况，课题组在鄂温克族自治旗共选择了分属三个苏木（镇）的 4 个调查点，分别为：巴彦托海镇安门社区、巴彦塔拉达斡尔民族乡纳文嘎查、锡尼河东苏木的布日都嘎查和哈日噶那嘎查。其中，巴彦托海镇是旗政府所在地，是城镇的代表；巴彦塔拉达斡尔民族乡纳文嘎查和锡尼河东苏木，是当地两大少数民族蒙古族（布里亚特部）和达斡尔族的聚居地，代表了少数民族牧区的一般状况。

　　作为阶段性研究的一部分，本次调查主要以问卷的方式进行。样本的选取，按照 1∶1 的城乡比例（即居民与牧民户口各占一半）进行采样，在具体调查点主要采取按户籍资料等距抽样的方式进行（但调换率较高）。问卷以户为单位，由调查员入户访谈并现场填写问卷的方式进行。调查组共 6 人，历时半个月，共获得问卷 412 份，其中有效问卷 405 份，有效率为 98.30%。

　　根据"家庭情况表"的记录，在所有受访者中，农业户口与非农业户口的比例为 1∶0.98（分别为 201 人和 204 人）[②]，基本符合抽样要求。受访者的男女比例为 1∶0.48；年龄构成情况，回答率[③]为 100%，其中"31—45 岁"的受访者最多，占 46.9%（详见表 5-1），受访者平均年龄是 43.02 岁；政治面貌方面，回答率为 99.3%，其中"群众"最多，占 78.4%，"中共党员"占 15.4%，"共青团员"占 6.0%，"民主党派"占 0.2%。

　　在婚姻状况方面，回答率为 100%，其中"初婚有配偶"比例最高，

---

　　① 《鄂温克族自治旗 2012 年国民经济和社会发展统计公报》，鄂温克统计信息网，http：//58.18.185.130：1307/Article/Show.asp？id=1465。

　　② 在本报告下文多次涉及的城乡比较分析中，主要使用"家庭情况登记表"中登记的户籍情况作为城乡人口的分类标准。但需要说明的是农业与非农业户口，仅就户口本登记情况而言，事实上随着人口流动性的增加，户籍类型与实际从事的职业有一定出入。很可能是农业户口，但却进城务工，主要从事非农劳动；也有非农业户口，却回到牧区从事农牧业生产者。

　　③ 本问卷中各个具体问题的回答情况各不相同，在本章以下的结果分析中，均会用回答率（即相关题目回答人数占总样本的比例）进行表示。此外，凡涉及百分比之处，除特殊说明外，均指"有效百分比"。

占 74.8%；民族身份构成方面，达斡尔族、蒙古族、鄂温克族、汉族，分别居前四位，其中汉族占 12.6%，少数民族占 87.4%①；受教育程度方面，回答率 99.5%，占比最高的是"初中"，占 34.5%。根据计算，在 405 户家庭中，户均人口规模为 3.24 人。

表 5 - 1　　　　　　　　　　　　调查样本情况

单位：人、%

年龄构成	频数	有效百分比	婚姻状况	频数	有效百分比
30 岁以下	67	16.5	未婚	36	8.9
31—45 岁	190	46.9	初婚有配偶	303	74.8
46—60 岁	121	29.9	再婚有配偶	13	3.2
61 岁及以上	27	6.7	离婚	26	6.4
合计	405	100	丧偶	26	6.4
			不适用	1	0.2
民族构成			合计	405	100
汉族	51	12.6			
蒙古族	129	31.9	教育程度		
回族	1	0.2	未上学	24	6.0
藏族	2	0.5	小学	72	17.9
满族	4	1.0	初中	139	34.5
佤族	2	0.5	高中	88	21.8
达斡尔族	157	38.8	大学	80	19.9
鄂温克族	58	14.3	合计	403	100
鄂伦春族	1	0.2			
合计	405	100			

---

①　这和鄂温克旗整体的少数民族比例差别较大，这和本调查选点有关系。本调查更倾向于了解少数民族经济社会生活的一般状况。

第二节　鄂温克族自治旗城乡个人和家庭经济生活

一　农业户口受访者家庭的土地拥有

地处呼伦贝尔草原南端的鄂温克旗是一个牧业旗，在土地方面主要以牧草地为主。拥有耕地的只有 14 户，主要分布在锡尼河东苏木；拥有园地只有 12 户，主要分布在巴彦塔拉达斡尔民族乡纳文嘎查，定居后的牧民开辟少量园地用于自家蔬菜的种植；拥有山地只有 1 户。因此，这三者都不具有统计学意义。

总体上，共有 176 户拥有草地，占 43.5%。经营形式以自营为主，只有 10 户有将自己家草地出租的情况，占 1.5%。其中 37.5% 都位于 500.1—1000.0 亩范围内，家庭平均草地面积为 605.86 亩，人均 166.47 亩（数据缺失者除外）。

家庭拥有草地情况及其与受访者的户籍的关系，如表 5-2 所示。拥有草地者主要以农业户口为主，有 160 户，非农业户口也有 16 户拥有草地。根据统计，受访者中的农业户口为 201 户，如此在农业户口受访者中，其家庭拥有草地的比例为 79.60%。

表 5-2　　　　　　　　　　牧草地面积拥有情况

单位：户、%

	农业户口 受访者家庭	非农业户口 受访者家庭	合计	百分比
0—100.0 亩	6	3	9	5.1
100.1—500.0 亩	31	3	34	19.3
500.1—1000.0 亩	61	5	66	37.5
1000.1—1500.0 亩	24	1	25	14.2
1500.1—2000.0 亩	21	1	22	12.5
2000.0 亩以上	17	3	20	11.4
合计	160	16	176	100

注：农业户口受访者样本量是 160，非农业户口受访者样本量是 16。

二　个人与家庭的收入与支出

根据官方统计，2012 年鄂温克旗地区生产总值为 926279 万元，人均 GDP 达 64387 元。非农业户口居民人均可支配收入达 19098 元，人均消费性支出 13289 元；牧民人均纯收入达 12765 元，人均生活费支出

10168 元。[①] 结合前面提到的当地实际城乡比例，加权计算后可得整体的人均收入为 18313 元，人均消费支出为 12902 元。

关于收入与支出方面，需要说明的是：农村与城市的差别在于，农村地区由于家庭协作的普遍存在和工资性收入有限，很难明确地区分个人和家庭收入。消费支出方面，也存在类似问题。因此在本次调查中农牧区的资料收集中，本部分内容以家庭统计为主，下面的分析也主要以家庭为单位。

（一）收入情况

在家庭收入方面，有效回答率为 93.1%。将受访者 2012 年样本家庭的总收入情况进行分组统计，其分布情况如表 5 - 3 所示。可以发现，有115 位受访者的收入集中在 20001—50000 元的区间，这一区间最为集中，占 30.5%。

2012 年鄂温克旗样本家庭的平均家庭总收入为 54954.73 元（剔除个别离群值 10 元），其中出租/出售房屋、土地平均收入为 2034.76 元，占3.70%；工资、务工等劳务收入为 48671.20 元，占 88.56%。这两项的有效回答率分别为 57.0% 和 76.3%。也就是说，家庭收入的主要来源是工资、务工等劳务收入。结合户均人口规模，得到的家庭人均收入为16961.34 元。

在家庭收入的城乡差别方面，农业户口受访者家庭与非农业户口受访者家庭收入的均值和中值可以参见表 5 - 4，这里笔者主要采用均值进行比较。农业户口受访者家庭均值为 63963.48 元，人均收入为 19741.81元；非农业户口受访者家庭均值为 45249.17 元，人均收入为 13965.79元。显然受访者中农业户口受访者比非农业户口受访者的收入要高，我们可以近似地认为：样本人口中牧区农牧民的平均收入要高于城镇居民。对比中值数据，可以得出同样的结论。

表 5 - 3　　　　　　　　受访者 2012 年家庭总收入情况

单位：户、%

		农业户口受访者	非农业户口受访者	总体
0—10000 元	计数	20	32	52
	有效百分比	5.3	8.5	13.8

---

① 《鄂温克族自治旗 2012 年国民经济和社会发展统计公报》，鄂温克统计信息网，http://58.18.185.130：1307/Article/Show.asp？id = 1465。

续表

		农业户口受访者	非农业户口受访者	总体
10001—20000 元	计数	28	37	65
	有效百分比	7.4	9.8	17.2
20001—50000 元	计数	58	57	115
	有效百分比	15.4	15.1	30.5
50001—100000 元	计数	65	47	112
	有效百分比	17.2	12.5	29.7
100001—200000 元	计数	19	8	27
	有效百分比	5.0	2.1	7.2
200001 元以上	计数	5	1	6
	有效百分比	1.3	0.3	1.6
合计	计数	195	182	377
	有效百分比	51.7	48.3	100

尽管统计口径不同，我们仍然可以发现与 2012 年的公开统计数据有很大不同。第一，公开的统计数据是"城镇居民人均可支配收入"（19098元）比"牧民人均纯收入"（12765 元）高，而我们得出的结论恰恰相反；第二，受访者中农业户口受访者的人均收入比公开的统计数据"牧民人均纯收入"高，这一点容易理解，但非农业户口受访者的人均收入（应被看作毛收入）却比官方数据"城镇居民人均可支配收入"还要低。

表 5 - 4　　　　受访者 2012 年家庭总收入和总支出相关统计量

单位：元、个

		农业户口受访者家庭	非农业户口受访者家庭	总体
总收入	均值	63963.48	45249.17	54954.73
	中值	50000.00	30000.00	40000.00
	样本量	195	181	376
总支出	均值	78048.13	41511.73	61088.54
	中值	60000.00	30000.00	40000.00
	样本量	187	162	349

（二）支出情况

在家庭支出方面，有效回答率为 86.2%。将 2012 年样本家庭的总支

出进行分组统计后，可以发现，32.4% 的有效受访者的支出集中在
20001—50000 元的区间，这是最为集中一组，具体分布情况见表 5－5。

　　受访者家庭的平均总支出为 61088.54 元。其中生活消费支出
36159.93 元，占总支出的 59.19%；家庭全年人情往来费用为 5244.02
元，占总支出的 8.58%；家庭民俗支出（包括节日各项支出）为 4380.50
元，占总支出的 7.17%，这其中信仰或宗教性支出为 750.90 元，占民俗
支出的 17.14%。家庭本年度借款总额为 27832.16 元。各项具体情况，
见表 5－6。结合户均人口规模，得出家庭人均支出额为 18854.49 元，其
中人均生活消费支出为 11160.47 元，略低于 12902 元的统计公开数据。

表 5－5　　　　　　　　　　受访者 2012 年家庭总支出情况

单位：户、%

		农业户口	非农业户口	总体
0—10000 元	计数	15	31	46
	有效百分比	4.3	8.9	13.2
10001—20000 元	计数	16	36	52
	有效百分比	4.6	10.3	14.9
20001—50000 元	计数	60	53	113
	有效百分比	17.2	15.2	32.4
50001—100000 元	计数	55	34	89
	有效百分比	15.8	9.7	25.5
100001—200000 元	计数	33	6	39
	有效百分比	9.5	1.7	11.2
20000 元以上	计数	8	2	10
	有效百分比	2.3	0.6	2.9
合计	计数	187	162	349
	有效百分比	53.6	46.4	100

表 5－6　　　　　　　　　　受访者 2012 年家庭支出构成

单位：元、个

	总支出	生活消费	民俗支出	信仰或宗教性支出	全年人情往来费用	本年度借款总额
均值（元）	61088.54	36159.93	4380.50	750.90	5244.02	27832.16
中值（元）	40000	20000	4000	0	3000	10000
样本数	349	273	249	222	263	283

　　在家庭支出的城乡差别方面，农业户口与非农业户口受访者家庭支出

的均值和中值情况可参见表 5 - 4。农业户口受访者家庭平均支出为 78048. 13 元，人均支出为 24088. 93 元，非农业户口受访者家庭平均支出为 41511. 73 元，人均支出为 12812. 26 元。和家庭收入的情况相似，农业户口受访者家庭和个人的平均支出要高于非农业户口，而且差距明显，农业户口受访者家庭和个人平均支出将近非农业户口受访者的 2 倍，这是一个比较显著的数据，远比收入的差别要大。对比中值数据，几乎可以得出同样的结论，即农牧民的平均支出要远大于城镇居民。

将受访者的家庭或个人平均收入与平均支出比较，我们会发现：在本次调查中，家庭支出水平略高于家庭收入水平。但是城乡有别，牧区的支出高出收入很多，但城镇的支出略低于收入。简单来讲就是，牧区农牧民挣得多，但花得更多，城镇居民挣得少，但花得也更少。通常来讲，我国是一个居民储蓄率较高的国家，支出水平普遍小于收入水平。而这与鄂温克旗 2012 年官方的统计也有所不同。

总而言之，本次调查在收入支出方面的初步结论是：牧区的收支都要高于城镇地区；整体上支出大于收入，但城乡有别，牧区的支出高出收入不少，城镇的支出略低于收入。这些在表 5 - 4 中可以清晰地看出。与官方数据相异或反常之处，仍需进一步分析。如前所述，本次调查的样本选择更多倾向于反映当地少数民族（以达斡尔族、蒙古族、鄂温克族为主）的经济情况，可能是主要原因。

三 城乡受访者住房情况

在有效回答中，家庭平均自有住房（拥有产权）的平均值为 1.01 套（有效回答率 98.5%），调查点的房子属于"自有住房"的占 78.6%（有效回答率 98.3%）。受访者对目前住房普遍比较满意，对目前住房的满意率为（选择"很满意"和"满意"）53.3%，选择"一般"以上的占 80.5%（有效回答率 98.8%）。

关于"商品房""两限房""廉租房"和"经济适用房"的相关政策的问题回答率均未过半，分别为 42.2%、15.1%、33.8%、28.9%，反映了当地居民对相关政策比较陌生。关于"农村住房改造政策"的回答率为 59.8%，其中 57.9% 的人持"很满意"和"满意"的态度，具体见表 5 - 7。

此外，在调查期间，笔者注意到农业户口受访者（牧区）的住房改造中，部分村庄（嘎查）的农牧民对政府承建的"项目房"（享受一定政府补助）的质量（如房屋裂缝等）意见比较大，本调查所涉及的 3 个嘎查中均不同程度存在这样的情况。

表 5 - 7　　　　　对目前农业户口受访者住房改造政策满意程度

单位：人、%

	频数	有效百分比
很满意	24	9.9
满意	116	47.9
一般	62	25.6
不太满意	23	9.5
不满意	17	7.0
合计	242	100

四　城乡受访者家庭的耐用消费品

本次调查对农业户口和非农业户口受访者的家庭耐用消费品情况进行了了解，反映了农业户口和非农业户口受访者的生活水平。

表 5 - 8　　　　　家庭拥有耐用消费品数量及购买意愿①

品名	数量（每百户）	半年内的购买意愿（%）		数量（每百户）	半年内的购买意愿（%）	
		打算购买	不打算购买		打算购买	不打算购买
	非农业户口受访者家庭			农业户口受访者家庭		
显像管彩色电视机	71	3.26	86.96	79	3.66	93.72
液晶/等离子电视	36	5.26	83.04	29.5	2.82	92.09
农用车/拖拉机	16	3.61	86.14	101	8.70	89.13
轿车/面包车	20	8.02	81.48	21	2.89	89.02
摩托车	31	2.37	86.39	87	5.91	91.94
冰箱	50	6.36	84.97	36	4.37	92.35

---

① 此处每个具体项目的有效样本数不尽相同，但基本都在 250 个以上，回答率基本都在 60%以上，受篇幅所限，不再一一标明。

续表

品名	数量（每百户）	半年内的购买意愿（%）		数量（每百户）	半年内的购买意愿（%）	
		打算购买	不打算购买		打算购买	不打算购买
	非农业户口受访者家庭			农业户口受访者家庭		
冰柜	60	3.37	86.52	78	3.21	95.19
台式机电脑	44	5.26	84.21	33	2.86	92.57
笔记本电脑	12	5.63	81.88	15	1.15	94.25
手机	205	5.41	86.49	243	3.57	91.84
洗衣机	86	3.33	87.78	88	4.17	93.23
照相机、摄像机	30	5.52	87.12	20	2.84	92.05
空调	3	2.56	85.90	5	0.58	95.32
自备发电机	5	1.30	88.31	33	2.34	94.15

受访者家庭的耐用消费品情况如表5-8所示。我们可以看到，每百户家庭拥有耐用消费品数量农村受访家庭中排名前三的分别为：手机、电视机、农用车/拖拉机。非农业户口受访家庭中手机、电视机、洗衣机排名前三，可见手机和电视机是本地普及率较高的耐用消费品。此外，农业户口受访者家庭中摩托车、电脑、冰箱、冰柜的拥有量也较多。这可能和当地独特的牧区经济特点和文化地理环境有关，牧业生产离不开各种农用机械设备，而摩托车则是如今草原上主要的代步工具，寒冷的气候以及肉类食品在饮食结构中的重要性决定了冰箱、冰柜在家庭日常生活中的重要性。如果将台式计算机和笔记本电脑相加，可以看到电脑的普及率也比较高，这也说明了当地较高的消费水平。

通过表5-8，我们同样可以了解到受访者家庭对相关耐用消费品的消费意愿情况。在半年内打算购买的比例并不高，其中农业户口受访家庭最高的是农用车/拖拉机，非农业户口受访家庭最高的是轿车。可见，无论从耐用消费品的拥有量，还是购买意愿来看，受访者对与牧业生产息息相关的农牧业机械的关注度都很高。

第三节　鄂温克族自治旗城乡人口流动与就业

一　城乡人口流动

关于人口流动情况方面，从抽样的情况来看，本地的人口流动性不高，流动到本旗以外的比例较低。如表 5 - 9 所示，2012 年在本乡镇（或本市区）以外居住时间累计超过三个月的受访者共有 66 人，占总样本的 16.3%（可被近似地看作样本人口的流动率）。

外出目的地以县城巴彦托海镇（又称"南屯"）为主，有效百分比占 51.5%；90.9% 的外出者都在本省范围内，出省者较少；78.8% 的外出者外出地位于城市，21.2% 的外出地位于农村。外出原因中，回答率为 15.1%。以务工（含工作调动）为主，有 31 人，占总样本的 7.7%，占外出人口的 50.8%，其余见表 5 - 9。

表 5 - 9 流动人员情况

单位：人、%

外出地分布情况			外出主要原因		
	频数	有效百分比		频数	有效百分比
本县农村	6	9.1	上学	5	8.2
本省区外县农村	7	10.6	参军	2	3.3
外省区农村	1	1.5	务工	31	50.8
本县县城	34	51.5	经商	9	14.8
县外省区内城市/县城	12	18.2	探亲访友	14	23.0
外省区城市/县城	6	9.1	合计	61	100
合计	66	100			

二 城乡就业情况

关于就业情况，调查采取农业户口和非农业户口单独统计的方式。根据相关问题的回答情况统计，农业户口统计数据为 206 户，这与根据"家庭情况表"的统计数据 201 户略有出入，但大体吻合。

（一）农村受访者的就业状况

关于目前的工作状况见表 5 - 10，回答率为 50.9%。其中单纯从事农牧业生产的占 67.5%，也就是说，大部分农牧民仍然主要从事与农牧业生产相关的工作（如养牛、放牧、打草等），约 1/3 农牧民开始在闲暇时间从事一些非农工作，而单纯从事非农工作的很少，只占 6.8%。本地牧业的集约化有限，大部分农牧民属于"包产到户"后的"农村家庭承包经营劳动者"。在从事非农产业人口中，2013 年度在本地从事务工或自营，或是曾经有外出务工或自营经验的情况如表 5 - 11 所示，可见人数都比较有限。

表 5 - 10　　　　　　　　农业户口受访者的就业情况

单位：人、%

	频数	有效百分比
只是务农	139	67.5
以务农为主，也从事非农工作	32	15.5
以非农工作为主，也务农	6	2.9
只从事非农工作	14	6.8
失业或待业人员	4	1.9
家务劳动者	5	2.4
退休人员	3	1.5
全日制学生	1	0.5
其他不工作也不上学的成员	2	1
合计	206	100

注：表中退休人员是指领取职工养老保险的农业户口受访者。

鄂温克旗以牧业为主，家庭人均年收入较高，因而相应的非农就业比例较低。

表 5 - 11　　　　　　　　农业户口受访者非农就业情况

单位：人、%

	本地非农务工	本地非农自营	曾有外出务工经验	曾有外出自营经验
频数	29	27	26	6
占总样本比例	7.2	6.7	6.4	1.5

关于农牧民的非农工作的就业途径，是一个重要问题。通过表 5 - 12 的统计，我们可以发现：在本地和外地的就业途径大体相似，"朋友/熟人介绍"占比最高，分别是 48.3% 和 46.2%，其次是"直接申请（含考试）"，其他几项比例相当。尤其是家人或亲戚的途径占比表现并不突出，分别只占 6.9% 和 11.5%。这充分说明，农牧民在就业时，友缘所起作用最大，亲缘和地缘作用有限，而"公开考试"的方式也越来越被大家所接受，在解决就业机会方面起到了一定的作用。

表 5 – 12　　　　　　　　　农牧民的非农工作的就业途径

单位：人、%

	若从事过本地非农务工，最初的就业渠道		若有外出务工经验，最主要的就业渠道	
	频数	有效百分比	频数	有效百分比
政府/社区安排介绍	1	3.4	2	7.7
招聘广告	3	10.3	2	7.7
直接申请（含考试）	7	24.1	6	23.1
家人/亲戚介绍	2	6.9	3	11.5
朋友/熟人介绍	14	48.3	12	46.2
通过本乡同民族介绍	2	6.9	1	3.8
合计	29	100	26	100

（二）城镇户口或城镇务工人员

根据"家庭情况表"的统计数据，非农业户口受访者数为 204 例。在针对非农业户口或城镇务工人员的题目中，有效回答数介于 120—143 人。通过表 5 – 13，我们可以发现就业人员中，其行业分布居前三位的分别为：居民服务和其他服务业（20.0%）、住宿和餐饮业（15.0%）、批发和零售业（12.5%）；从职业分类的角度看，有 131 例有效回答，除"不便分类的其他从业人员"外，"商业"最多，占 16.0%，其余各项分布比较平均，见图 5 – 1；而在劳动合同方面，有 137 个有效回答，其中有 29.9%没有获得合同的保障。

表 5 – 13　　　　　本年度非农业户口受访者从事的主要行业

单位：人、%

	频数	有效百分比
农林牧渔业	9	7.5
制造业	1	0.8
建筑业	7	5.8
交通运输、仓储和邮政业	5	4.2
信息传输、计算机服务和软件业	2	1.7
批发和零售业	15	12.5
住宿和餐饮业	18	15.0
金融业	1	0.8
租赁和商业服务业	2	1.7
科学研究、技术服务和地质勘查业	1	0.8

续表

	频数	有效百分比
水利、环境和公共设施管理业	5	4.2
居民服务和其他服务业	24	20.0
教育	5	4.2
卫生、社会保障和社会福利业	6	5.0
文化、体育和娱乐业	9	7.5
公共管理和社会组织	10	8.3
合计	120	100

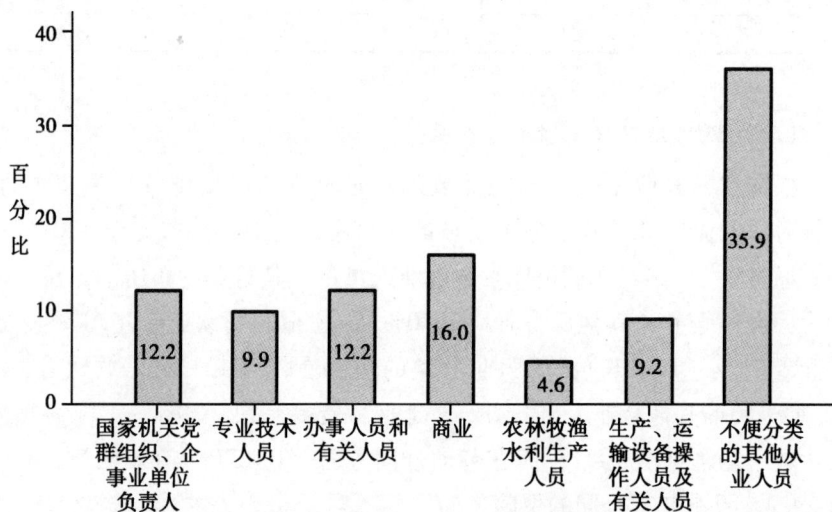

图 5 - 1　非农业户口受访者当前的主要职业情况

本年度受访者主要从业的地区分布情况如图 5 - 2 所示，有 134 个有效回答。可见，从业地区主要以鄂温克旗内为主，占 88.9%。这也再次证明前面提到的，本地的人口流动性不高的问题，尤其是流动到旗外地区的比例较低。

关于非农业户口或城镇务工人员的就业途径问题，136 例有效回答，回答率 33.6%，见表 5 - 14。其中 25.7% 的人表示是通过"直接申请（含考试）"的方式获得，其次分别为"朋友/熟人介绍""政府/社区安排介绍""家人/亲戚介绍"。这与农业户口者的统计略有不同，最大的区别的是"直接申请（含考试）"变为第一，"政府/社区安排介绍"的排名超越了"家人/亲戚介绍"。这充分说明城镇地区的就业环境更加公平，

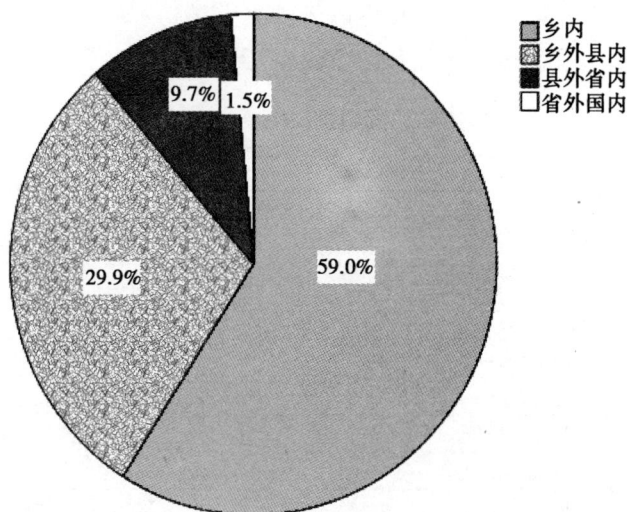

图例：
- 乡内
- 乡外县内
- 县外省内
- 省外国内

9.7%　1.5%

29.9%

59.0%

图5－2　本年度非农业户口受访者主要从业的地区

而政府部门在解决就业问题上的力度也要好于农村地区。依然不变的是：就业途径中，友缘的作用依然高于亲缘和地缘的作用。

表5－14　　　　　　　非农业户口受访者找到第一份工作的途径

单位：人、%

	频数	有效百分比
政府/社区安排介绍	19	14.0
商业职介（包括人才交流会）	6	4.4
招聘广告	9	6.6
直接申请（含考试）	35	25.7
家人/亲戚介绍	17	12.5
朋友/熟人介绍	26	19.1
通过本乡同民族介绍	1	0.7
其他	23	16.9
合计	136	100

三　城镇受访者的失业情况

城镇失业或待业情况见表5－15。处于没有工作状态的有101人，除去上学和离退休人员外，有77人，占总样本的19.0%，这可以近似看作总样本的失业率。其中"因本人原因（如家务、健康、辞职等）离开原工作""料理家务"和"因单位原因失去原工作",是排名前三的失业原因。经过统计,平均连续未工作时间为 34.26 个月。

表 5 - 15　　　　　　　　　城镇受访者本人没有工作的原因

单位：人、%

	频数	有效百分比
正在上学	7	6.9
丧失劳动能力	13	12.9
已离/退休	17	16.8
毕业后未工作	6	5.9
料理家务	18	17.8
因单位原因失去原工作	16	15.8
因本人原因离开原工作	22	21.8
其他	2	2.0
合计	101	100

第四节　鄂温克族自治旗民族文化与教育

一　民族语言和文字

鄂温克旗的日常语言使用中以汉语普通话和蒙语居多,其次是达斡尔语和鄂温克语。因此,本调查中所涉及的对"其他少数民族语言"的学习和使用,对当地居民而言,通常主要是指汉蒙以外的少数民族居民对蒙语的学习和使用。一方面,是因为汉语和蒙语是强势语言,有语言环境；另一方面,是因为当地的双语教育体系针对汉蒙双语,其他少数民族难以通过学校教育进行包括本民族语言在内的其他语言的学习。

调查显示,农业户口和非农业户口受访者从小首先学会的语言均以本民族语言为主,非农业户口少数民族受访者中最先会说普通话的比例达到了近 1/3,其他选项比例较小。在日常交往中,鄂温克旗是一个典型的多语地区,当地居民普遍掌握两种以上的语言,比如有 95% 以上的非农业户口受访者和 85% 以上的农业户口受访者可以讲普通话,除了鄂温克语之外,蒙古族和达斡尔族会用本民族语言交谈的比例,在农业户口受访者中是 94% 以上,在非农业户口受访者中是 84% 以上,具体见表 5 - 16。在语言熟练程度方面,就整体上而言,普通话的"熟练使用"程度以上的达到 85.3%,本民族语言更是达到了 95.0%,分民族和城乡的具体有效回答数及具体比例，见表5－17，我们可以看到各民族之间的差别不大，但城乡之间差异明显，非农业户口人口的普通话熟练程度更好，但本民族语言则是农业户口更好，可见在农业户口其民族语言得到了更好的传承。

表5－16　　　　　　　　　　　　受访者语言使用情况

	小时候最先会说的					现在交谈能使用的				
	普通话（%）	汉语方言（%）	本民族语言（%）	其他少数民族语言（%）	样本量（个）	普通话（%）	汉语方言（%）	本民族语言（%）	其他少数民族语言（%）	样本量（个）
非农业户口受访者										
汉族	95.56	6.67	100	0	45	100	6.82	100	4.55	44
蒙古族	32.08	0	81.13	0	53	96.23	1.89	88.68	22.64	53
达斡尔族	31.17	1.30	76.62	2.6	77	98.68	2.63	84.21	27.63	76
鄂温克族	28.57	0	66.67	19.05	21	95.24	0	66.67	28.10	21
农业户口受访者										
汉族	100	0	100	0	5	100	0	100	40	5
蒙古族	6.67	0	96	0	75	85.14	0	94.59	10.81	74
达斡尔族	6.33	0	94.94	6.33	79	87.34	1.27	96.20	32.91	79
鄂温克族	2.70	0	54.05	45.95	37	86.49	0	59.46	62.16	37

表5－17　　　　　　　　　　　　受访者的语言熟练程度

熟练程度	蒙古族				达斡尔族				鄂温克族			
	普通话		本民族语言		普通话		本民族语言		普通话		本民族语言	
	非农业户口	农业户口	非农业户口	农业户口	非农业户口	农业户口	非农业户口	农业户口	非农业户口	农业户口	非农业户口	农业户口
能流利准确地使用（%）	82.35	31.75	91.11	98.65	86.3	73.61	85.71	96.05	89.47	56.25	78.57	79.17
能熟练使用但有些音不准（%）	7.84	28.57	2.22	1.35	6.85	8.33	6.35	2.63	5.26	12.50	7.14	4.17
能熟练使用但口音较重（%）	0	1.59	0	0	1.37	1.39	3.17	1.32	5.26	6.25	7.14	0
基本能交谈但不太熟练（%）	9.80	28.57	6.67	0	2.74	13.89	3.17	0	0	25.00	7.14	4.17
能听懂但不太熟练（%）	0	6.35	0	0	2.74	2.78	1.59	0	0	0	0	4.17
能听懂一些但不会说（%）	0	3.17	0	0	0	0	0	0	0	0	0	0
听不懂也不会说（%）	0	0	0	0	0	0	0	0	0	0	0	8.33
样本量（个）	51	63	45	74	73	72	63	76	19	32	14	24

文字的使用情况，见表 5 - 18。对于蒙古族、达斡尔族、鄂温克族的非农业户口受访者，汉字使用的熟练程度最高，鄂温克族的非农业户口受访者对其他文字主要是蒙文的使用熟练程度也较高；蒙古族农业户口受访者的本民族文字使用熟练程度高于汉字和其他少数民族文字，达斡尔族农业户口受访者的汉字熟练程度最高，鄂温克族农业户口受访者的其他少数民族文字主要是蒙文的使用熟练程度最高。

表 5 - 18 受访者文字使用情况

单位：个、%

熟练程度	汉字		本民族文字		其他文字		非农业户口样本量	农业户口样本量
	非农业户口	农业户口	非农业户口	农业户口	非农业户口	农业户口		
蒙古族							46	74
会	88.46	57.35	69.57	77.03	28.57	0		
会一些	3.85	22.06	26.08	6.76	0	37.50		
不会	7.69	20.59	4.35	16.21	14.29	12.50		
没有文字	0	0	0	0	57.14	50.00		
不知有无文字	0	0	0	0	0	0		
达斡尔族							63	74
会	89.47	72.50	1.59	0	23.08	52.94		
会一些	7.89	15.00	0	0	7.69	11.76		
不会	2.64	12.50	1.59	0	61.54	29.41		
没有文字	0	0	96.83	98.65	7.69	5.88		
不知有无文字	0	0	0	1.35	0	0		
鄂温克族							16	25
会	85.71	57.14	6.25	52.00	75.00	81.25		
会一些	14.29	28.57	0	4.00	0	12.50		
不会	0	14.29	0	12.00	0	6.25		
没有文字	0	0	93.75	32.00	25.00	0		
不知有无文字	0	0	0	0	0	0		

在文字水平方面，见表 5 - 19。对于蒙古族和达斡尔族非农业户口受访者而言，达到"掌握较多文字，能书写书信"占总样本比例依然是汉字最高，但鄂温克族非农业户口受访者 100% 掌握其他文字即蒙文。蒙古族对本民族文字的掌握程度位居第二，达斡尔族非农业户口受访者掌握的蒙文位居第二，鄂温克族非农业户口受访者掌握的汉语程度位居第二。达斡尔族和鄂温克族非农业户口受访者对本民族语言的掌握程度都不高。在农业户口受访者中，蒙古族对本民族语言的掌握超过了汉字，达斡尔族对汉字和蒙文的掌握程度不相上下，鄂温克族对本民族语言的掌握程度高于

汉字。

调查还显示，有92.3%的少数民族受访者认为会说汉语对自己在当地生活有好处，这说明对汉语的重要性有着充分的认识。同时有89.3%的少数民族受访者认为少数民族地区工作的干部有必要学习和掌握当地的民族语言。

表5-19　　　　　　　　　　受访者文字使用水平情况

单位:%、个

熟练程度	汉字		本民族文字		其他文字		非农业户口	农业户口
	非农业户口	农业户口	非农业户口	农业户口	非农业户口	农业户口	样本量	样本量
蒙古族							52	66
掌握足够文字，能流利书写	63.46	27.27	59.52	63.01	0	0		
掌握较多文字，能书写书信	19.23	28.79	16.67	15.07	0	0		
掌握文字数量不够，书写不流利	9.62	13.64	0	2.74	66.67	50.00		
掌握文字数量太少，只能写点简单字句	1.92	18.18	4.76	5.48	0	25.00		
完全不能用文字书写	5.77	12.12	19.05	13.70	33.33	25.00		
达斡尔族							66	76
掌握足够文字，能流利书写	72.37	43.59	12.50	5.00	30.77	37.50		
掌握较多文字，能书写书信	15.79	25.64	0	0	0	31.25		
掌握文字数量不够，书写不流利	6.58	15.38	0	0	7.69	12.50		
掌握文字数量太少，只能写点简单字句	2.63	10.26	37.50	5.00	0	0		
完全不能用文字书写	2.63	5.13	50.00	90.0	61.54	18.75		
鄂温克族							21	34
掌握足够文字，能流利书写	80.95	29.41	25.0	63.16	100	62.50		
掌握较多文字，能书写书信	14.29	23.53	0	10.53	0	6.25		
掌握文字数量不够，书写不流利	0	26.47	0	0	0	25.00		
掌握文字数量太少，只能写点简单字句	4.76	8.82	25.0	5.26	0	0		
完全不能用文字书写	0	11.76	50.0	21.05	0	6.25		

二　双语教育

双语教育是少数民族地区的热点问题。在关于"您是否愿意送子女到双语学校学习"的问题中，主要针对的是少数民族受访者，回答者为343 人，回答率为 84.69%。其中选择"愿意"以上的有 73.2%；有13.3% 的人认为"无所谓"；表达"不愿意"或"很不愿意"的比例为 13.5%。

选择"愿意"的原因，属于开放性问题，难以定量统计。经简单归纳，出现频率较高的依次有：（1）语言作为一种技能的工具性价值高（交流、找工作）；（2）本民族语言文化的传承；（3）多一种语言，可以多学知识。选择工具性价值的比例大于认同性价值。

选择"不愿意"的原因，经归纳，出现频率较高的依次有：（1）认为未来汉语的作用更大；（2）本民族属于夹在蒙汉之间的小少民族，如鄂温克族、达斡尔族等，现行的蒙汉双语教育，无法满足他们对本民族语言文字学习的需求。通过对"民族身份"与"送子女到双语学校的意愿"进行数据交叉比较后，也可以验证这一点（见表5－20）。我们可以发现：蒙古族选择"愿意"以上的比例达到30.7%，占蒙古族受访者的85.4%，达斡尔族和鄂温克族为 28.3% 和 12.9%，分别占各种民族受访者的63.0% 和81.5%。可见，蒙古族和达斡尔族对就读双语学校的热情更高（达斡尔语属于蒙古语族，和蒙语在当地有许多相通之处），鄂温克族（鄂温克语属于满—通古斯语族）则相对较低。

在对双语教育的效果评价方面，有效回答率为 98.0%。其中有55.7% 的人选择了"好"或"很好"，比较满意；持负面评价的只有4.6%，选择了"不好"或"很不好"。

表 5－20　　　　　　　不同民族受访者送子女到双语学校的意愿

单位：个、%

	蒙古族		达斡尔族		鄂温克族	
	样本量	百分比	样本量	百分比	样本量	百分比
很愿意	53	43.09	37	24.03	16	29.63
较愿意	27	21.95	22	14.29	17	31.48
愿意	25	20.33	38	24.68	11	20.37
不愿意	7	5.69	27	17.53	3	5.56

	蒙古族		达斡尔族		鄂温克族	
	样本量	百分比	样本量	百分比	样本量	百分比
很不愿意	0	0	5	3.25	0	0.00
无所谓	11	8.94	25	16.22	7	12.96
合计	123	100	154	100	54	100

三　教育支出和资助

在教育支出和享受资助方面，2012 年的家庭教育总支出情况如表 5-21 所示，回答率为 89.9%。其中有 38.7% 的家庭没有该项支出，52.7% 的家庭集中在 3000 元以内，79.4% 的家庭集中在 10000 元以内。根据计算，2012 年的家庭教育平均总支出为 6954.54 元，其中向学校缴纳的费用平均为 2408.01 元，家庭自愿性教育支出为（课外辅导、家教等）1735.10 元。在享受政府、社会、学校等资助方面，有 93 人享受从 120—5000 元不等的教育补助，占有效回答的 32.7%，总样本的 22.9%，平均接受资助额度为 355.87 元。

表 5-21　　　　　　　　2012 年的家庭教育总支出情况

单位：人、%

教育总支出		户口		合计
		农业	非农业	
0	计数	81	60	141
	比例	22.3	16.5	38.8
1—1000 元	计数	7	6	13
	比例	1.9	1.6	3.5
1001—2000 元	计数	9	13	22
	比例	2.5	3.6	6.1
2001—3000 元	计数	4	12	16
	比例	1.1	3.3	4.4
3001—5000 元	计数	13	19	32
	比例	3.6	5.2	8.8
5001—8000 元	计数	15	18	33
	比例	4.1	4.9	9.0

续表

教育总支出		户口		合计
		农业	非农业	
8001—10000 元	计数	14	18	32
	比例	3.8	4.9	8.7
10001—20000 元	计数	29	21	50
	比例	8.0	5.8	13.8
20001 元以上	计数	20	5	25
	比例	5.5	1.4	6.9
合计	计数	192	172	364
	比例	52.7	47.3	100

另外，通过家庭教育总支出与户籍的交叉表，我们可以对牧区和城镇的教育负担情况进行一个简单对比。我们发现，在农业户口和非农业户口受访者中，没有教育支出的比例都是最高（有可能是家庭没有学龄儿童）。但是我们发现在总支出的低段，是非农业户口受访者的比例高，而在总支出的高段，却是农业户口受访者的比例高。

如果将 2012 年平均教育总支出数据分户籍进行计算，得表 5 - 22。我们可以发现：农业户口受访者平均教育总支出为 8300.17 元，而非农业户口受访者为 5452.44 元；向学校缴纳费用方面，分别为 2717.62 元和 2058.93 元，农业户口受访者略高；自愿性教育支出方面（主要指课外辅导、家教等），分别为 1514.17 元和 1975.11 元，非农业户口受访者略高；享受政府、社会、学校等教育资助方面（包括各种奖学金和"两免一补"[①]），分别为 427.85 元和 263.09 元，农业户口受访者较高。可见，尽管在课外辅导方面的支出相对少和接受教育资助相对较多，但农业户口受访者的教育平均总支出方面甚至高出非农业户口受访者 52.23%。当然，牧区教育平均支出的标准差较大，说明其内部的差异性较大。大体上可以

---

①　"两免一补"政策，是指国家向农村义务教育阶段（小学和初中）的贫困家庭学生免费提供教科书、免除杂费，并给寄宿生补助一定生活费的一项资助政策，简称"两免一补"。中国政府网，http://www.gov.cn/banshi/2006 - 09/04/content_ 376956.htm。

得出初步结论，即牧区的教育成本要大于城镇居民。

表 5 – 22 受访者家庭教育支出和享受资助情况

		教育总支出		向学校缴纳的费用		自愿性教育支出		享受教育资助	
		农业户口受访者	非农业户口受访者	农业户口受访者	非农业户口受访者	农业户口受访者	非农业户口受访者	农业户口受访者	非农业户口受访者
N	有效	192	172	168	149	151	139	165	128
	缺失	9	32	33	55	50	65	36	76
均值（元）		8300.17	5452.44	2717.62	2058.93	1514.17	1975.11	427.85	263.09
标准差（元）		12788.90	6900.37	4466.32	3358.30	6223.15	3779.60	866.74	534.82

根据调查了解，出现这种现象的原因可能是教育资源的分布不均匀所致。这与后面关于基础公共设施调查所得出的结论是一致的。"上学难"，教育成本过高，是牧民普遍抱怨较多的一个重要方面。当地的幼儿园以上学龄儿童基本上都要到县城（南屯）就读。路途遥远，农牧民为了子女尽早地接受较好的教育，陪读的情况也很多，往往从小学就开始。[1] 租房子外加吃用都是一笔不小的开支，而这都是紧邻着教育资源的非农业户口受访者所没有的开销。正是城乡教育资源分布的巨大差异，才导致了牧区的教育负担要大于城镇居民。

鄂温克旗牧民的收入可能要稍好于城镇居民，但就全国而言，城乡之间经济发展的巨大差异仍是不可辩驳的事实。而类似鄂温克旗的这种教育成本的差异问题，至少在往往地广人稀的边疆少数民族地区是具有一定普遍性的。推而广之，由于"撤点并校"等政策的实行，这些地区的优质基础教育资源分布不均匀的情况更加突出。这就意味着越是贫穷的地区，为了获得一个受同样教育的机会，往往需要要付出比相对富裕的城市地区更多的人力、物力和财力，这不能不说是一个某种程度上的悖论。

四 传统民族文化

在传统民族文化方面，主要是希望了解受访者对当地传统民族或民俗文化的认知、文化传承，以及对文化保护工作的态度评价。

---

[1] 因年龄较小者不能在学校寄宿。通常的陪读方式，有亲戚的，可能会寄住在亲戚家；若没有，则可能会自己租房子，由爷爷奶奶或是父母中的一个陪同居住。

表 5 – 23　　　　　　　　　受访者对传统文化的认知

单位:%、个

	最具本地特色的传统文化类型	认为最重要的本民族文化类型	留存或传播较好的本民族文化类型	已经濒危失传急需恢复的文化类型	样本量
蒙古族					122
传统民居	17.97	17.46	5.74	56.03	
传统服饰	84.38	63.49	73.77	12.07	
传统节日	42.97	33.33	40.16	2.59	
人生礼仪	10.16	14.29	9.02	12.93	
传统文娱活动	42.19	33.33	32.79	12.93	
传统饮食	50.78	33.33	60.66	7.76	
道德规范	7.03	24.60	6.56	27.59	
人际交往习俗	7.03	21.43	9.84	21.55	
传统生产方式	3.13	11.11	10.66	50.86	
宗教活动习俗	20.31	19.84	19.67	30.90	
达斡尔族					134
传统民居	19.21	16.20	10.45	53.73	
传统服饰	50.33	47.18	44.78	42.54	
传统节日	53.64	44.37	40.30	12.69	
人生礼仪	11.92	19.01	16.42	17.91	
传统文娱活动	35.10	33.80	32.09	20.90	
传统饮食	40.40	30.90	34.33	13.43	
道德规范	6.62	16.20	8.96	14.18	
人际交往习俗	11.26	13.38	10.45	15.67	
传统生产方式	11.26	13.38	17.16	28.36	
宗教活动习俗	4.64	7.75	5.97	17.91	
鄂温克族					48
传统民居	21.43	18.87	7.84	47.92	
传统服饰	82.14	52.83	64.71	25.00	
传统节日	46.43	32.08	50.98	12.50	
人生礼仪	8.93	11.32	3.92	14.58	
传统文娱活动	37.50	20.75	25.49	8.33	
传统饮食	51.79	41.51	58.82	6.25	
道德规范	5.36	18.87	5.88	25.00	
人际交往习俗	7.14	28.30	15.69	16.67	
传统生产方式	1.79	11.32	9.80	52.08	
宗教活动习俗	17.86	20.75	17.65	39.58	

对"最具本地特色的传统文化类型"，蒙古族受访者选择比例排序是："传统服饰""传统饮食""传统节日""传统文娱活动""宗教活动习俗""传统民居""人生礼仪""道德规范""人际交往习俗"和"传统生产方式"。"认为最重要的本民族文化类型"中蒙古族前四位的排名与"最具本地特色的传统文化类型"完全一致，不同的是道德规范、人际交往习俗在"认为最重要的本民族文化类型"中的排名是第五、第六名，超出了"最具本地特色的传统文化类型"的排名顺序。"留存或传播较好的本民族文化类型"选择情况与"认为最重要的本民族文化类型"选择排序差异不大，但对"已经濒危失传急需恢复的文化类型"的排序是："传统民居""传统生产方式""宗教活动习俗""道德规范""人际交往习俗""人生礼仪""传统文娱活动""传统服饰""传统饮食和传统节日"。由此可见，当地蒙古族受访者对传统文化的精神层面有一定的需求。

达斡尔族受访者对"最具本地特色的传统文化类型"的选择比例排序是"传统节日""传统服饰""传统饮食""传统文娱活动""传统民居""人生礼仪""传统生产方式""人际交往习俗""道德规范""宗教活动习俗"。"认为最重要的本民族文化类型"和"留存或传播较好的本民族文化"中，前四位的排序完全一样，都是"传统服饰""传统节日""传统文娱活动和传统饮食"；宗教活动习俗的排序都是最后一位；而对传统生产方式、人生礼仪、道德规范、人际交往习俗的选择有所差异。对"已经濒危失传急需恢复的文化类型"的排序是：传统民居、传统服饰、传统生产方式、传统文娱活动、人生礼仪、宗教活动习俗、人际交往习俗、道德规范、传统饮食、传统节日。

鄂温克族受访者对"最具本地特色的传统文化类型"的选择比例排序是"传统服饰""传统饮食""传统节日""传统文娱活动""传统民居""宗教活动习俗""人生礼仪""人际交往习俗""道德规范""传统生产方式"。对"认为最重要的本民族文化类型"和"留存或传播较好的本民族文化类型"的选择排序差异不明显。从上述三方面看，鄂温克族的排列顺序与蒙古族较为近似。"已经濒危失传急需恢复的文化类型"的选择排序是"传统生产方式""传统民居""宗教活动习俗""道德规范""传统服饰""人际交往习俗""人生礼仪""传统节日""传统文娱活动""传统饮食"。

"其他"项中，填"语言"的最多，占总样本的5.4%。"语言"虽然没有被明确放置在民族或民俗文化的类别中，但从前面回答中可以看出，受访者自己填写的"其他"中最多的都是语言，其比例如上。可见，大家对语言的敏感度较高，保护语言的意识比较清晰。这一点在访谈过程中，以及与其他调查员的沟通中，大家都普遍认同这一点，受访者常常会主动提及语言的重要性。

蒙古族、达斡尔族和鄂温克族对当地政府的文化保护工作和国家的民族文化保护政策的满意度较高，普遍在80%以上。关于子女对本民族的语言、文化和风俗习惯的意愿方面（回答率95.8%），选择"愿意""较愿意"和"很愿意"的有效百分比都高于85%；在了解本民族/其他民族民俗文化的主要渠道方面（回答率98.8%），排在前三位的分别为：家庭、媒体（广播、电视、互联网等）、学校教育。

第五节　鄂温克族自治旗城乡受访者的社会生活

一　城乡公共设施

广播电视、网络等是现代国家基本公共设施的重要组成部分。鄂温克旗在城镇地区基本实现了全覆盖，在农牧区实行"户户通"政策，每户安装小型卫星接收器。呼伦贝尔地区位于祖国东北边疆，与蒙古和俄罗斯为邻。但数据显示，在广播电视节目信号方面，所有有效回答中，有93%的农业户口和非农业户口受访者表示收不到国外的电视信号，96.1%的农业户口和非农业户口受访者以收看国内的广播电视节目为主。

农业户口受访者对家庭外出常用的出行方式及交通工具的选择为（回答率为99.3%）："摩托车"（52%）、"公交车"（47.5%）、"步行"（29.5%）、"三轮车/拖拉机"（12.5%）、"小轿车""自行车"和"货运车"的选择比例都低于5%。城镇受访者的选择比例排序为："自行车"（46.53%）、"步行"（44%）、"公交车"（27.23%）、"摩托车"（19.8%）、"小轿车"（14.36%），"三轮车/拖拉机"和"货运车"的选择比例都低于3%。据笔者调查了解，对无私家汽车者来说，交通工具的使用在城镇和牧区有所区别，在城镇地区（南屯）的城内距离较近，大多数以步行为主，如果去海拉尔及以外地区则可能搭汽车；在牧区，摩托车应是最主要的交通工具。

　　关于其他方面的公共基础设施，本研究通过从 201 个城镇受访者和 190 个农村受访者家庭住址到这些公共设施的距离进行评估。距离被分为"小于 1 公里""1—3 公里""3—5 公里""5—10 公里""10 公里以上"五类，统计结果见表 5 - 24，可以看出城镇公共设施好于农村公共设施。在城镇公共设施中，公共卫生室或医院、活动中心（活动室、广场等）、幼儿园方面，比例最高的是距离"小于 1 公里"；而老年服务中心、小学、中学、治安设施（岗亭、警卫室等），比例最高的是距离介于"1—3公里"；公共厕所、残疾人无障碍及康复设施、运动场所及器材方面有近一半的受访者选择不知道。农业户口受访者中，公共卫生室或医院在 1—3 公里的比例最高，幼儿园、小学、中学、治安设施都是 10 公里以上的比例最高；公共厕所、活动中心（活动室、广场等）、老年服务中心、残疾人无障碍及康复设施、运动场所及器材方面选择"不知道"的农业户口受访者比例最高。

　　究其原因，可能是公共基础设施的分布城乡差异导致，农牧区的公共设施较差，通常只有"身兼数职"的村活动室和卫生室，教育机构、运动场所、治安设施、残疾人设施等往往要到乡镇，甚至是县城才有。各项公共基础设施的分布被过分集中在城镇地区，其中教育资源尤其如此，这是导致当地的受教育成本城乡有别的重要因素。这一点在前面已经提及。

表 5 - 24　　　　　　　　　受访者家庭距离公共设施的距离

单位:%

	非农业户口受访者家庭						农业户口受访者家庭					
	小于1公里	1—3公里	3—5公里	5—10公里	10公里以上	不知道	小于1公里	1—3公里	3—5公里	5—10公里	10公里以上	不知道
公共厕所	19.10	18.59	8.04	0.50	6.03	47.74	4.06	3.55	8.63	2.03	13.71	68.02
老年服务中心	26.26	32.32	9.60	2.02	3.54	26.26	4.19	7.85	7.85	1.05	13.09	65.97
公共卫生室或医院	38.42	31.03	17.24	2.46	6.40	4.45	29.15	21.11	13.07	6.01	25.63	5.03
活动中心	37.31	34.33	10.95	2.98	5.97	8.46	18.27	13.20	8.12	2.54	18.78	39.09
幼儿园	40.10	35.64	11.38	4.46	4.95	3.47	23.62	24.12	12.06	4.52	26.13	9.55
小学	33.83	35.32	11.94	4.98	8.46	5.47	20.00	19.49	10.26	1.01	24.62	24.62
中学	9.89	36.14	22.28	6.44	13.37	11.88	2.04	9.18	9.18	2.55	28.06	47.96
治安设施	16.00	28.00	16.50	4.00	7.00	28.5	20.71	23.23	15.15	4.04	27.27	9.60
残疾人无障碍及康复设施	12.94	15.92	3.48	2.49	5.97	59.20	1.05	4.21	6.32	0	13.16	75.26
运动场所及器材	19.29	17.77	9.14	4.06	5.58	44.16	6.84	10.52	12.11	0.53	13.68	56.32

此外，本调查针对农牧区基础设施设计了相关题目。农牧区的基础设施主要包括：公共厕所、路灯、卫设施（垃圾桶、保洁等）、老年服务中心、公共卫生室或医院、活动中心（活动室、广场等）、教育设施（幼儿园、小学等）、治安设施（岗亭、警卫室等）、残疾人无障碍及康复设施、运动场所及器材、村道等。

农业户口受访者在"您对本村下列公共基础设施使用效果的满意度"的题目中，除了"村道"外，其余各项基础设施的选择比例最高的都是"没有该设施"，即使是事实性普遍存在的如活动室、卫生室等同样如此。这既说明了农牧民们对这些设施的陌生，更说明了这些设施的使用情况是不尽如人意的。而受访者对"村道"的评价比较负面。比例最高的的是"非常不满"，有效百分比为 37.0%，有一半以上的人（54.8%）选择了"不太满意"和"非常不满"。

有 63.6% 的人认为村庄（嘎查）目前的基础设施无法满足需求。而在关于还需要加强哪些设施的开放式的问题中，经过归纳主要包括路、电、手机信号、路灯、冬季除雪设施等。其中出现频率最高的是"修路"，这和前面的基础设施满意度评价相吻合。可见，农牧民认为当前最重要和最急需的基础设施就是村道。此外，鄂温克旗各牧区地广人稀，全面通电、手机信号塔、冬季除雪等是牧区目前所面临的普遍问题，亟待改善。

受访者认为，本村基础设施建设存在的问题中，排在前三的是政府资金投入不足（67.6%）、领导不重视（52.9%）、自然环境约束和决策不透明（二者并列第三，比例均为为 26.2%）。可见，除了牧区特殊的自然条件外，牧民们将主要的问题归咎于政府，也寄希望于政府进一步改善相关设施情况。

二　城乡社会生活

（一）城乡受访者个人生活

宗教活动，是社会生活的重要组成部分。早期的蒙古族地区，以萨满教信仰居多，随后藏传佛教变成了主要宗教。在对受访者的个人宗教信仰情况的调查中（见表 5 - 25），回答率为 97.3%，选择没有宗教信仰的比例最高，有效百分比达到 70.3%，其次为佛教（主要指藏传佛教）24.9%，余者都比较少见。在"当地信众规模的发展趋势"的问题中，普遍的回答是"不知道"，但在有效回答中大多数都认为各宗教的信众在不断扩大，其中认为藏传佛教在不断扩大的人数最多，占总样本数的8.4%。

如果不考虑受访者不愿表露个人宗教信仰的情况，我们可以初步认为：有宗教信仰的比例不高，但宗教活动在复苏，信众也在不断增加。例如，锡尼河庙是鄂温克草原上主要的藏传佛教寺庙。自1984年复建以来，每年都要举办数次宗教活动，本团队在调查期间还有幸参加了锡尼河庙的相关庙会活动。

表5－25　　　　　　　　　　受访者宗教信仰情况

单位：人、%

	频数	有效百分比
伊斯兰教	4	1.0
佛教	98	24.9
道教	1	0.3
基督教	5	1.3
民间信仰	5	1.3
其他	1	0.3
没有宗教信仰	277	70.3
不知道	1	0.2
不想说	2	0.4
合计	394	100

在公益活动方面（回答率为61.0%），其选项中依次为："捐款捐物"（67.2%），"义务打扫社区、村的卫生"（24.3%），"参加环境保护活动"（16.2%），"义务献血"（14.2%），"义务照顾社区、村的孤寡老人"（7.3%），"义务参加专业咨询活动"（6.5%），"村内（或社区内）无偿帮工"（6.1%）。

关于休闲时间（工作后或晚上）"您经常参与的活动"的问题中（回答率为99.3%），90%的非农业户口受访者和92%的农业户口受访者选择"看电视或看电影"，51.74%的非农业户口受访者和45.77%的农业户口受访者选择"朋友聚会"，26.37%的非农业户口受访者和21%的农业户口受访者选择"娱乐消遣活动"，12.94%的非农业户口受访者和17.41%的农业户口受访者选择"民族文化类的文体活动"，23.38%的非农业户口受访者和15%的农业户口受访者选择"读书学习"，选择"宗教活动"

的非农业户口受访者只有 2%，农业户口受访者该比例是 4.96%，还有少数人在"其他"中填写了玩电脑、手机、十字绣、散步等。可见，看电影电视、聚会和娱乐消遣是当地人主要的休闲方式。

（二）地域间交往

在对外来人口的态度方面，有效回答率为 94.8%，将对外地人的态度与受访者户籍进行交叉制表后，得表 5 - 26。可以发现：其中持"非常欢迎"和"比较欢迎"态度的占 38%，持"不欢迎"和"非常不欢迎"态度的占 26.1%，即总体上看对外来人口持欢迎态度，明确表示不欢迎的有限。但分户籍来看则大有不同，农业户口中 25.0% 的人持欢迎态度，42.6% 持不欢迎态度，非农业户口中 50.5% 持欢迎态度，10.2% 持不欢迎态度。也就是说城镇居民更欢迎外来人口，而农牧民则更倾向于不欢迎外来人口。一般来讲，城市中外来人口较多，城市人也更容易产生排外情绪，但本调查揭示的情况却恰恰相反。

表 5 - 26　　　　　　　　　对外来流入人员的态度情况

单位：人、%

| | | 户籍 | | 合计 |
		农业	非农业	
非常欢迎	计数	8	38	46
	户口的百分比	4.3	19.4	12.0
	总数的百分比	2.1	9.9	12.0
比较欢迎	计数	39	61	100
	户口的百分比	20.7	31.1	26.0
	总数的百分比	10.2	15.9	26.0
不欢迎	计数	74	16	90
	户口的百分比	39.4	8.2	23.4
	总数的百分比	19.3	4.2	23.4
非常不欢迎	计数	6	4	10
	户口的百分比	3.2	2.0	2.6
	总数的百分比	1.6	1.0	2.6
视情况而定	计数	15	29	44
	户口的百分比	8.0	14.8	11.5
	总数的百分比	3.9	7.6	11.5

续表

| | | 户籍 | | 合计 |
		农业	非农业	
无所谓	计数	38	39	77
	户口的百分比	20.2	19.9	20.1
	总数的百分比	9.9	10.2	20.1
不知道	计数	8	9	17
	户口的百分比	4.3	4.6	4.4
	总数的百分比	2.1	2.3	4.4
合计	计数	188	196	384
	户口的百分比	100	100	100
	总数的百分比	49.0	51.0	100

如果对外来者持不欢迎态度，其原因排在前三位的是："破坏了当地的资源等自然环境""破坏了当地的生活环境"和"看不惯他们的行为举止"。如果对外来者持欢迎态度，其原因排在前三位的是："增加了当地劳动力市场中的劳动力""增强了民族间的交往"和"增加了当地的投资"。

调查中涉及的外来者不多，大约为20个，以城镇务工人员居多。他们对流入地的社会各方面评价普遍比较高（各方面的好评率普遍在80.0%以上），也大都有长期居住的打算。

结合笔者的调查，可以对城镇和牧区对外来者的不同态度的原因作出部分推测：即牧区的外来者不多，但生态环境脆弱，承载力有限，容易在生计资源方面产生竞争关系。更有打草季节大量雇用的外来者，牧民对他们的评价不高，主要有干活不力、价格高、生活习惯和文化价值差异大等。而以第二、第三产业为主的城镇地区则对外来的劳动力、资金有一定需求和吸纳能力，还可以繁荣市场、促进消费。

三　城乡社会发展

在社会发展方面，对受访者的主观看法进行了调查。在城市建设方面，如果遇到历史建筑（以旧的传统民居和祖屋为主）的改造拆迁问题（回答率为98.3%），44.2%的人认为应该"保持原貌不动"，8.6%的人认为应该"保持外形但内部可改造"，认为应该"拆迁"或是"异地重建"的比例为9.5%和1.3%，26.4%的人表示"不清楚"。总体上大家保护历史建筑的态度是比较明确的。

如果在城市拆迁中，自己的房屋被划入拆迁范围，那么相应的态度情况如表5-27所示（回答率为95.3%）。有效百分比最高的一项为"只要价钱合理就行"；"服从国家需要"的城乡受访者比例为21.78%和20.11%；"价钱再高不愿拆迁"的比例较低。可见，大多数人对城市建设中的正常拆迁工作是持支持态度的，但这与合理的拆迁价格、拆迁的方式方法有不小的关系。

当开发旅游资源和保护本民族文化遗产发生冲突时（回答率为97.8%），非农业户口受访者的34.17%认为应该"以发展经济为主，提高现代生活水平为主"；选择"保护本民族传统文化为主，不赞同过度商业化"的比例是49.25%；选择不好说的比例是16.58%。农业户口受访者中认为"保护本民族传统文化为主，不赞同过度商业化"的比例是56.35%，认为"以发展经济为主，提高现代生活水平为主"的比例是23.86%，选择不好说的比例是19.8%。可见，大家对民族传统文化有着较强的保护意识。

表5-27　　　　　　　　受访者对房屋被计划拆迁的态度情况

单位:%、个

	非农业户口受访者	农业户口受访者
只要价钱合理就行	57.92	42.39
价钱再高也不愿意拆迁	1.49	6.52
服从国家需要	21.78	20.11
看周围邻居态度	1.98	4.89
看拆迁工作的方式方法	16.83	26.09
样本量	202	184

对于由地方政府推出的一些关于体现本地发展特色或精神特色的口号，总样本中有81.0%的人表示不清楚，只有3.7%的人知道有。可见，地方政府的宣传力度有限，或是大家对政府的口号缺少足够兴趣。

在关于"2020年所在地区全面建成小康社会建设"方面（回答率为98.3），农业户口和非农业户口受访者有79%和78%的回答有信心或很有信心，有 17% 的非农业户口受访者和 15% 的农业户口受访者对此"没什么信心"。可见，大多数人对未来的社会发展是满怀信心的；在"没什么信心"的原因中（有效回答率为 19.5%），排名前四的为"经济收入提高慢"（72.2%）、"基础设施不足"（50.6%）、"扶持政策不到位"（43.0%）和"社会保障不完善"（40.5%）；为了加快本地建成小康社会，您认为应本地应采取的有效措施，排名前三的为"加快发展当地经济"（53.3%）、"中央政策应落实到位"（32.0%）和"应提高就业工资"（24.3%）。

四　城乡社会保障

在受访者家庭 2012 年所享受的政府补助中，有 50 户非农业户口受访者家庭和 40 户农业户口受访者家庭自报享受了政府补助。这其中有 34.7% 为低保户；1.7% 为军属；3.3% 为残疾人员，0.7% 为受灾人员，还有 64.7% 选择了"其他"。"其他"中最主要的是牧区的各种补助，如草场补贴、牛羊补贴、农机燃油补贴，以及少量的粮补等。关于受访者家庭在 2012 年共获得政府补助的金额方面，因为补助内容不同，相互之间有一定差异，但低保户和草场的补贴获取比较稳定。

农业户口和非农业户口受访者个人 2012 年度参加社会保险的情况如表 5-28 所示。非农业户口受访者参保率排序依次是："城镇居民基本医疗保险""城镇职工基本医疗保险""城镇职工养老保险""城镇居民养老保险""新型农村合作医疗保险""失业保险""农村居民社会养老保险""工伤保险和生育保险"；农业户口受访者参保率中"新型农村合作医疗保险、农村居民社会养老保险的参保率"分别为 96.26% 和 86.21%，其他险种的参保率都在 10% 左右或以下。

关于 2012 年度保险费用缴纳方面，职工的养老和医疗保险从工资卡上扣除，所以大部分人并不十分清楚。城镇居民的基本医疗保险个人缴费标准为 120 元/人，农村居民的新型农村合作医疗个人缴费标准为 60 元/人，城镇低保户和丧失劳动能力的残疾人可以免缴医保，而调查点锡尼河东苏木的布日都嘎查的医保全部由村委会出钱代缴。在受访者个人方面，城镇居民养老保险平均缴费额为 3996.03 元，农村居民社会养老保险平均缴费额为 116.77 元，城镇职工基本医疗保险平均缴费额为 158.68 元，新型农村合作医疗保险平均缴费额为 60.5 元；在家庭保险缴纳方面，城镇居民养老保

险平均缴费额为 4166.89 元，农村居民社会养老保险平均缴费额为 236.91
元，城镇职工基本医疗保险平均缴费额为 177.60 元，新型农村合作医疗保
险平均缴费额为 144.97 元。在 2012 年社会保险的领取方面，养老方面符合
条件者有限，故忽略不计，而医疗保险方面，将在下面分析。当然，这些
数据的得出仅凭当事人的记忆，准确性有限，仅供参考。

表 5－28　　　　　　　　　　受访者参加社会保险情况

单位:%、个

	受访者个人	
	非农业户口	农业户口
城镇职工养老保险	44.66	10.2
城镇居民养老保险	44.05	10.00
农村居民社会养老保险	16.00	86.21
城镇职工基本医疗保险	56.19	12.24
城镇居民基本医疗保险	74.60	16.33
新型农村合作医疗保险	24.36	96.26
工伤保险	6.35	2.17
失业保险	18.57	4.35
生育保险	4.69	2.17
样本量	78	126

　　在 2012 年，受访者家庭享受到的各项老年福利方面，总样本中有
7.2% 的家庭享有老年津贴，2.0% 的家庭享有老年贫困补助，0.5% 的家
庭享有文化性质的福利（包括免费/优惠图书馆、展览等），1.5% 的家庭
享有旅游休闲性质福利服务（包括免费/优惠公园门票、老年娱乐室、社
区老年活动设施），0.2% 的家庭享有公共交通福利服务（包括免费/优惠
公共交通等），8.4% 的家庭享有康复性质福利服务（包括免费/优惠体
验、老年护理等），还有 22.5% 的家庭表示享有其他的老年福利项目。
　　在医疗费用方面，2012 年个人医疗费用总支出情况，回答率为
92.1%，如表 5－29 所示：其中 0—500 元的比例最高，86% 以上的农业
户口和非农业户口受访者个人医疗费用支出集中在 5000 元以内。经过计
算，个人医疗费用平均支出为 3583.65 元，个人医疗费用报销平均为
1167.32 元，报销比例为 32.57%；2012 年家庭医疗费用总支出方面，回
答率为 96.8%，如表 5－29 所示：0—1000 元的比例最高，81.12% 的非
农业户口受访家庭和 77.04% 的农业户口受访家庭医疗费用支出集中在
10000 元以内。经过计算，家庭医疗费用平均支出为 10578.58 元，家庭

医疗费用报销平均为 3767.50 元，报销比例为 35.61%。

表 5 – 29　　　　　　　医疗费用个人及家庭总支出情况

个人总 支出（元）	非农业户口 受访者比例 （%）	农业户口 受访者比例 （%）	家庭总 支出（元）	非农业户口 受访者比例 （%）	农业户口 受访者比例 （%）
0—500	34.90	35.36	0—1000	22.96	17.35
501—1000	15.62	23.20	2001—3000	6.63	13.78
1001—2000	16.67	12.16	3001—5000	18.37	12.75
2001—3000	4.69	4.97	5000—10000	18.36	18.37
3001—5000	14.58	10.5	10001—20000	12.76	9.18
5001—10000	8.85	8.29	20001—50000	4.59	10.72
10001 以上	4.69	5.52	50001 以上	1.53	3.06
1001—2000	14.8	14.79			

　　相关社会保障项目的参与度方面，如表 5 – 30 所示。关于社会保障项目参与情况题目的回答率为 94.6%。我们可以发现，各项目的参与情况不同，在非农业户口受访者中，排名前三的分别为：城镇居民基本医疗保险制度（56.99%）、城镇职工基本医疗保险（38.71%）和城镇居民养老保险制度（34.41%）；在农业户口受访者中，排名前三的分别为：新型农村合作医疗制度（92.39%）、新型农村养老保险制度（67.51%）和农村低保制度（16.24%）。可见，医疗保险、养老保险和低保是大家参与比较多的社会保障项目，农村的参与情况要好于城镇，尤其是新型农村合作医疗制度表现最为突出。

　　关于满意度方面（满意度，包括"很满意"和"比较满意"两个选项的有效百分比之和），总体而言，满意度比较高。但也可以发现，大家对医疗保险的满意度最高，低保次之，养老保险的满意度最差；对各项目的覆盖范围满意度较高，而对保障水平和保障管理水平的满意度较低。这和笔者调查期间的印象也大体相符，医保方面，覆盖率较高，报销比较方便，大家比较满意，但对报销范围和比例有更高的期待；低保方面，鄂温克旗实行的是"城乡低保一体化"，2012 年城乡低保标准更由 280 元提高到了 370 元①，大家也比较满意；最受争议的是养老保险，领取养老金年

---

　　① 《2013 年政府工作报告》——2013 年 2 月 21 日在鄂温克族自治旗第十二届人民代表大会第二次会议上，鄂温克族自治旗人民政府网，http://www.ewenke.gov.cn/Item/Show.asp?m = 1&d = 14425。

龄推迟的消息沸沸扬扬，更加上缴费数额相对较高，大家的参与度相对有限，更多的人持一种观望的态度。

表 5－30　　　　　　　　　相关社会保障项目的参与情况

单位:%、个

	非农业户口受访者及 家庭成员参与度	农业户口受访者及 家庭成员参与度
新型农村养老保险制度	13.98	67.51
农村低保制度	8.60	16.24
城镇居民养老保险制度	34.41	4.06
城镇低保制度	19.35	2.54
城镇职工基本医疗保险	38.71	4.57
新型农村合作医疗制度	16.13	92.39
城镇居民基本医疗保险制度	56.99	6.60
样本量	190	179

五　生活评价

在社会生活评价方面，主要围绕受访者的生活水平、社会生活压力、社会安全感、社会公平感、社会冲突感等方面进行。

对目前生活水平的评价方面，如果与 10 年（或 5 年）前相比（回答率为 99.3%），非农业户口受访者的 30.2% 认为上升很多，49.5% 的受访者认为略有上升，11.88% 的受访者认为没有变化，选择略有下降的比例是 5.94%，认为下降很多的只有 0.5%，另有 1.98% 表示不好说。农业户口受访者中，选择上升很多的比例是 29.5%，选择略有上升的比例是 51.5%，没有变化的是 9%，略有下降的比例是 4.5%，下降很多的比例是 2.5%，还有 3% 的农业户口受访者表示不好说。

在未来的 5 年（或 10 年）中（回答率为 100%），非农业户口受访者中有 24.51% 的比例认为会上升很多，45.10% 的受访者选择略有上升，8.33% 的受访者认为没有变化，选择略有下降的比例是 3.43%，不好说的比例达到了 18.63%。农业户口受访者中认为会上升很多的比例是 26.87%，认为略有上升的比例是 37.31%，认为没有变化的比例是 6.96%，选择略有下降的比例是 0.5%，但选择不好说的比例达到了 28.36%。

可见，与过去几年相比，大家普遍认为最近的生活水平有了提升，而且对未来几年生活水平的持续改善比较有信心。

受访者本人对自己的社会经济地位的认知情况（回答率为99.5%），农业户口和非农业户口受访者中超过半数的比例选择自己处于中等（包括中上、中等和中下）水平，选择下等的非农业户口受访者比例是27.72%，农业户口受访者是17.41%。选择上等的农业户口和非农业户口受访者比例都不足2%。

在评价个人及家庭的经济、生活情况时（回答率98.5%），非农业户口受访者所选取的参照对象有所不同。非农业户口受访者中有27.64%的比例选择"说不清"，有23.62%的比例选择"亲戚朋友"，有21.61%的比例选择的是"县里的人"，有17.09%的比例选择"本乡村人"，其余的选择比例都低于3%。农业户口受访者中有64%的比例选择"本乡村人"，选择"说不清"的比例是17%，选择本乡村的同民族人的比例是9%，其余选项都低于3%。可见，对自身社会经济地位进行评价的时候，大家更倾向于同本乡村或社区，以及身边的亲戚朋友进行比较。

在最近生活中面临的社会生活压力方面，总体上社会生活压力如表5-31所示（回答率为98.0%）：非农业户口受访者表示压力很大的比例是17.26%，农业户口受访者此比例是10%；非农业户口受访者选择有压力的比例是43.65%，而农业户口受访者高出了近19个百分点，表示压力很小或没有压力的非农业户口受访者比例高出农业户口受访者近12个百分点。具体到8项具体生活内容，农业户口和非农业户口受访者选择压力很大或有压力比例之和的首位是经济压力，均为88%；非农业户口受访者之后的排序依次为："个人发展"（67%）、"医疗/健康压力"（60.2%）、"住房压力"（56.2%）、"孩子教育"（54%）、"社交压力"（36.68%）、"赡养父母压力"（35.35%）、"婚姻生活压力"（21%）。

农村受访者之后的排序为："医疗/健康压力"（62%）、"孩子教育"（46.27%）、"个人发展"（45.5%）、"住房压力"（36%）、"赡养父母压力"（30.5%）、"社交压力"（13.07%）、"婚姻生活压力"（8%）。比较而言，非农业户口受访者对于调查的9项内容感受到压力的比例大于农业户口受访者，在经济压力之后，农业户口和非农业户口受访者表现出了一定的差异。

表 5 – 31 　　　　　　　　　　总体社会生活压力、安全感和公平感

单位:%、个

总体社会安全感			总体社会公平感			总体社会生活压力		
安全	非农业户口受访者	农业户口受访者	公平	非农业户口受访者	农业户口受访者	压力	非农业户口受访者	农业户口受访者
很不安全	2.07	1.02	很不公平	2.97	0.50	压力很大	17.26	10.00
不太安全	8.29	4.59	不太公平	12.87	9.55	有压力	43.65	62.50
比较安全	54.40	79.08	比较公平	54.95	70.85	压力很小	28.93	23.00
很安全	24.87	13.78	很公平	13.86	5.03	无压力	10.16	4.50
不确定	10.37	1.53	不确定	15.35	14.07	样本量	197	200
样本量	193	196	样本量	202	196			

　　在社会生活的安全感方面，总体上的社会安全状况如表 5 – 31 所示（回答率96.0%）：农业户口受访者的安全感高出了非农业户口受访者近14 个百分点；而且非农业户口受访者中有 10.36% 对社会生活总体安全的状况持不确定的态度，但总体上的安全感都接近80% 或更高。非农业户口受访者感觉很安全和比较安全的排序依次为：人身自由（88.5%）、人身安全（86.63%）、个人和家庭财产安全（85.15%）、医疗安全（70.58%）、交通安全（69.95%）、个人信息（67.98%）、生态环境安全（65.52%）、隐私安全（65.51%）、食品安全（54.41%）。农业户口受访者相应的排序依次为：人身自由（96.48%）、个人和家庭财产安全（94.53%）、人身安全（94.52%）、个人信息（85%）、隐私安全（80%）、生态环境安全（70.64%）、医疗安全（62.69%）、食品安全（60.7%）、交通安全（55.72%）。可见，大部分人（86.1%）比较认可当地的社会安全状况，其中人身自由、人身安全与个人和家庭财产方面的认可度较高，而食品、交通、医疗和生态方面的安全感略差。

　　在社会公平感方面的总体评价，如表 5 – 31 所示（回答率 99.0%），非农业户口受访者认为总体上社会公平的比例是 68.81%，农业户口受访者该比例是 75.88%。具体到 10 项内容，非农业户口受访者认为公平的比例排序为：教育（78.33%）、医疗（76.96%）、住房（61.08%）、语言文字（75%）、社会保障（68.96%）、法律（65.17%）、信息（61.76%）、政治（59.61%）、政府办事（49.26%）、就业与发展

（46.8%）。农业户口受访者认为公平的比例排序是：教育（76.12%）、医疗（75%）、住房（73.5%）、社会保障（72.5%）、法律（72.63%）、语言文字（67.83%）、信息（65.66%）、政治（62%）、政府办事（47%）、就业与发展（42%）。

可见，总体上大家公平感较好，最差的是就业发展和政府办事方面，这和调查期间获得的印象相符，政府在医疗、养老等社保方面持续投入，大家能够明显感受到进步，但是普遍反映就业面狭窄，而在公务员选拔等方面又有民族差异，人数占比并不高的鄂温克族受到额外照顾，因而大家对政府办事和就业方面的公平性方面颇有微词。紧接着，在"当在生活中遭遇不公平时，您会通过哪些途径去解决"的问题中，排名前三的城乡受访者选项依次为："通过法律诉讼等渠道""无能为力，只有忍受""上访或集体上访"。

对于当前我国社会中存在的一些群体或地区间的冲突方面，受访者作出了自己的评价。选项包括"非常严重""有点严重""不算严重""完全不严重"和"不清楚"，笔者将"非常严重"和"有点严重"两项的有效百分比进行相加，用来表示相关冲突的严重程度。非农业户口受访者的选择比例排序如下：不同收入水平者之间（16.92%）、干群（15.84%）、医患（13.93%）、民族间（10.78%）、不同职业之间（10.34%）、不同受教育水平者之间（9.36%）、城乡居民间（6.93%）、不同宗教信仰者之间（6.9%）。农业户口受访者的选择比例排序为：干群（15.92%）、不同收入水平者之间（9.5%）、医患（7%）、民族间（5.53%）、不同宗教信仰者之间（5.47%）、不同职业之间（4.02%）、不同受教育水平者之间（2.99%）、城乡居民间（2.49%）。总体上认为有冲突的比例不到1/5，农业户口和非农业户口受访者前五位的选择比例排序基本一致。

有90.55%的非农业户口受访者和51.24%的农业户口受访者表示愿意在城镇或城市中生活（回答率99.3%）。主要的原因如表5-32所示（回答率66.7%），排在前三的是"生活便利""看病上学方便"和"挣钱机会多，收入高于农村"。在"假如您有进城工作或生活经历，您对城市有哪些不习惯的地方"的问题中（回答率为65.9%），农业户口受访者排名前三的为"各类开销多经济压力大"（60.7%）、"住房拥挤"（22.5%）和"文化水平和技能低而难以找到满意的工作"（18.4%）。

表 5 - 32　　　　　　　　　　愿意生活在城镇或城市的理由

单位:%、个

	非农业户口受访者	农业户口受访者
生活便利	67.22	52.22
挣钱机会多，收入高于农村	6.67	10
看病上学方便	13.33	24.44
文化生活丰富	1.68	6.68
社会地位高于农村	3.33	0
信息多，提高个人能力途径多	4.44	4.44
其他	3.33	2.22
样本量	180	90

六　民族关系

(一) 民族交往

在各民族的日常交往方面，有 79.4% 的人表示有三个以上"其他民族朋友"。在汉族受访者中，有 85.3% 愿意（包括"很愿意"和"比较愿意"）和少数民族的人聊天，83.8% 愿意和少数民族的人成为邻居，83.8% 愿意和少数民族的人一起工作，79.4% 愿意和少数民族的人成为亲密朋友，73.5% 愿意和少数民族的人结为亲家。在少数民族受访者中，愿意和汉族的人"聊天""成为邻居""一起工作""成为亲密朋友""结为亲家"的比例分别为 82.5%、78.2%、79.4%、76.8%、65.1%；愿意和其他少数民族的人"聊天""成为邻居""一起工作""成为亲密朋友""结为亲家"的比例分别为 88.2%、86.4%、86.4%、84.3%、71.1%。

可以发现：各民族之间日常交往的意愿比较强烈，交往意愿随着交往形式亲密度的上升而有所下降；少数民族与其他少数民族交往的意愿要强于同汉族的交往意愿，而汉族同少数民族交往的意愿居中。也就是说总体上各民族都非常愿意互相交往，但少数民族之间交往意愿要更强，在通婚方面最为谨慎。

在通婚方面，问卷中还设计了一道验证性题目——"您是否介意以下情况的通婚？"包括 6 种情况：女儿外嫁、儿子娶妻、孙女外嫁、孙子娶妻、姐妹外嫁、兄弟娶妻为其他民族。结果显示，大多数受访者并不在乎，而且 6 种情况之间没有明显差异，以"女儿外嫁其他民族"为例，其统计情况如图 5 - 3。可见，持"不太介意"和"不介意"态度的有效百分比为 79.9%，与前面题目中表示愿意通婚的比例大体相近。

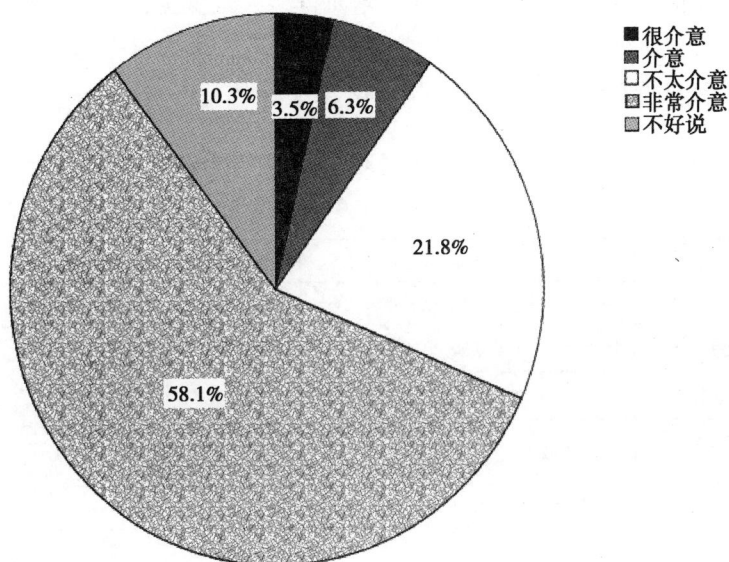

图 5 – 3　"您是否介意女儿外嫁其他民族"

（二）民族关系评价

就全国来看，农业户口和非农业户口受访者对下列时期不同民族间相互关系的评价情况如表 5 – 33 所示。总体而言，大家认为民族关系随着时间的推移，变得越来越好。但在最近五年，回答"不太好"和"很不好"的比例略有上升。

表 5 – 33　　　　　全国范围内，不同时期民族关系的评价

单位:%、个

	非农业户口受访者					农业户口受访者				
	好	一般	不好	说不清	合计	好	一般	不好	说不清	合计
改革开放前	45.81	11.82	7.88	34.49	100	43.28	13.44	1.99	41.29	100
改革开放初期	47.52	15.84	4.46	32.18	100	44.78	12.44	1.98	40.80	100
建立社会主义市场经济体制时期	54.46	11.39	3.97	30.22	100	47.26	11.94	1.49	39.31	100
最近五年	57.35	11.27	6.38	25.00	100	59.70	10.95	1.99	27.36	100
样本量	180					90				

就本地（本县、县级市、区）来看，"您对下列时期不同民族间相互关系的评价"如表 5 – 34 所示。总体而言，大家认为民族关系随着时间的推移，变得越来越好。根据回答情况来看，尽管 2008 年以来中国总体民族关系问题不断，但本地受到影响不大，民族关系持续改善。

表 5 – 34　　　　　　　　本地范围内，不同时期民族关系的评价

单位:%、个

	非农业户口受访者					农业户口受访者				
	好	一般	不好	说不清	合计	好	一般	不好	说不清	合计
改革开放前	46.31	12.31	6.90	34.48	100	46.73	13.57	2.01	37.69	100
改革开放初期	50.74	13.79	2.46	33.01	100	48.0	12.00	2.50	37.50	100
建立社会主义市场经济体制时期	57.92	12.87	0.99	28.22	100	50.0	17.50	1.50	31.00	100
最近五年	67.98	11.82	0.99	19.21	100	65.50	15.50	2.0	17.00	100
样本量	180					90				

七　民族认同

在民族认同方面（回答率 95.1%），既认同本民族也认同中华民族的双重认同比例最高，达 45.7%，更加认同本民族的只有 8.1%，更有 29.4% 的人更加认同中华民族。通过受访者的民族身份与民族认同选择的交叉分析后得出表 5 – 35，可以看到蒙古族对本民族的认同（11.2%）要略微高于其他少数民族，对中华民族的认同（26.4%）则略微低于其他少数民族，持双重认同的（42.4%）也要低于达斡尔族和鄂温克族。也就是说，虽然各民族之间的认同情况的差异较小，但相比而言蒙古族的本民族认同感要稍强。

在"如果外国人问您的民族身份，您回答的排序"的问题中（回答率 87.4%），79.7% 的人选择中国人优先，只有 6.8% 的选择本民族优先。可见，在特定场景下，即有中国人以外的"他者"存在的情况下，受访者首先想到的是"中国人"的身份，这也很好地说明了受访者有较高的国民身份认同。

此外，在针对少数民族的题目中，有 76.4% 的人认为民族身份在对当地社会交往、工作就业、日常生活中没有不便利的问题（回答率

86.7%)。在少数认为有不便之处的开放式回答中，主要集中在：各民族间优惠政策的差别对待（如公务员选拔、高考加分等），以及语言带来的沟通困难。另外，有73.4%的人认为民族身份在外出旅行、出国时没有不便利的问题（回答率86.2%）。在少数认为有不便之处的开放式回答中，主要集中在语言沟通方面。

因此，根据本调查的抽样来看，当地尤其是少数民族群体中，持本民族与中华民族的双重认同较多，同时中华民族认同要强于本民族认同，在必须作出选择或是面对他者（外国人）时，更多地倾向于中华民族或中国人的身份。同时，各少数民族内部的差异不太明显。民族身份对日常生活的各个方面有一定影响（如语言、政策差别待遇），但影响比较有限。

表5-35　　　　　　　　当前我国民族意识的发展趋势

单位：人、%

		各民族更加认同本民族	更加认同中华民族	既认同本民族也认同中华民族	不清楚	合计
汉族	计数	5	14	16	11	46
	比例	10.9	30.4	34.8	23.9	100
蒙古族	计数	14	33	53	25	125
	比例	11.2	26.4	42.4	20.0	100
达斡尔族	计数	6	43	80	21	150
	比例	4.0	28.7	53.3	14.0	100
鄂温克族	计数	5	19	24	7	55
	比例	9.1	34.5	43.6	12.8	100
合计	计数	31	113	176	65	385
	比例	8.1	29.4	45.7	16.8	100

第六节　鄂温克族自治旗城乡受访者的政策评价

一　扶贫政策

在当地政府（旗政府）实施的扶贫政策中，90位农业户口受访者认为的整体效果满意度方面见图5-4，回答率为83.0%。其中3.6%的有效受访者表示"很满意"，51.8%认为"满意"，10.7%表示"不满意"，

1.2%“很不满意”，同时也有 32.7% 的人表示对相关政策“不清楚”。满意度，包括“非常满意”和“满意”两项的有效百分比，相加后为 55.4%。

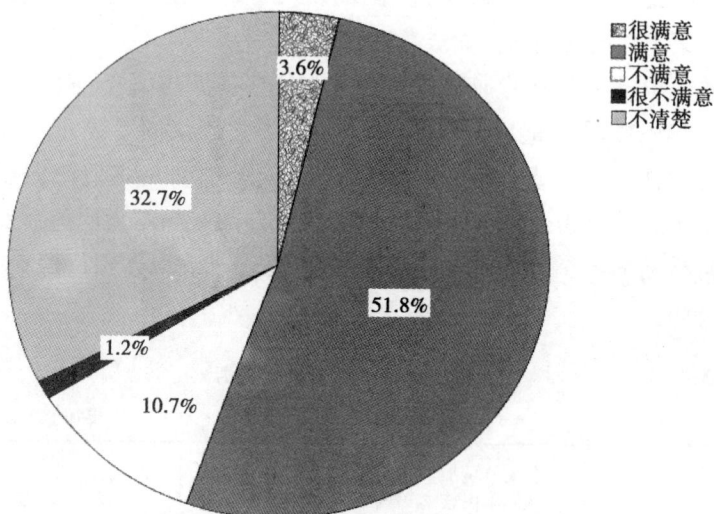

图 5 - 4　农业户口受访者对扶贫政策的评价

　　具体而言，针对当地政府（旗政府）实施的具体扶贫政策及其满意度问题（回答率 93.1%），如表 5 - 36 所示。可以看到，有 79.8% 认为实施了“村村通工程”，满意度为 79.0%；76.9% 认为实施了“退耕还林还草补助工程”，满意度为 63.1%；73.5% 认为实施了“两免一补”政策，满意度为 81.2%；66.3% 认为实施了道路修建和改扩建工程，满意度为 52.0%；61.3% 认为实施了电力设施建设工程，满意度为 68.3%；53.1% 认为实施了卫生设施建设项目，满意度为 56.6%。其余各项的被选率均低于 50.0%，其中“扶贫培训工程”“基本农田建设工程”“移民搬迁工程”等项目被选率垫底，可能属于没有实施或是实施力度和效果比较有限。

　　由此可见，虽然地方政府实施了许多扶贫方面的政策和项目，但具体实施情况各不相同，满意度有一定差异，其中排在前三位的是“‘两免一补’政策”“村村通工程”“电力设施建设工程”，其他各项的满意度维持在 40%—60%，综合满意度为 55.4%。可见大家对实施效果仍然有一定的期待，相关政策还有进一步改善的空间。

表 5 - 36   农业户口受访者当地政府扶贫政策实施情况及其满意度

单位:%

项目	政策实施	满意度
移民搬迁工程	30.2	44.7
"两免一补"政策	73.5	81.2
扶贫工程生产项目	36.1	51.9
退耕还林还草补助工程	76.9	63.1
道路修建和改扩建工程	66.3	52.0
基本农田建设工程	28.6	36.4
电力设施建设工程	61.3	68.3
人畜饮水工程	39.3	40.1
技术推广及培训工程	34.0	46.0
资助儿童入学和扫盲教育项目	45.1	67.1
卫生设施建设项目	53.1	56.6
种植业/林业/养殖业扶贫金	32.9	44.4
村村通工程(广播电视/道路/通信网络)	79.8	79.0
教育扶贫工程	41.1	61.9
牧区扶贫工程	44.3	48.5
扶贫培训工程	22.8	31.0

注:样本量均为87。

二 民族政策

整体上,对当前政府实施的民族特殊优惠政策的满意度情况(回答率为98.8%),显示绝大多数表示很满意和满意,但在民族间和城乡间有一定的差异。鄂温克族非农业户口受访者的满意度最高,而鄂温克族农业户口受访者的满意度最低,达斡尔族农业户口和非农业户口受访者的满意度均位于中间,蒙古族的非农业户口受访者满意度最低但农业户口受访者满意度最高。

总体上,农业户口和非农业户口受访者对以计划生育和高考加分为主的各项民族优惠政策比较满意。具体而言,在少数民族地区及少数民族实行的计划生育政策方面(回答率为99.5%),满意比例超过了半数,但对于农业户口受访者而言,蒙古族和鄂温克族受访者表示不好的比例都在10%以上。

但调查中我们发现，在公务员及事业单位的考试选拔过程当中，针对少数民族的优惠政策引起的争议比较大，这些优惠政策不仅汉族与少数民族有别，少数民族内部也有区别，更加倾向于对官方自治主体民族即鄂温克族的照顾加分。这样不仅汉族，其他非鄂温克少数民族也有不小的意见，尤其是鄂温克族人口占比甚至要小于蒙古族、达斡尔族的情况下。如何在民族自治地方权衡自治主体民族和其他少数民族的优惠政策，既考虑自治主体民族的特殊性，又要兼顾同等生活水平下的各民族公平性，亟待探讨和解决。

表 5 - 37　　　对当前政府实施的民族特殊优惠政策的评价

单位:%

	非农业户口受访者			农业户口受访者		
	蒙古族	达斡尔族	鄂温克族	蒙古族	达斡尔族	鄂温克族
当前政府实施的民族特殊优惠政策						
满意	63. 46	66. 23	80. 85	82. 67	70. 89	63. 89
不满意	21. 16	14. 29	14. 39	4. 00	6. 33	8. 34
不清楚	15. 38	19. 48	4. 76	13. 33	22. 78	27. 77
合计	100	100	100	100	100	100
民族地区的计划生育政策						
好	73. 08	67. 53	80. 95	67. 11	71. 25	59. 46
一般	13. 46	12. 99	14. 29	5. 26	12. 50	16. 22
不好	0	6. 49	0	13. 16	3. 75	18. 92
不清楚	13. 46	12. 99	4. 76	14. 47	12. 50	5. 40
合计	100	100	100	100	100	100
民族地区的高考加分政策						
满意	71. 15	79. 21	80. 95	69. 74	54. 43	63. 89
不满意	7. 69	6. 50	9. 52	3. 95	8. 86	2. 78
不清楚	21. 16	14. 29	9. 53	26. 31	24. 05	27. 78
合计	100	100	100	100	100	100
少数民族的高考加分						
满意	76. 92	81. 82	85. 72	82. 90	80. 00	77. 15
不满意	3. 85	5. 20	9. 52	2. 63	3. 75	5. 71
不清楚	19. 23	12. 98	4. 76	14. 47	16. 25	17. 14
合计	100	100	100	100	100	100

续表

	非农业户口受访者			农业户口受访者		
	蒙古族	达斡尔族	鄂温克族	蒙古族	达斡尔族	鄂温克族
城镇少数民族高考加分						
应该	69.81	76.32	85.00	82.67	73.42	80.56
不应该	13.24	9.21		2.67	5.06	5.56
不清楚	16.95	14.47	15.00	14.66	21.52	13.88
合计	100	100	100	100	100	100
样本量	53	77	21	76	80	36

三　退牧还草政策

目前，参与实施过"退牧还草"的农牧区家庭有 75 户，占总样本的 18.5%，占拥有草地家庭（176 户）的 42.61%。关于该政策的开始实施的年份，在有效回答中（回答率 15.8%），最早为 1990 年，最晚为 2013 年，其中 62.5% 是从 2011 年开始参与的。

关于家庭参与"退牧还草"面积的情况（回答率 16.0%），如表 5-38 所示：0—100 亩占 10.8%，101—300 亩占 21.5%，301—500 亩占 33.8%，501—800 亩占 27.7%，800 亩以上占 6.2%。计算后，平均面积为 466.34 亩，最少为 10 亩，最多为 2000 亩。有 50 户表示在 2013 年该政策继续实施，只有 3 户家庭有新增面积，分别新增了 200 亩、337 亩和 420 亩；有 4 户表示 2013 年没有继续实施，各有两户分别从 2012 年和 2013 年开始停止参与。

表 5-38　　　　　　　　退牧还草面积情况

单位：人、%

	频数	有效百分比
0—100 亩	7	10.8
101—300 亩	14	21.5
301—500 亩	22	33.8
501—800 亩	18	27.7
800 亩以上	4	6.2
合计	65	100

关于补贴标准（有效回答为 60 户，回答率 14.8%），其中 45% 认为是 9.00 元/（亩·年）；家庭获得的实际补贴收入中，平均值为 3123.51元，最少为 2.30 元，最高为 1.6 万元。在有效回答中（回答率 17.5%），77.5%（55 户）的人认为当地有关部门并没有组织过对"退牧户"的职业培训，22.5%（16 户）认为有；其中有 12 户表示参加过类似的职业培训；主要的培训项目有："造林种草"（2 户）、"畜牧业和养殖业"（5户）、"劳务（外出务工）培训"（7 户）、"其他"（1 户）。

关于"退牧还草"政策的总体效果方面如表 5 - 39 所示，所有有效回答者中（69 户），持正面评价（认为"非常好"和"比较好"）的达到76.80%。在有效受访者中（回答率 17.5%），49.30% 认为"退牧还草"政策在未来应该"扩大面积和提高补充标准"，32.40% 认为应该"保持现状"，只有 1.40% 认为应该"停止执行"，也有 16.90% 的人表示"不清楚"。

总体而言，"退牧还草"的政策在当地牧民中是深得人心的。根据调查发现，牧民对此项政策的参与积极性很高，一是可以保护草场，二是可以获得相关经济补助。但"退牧还草"范围是由上级统一划定的，并非所有希望参与者都能够如愿。

表 5 - 39　　　　　　　　　　对未来政策走向的期望

单位：人、%

	频数	有效百分比		频数	有效百分比
非常好	9	13.00	扩大面积和提高补充标准	35	49.30
比较好	44	63.80	保持现状	23	32.39
一般	10	14.50	停止执行	1	1.41
不太好	5	7.20	不清楚	12	16.90
很差	1	1.40	合计	71	100
合计	69	100			

四　对地方政府的相关评价

在对地方政府（旗政府）应对突发事件的能力的满意度方面，各个具体题目的有效回答不尽相同但都在 400 例左右，回答率较高。满意度，是指"很满意"和"满意"两项的有效百分比之和。农业户口和非农业户口受访者对群体性突发事件有54%和77%表示不清楚，对于暴力恐怖事件有64%的非农业户口受访者和91.5%的农业户口受访者表示不清楚。可见当地的群体性突发事件和暴力恐怖事件比较少，至少受访者缺少明确的印象。总体而言，受访者对当地政府应对相应突发事件能力是比较认可的。非农业户口受访者的满意度如下："自然灾害事件"（66.83%）、"生产安全事故"（55.50%）、"传染病及公共卫生事故"（64%）、"一般性社会治安事件"（65.67%）。农业户口受访者各项的满意度如下："自然灾害事件"（67.66%）、"生产安全事故"（40.80%）、"传染病及公共卫生事故"（48.76%）、"一般性社会治安事件"（64.18%）。

在对地方政府（旗政府）各项工作的效果评价方面，同样各个具体题目的有效回答不尽相同但十分接近，都在400例以上，回答率较高。同样，为了对各项工作进行有效评价，笔者用"好评度"（将"很好"和"比较好"两项的有效百分比相加）作为衡量标准。非农业户口受访者好评比例高低排序为："提供义务教育"（87.56%），"提供公共医疗卫生服务"（75.86%），"为群众提供社会保障"（75.12%），"打击犯罪维护社会治安"（71.14%），"坚持为人民服务"（66.01%），"为中低收入者提供廉租房和经济适用房"（61.81%），"保护环境治理污染"（56.44%），"政府办事效率"（54.19%），"依法办事、执法公平"（46.77%），公开、"公平、公正选拔干部和官员"（45.54%），"发展经济增加人们的收入"（45.54%），"廉洁奉公，惩治腐败"（38.31%），"扩大就业、增加就业机会"（37.62%），"政府信息公开、提高政府工作的透明度"（36.63%）。

农村受访者的排序为："提供义务教育"（81%），"提供公共医疗卫生服务"（70.65%），"为群众提供社会保障"（69.65%），"坚持为人民服务"（66.48%），"打击犯罪维护社会治安"（62.19%），"依法办事、执法公平"（44%），"政府办事效率"（43.50%），"公开、公平、公正选拔干部和官员"（38.81%），"为中低收入者提供廉租房和经济适用房"（38.81%），"发展经济增加人们的收入"（36.82%），"廉洁奉公，惩治腐败"（28.36%），"政府信息公开、提高政府工作的透明度"（27.50%），"扩大就业、增加就业机会"（22.61%）。由此可见，教育、医疗和社会保障方面，获得认可度比较高；而就业机会、政府透明度和惩治腐败3个方面，则是好评度较低的3个方面，需要进一步改进。

第七节　简要结论

　　综上所述，在抽样问卷调查的基础上，笔者对内蒙古鄂温克族自治旗 2012 年度的经济社会发展状况进行了简要的描述和分析。本报告主要包括调查与样本概况、经济生活、人口流动与就业、语言文化与教育、社会生活与社会保障、民族关系与民族认同、相关政策及其评价等 7 个方面的内容。通过调查与分析，我们对鄂温克族自治旗的社会经济方面，得出了以下的一些初步结论。

　　地处呼伦贝尔草原南端的鄂温克旗是一个牧业旗，在土地方面主要以牧草地为主。在家庭经济中，农业户口受访者家庭均值为 63963.48 元，人均收入为 19741.81 元；非农业户口受访者家庭均值为 45249.17 元，人均收入为 13965.79 元。显然受访者中农业户口比非农业户口的收入要高。在家庭支出上，农业户口受访者家庭平均支出为 78048.13 元，人均支出为 24088.93 元，非农业户口受访者家庭平均支出为 41511.73 元，人均支出为 12812.26 元。和家庭收入的情况相似，农业户口家庭和个人的平均支出要高于非农业户口，而且差距明显，农业户口受访者家庭和个人平均支出将近非农业户口受访者的 2 倍。在本次调查中，家庭支出水平略高于家庭收入水平。但是城乡有别，牧区的支出高出收入很多，但城镇的支出略低于收入。简单来讲就是，牧区农牧民挣得多，但花得更多，城镇居民挣得少，但花得也更少。

　　在人口流动与就业方面，调查样本的人口流动率为 16.3%，流入地以本自治区为主，流动性有限；样本中处于失业或待业状态的占 19.0%，这也说明就业面比较狭窄，就业形势相对严峻；在就业途径中，友缘的作用高于亲缘和地缘的作用，而"公开考试"的方式也越来越被大家所接受，在城镇地区被认为是最主要的就业途径。

　　在语言文化与教育方面，受访者对语言和传统民族文化的认同感强，保护意识明确，但汉语和蒙语的地位比较强势，少数民族语言文字及其他民族文化的保护和传承工作亟待加强，双语教育的内容和方式有待于进一步拓展；教育资源的分布严重不均，城乡差距大，牧区的教育成本要大于城镇地区。

　　在社会生活与社会保障方面，牧区和城镇的公共基础设施差距显著，对牧区的生产生活和教育等多方面有着不小的影响；不同地域、职业和民族间交往频繁，总体上对外来人口持欢迎态度，城镇居民比农牧民对外来人口欢迎度更高；医疗保险、养老保险和低保是大家参与比较多的社会保障项目，农牧区的参与情况要好于城镇，尤其是新型农村合作医疗制度覆盖率比较高，社会保障方面获得评价也较高；与前几年相比，受访者普遍认为个人生活水平有了提升，对未来生活水平的持续改善有信心；总体上有 2/3 的受访者感到有社会生活压力，社会安全感和社会公平感比较高，民族关系和谐，但其中干群矛盾、贫富差异和医患纠纷需要引起各界关注。

在民族关系与民族认同方面，总体上各民族都非常愿意互相交往，但少数民族之间的交往意愿稍强一些，而在通婚方面表现比较谨慎；民族身份对日常生活的各方面有一定影响（语言、政策差别待遇等），但比较有限；当地的民族关系比较和谐，受访者认为当地和全国的民族关系随着时间的推移，都变得越来越好，但最近五年来全国的民族关系趋于紧张；在当地人尤其是少数民族群体中，持本民族与中华民族的双重认同者较多，同时中华民族认同要强于本民族认同，作为中国人的国家和国民身份认同强烈；不同少数民族内部的认同情况差异不大，但相对而言，蒙古族的本民族认同感稍强。

政府的相关政策及其评价方面，扶贫、退牧还草、民族优惠与扶持和社会保障等相关政策方面，整体满意度较高，但在公务员和事业单位公开招聘中的民族区别存在一定争议；对地方政府应对突发事件的能力比较满意；对政府的工作效果评价上，教育、医疗和社会保障方面获得认可度较高，而扩大就业机会、增加政府透明度、惩治贪腐等方面，还有相当大的改进空间，在其他的一些政策的执行力度、实施效果及某些细节方面还难以满足大家的期待。

最后，基于问卷数据和调查期间的一些感性认识，出于对当地经济社会各方面进一步发展的关心和期许，笔者提出几点简单的建议：加强公共基础设施均质化建设，逐渐消弭牧区和城镇地区的差距，尤其的教育资源分布不均的问题，亟待引起关注；强化保护以少数民族语言文字为核心的传统民族文化，在双语教育的形式和内容上进行积极探索；继续强化以医疗和养老为主的社会保障工作，合理引导就业方式并进一步拓宽就业渠道；同时，努力做好政府自身的职能和作风转变，以及透明度建设，加强干群之间的沟通，重点抓好各项政策的改进和落实工作。

第六章

内蒙古伊金霍洛旗问卷调查分析报告

近年来，内蒙古鄂尔多斯市伊金霍洛旗秉承"转型发展、统筹发展、和谐发展"的理念，以创新的思维和举措，走出了独具特色的科学发展道路，创造了令人瞩目的发展速度。特别是"十一五"期间，伊金霍洛旗综合实力显著提升，可持续发展能力不断提高，经济发展的民生效益更加凸显，县域经济基本竞争力跃居全国百强县第29位，跻身中国西部最具投资潜力百强县（市、区）前3位。"21世纪初中国少数民族地区经济社会发展综合调查"选取伊金霍洛旗为调查对象之一，在伊金霍洛旗的阿勒腾席热镇、纳林陶亥镇、苏布尔嘎镇和伊金霍洛镇，通过抽样选取403户家庭作为问卷调查的对象。调查的内容包括受访者家庭的经济情况、受访者的工作情况、当地民族文化与教育政策、生活状况等方面。

第一节 伊金霍洛旗城乡受访者基本情况

内蒙古鄂尔多斯市伊金霍洛（汉意为"圣主的院落"）旗，地处内蒙古呼和浩特市、包头市、鄂尔多斯市"金三角"腹地，总面积5600平方公里，辖阿勒腾席热镇、纳林陶亥镇、苏布尔嘎镇等7个镇，138个行政村。2011年年末全旗总人口167004人，总户数72214户。总人口按农业、非农业分，农业人口125727人，非农业人口41277人；按民族分，汉族154002人，少数民族13002人，占全旗总人口的7.78%。全年出生人口2292人，出生率为13.84‰；死亡人口573人，死亡率为3.46‰；自然增长率为10.38‰。[①] 伊金霍洛旗资源富集，交通便捷，人文独特，为国家

---

① 伊金霍洛之窗，http：//www.yjhl.gov.cn/zjyq/。

重要的能源重化工基地之一，系鄂尔多斯市城市核心区的重要组成部分，是一代天骄成吉思汗的长眠之地，也是集铁路、公路、航空于一体的鄂尔多斯及周边地区的重要立体交通枢纽。

本次调查共获得 403 个样本。在 403 个受访者中农业户口 332 人，非农业户口 70 人；男性受访者 252 人，女性受访者 151 人；只有两个民族：汉族 256 人，蒙古族 147 人，蒙古族占调查总人数的 36.5%。

表 6-1　　　　伊金霍洛旗农业户口和非农业户口受访者基本情况

单位:%、个

	农业户口					非农业户口				
	全体	汉族	蒙古族	男性	女性	全体	汉族	蒙古族	男性	女性
未上学（%）	19.39	15.76	25.2	16.2	25.44	14.29	14	15	11.78	16.68
小学（%）	30.61	30.54	30.71	29.63	32.46	8.56	12	0	2.94	13.89
初中（%）	37.27	40.39	32.28	41.67	28.95	31.43	36	20	32.35	30.56
高中（%）	5.46	4.93	6.3	6.02	4.38	31.43	22	55	38.23	25
大学专科（%）	6.06	6.9	4.72	5.56	7.02	10	10	10	8.82	11.11
大学本科及以上（%）	1.21	1.48	0.79	0.92	1.75	4.29	6	0	5.88	2.78
样本量（个）	330	203	127	216	114	70	50	20	34	36

从农业户口和非农业户口受访者的受教育程度来看，非农业户口受访者的平均受教育年限是 9.3 年，农业户口受访者的平均受教育年限是 6.9 年。在农业户口受访者中拥有初中教育水平的人最多，达到所有样本的 37.27%，小学水平占 30.61%，未上学的占到 19.39%，这三个教育层次所占比重为 87.27%，高中及以上的受访者占 12.73%，由此可以看出农业户口受访者的教育水平偏低；非农业户口受访者中初中和高中（包括中专、职校）的比例均为 31.43%，大学专科和本科及以上的比例分别为 10% 和 4.29%。农业户口汉族受访者的平均受教育年限是 7.3 年，蒙古族受访者平均受教育年限是 6.3 年；汉族受访者中未上学比例明显低于蒙古族受访者，初中比例高于蒙古族受访者；农业户口男性受访者的受教育年限是 7.2 年，女性受访者的受教育水平是 6.4 年。非农业户口受访者中蒙古族平均受教育年限是 9.9 年，汉族受访者平均受教育年限是 9 年；蒙古族受访者的高中比例达到了 55%，明显高出汉族该比例 22%，非农业户口男性平均受教育年限是 9.94 年，女性平均受教育年限是 8.69 年。伊金霍洛旗受访者的教育水平普遍较低，一方面是由于伊金霍洛旗属于我国

西部地区，教育资源较为匮乏；另一方面是由于本次调查受访者是以家庭的户主为主，这些人大多数出生在 20 世纪 80 年代以前，受当时社会整体教育状况的影响，这部分人的教育程度偏低。

403 份有效问卷表明，受访者身体状况较为良好，其中残疾人共 13人，大部分可以享受政府的残疾补贴。受访者在 2012 年居住于伊金霍洛旗的主要原因是他们的户籍就在这里，共 349 人，占 89.3%；务工经商15 人，占 3.7%；拆迁或搬家 19 人，占 4.7%；婚姻嫁娶 6 人，占1.5%；投亲靠友 2 人，占 0.5%；还有 12 人注明他们居住在当地是由于照顾孩子上学、看病等原因。

如表 6-2 所示，403 份有效数据表明，城乡家庭以 3 人和 2 人家庭为主，农村家庭人口 4 人、5 人及以上的比例均高于城镇家庭，尤其是 5 人及以上的农村家庭比例为 16%，高出城镇家庭近 12 个百分点。根据《2010 年第六次全国人口普查主要数据公报》，家庭户人口大陆地区 31 个省、自治区、直辖市共有家庭户 401517330 户，家庭户人口为 1244608395 人，平均每个家庭户的人口为 3.10 人，比 2000 年第五次全国人口普查的 3.44 人减少 0.34 人。[①] 本次调查的平均家庭成员规模是 3.16 人，略高于全国的平均水平。这表明当地政府和群众较好地坚持了人口和计划生育政策。伊金霍洛旗人口和计划生育局也在不断完善宣传教育、技术服务、依法行政、利益引导等方式方法，有效地提升了广大人民群众对人口和计划生育政策的知晓率和满意度。例如，在伊金霍洛旗广播电台、电视台开办计生专题，在《伊金霍洛报》开设"人口计生"专栏，深度报道全旗人口计划生育工作亮点、措施、成绩、经验，在全旗营造良好的人口舆论氛围。

表 6-2　　　　　　　　　　　　受访者家庭规模

单位：人、%

家庭人口	农村	城镇
1	4.82	1.43
2	35.24	21.43
3	31.93	51.43
4	23.19	21.43
5 人及以上	4.82	4.28
样本量	332	70

①　《2010 年第六次全国人口普查主要数据公报》，http://www.gov.cn/test/2012-04/20/content_2118413.htm。

第二节　伊金霍洛旗城乡受访个人和家庭的经济状况

一　土地拥有情况

从自报家庭拥有的耕地面积来看，32.1%的家庭拥有5—10亩耕地，几乎占了1/3；有24.4%的家庭拥有不到5亩耕地，受访者家庭拥有20亩以上耕地的占20.1%，而家庭拥有10—20亩耕地的共占23.4%。310户农村家庭人均拥有耕地的结果表明，当地人均占有耕地4.12亩。对于耕地的使用，有61.2%的家庭选择自己经营，当问及出租耕地多少亩时，95.4%的居民没有选择出租。

家庭耕地面积

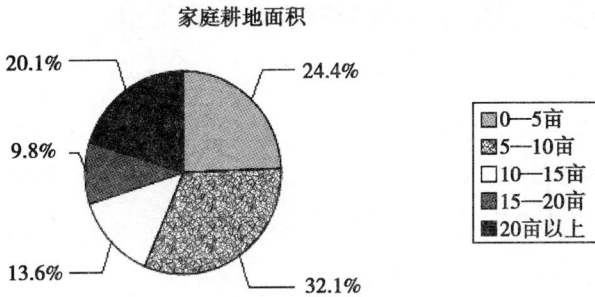

图6-1　家庭耕地面积情况

从园地情况来看，有99.4%的农村家庭没有园地；0.3%的家庭拥有160亩园地；另外0.3%的家庭拥有210亩园地。从山地情况来看，有96.1%的农村家庭没有山地，有山地的家庭中，山地的拥有情况也有很大的差异，受访者家庭的山地面积最多达到200亩，最少只有3亩。

在家庭拥有牧草地的调查中，36.3%的家庭拥有牧草地的面积在100亩以下；27.6%的家庭拥有400亩以上的牧草地；受访者家庭拥有100—200亩牧草地的占15.5%；家庭拥有200—300亩牧草地的占12.1%；拥有牧草地在300—400亩的家庭只占8.5%。通过与家庭拥有耕地面积比较发现，受访者家庭拥有的耕地面积远远小于牧草地的面积。受访者人均占有牧草地71.84亩。对于牧草地的使用，有43.9%的家庭选择自己经营；只有0.3%的家庭选择出租牧草地。从民族维度来看，汉族家庭拥有的牧草地在0—300亩阶段明显高于蒙古族家庭拥有的牧草地，而在300亩以上阶段则蒙古族家庭拥有的牧草地高于汉族家庭，从总体上看，汉族拥有的牧草地比蒙古族拥有牧草地高 26.2%。

表 6 - 3　　　　　　　　　　家庭拥有牧草地面积分布

单位：户、%

牧草地面积（亩）	户数	有效百分比	汉族	蒙古族
0—100	141	36.3	77.3	22.7
100—200	60	15.5	56.7	43.3
200—300	47	12.1	95.7	4.3
300—400	33	8.5	36.4	63.6
400 以上	107	27.6	42.1	57.9
合计	388	100	63.1	36.9

二　城乡受访者个人与家庭的收入和支出

2012 年伊金霍洛旗经济社会呈现出平稳健康发展态势，预计全年完成地区生产总值 625 亿元，增长 6.5%；完成财政收入 183 亿元，增长 1%；完成固定资产投资 340 亿元，增长 9.8%；实现社会消费品零售总额 37 亿元，增长 15.6%；城镇居民人均可支配收入和农牧民人均纯收入分别达到 34500 元和 11500 元，增长 12.9% 和 13.9%；万元 GDP 能耗下降 3.6%。

（一）城乡受访者个人和家庭收入

1. 受访者个人总收入

在居民收入的调查中，我们主要对受访者个人及家庭的总收入和总支出进行询问，总收入包括劳务收入，如工资等，还包括出租/出售房屋、土地收入。总支出主要包括生活消费支出、全年民俗支出（包括节日各项支出）、全年人情往来费用、2012 年借款总额。

从受访者个人总收入来看，居民个人总收入主要集中在 6 万元以下，这部分受访者占 68.4%；10 万元以上的收入人群占 12.9%，在调查中我们发现这一收入段的受访者主要从事个体经营，涉及的领域包括餐饮、住宿等第三产业。从农业户口和非农业户口的受访者总收入来看，1 万元以下收入段两者只有微小的差距，而 10 万元以上的高收入段，非农业户口受访者收入占 21.4%，农业户口受访者收入占 11.3%，非农业户口受访者收入所占比例高出农业户口受访者收入 10.1%。

表6-4　　　　　　　　　　　　　受访者个人总收入

单位:%、元、个

收入分组	全体	农业户口	非农业户口
1万元以下	26.9	26.8	27.1
1—2万元	11.4	10.5	15.7
2—4万元	19.2	20.2	14.3
4—6万元	10.9	9.9	15.8
6—8万元	6.2	6.6	4.3
8—10万元	3.5	4.2	0
10万元以上	12.9	11.3	21.4
缺失	9.0	10.5	1.4
合计	100	100	100
平均值	61233.56	66382.04	33404.35
样本量	402	332	70

2. 受访者家庭总收入

从表6-5可以看出，农业户口和非农业户口受访者家庭的总收入主要集中在0万—2万元、2万—5万元、5—8万元这三个收入段。除了总收入，我们还调查了农业户口和非农业户口受访者家庭出租/出售房屋、土地收入情况，78.1%的受访家庭没有这一方面的收入，其余21.9%的家庭存在这一收入，并且收入值主要集中在3万元以下，这一收入段的家庭达到91.0%。从民族维度来看，0—5万元收入段汉族家庭收入高于蒙古族家庭，5—14万元收入段蒙古族家庭收入高于汉族家庭，14万元以上收入段汉族比蒙古族高出9%。

表6-5　　　　　　　　　　　　受访者家庭收入情况

单位:%、元、个

家庭总收入	农业户口受访者			非农业户口受访者		
	全体	汉族	蒙古族	全体	汉族	蒙古族
0—2万元	37.35	40.49	32.28	42.86	50.00	25.00
2—5万元	25.00	21.46	30.71	22.86	26.00	15.00
5—8万元	11.75	7.80	18.11	11.43	6.00	25.00
8—11万元	4.22	4.88	3.15	0	0	0
11—14万元	3.31	5.37	0	1.43	0	5.00
14万元以上	18.37	20.00	15.75	21.42	18.00	30.00
平均值	79907.49	90400	62892.61	52671.11	42270.59	84818.18
样本量	332	205	127	70	50	20

调查样本中，根据受访者自报的 2012 全年个人总收入，农村汉族受访者的个人年总收入高出蒙古族受访者近 80%，非农业户口汉族受访者的个人年总收入低于蒙古族受访者 97%。

3. 受访者个人总支出

如表 6-6 所示，总支出缺失占 37.0%，原因是有 127 位受访者不清楚自己的总支出，21 位受访者拒绝回答这一问题。受访者总支出主要集中在 2 万元以下，占 38.6%。从农业户口与非农业户口的比较来看，并不是非农业户口受访者总支出大于农业户口受访者，从表 6-6 我们可以看出 2 万元以下收入段非农业户口受访者总支出高于农业户口受访者，而在 2 万元以上段，农业户口受访者的总支出始终大于非农业户口受访者。

表 6-6　　　　　　　　受访者个人总支出

单位:%、元、个

总支入分组	全体	农户家庭	非农户家庭
2 万元以下	38.6	36.7	47.1
2—4 万元	12.7	13.3	10.0
4—6 万元	7.2	8.2	2.9
6 万元以上	4.5	4.5	4.3
缺失	37.0	37.3	35.7
平均值	34484.88	36946.55	22204.44
样本量	291	245	46

4. 受访者家庭总支出

在受访者家庭总支出方面，家庭总支出的分布情况与家庭总收入的分布情况十分相似，家庭总收入与家庭总支出紧密相关，从表 6-7 可以看出，受访者家庭的总支出主要集中在 0—8 万元三个支出段，非农业户口家庭总支出在 14 万元以上的比例达到了 40.01%，这与该部分家庭的支出结构有关系，例如购房、教育支出等。

表 6-7　　　　　　　　家庭支出情况

	农业户口受访者家庭	非农业户口受访者家庭
总支出平均值	54895.38	42951.16
0—2 万元	11.14	5.71
2—5 万元	33.13	35.71

续表

	农业户口受访者家庭	非农业户口受访者家庭
5—8 万元	30.72	15.71
8—11 万元	4.83	1.43
11—14 万元	1.51	1.43
14 万元以上	18.67	40.01
样本量	332	70

三　家庭消费品

(一) 电视机

调查数据显示，有 65.8% 的受访者家庭拥有 1 台显像管彩色电视机，超过 1/3 (32.2%) 的家庭没有，有 2 台显像管彩色电视机的家庭只占 2.0%。从农业户口与非农业户口受访者家庭的比较可以看出，非农业户口受访者家庭没有显像管彩色电视机的比例要高出农业户口受访者家庭的 21.6%，对于有显像管彩色电视机的家庭而言，农业户口受访者家庭要高于非农业户口受访者家庭 21.6%。当问及半年内是否打算购买显像管彩色电视机时，有 96.8% 的受访者不打算购买，2% 的家庭打算买，还有 1% 的家庭不好说是否购买。

表 6 – 8　　　　　　　　　　家庭消费品拥有情况

单位:%、个

	农业户口受访者家庭	非农业户口受访者家庭	全体
显像管彩色电视机			
0 台	28.4	50	32.2
1 台	69.2	50	65.8
2 台	2.4	0	2.0
合计	100	100	100
液晶电视			
0 台	70.1	48.6	66.3
1 台	27.2	50.0	31.2
2 台	2.7	1.4	2.5
合计	100	100	100
样本量	332	70	402

表6-8显示大部分家庭没有液晶/等离子电视机,这一比例高达66.3%,有31.2%的家庭有1台,只有2.5%的家庭有2台。对于农业户口受访者与非农业户口受访者家庭而言,有一半的非农业户口受访者家庭有1台液晶/等离子电视机,农业户口受访者家庭拥有液晶/等离子电视机的不到1/3(29.9%)。大部分(90.6%)受访者半年内不打算购买液晶/等离子电视机。

(二)车辆

本次调查的车辆包括农用车/拖拉机、轿车/面包车和摩托车这三类,在农用车/拖拉机方面,非农业户口受访者家庭100%没有这类车辆,对农业户口受访者而言,77.2%的家庭没有这类车辆,22.6%的家庭有1辆,只有0.2%的家庭有2辆这类车。有3.4%的家庭半年内有购买的想法。在轿车/面包车方面,有差不多一半(47.9%)的家庭拥有轿车/面包车,大部分家庭有1辆,占46.2%,只有1.5%的家庭有2辆,还有0.2%的家庭有3辆,比起农用车/拖拉机,轿车/面包车的拥有率要明显高,并且有5.5%的家庭半年内打算购买。在摩托车方面,有76.4%的家庭没有摩托车,有1辆摩托车的家庭占23.4%,有5.0%的家庭半年内打算购买。

(三)冰箱

从总体来看,有54.0%的家庭没有冰箱,没有冰箱的家庭中农业户口受访者家庭占很大的比例(60.2%),比非农业户口受访者家庭所占比例24.3%,高出35.9%;有46.0%的家庭有1台冰箱,有1台冰箱的非农业户口受访者家庭同样比农户家庭所占比例大35.9%。数据显示,受访者家庭冰柜的拥有率是67.0%,没有冰柜的是33.0%,有1台冰柜的占65.8%,只有1.2%的家庭有2台冰箱及以上。超过九成以上的家庭半年内不打算购买冰箱和冰柜。

表6-9　　　　　　　　　　冰箱拥有情况

单位:%、个

台数	农业户口受访者家庭	非农业户口受访者家庭	全体
0	60.2	24.3	54.0
1	39.8	75.7	46.0
合计	100	100	100
样本量	332	70	402

（四）电脑

在电脑方面，有73.9%的家庭没有台式机，26.1%的家庭有1台台式电脑，95.3%的家庭半年内不打算购买台式电脑。笔记本电脑比台式电脑的拥有率低，只有8.4%的家庭有1台笔记本电脑，其余91.6%的家庭没有笔记本电脑，并且92.2%的家庭半年内不打算购买。由此可见，当地的家庭电脑普及率依然比较低。

（五）手机

在现代生活中，手机已经成为人们必不可少的社会信息工具，调查数据显示，伊金霍洛旗家庭手机拥有率到达96%，在手机数量方面，排在第一位的是家庭拥有2部手机，占所有家庭的一半以上（57.6%），其次是1部手机，占16.4%，第三位的是3部手机，占16.1%。更有1.2%的家庭有5部手机。当问及半年内是否打算购买手机时，3.3%的受访家庭有意愿。

（六）洗衣机

数据显示，当地73.9%的家庭有1台洗衣机，超过20%的家庭没有洗衣机，有1.5%的家庭有2台洗衣机。

四　城乡受访家庭的住房

1. 住房状况

调查显示，伊金霍洛旗403户受访者中，有3户拒绝回答自有住房的问题，其余的400户受访者都回答了住房问题，拥有1套住房的农业户口与非农业户口受访者家庭有308户，占所有住户的77%，也就是说，大部分家庭拥有自己的住房；拥有2套或3套住房家庭的农业户口家庭比例高于非农业户口家庭比例。

如图6-2所示，没有住房的家庭中，农业户口占10.3%，非农业户口占14.5%，高出农业户口4.2%；拥有1套住房的家庭，非农业户口略高于农业户口；拥有2套或3套住房的家庭中，农业户口都明显高于非农业户口。

2. 家庭生活条件

关于生活条件，我们主要从住宅外的道路情况、住户的卫生设备、做饭用水及主要燃料这些方面进行分析：总体上，非农业户口受访者家庭的

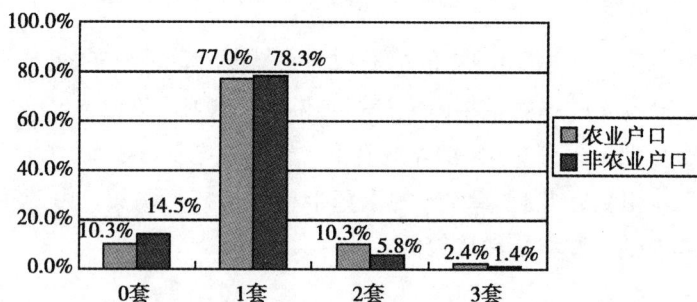

图 6 - 2　农业户口和非农业户口受访者拥有住房情况

生活条件好于农业户口受访家庭。农村从住宅外道路路面来看，水泥或柏油路面、砂石或石板等硬质路面、自然土路分别占 26.54%、39.20%、33.95%，非农业户口受访家庭上述三项的比例显示，大部分是水泥或柏油路面。

从卫生设备来看，农业户口受访家庭中以旱厕为主，超过水冲式厕所和无厕所占的比例之和；非农业户口受访家庭以水冲式厕所为主，但也有 20% 的非农业户口受访家庭使用旱厕。可见，在伊金霍洛旗旱厕还是占着很大的比重，调查中我们了解到当地政府 2013 年新建水冲式公厕 21 座，对当地居民的生活条件的改善起到一定的作用。无厕所的家庭主要集中在农村牧区，那里的住户大多居住分散，厕所数量少、标准低、条件差。

表 6 - 10　　　　　　　　　　　受访者家庭生活条件

道路	农业户口受访者家庭	非农业户口受访者家庭
水泥或柏油路面	26.54	69.57
沙石或石板等硬质路面	39.20	17.39
自然土路	33.95	10.14
其他	0.31	2.90
合计	100	100
厕所		
水冲式厕所	32.63	77.14
旱厕	61.93	20.00
无厕所	5.44	2.86
样本量	330	69

从表6-11可以看出，农业户口受访者家庭使用井水/山泉水、窖水、自来水的比例分别是27.0%、2.4%、70.6%，大部分农业户口受访者家庭是使用自来水做饭的，只有很小一部分人使用窖水做饭，这个比例占2.4%，相比较农业户口受访者家庭，非农业户口受访者家庭做饭使用的水相对单一，只有自来水。从总体来看，使用自来水的用户占75.7%、使用井水/山泉水的用户占22.3%、窖水的用户占2.0%。

表6-11　　　　　　　　　　受访家做饭用水情况

单位:%、个

	井水/山泉水	窖水	自来水	合计	样本量
农业户口受访者家庭	27.0	2.4	70.6	100	330
非农业户口受访者家庭	0	0	100	100	69
合计	22.3	2.0	75.7	100	399

从受访者家庭做饭用的主要燃料来看，有60.8%的家庭使用煤气/液化气/天然气做饭，还有部分家庭使用柴草（秸秆类）、煤炭和电做饭，只有0.3%的用户使用太阳能做饭。从农业户口受访者家庭和非农业户口受访者家庭的对比来看，非农业户口受访者家庭中没有使用柴草（秸秆类）做饭的，煤气/液化气/天然气的使用达到91.4%，高出农业户口所占比例的36.9%，而农业户口受访者家庭的煤炭、太阳能、电的使用则分别高于非农业户口23.7%、0.3%、0.9%，由此可见，煤气/液化气/天然气的使用已逐渐成为当地的主导能源。2013年伊金霍洛旗的天然气供应普及率达60%，这也有利于新能源的使用和推广。

表6-12　　　　　　　　　　受访家庭家做饭的主要燃料

单位:%、个

	柴草（秸秆类）	煤炭	煤气/液化气/天然气	太阳能	电	合计	样本量
农业户口受访者家庭	12	28	54.5	0.3	5.2	100	330
非农业户口受访者家庭	0	4.3	91.4	0	4.3	100	69
总计	10	23.9	60.8	0.3	5	100	399

3. 受访者对住房的主观感受

在住房便利方面，农业户口和非农业户口受访家庭绝大部分认为住房

"很便利"或"比较便利",只有6.92%的农业户口受访者家庭和7.70%的非农业户口受访者家庭认为住房不便利。根据调查我们发现,这些住房不便利的受访家庭主要是外地来当地打工的,他们租用的房屋面积较为小,而家庭的人口较多,还有一部分认为住房不太便利的原因是这些人主要集中在城乡接合区或者城市中的棚户区,他们认为由于住房的原因,会在生活、工作时遇到一些问题。

表6-13中受访者对当前住房满意度的调查结果表明,农业户口受访者家庭相较于非农业户口受访者对住房更为满意。其中"很满意"和"满意"的农村受访家庭所占比例为70.53%,非农业户口受访者家庭是56.72%,远远大于不满意的比例,认为住房一般的非农业户口受访者家庭为25.37%,农业户口受访者家庭是16.56%。大部分家庭满意当前的住房。调查发现农业户口和非农业户口受访者家庭中各有19%的家庭很迫切或迫切地想改善现有住房,在这些家庭中非农业户口受访者家庭主要想通过购买经济适用房(37.5%)和购买商品房(37.5%)以解决住房问题;农业户口受访者家庭中打算自建新房的比例为23.96%,打算购买商品房的比例是36.46%,打算购买经济适用房的比例是27.08%。

表6-13　　　　　　　　受访者对住房的评价

单位:%、个

	农业户口受访者家庭	非农业户口受访者家庭
住房便利程度		
便利	73.27	80
一般	19.81	12.30
不便利	6.92	7.70
对当前的住房满意度		
满意	70.53	56.72
一般	16.56	25.37
不满意	12.91	17.91
样本量	302	67

第三节　伊金霍洛旗城乡受访者的就业

在伊金霍洛旗的就业调查中包括了本地农业户口人员、非农业户口户口人员或城镇外来务工人员的工作情况，还调查了失业辞职人员的基本情况。由于当地外出从业的人较为稀少，不到5%，因此对于外出从业的样本不作分析。

一　城乡受访者的就业状况

（一）农业户口受访者的就业

从农业户口受访者目前的工作状态来看，与以往农民大部分都只是务农这种工作状况不同，只从事非农工作的受访者最多，占到1/3以上（35.5%），高出只是务农受访者1倍略多（17.3%）。在本次调查中，受访者属于退休人员的占14.0%，出现这一现象的原因一方面由于我们的受访对象以户主为主；另一方面我们是在工作日入户做调查，所以家里留守的主要是老年人这一群体。在实际的调查过程中。有3.5%的受访者以务农为主，同时也从事非农工作，7.7%的受访者以非农工作为主，同时也务农。还有10.2%的受访者属于失业或待业人员。这一人群的基本情况将在本章的最后一部分进行分析。

表6-14　　　　　　　　农业户口受访者目前的工作状态

单位:%、个

	有效百分比
只是务农	18.2
以务农为主，同时也从事非农工作	3.5
以非农工作为主，同时也务农	7.7
只从事非农工作	35.5
失业或待业人员	10.2
家务劳动者	9.3
退休人员（指领取职工养老保险待遇的农业户口人员，比如参加城镇职工基本养老保险缴费满15年的农民工、个体从业人员等）	14.0
其他不工作也不上学的成员	1.6
合计	100

对2013年从事过本地非农务工的受访者调查发现，81.5%的受访者是从2005年以后开始从事非农务工的，以2009年以后人数最多（58人），达到受访者的一半以上（51.8%）。从表6-15可以看出，受访者

最初找到这份工作最主要的渠道，排在第一位的是"招聘广告"，占26.8%，其次是"直接申请（含考试）"21.4%，第三位的是"朋友/熟人介绍"。"通过本乡同民族介绍"的受访者最少，只有不到1%，除此之外，"政府/社区安排介绍""家人/亲戚介绍就业"也是找工作的渠道，而现在广泛流行于城市的"商业职介（包括人才交流会）"在这次调查中仅占1.8%。

表6-15　　　如果受访者在2013年从事过本地非农务工，
最初找到这份工作的最主要的渠道是

最初找工作的最主要渠道	有效百分比（%）
政府/社区安排介绍	14.3
商业职介（包括人才交流会）	1.8
招聘广告	26.8
直接申请（含考试）	21.4
家人/亲戚介绍	15.2
朋友/熟人介绍	19.6
通过本乡同民族介绍	0.9
合计	100

对非农自营者而言，他们从事非农自营工作的起始时间和上述非农务工的时间差不多，有65.1%的受访者是从2005年开始这项工作的。这些受访者当中，开业时向亲友借款的占55.6%，向银行或信用社贷款的占55.8%，我们可以看到，超过一半的非农自营者在开业之初存在启动资金欠缺的困难。

（二）非农业户口或城镇外来务工人员的就业

1. 行业类型

从行业类型来看，非农业户口或城镇外来务工人员集中最多的是"批发和零售业""居民服务和其他服务业"，这两个领域都占16.7%，其次是"卫生、社会保障和社会福利业"，占11.8%，其他各个领域的从业人员都不到10%。受访者的就业具有以服务业居多、行业类型多样化的特点。

表 6 – 16　　　　　　　　　本年度您从事的主要行业

单位:%

行业类型	有效百分比
农林牧渔业	2.4
采矿业	4.8
制造业	4.8
电力、燃气及水的生产和供应业	9.5
建筑业	2.4
交通运输、仓储和邮政业	2.4
批发和零售业	16.7
住宿和餐饮业	7.0
租赁和商业服务业	2.4
水利、环境和公共设施管理业	2.4
居民服务和其他服务业	16.7
教育	2.4
卫生、社会保障和社会福利业	11.8
文化、体育和娱乐业	4.8
公共管理和社会组织	9.5
合计	100

2. 个人职业类型

33 位回答个人职业类型的受访者中"不便分类的其他从业人员"最多，占 27.3%。这些人包括"打零工/打杂活的人，有什么活儿干什么活儿，无固定行业"（当地的方言），还有一些煤矿工人、环卫工人；其次是"办事人员和有关人员"，占 22.7%；所占比例最小的是"生产、运输设备操作人员及有关人员"，仅占 4.5%。

表 6 – 17　　　　　　　非农业户口受访者当前主要工作的职业

个人职业类型	有效百分比（%）
国家机关党群组织、企事业单位负责人	13.6
专业技术人员	13.6
办事人员和有关人员	22.7
商业	18.3
生产、运输设备操作人员及有关人员	4.5
不便分类的其他从业人员	27.3
合计	100

3. 主要从业地区

从受访者主要从业的地区来看，有超过八成（84.1%）的从业人员选择在本县工作，其中乡内和乡外几乎各占一半；在县外省内工作的占 6.8%；不到 10% 的受访者选择在省外国内工作。

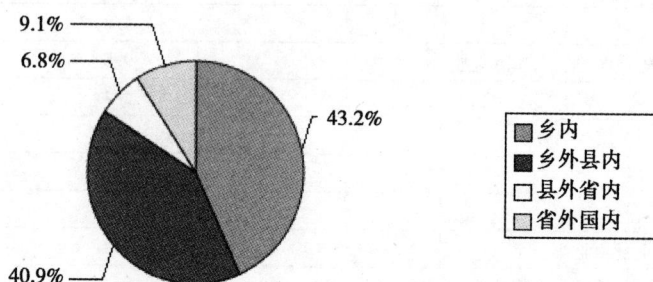

9.1%
6.8%
43.2%
40.9%

图例：
- 乡内
- 乡外县内
- 县外省内
- 省外国内

图 6-3　受访者 2013 年主要从业的地区分布

4. 劳动合同性质

关于劳动合同性质的调查显示，有 36.4% 的受访者没有合同；固定职工占 22.7%；从事私营或个体经营人员占 15.9%；长期合同工所占比例最小，占 11.4%；短期或临时合同工占 13.6%。

表 6-18　　　　　　　　　城镇受访者工作的劳动合同性质

单位：%

合同性质	有效百分比
固定职工（包括国家干部、公务员）	22.7
长期合同工	11.4
短期或临时合同工	13.6
没有合同的员工	36.4
从事私营或个体经营人员	15.9
合计	100

5. 受访者得到第一份城镇工作的最主要渠道

与农业户口受访者不同，非农业户口受访者得到第一份城镇工作的最主要的渠道，排在第一位的是"直接申请（含考试）"，占 24.4%，其次是"政府/社区安排介绍"22.2%，第三位和农业户口受访者一样都是"朋友/熟人介绍"，占 20%。"通过本乡同民族介绍工作"和"商业职介（包括人才交流会）"都占 4.4%。

表 6 – 19   城镇受访者得到第一份城镇工作的最主要渠道

单位:%

	有效百分比
政府/社区安排介绍	22.2
商业职介（包括人才交流会）	4.4
招聘广告	15.6
直接申请（含考试）	24.4
家人/亲戚介绍	6.7
朋友/熟人介绍	20.0
通过本乡同民族介绍	4.4
其他	2.3
合计	100

二 失业

具体分析发现，34 位非农业户口受访者没有工作的原因当中，"已离/退休"所占比例最多，占 36.6%，其次是"因本人原因（如家务、健康、辞职等）离开原工作"占 22.5%，第三位的是"料理家务"，占 20.4%。"承包土地被征用"和"正在上学"所占比例最小，两种都占 2.2%。男性和女性相比较，因"料理家务"没有工作的全部是女性，"已离/退休"中男性居多，所占 47.6%，超出女性所占比例 20.1%。

表 6 – 20   非农业户口受访者没有工作的原因

单位:%

没有工作原因	男	女	合计
正在上学	0	3.9	2.2
丧失劳动能力	9.5	0	4.3
已离/退休	47.6	27.5	36.6
毕业后未工作	0	5.9	3.2
料理家务	0	37.2	20.4
因单位原因（如破产、改制、下岗/内退/买断工龄、辞退等）失去原工作	7.2	2.0	4.3
因本人原因（如家务、健康、辞职等）离开原工作	21.4	23.5	22.5
承包土地被征用	4.8	0	2.2
其他	9.5	0	4.3
合计	100	100	100

注：样本量是 34。

　　调查中了解到，有 61.0% 的受访者没有选择我们给出的寻找工作的方式，如在职业介绍机构求职、委托亲友找工作等。有 39.0% 的受访者选择了给定的找工作方式，从中我们可以看出，委托亲友找工作还是当地受访者获取工作的最主要的渠道，占 20.0%；只有 2.0% 的人选择在职业介绍机构求职或利用网络及其他媒体求职；参加用人单位招聘或招考的也只占 2.0%，还有 5.0% 的受访者不想工作。

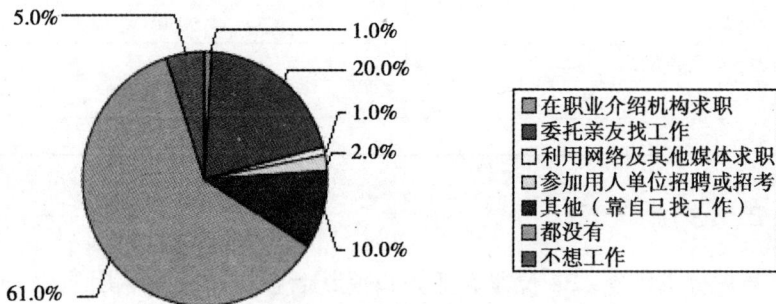

图 6-4　失业、辞职人员寻找工作方式

第四节　伊金霍洛旗民族文化与教育

一　民族语言和文字

（一）民族语言使用和评价

　　在语言使用上我们调查了受访者小时候最先会说哪种语言、现在能用哪种语言与人交谈以及使用语言的熟练程度等问题。从受访者小时候最先会说的语言来看，没有受访者最先会说普通话。非农业户口蒙古族 20 位受访者中最先会说汉语方言的比重为 20%，农业户口蒙古族 126 位受访者中最先会说汉语方言的比例是 3.97%，远远低于非农业户口的蒙古族受访者比例。最先会说本民族语言的非农业户口蒙古族比例是 85%，农业户口蒙古族该比例是 97.62%。

　　从受访者现在与人交谈使用语言情况来看，农业户口蒙古族受访者中能使用普通话的比例达到了 58%；使用汉语方言的比例为 83%；使用本民族语言的比例是 95%。非农业户口蒙古族受访者中，能使用普通话和汉语方言的比例达到了 60%，能使用本民族语言的比例达到了 85%。

从受访者的语言程度来看，在普通话方面，农业户口汉族受访者能熟练使用的比例高于农业户口蒙古族受访者近 18 个百分点，农业户口蒙古族受访者中不会说以及听不懂也不会说的比例达到了 29.35%，农业户口汉族也有约 21.82% 的受访者表示能听懂一些但不会说。非农业户口汉族的普通话使用熟练比例反而低于非农业户口蒙古族近 12 个百分点，非农业户口汉族受访者中有 20.59% 表示能听懂一些但不会说，而 10 位蒙古族受访者均表示至少能听懂普通话。

农业户口蒙古族受访者对汉语方言的使用程度明显好于普通话，表示能听懂一些但不会说的比例为 13.33%，而非农业户口蒙古族受访者都能使用汉语方言交谈，只是熟练程度的差异。可见相对普通话，当地的汉语方言和本民族语言的使用程度要高。

表 6-21 农业户口和非农业户口受访者普通话和汉语方言的掌程度

单位:%、个

语言程度	普通话				汉语方言			
	农业户口汉族	农业户口蒙古族	非农业户口汉族	非农业户口蒙古族	农业户口汉族	农业户口蒙古族	非农业户口汉族	非农业户口蒙古族
能流利准确地使用	15.76	9.78	29.42	50	81.68	37.14	74	62.5
能熟练使用但有些音不准	17.58	13.04	8.82	0	14.85	20	16	12.5
能熟练使用但口音较重	13.33	10.87	20.59	20	0.98	9.52	6	0
基本能交谈但不太熟练	15.15	23.92	8.82	20	1.49	10.48	2	25
能听懂但不太熟练	16.36	13.04	11.76	10	0.5	9.52	0	0
能听懂一些但不会说	21.82	28.26	20.59	10	0.5	13.34	2	0
听不懂也不会说	0	1.09	0	0	0	0	0	0
合计	100	100	100	100	100	100	100	100
样本量	165	92	34	10	202	105	50	8

鉴于蒙古族受访者的本民族语言使用程度较高，我们询问了他们"您愿意说民族语言吗?"，很多时候愿意说的人占 78.9%，"只在和本民

族人在一起时才愿意说"的人占 17.0%，农业户口和非农业户口受访者差异不明显。总体来看，少数民族群众愿意说本民族语言。

表 6－22　　　　　　　　蒙古族愿意说民族语言的情况

单位:%、人

	人数	有效百分比	农业户口受访者比例	非农业户口受访者比例
很多时候都愿意说	116	78.9	79.03	78.95
只在和本民族人在一起时才愿意说	25	17.0	17.74	15.79
不好说	6	4.1	3.23	5.26
合计	147	100	100	100

调查数据中蒙古族受访者"是否愿意送子女到双语学校学习"的基本情况显示，有 73.68% 的非农业户口蒙古族受访者愿意送子女到双语学校学习，有 26.32% 的城镇蒙古族受访者表示无所谓。农业户口蒙古族受访中愿意的比重占 76.61%；有 1.62% 的受访者不愿意；另外 21.77% 的受访者持无所谓的观点。

在蒙古族受访者中，认为双语教育效果好的农业户口受访者比例为52.8%，非农业户口受访者比例 55%；认为效果一般的农业户口受访者比例是 24%，非农业户口受访者该比例是 30%；表示不清楚的农业户口受访者比例是 23.20%，非农业户口受访者该比例是 15%。

调查结果显示，对当地蒙古族来说，会说当地汉话对他们与其他民族交往、做买卖、工作生活各方面都有好处。认为"说当地汉话有好处"的农业户口蒙古族受访者比例为 88.33%，认为"不好说"的比例有 10%，认为"没有好处"的比例是 1.67%。非农业户口蒙古族受访者中认为"有好处"的比例是 94.74%，认为"不好说"的比例为 5.26%。

（二）文字

调查发现，农业户口蒙古族受访者不会汉字的比例为 21.96%，不会本民族文字的比例为 24.20%，非农业户口蒙古族受访者不会本民族文字的比例是 17.65%。

表6-23　　　　　　　　城乡蒙古族受访者文字掌握情况

单位:%、个

	汉字		本民族文字	
	农业户口受访者蒙古族	非农业户口受访者蒙古族	农业户口受访者蒙古族	非农业户口受访者蒙古族
会	39.02	50	56.45	82.35
会一些	39.02	50	19.35	0
不会	21.96	0	24.20	17.65
样本量	123	20	124	17

　　总体来说,对于非农业户口蒙古族受访者不论汉字还是少数民族文字,能流利书写的比重都最大,但非农业户口蒙古族受访者不能书写本民族文字的比例为11.76%。农业户口蒙古族中汉字和本民族文字的流利书写比例都低于城镇蒙古族,汉字书写不流利的农村蒙古族占比有15.44%,只能写简单句子的比例是28.46%,完全不能书写的比例有17.89%。即使是本民族文字书写不流利、只能写简单句子的比例和完全不能书写的比例也分别达到了10.48%、16.94%、21.77%。这也说明,文字使用和语言使用相比,前者的水平明显偏低。

表6-24　　　农业户口和非农业户口蒙古族受访者的文字书写能力

单位:%、个

文字水平	汉字		本民族文字	
	农业户口蒙古族受访者	非农业户口蒙古族受访者	农业户口蒙古族受访者	非农业户口蒙古族受访者
掌握足够文字,能流利书写	24.39	55.0	47.58	70.59
掌握较多文字,能书写书信	13.82	35.0	3.23	11.76
掌握文字数量不够,书写不流利	15.44	0	10.48	5.89
掌握文字数量太少,只能写点简单句子	28.46	10.0	16.94	0
完全不能用文字书写	17.89	0	21.77	11.76
合计	100	100	100	100
样本量	123	20	124	17

二　民族文化传统

（一）最具本地特色的传统文化类型

农业户口和非农业户口蒙古族受访者认为最具本地特色的传统文化类型（每位受访者限选三项）有一定的差异。农业户口蒙古族受访者排在第一位的是"传统节日"（58.87%），第二位是"传统服饰"（41.13%），第三位是"传统文娱活动"（35.48%）；第四至第七位的分别是"传统饮食"（28.23%）、"传统民居"（25%）、"传统人生礼仪"（13.71%）、"传统生产方式"（13.71%），位居后三位的"传统道德规范""传统交往习俗"和"传统宗教"占比都不到10%。非农业户口蒙古族受访者排在第一位的是"传统节日"（57.89%），第二位的是"传统饮食"（26.32%），第三位是"传统民居"（21.05%）、"传统服饰"（21.05%）和"传统交往习俗"（21.05%）；选择"传统文娱活动"和"传统宗教"的比例是5.26%，没有城镇蒙古族受访者选择"传统道德习俗"和"传统宗教"。

（二）最重要的本民族文化类型

与最具本地特色的传统文化类型相似，城乡蒙古族大多数受访者（62.9%）认为最重要的本民族文化类型是"传统节日"。农业户口蒙古族受访者认为最重要的本民族文化类型中比例位居第二的是"传统服饰"，第三位是"传统民居"，第四位是"传统饮食"，之后是"人生礼仪"和"传统文娱活动"，比例相同，传统"生产方式"选择比例只有5.56%，没有受访者选择"传统道德规范""传统宗教""传统人际交往习俗"。非农业户口蒙古族受访者在传统节日之后选择"传统文娱活动"的比例位居第二，之后依次为"传统服饰""传统饮食""传统人生礼仪""传统民居""传统生产方式""传统道德规范""传统宗教习俗"和"传统人际交往习俗"。

（三）留存或传播较好的本民族文化类型

数据显示，农业户口蒙古族受访者认为留存较好或传播较好的本民族文化类型与最具本地特色的传统文化类型的排序基本一致，排序先后依次为："传统节日""传统服饰""传统饮食""传统民居""传统文娱活动""宗教活动习俗和人生礼仪"，没有农业户口蒙古族受访者选择"道德规范""传统生产方式"和"人际交往习俗"。而非农业户口蒙古族受访者认为留存较好或传播较好的本民族文化类型依次为:"传统节日""传统服饰""传统饮食""传统文娱活动""传统民居""传统人生礼仪""传统道德规范""传统生产方式""传统宗教活动习俗""传统人际交往习俗"。两相比较,位居前三位的农业户口和非农业户口受访者选择一致,关注"传统道德规范""传统生产方式""传统宗教活动习俗""传统人际交往习俗"的农业户口和非农业户口受访者比例都较低。

（四）已经濒危失传急需恢复的文化类型

农业户口蒙古族受访者认为已经濒危急需恢复的文化类型依次为:"传统文娱活动""传统生产方式""传统服饰""传统人生礼仪""传统宗教活动习俗""传统民居""传统节日""传统人际交往习俗""传统道德规范";没有农村蒙古族受访者选择"传统饮食"。对于非农业户口蒙古族受访者,选择比例依次排序为:"传统生产方式""传统民居""传统人生礼仪""传统人际交往习俗""传统服饰""传统文娱活动""传统道德规范""传统节日""传统宗教活动习俗",最后是"传统饮食"。从表6-25的数据得到,虽然"传统生产方式""传统人际交往习俗""传统道德规范"和"传统宗教习俗"并不被农业户口和非农业户口受访者认为是最具本地特色和最重要的本民族文化类型,但都被认为已经濒危急需恢复。

表6-25　　　　　农业户口和非农业户口受访者对传统文化看法

单位:%、个

民俗活动类型	最具本地特色的传统文化类型		最重要的本民族文化类型		留存或传播较好的本民族文化类型		已经濒危失传急需恢复的文化类型	
	农业户口受访者	非农业户口受访者	农业户口受访者	非农业户口受访者	农业户口受访者	非农业户口受访者	农业户口受访者	非农业户口受访者
传统民居	21.05	25.0	22.22	18.70	16.67	19.20	17.65	23.77
传统服饰	21.05	41.13	44.44	29.27	27.78	38.40	23.53	13.11
传统节日	57.89	58.87	72.22	58.54	38.89	68.0	11.76	7.38
人生礼仪	15.79	13.71	11.11	19.51	5.56	11.20	23.53	22.13
传统文娱活动	5.26	35.48	11.11	31.71	11.11	24.00	29.41	10.66
传统饮食	26.32	28.32	16.67	20.33	22.22	28.80	0	6.56

续表

民俗活动类型	最具本地特色的传统文化类型		最重要的本民族文化类型		留存或传播较好的本民族文化类型		已经濒危失传急需恢复的文化类型	
	农业户口受访者	非农业户口受访者	农业户口受访者	非农业户口受访者	农业户口受访者	非农业户口受访者	农业户口受访者	非农业户口受访者
道德规范	0	8.06	0	7.32	0	5.60	5.88	10.66
人际交往习俗	21.05	5.65	0	6.50	0	4.00	5.88	15.57
传统生产方式	0	13.71	5.56	17.89	0	4.80	23.53	28.69
宗教活动习俗	5.26	4.84	0	6.50	11.11	4.00	17.65	6.56
样本量	18	123	18	123	18	125	17	122

（五）本民族/其他民族民俗文化的主要渠道

在本民族/其他民族民俗文化了解的主要渠道上，农业户口和非农业户口蒙古族受访者表现了一定的差异。非农业户口蒙古族受访者了解的最主要渠道是广播、电视、互联网，其次是"学校教育""旅游展示"，"家庭内的口口相传或者耳濡目染"的比例为 25%，位居第四位。而农村蒙古族受访者的绝大多数（77.78%）是通过"家庭内的口口相传或者耳濡目染"了解本民族民俗文化，其次是广播、电视、互联网、学校教育有 21.43% 的比例，"旅游展示"位居第四，"村庄或社区的生产、生活和文化活动"位居第五。

表 6 – 26　　蒙古族了解本民族/其他民族民俗文化的主要渠道

单位:%、个

	城镇受访者	农村受访者
家庭内的口口相传或者耳濡目染	25	77.78
学校教育	45	21.43
村庄或社区的生产、生活和文化活动	5	11.9
政府部门的保护项目	5	6.35
旅游展示	30	15.87
广播、电视、互联网	75	30.16
图书报纸	20	2.38
样本量	20	126

三　民族认同

调查样本中有 38.5％ 的受访者不清楚民族意识的发展趋势，这些人大多数受教育程度比较低，对"民族意识"这一概念不知道是什么，有超过 1/3 的人（30.1％）既认同本民族也认同中华民族，不到 1/3 的人更加认同中华民族，而各民族更加认同本民族意识的占有 2.1％。分汉族和蒙古族后，汉族农业户口和非农业户口受访者选择更加认同中华民族的比例都是最高的，既认同本民族也认同中华民族的农业户口和非农业户口受访者比例均在 1/3 左右，只有 3.45％ 和 1.68％ 的农业户口和非农业户口汉族受访者认为各民族更加认同本民族意识。蒙古族受访者中，既认同本民族也认同中华民族的比例最高，尤其是农业户口受访者达到了 79％ 的比例；更加认同中华民族的非农业户口受访者比例是 46.15％，而农业户口受访者只有 13.89％，农业户口蒙古族受访者还有 6.94％ 认为各民族更加认同本民族意识。

表 6-27　　　　　受访者所认为的当前我国民族意识的发展趋势

单位:%、个

	汉族		蒙古族	
	非农业户口受访者	农业户口受访者	非农业户口受访者	农业户口受访者
各民族更加认同本民族意识	3.45	1.68	0	6.94
更加认同中华民族	62.07	64.71	46.15	13.89
既认同本民族也认同中华民族	34.48	33.61	53.85	79.17
合计	100	100	100	100
样本量	29	119	13	72

在此次调查中，蒙古族的受访者中有超过七成的人认为在当地社会交往、工作就业和日常生活中没有不便利的问题，53.4％ 的受访者认为在外出旅行、出国时没有不便利的问题。

"如果外国人问您的民族身份"，对于这一问题的回答比例顺序在城乡蒙古族受访者中一致。选择最多的是"中国人、本民族"，其次是"中国人和本民族不分先后"；选择"本民族、中国人"和"不好回答"的比例虽然低于前两者，但两者之后也达到了 1/3。

表 6 – 28　　　　　　　如果外国人问民族身份时，受访者回答的排序

单位:%、个

	农村蒙古族受访者	城镇蒙古族受访者
中国人、本民族	43.2	35.0
本民族、中国人	16.0	10.0
中国人和本民族不分先后	24.0	30.0
不好回答	16.8	25.0
合计	100	100
样本量	125	20

第五节　伊金霍洛旗城乡受访者的社会生活

一　公共设施

表 6 – 29 显示了当地学龄前儿童的教育方式，和非农业户口受访者相比，农业户口受访者家庭的学龄前儿童照料主要以家庭中的母亲为主，其次还包括了祖父母和父亲；幼儿园照料比例只有约 33%。非农业户口受访者中有 48.16% 的家庭选择幼儿园或学前班作为学龄前儿童的照料方式。

表 6 – 29　　　　　　　家庭曾有或现有学龄前儿童的照料方式

单位:%、个

	城镇受访者	农村受访者
村内（社区内）幼儿园或学前班	11.11	8.53
乡镇（街道）内幼儿园或学前班	29.63	19.38
县城（跨区）内幼儿园或学前班	7.42	5.04
母亲照料	40.74	62.02
父亲照料	3.7	0.39
祖父母照料	3.7	3.49
其他（请注明）	3.7	1.15
合计	100	100
样本量	54	258

在受访者中，94%的农业户口受访家庭和96%的非农业户口受访者家庭收不到国外电视、网络收视信号及节目，收看广播电视节目的农业户口和非农业户口受访者以国内电视节目为主。在当地，非农业户口受访者主要的出行方式选择比例排序为："步行"（47.14%）、"坐公交车"（44%）、"小轿车"（31.43%）、"自行车"（22%）；农业户口受访者出行方式选择比例排序为："步行"（46.81%）、"小轿车"（41.64%）、"公交车"（29.18%）、"摩托车"（15.81%）、"自行车"（12.77%）。

表6-30反映了当地的11项公共基础设施与受访者家庭之间的距离，从中我们可以看出，非农业户口受访者所享受的公共基础设施普遍好于农业户口受访者。残疾人无障碍及康复设施、运动场所及器材、治安设施（岗亭、警卫室等）是城镇较为缺少的公共基础设施。在农村，城镇较为缺少的公共基础设施也同样缺少，农村11项公共基础设施中"教育设施""公共卫生室或医院"相对于其他项目略好。

表6-30　　　　　受访者从家到下列公共基础设施的距离远近

单位:%

	非农业户口受访者家庭						农业户口受访者家庭					
	小于1公里	1—3公里	3—5公里	5—10公里	10公里以上	不知道	小于1公里	1—3公里	3—5公里	5—10公里	10公里以上	不知道
公共厕所	75.71	20	1.43	2.86	0	0	57.4	11.18	1.51	0	10.88	19.03
老年服务中心	21.43	40	5.71	0	32.86	0	10.27	20.24	3.33	0.91	12.08	53.17
公共卫生室或医院	11.59	59.42	23.19	0	5.8	0	14.68	41.28	11.02	1.22	17.43	14.37
活动中心（活动室、广场等）	35.38	38.46	16.92	3.08	1.54	4.62	14.55	21.82	7.88	1.21	13.33	41.21
教育设施（幼儿园）	34.78	47.83	13.04	0	0	4.35	24.24	36.36	7.88	0.3	13.64	17.58
教育设施（小学）	28.57	45.72	18.57	1.43	0	5.71	23.64	29.39	12.73	3.64	16.36	14.24
教育设施（中学）	12.86	38.58	12.86	14.29	14.29	7.14	5.25	9.57	9.57	9.26	44.75	21.6
治安设施（岗亭、警卫室等）	17.14	40	17.14	7.14	0	18.57	21.88	23.1	11.56	6.08	7.9	29.48
残疾人无障碍及康复设施	1.45	28.99	5.8	1.45	1.45	60.86	1.81	8.16	2.42	0.91	9.97	76.73
运动场所及器材	35.29	26.47	7.35	2.94	1.48	26.47	8.79	23.64	8.79	3.33	5.15	50.3

注：非农业户口受访者样本量54，农业户口受访者样本量258。

在调查中我们询问了农业户口受访者对公共设施的满意度，其中满意度超过一半的公共设施是"公共厕所"（50.8%）、"路灯"（52.2%）、"教育设施（幼儿园、小学等）"（56.4%）、"治安设施"（岗亭、警卫室等）（53.7%）、"村道"（57.6%），可以说这些设施为当地群众提供了便利。在满意度较低的公共设施中，"卫生设施（垃圾桶、保洁等）"居于第一位（15.0%），其次是"公共厕所"（11.7%）。对于上述基本设施，有八成以上（86.5%）的群众认为能够满足他们的基本需求，还有部分群众认为还应该增设如商场超市、图书馆、电影院、银行等基础设施。在这些基础设施建设中还存在一些问题，受访者认为政府资金投入不足，决策不透明是最为主要的两个方面。

表6-31　　　　　　农村公共基础设施使用效果的满意度

单位:%

	非常满意	比较满意	一般	不太满意	非常不满	不好说	没有该设施
公共厕所	18.1	32.7	9.5	9.4	2.3	10.2	17.8
路灯	15.2	37.0	15.2	5.3	2.9	8.3	16.1
卫生设施（垃圾桶、保洁等）	11.8	26.0	17.4	8.8	6.2	11.2	18.6
老年服务中心	5.2	13.3	10.9	1.8	1.2	28.2	39.4
公共卫生室或医院	9.4	28.6	28.6	4.2	2.9	10.7	15.6
活动中心（活动室、广场等）	5.5	23.3	16.1	4.2	1.5	20.3	29.1
教育设施（幼儿园、小学等）	14.2	42.2	11.5	3.8	1.2	10.3	16.8
治安设施（岗亭、警卫室等）	19.1	34.6	12.3	2.0	0.3	17.9	13.8
残疾人无障碍及康复设施	1.8	6.0	5.7	2.6	1.2	30.0	52.7
运动场所及器材	3.6	23.2	16.4	3.0	0.3	23.9	29.6
村道	19.0	38.6	22.6	5.4	3.0	7.5	3.9

注：农业户口受访者样本量258。

二　城乡受访者的社会生活

（一）个人社会生活

过去一年，101名农业户口和非农业户口受访者参加公益活动的情况如下：义务献血25人，占24.8%；捐款捐物77人，占76.2%；义务参加专业咨询活动2人，占2%；义务打扫社区、村卫生10人，占9.9%；义务照顾社区、村的孤寡3人，占3%；参加环境保护活动4人，占4%；村内（或社区）无偿帮工4人，占4%。

　　本次调查关注了受访者在休闲时间（工作后或晚上）经常参与的活动，通过分析发现，城乡受访者休闲时间"看电视或看电影"的人数最多，之后"朋友聚会""娱乐消遣活动"也较为常见。位居第四位的选择在农业户口受访者中是"民族文化类的文体活动"，在城镇是"读书学习"。"宗教活动"比例很低。除此之外，散步、照顾孩子/老人等其他活动，也占一定比例。

表6–32　休闲时间（工作后或晚上）受访者经常参与的活动（可多选）

单位:%、个

	非农业户口受访者	农业户口受访者
看电视或看电影	81.43	63.83
朋友聚会	42.86	46.81
娱乐消遣活动	22.86	41.03
民族文化类的文体活动	4.29	19.76
读书学习	8.57	2.74
宗教活动	1.43	0.30
其他	2.86	2.43
样本量	70	329

（二）地域间交往

　　拥有当地户籍的318位农业户口受访者和69位非农业户口受访者中，农业户口有51.89%的受访者，非农业户口有69.57%的受访者欢迎到本地的外来流入人员。农业户口有28.93%的受访者，非农业户口有24.63%的受访者持不欢迎态度。视情况而定的比例在城镇受访者中的比例是2.9%，在农业户口受访者中的比例是10.06%；持无所谓态度的非农业户口受访者比例是2.9%，而农业户口受访者是9.12%。

　　表示欢迎态度的城乡受访者除了"有利于国家安全""有利于弘扬本地的民族文化"表示同意的比例低于半数，其他各项表示同意的比例都超过了半数。但是农业户口和非农业户口受访者不同意外来流入人员增加了当地的就业机会的比例是各项中最高的。表示不欢迎态度的城乡受访者认为外来者破坏了当地的生活环境、赚走了当地人的钱，但对当地没有贡献、减少了本地人的就业机会。

表 6 – 33　　　当地户籍受访者欢迎外来人员到当地工作、生活的原因

单位:%、个

	非农业户口受访者			农业户口受访者		
	同意	不同意	不清楚	同意	不同意	不清楚
增加了当地的投资	71.93	8.77	19.30	71.67	9.87	18.46
扩大了当地的就业机会	49.12	28.07	22.81	60.26	22.22	17.52
有利于国家安全	26.32	19.30	54.38	35.78	16.81	47.41
开阔了当地人的眼界	64.91	12.28	22.81	54.08	10.30	35.62
提高了当地的社会服务水平	62.50	10.71	26.79	50.64	14.16	35.20
带来了先进技术和管理方式	56.14	24.04	19.82	48.07	14.16	37.77
有利于缩小区域间的差距	54.39	10.53	35.08	44.40	14.65	40.95
增强了民族间的交往	59.65	5.26	35.09	56.03	9.05	34.92
增加了当地劳动力市场中的劳动力	70.18	3.50	26.32	67.09	10.26	22.65
有利于弘扬本地的民族文化	40.35	8.77	50.88	49.36	11.16	39.48
样本量	233			57		

(三) 民族间交往

在这一部分,我们调查了受访者与其他民族之间的交往,主要涉及以下几方面:受访者的其他民族朋友、受访者是否愿意与其他民族的人"聊天""成为邻居""一起工作""成为亲密朋友""结为亲家"。

数据显示,城镇汉族"没有其他民族朋友"的比例达到了 55.32%,而城镇蒙古族"没有其他民族朋友"的比例只有 5%。农村汉族"没有其他民族朋友"的比例达到了 40.59%,农村蒙古族"没有其他民族朋友"的比例为 21.77%。从中反映出蒙古族更愿意同汉族和其他少数民族交朋友。

表 6 – 34　　　　　　汉族受访者是否愿意和少数民族的人交往

单位:%

	很愿意	比较愿意	不太愿意	不愿意	不好说
聊天	70.1	25.9	0.8	0.8	2.4
成为邻居	67.5	27.4	1.6	1.1	2.4
一起工作	67.8	27.4	1.6	0.8	2.4
成为亲密朋友	65.1	25.5	4.7	1.6	3.1
结为亲家	52.9	21.2	11	5.9	9.0

注:汉族受访者样本量 146。

从汉族受访者与少数民族的关系来看，超过90%的人愿意和少数民族的人"聊天""成为邻居""一起工作""成为亲密朋友"；在"结为亲家"方面，有超过七成（74.1%）的人愿意。

从蒙古族受访者来看，与汉族受访者的统计结果比较相似，在"聊天""成为邻居""一起工作"和"成为亲密朋友"方面，愿意度比较高，超过80%，对于"结为亲家"，愿意度则比较低，"不太愿意"和"不愿意"的占50.7%，比"很愿意和比较愿意"的32.0%，高出20.7%。这与上述汉族受访者的结果有所不同，当我们继续询问原因时，大多数人的回答是生活方式、风俗习惯、语言等方面的差异会使双方产生矛盾，不利于双方的和谐。

表 6-35　　　　　　　　蒙古族受访者是否愿意和汉族交往

单位:%

	很愿意	比较愿意	不太愿意	不愿意	不好说
聊天	51.7	37.1	2.0	2.6	6.6
成为邻居	52.7	34.0	4.6	2.0	6.7
一起工作	52.7	35.3	3.3	2.0	6.7
成为亲密朋友	50.7	32.0	6.0	4.7	6.6
结为亲家	20.7	11.3	28.0	22.7	17.3

注：蒙古族受访者样本量145。

三　社会发展

对于城市建设中的历史建筑（以旧的传统民居和祖屋为主）的改造拆迁问题，数据统计排在前三位的分别是"保持外形但内部可改造""保持原貌不动"和"不清楚"。"持拆迁"和"异地重建"的比例之和仅占10%左右。

表 6-36　　　　　　当地城市建设中应如何看待历史建筑

（以旧的传统民居和祖屋为主）的改造拆迁问题

单位:%、个

	城镇		农村	
	汉族受访者	蒙古族受访者	汉族受访者	蒙古族受访者
保持原貌不动	30.0	15.79	22.66	36.0
保持外形但内部可改造	40.0	47.37	31.03	32.80

续表

	城镇		农村	
	汉族受访者	蒙古族受访者	汉族受访者	蒙古族受访者
拆迁	8.0	5.26	8.88	4.80
异地重建	2.0	5.26	4.43	2.40
不清楚	20.0	26.32	33.0	24.00
样本量	50	19	203	125

调查数据显示，如果城市建设中受访者的房屋被计划拆迁，非农业户口汉族受访者选择"只要价钱合理就行"的比例最高达到了 52.00%，其次是"服从国家需要"（32.00%）；非农业户口蒙古族选择"服从国家需要"的比例达到了 68.42%，远远高出其他选项。农业户口汉族和蒙古族受访者选择"只要价钱合理就行"的比例均最高，表示"价钱再高也不愿意拆迁"的比例，在非农业户口汉族中是 14.00%，在非农业户口蒙古族中是 10.53%，在农业户口汉族中是 12.25%，在农业户口蒙古族中是 17.74%。

表 6 – 37　　　　　　　　城市建设中受访者对房屋拆迁的态度

单位:%、个

	城镇		农村	
	汉族受访者	蒙古族受访者	汉族受访者	蒙古族受访者
只要价钱合理就行	52.00	15.79	46.57	41.13
价钱再高也不愿意拆迁	14.00	10.53	12.25	17.74
服从国家需要	32.00	68.42	25.01	19.35
看周围邻居态度	2.00	5.26	6.37	5.65
看拆迁工作的方式方法	0	0	9.8	16.13
合计	100	100	100	100
样本量	50	19	204	124

当开发旅游资源和保护本民族文化遗产发生冲突时，有差不多一半的农业户口和非农业户口受访者持"不好说"的态度，他们认为对这一现象应该持谨慎的态度。认为"保护本民族传统文化为主，不赞同过度商业化"的比例高出了认为以发展经济为主，提高现代生活水平的受访者

比例。

表6-38　　　当开发旅游资源和保护本民族文化遗产发生冲突时受访者的态度

单位:%、个

	农村		城镇	
	汉族受访者	蒙古族受访者	汉族受访者	蒙古族受访者
以发展经济为主,提高现代生活水平	21.78	21.60	12	10.53
保护本民族传统文化为主,不赞同过度商业化	28.22	30.40	36	47.37
不好说	50	48	52	42.10
合计	100	100	100	100
样本量	202	125	50	19

从表6-39我们可以看出居民生活水平的变化,与10年(或5年)前相比,当地人生活水平普遍上升了,其中上升很多的非农业户口受访家庭比重高于农业户口受访家庭约13个百分点;略有上升的比例农业户口受访家庭达到了45.71%,非农业户口受访家庭达到了43.68%。生活水平没有变化的占比是10%左右,农业户口受访家庭中有12.86%的比例认为生活水平略有下降,非农业户口该比例为6.02%;下降很多的农业户口受访家庭有5.71%,而非农业户口受访家庭不到1%。从对未来生活水平的预测可以看出,人们对生活水平的提高持乐观态度,超过一半的农业户口和非农业户口受访家庭认为生活水平会上升,只有8.7%的农业户口受访家庭和7.53%的非农业户口受访家庭认为会下降。大多数农业户口和非农业户口受访者愿意把自己家的经济、生活情况和本乡村人、亲朋好友比较。半数以上的农业户口和非农业户口受访者人认为本人的社会经济地位在本地大体属于中等层次。超过3/4的农业户口和非农业户口受访者对2020年当地全面建成小康社会建设充满信心,但经济收入提高慢、居住条件差、基础设施不足、社会保障不完善等问题是当地人信心不足的主要原因。为加快当地建成小康社会,农业户口和非农业户口受访者认为排在前三位的有效措施是:"加快发展当地经济""应扩大当地就业"和"加快当地的基础设施建设"。

表 6－39　　　　　　　　　　　　受访者生活水平变化

	与 10 年（或 5 年）前相比		在未来的 5 年（或 10 年）中	
	农业户口受访家庭	非农业户口受访家庭	农业户口受访家庭	非农业户口受访家庭
上升很多	20	33.13	13.04	17.77
略有上升	45.71	43.68	37.68	39.46
没有变化	10.01	11.45	14.49	11.45
略有下降	12.86	6.02	7.25	5.42
下降很多	5.71	0.90	1.45	2.11
不好说	5.71	4.82	26.09	23.7
合计	100	100	100	100
样本量	70	332	69	332

四　城乡受访者的社会保障

在农业户口和非农业户口受访者中，政府补助对象主要有：低保户（27 户）、军属（2 户）、残疾人员（12 户）、草牧场补助（89 户）、移民补助（78）。政府补贴 5000 元以下占 43.78%；5000—10000 元占 33.83%；10000 元以上占 22.39%。可见绝大多数受访者或家庭的补助在 10000 元以内。

从受访者参加社会保险的情况来看，城镇居民基本医疗保险和城镇居民养老保险的参保率接近 46%，其次是城镇职工养老保险和城镇职工基本医疗保险。新型农村合作医疗保险和农村居民社会养老保险的参保率较高。在当地工伤保险、失业保险和生育保险几乎无人参加。对于老年人福利项目而言，有 34 位受访者或家人享受老年津贴，获得补助不等，最少 100 元/年，最多 3600 元/年，平均 516 元/年。

表 6－40　　　　　　　　　受访者个人参加社会保险情况

单位:%、个

		城镇职工养老保险	城镇居民养老保险	农村居民社会养老保险	城镇职工基本医疗保险	城镇居民基本医疗保险	新型农村合作医疗保险	样本量
非农业户口受访者								
是		39.06	45.59	3.13	37.50	45.59	12.50	64
否		60.94	54.41	96.87	62.50	54.41	87.50	
农业户口受访者								
是		2.84	2.48	74.54	2.13	3.18	92.71	329
否		97.16	97.52	25.46	97.87	96.82	7.29	

从表 6 - 41 可以看出，在 2012 年受访者的医疗费用总支出中，有 30.17% 的农业户口受访者和 21.43% 的非农业户口受访者没有医疗支出，医疗费用支出在 2000 元以内的农业户口受访者比例有 49.38%，非农业户口受访者有 32.86%；医疗费用在 2000—4000 元的农村受访者比例有 6.32%，非农业户口受访者比例有 20%；4000—10000 元的农业户口和非农业户口受访者比例一致；10000 元以上的非农业户口受访者比例高出农业户口受访者比例约 11 个百分点。

表 6 –41 受访者个人医疗费用总支出

单位:%、个

总支出	农业户口受访者	非农业户口受访者
0 元	30.17	21.44
0 < X ≤ 2000 元	49.38	32.86
2000 < X ≤ 4000 元	6.32	20
4000 < X ≤ 10000 元	12.86	12.86
10000 元以上	1.27	12.86
样本量	332	70

调查数据显示，在 16 类社会保障项目中，农业户口受访者参与率高的是新型农村合作医疗制度和新型农村养老保险制度，其他险种的参保率都在 5% 左右及以下；城镇居民养老保险制度、城镇职工基本医疗保险、城镇居民基本医疗保险制度的参保率位居前三，城市低保、农村合作医疗制度新型农村养老保险的参保率为 11.43%、20.00% 和 17.14%，其他险种的参保率都在 3% 以下。受访者没有享受的项目有：工伤保险、生育保险、妇女福利、儿童福利、残疾人福利和灾害救助、医疗救助。绝大部分受访者对目前本人及家人享受的社会保障在覆盖范围、保障水平、保障管理水平方面表示满意。

表 6 –42 您及家庭成员目前已享受到的社会保障项目

单位:%、个

	非农业户口受访者	农业户口受访者
新型农村养老保险制度	17.14	76.99
农村五保制度	0	1.84
农村低保制度	1.43	4.29

续表

	非农业户口受访者	农业户口受访者
城镇居民养老保险制度	64.29	5.52
城镇低保制度	11.43	0.31
高龄津贴制度	0	4.29
义务教育阶段学生营养改善计划	1.43	5.21
残疾人康复和就业培训	0	1.23
乡村公共卫生服务机构建设	0	0.61
城镇职工基本医疗保险	47.14	4.91
新型农村合作医疗制度	20.00	89.26
城镇居民基本医疗保险制度	50.00	3.37
失业保险	0	0.60
老年人福利	2.86	1.23
住房福利	5.71	2.45
教育福利	2.86	4.60
样本量	70	332

注：工伤保险、生育保险、妇女福利、儿童福利、残疾人福利和灾害救助、医疗救助没有受访者参保，故未列入上表。

五 社会生活感受

从农业户口和非农业户口受访者面临的各种压力程度来看，农业户口受访者感受到的总体社会生活压力小于非农业户口受访者。非农业户口受访者压力很大的排序依次为："经济压力""医疗健康压力""孩子教育压力""个人发展""赡养父母的压力""住房压力""社交压力和婚姻生活压力"；农村受访者压力很大的排序依次为："经济压力""医疗健康压力""孩子教育压力""赡养父母压力""住房压力""个人发展""社交压力""婚姻生活压力"。

表 6-43　　　　　　受访者生活中面临的各种压力程度

单位:%、个

	非农业户口受访者				农业户口受访者			
	压力很大	有压力	压力很小	没有这方面压力	压力很大	有压力	压力很小	没有这方面压力
经济压力	47.14	22.86	14.29	15.71	30.21	29.00	19.34	21.45
个人发展	15.71	30.00	18.57	35.72	8.54	22.87	27.74	40.85
社交压力	5.71	25.72	22.86	45.71	2.72	13.9	28.7	54.68

续表

	非农业户口受访者				农业户口受访者			
	压力很大	有压力	压力很小	没有这方面压力	压力很大	有压力	压力很小	没有这方面压力
孩子教育压力	20.00	21.43	15.71	42.86	18.79	19.09	18.18	43.94
医疗/健康压力	20.29	30.43	20.29	28.99	20.67	27.96	23.71	27.66
赡养父母的压力	13.04	27.54	18.84	40.58	14.8	23.26	26.28	35.66
住房压力	7.14	24.29	27.14	41.43	11.55	18.54	26.75	43.16
婚姻生活压力	2.94	11.76	25.01	60.29	2.43	10.03	22.49	65.05
总体的社会生活压力	10.29	41.18	23.53	25.00	7.65	28.76	43.73	19.88
样本量	70				332			

从受访者的安全感体会来看，认为"很安全""比较安全"的农业户口和非农业户口受访者比例占绝大多数，要远高于认为"很不安全"和"不太安全"的受访者人数。相对来说，对食品安全表示认可的比例略低，可见大部分受访者的认为社会较为安全。

表6-44　　　　　　　　　　受访者的安全感的体会

单位:%、个

	非农业户口受访者				农业户口受访者			
	不安全	安全	不确定	合计	不安全	安全	不确定	合计
个人和家庭财产安全	11.43	87.14	1.43	100	5.79	91.47	2.74	100
人身安全	7.25	92.75	0	100	5.78	81.48	2.74	100
交通安全	15.71	84.29	0	100	8.54	84.75	6.71	100
医疗安全	21.74	73.91	4.35	100	14.11	79.45	6.44	100
食品安全	27.54	62.32	10.14	100	19.57	71.56	8.87	100
劳动安全	5.80	81.16	13.04	100	8.62	76.61	14.77	100
个人信息、隐私安全	11.43	70.00	18.57	100	9.48	71.87	18.65	100
生态环境安全	4.35	79.71	15.94	100	17.13	74.00	8.87	100
人身自由	18.57	71.43	10.00	100	6.73	86.85	6.42	100
总体上的社会安全状况	17.39	72.47	10.14	100	7.36	85.89	6.75	100
样本量	70				332			

总体社会公平状况显示，农业户口和非农业户口受访者认为"比较

公平"和"很公平"的共占75%左右,"很不公平"和"不太公平"农业户口受访者比例是8.23%,非农业户口受访者比例是10.29%。半数以上的农业户口和非农业户口受访者对表6-45 11个方面内容的评价为比较公平或很公平;受访者公平感相对较低的领域主要集中在"政治""信息""就业""政府办事"等方面。当生活中遭遇某种不公平时,非农业户口受访者(60人)选择"通过业主委员会、宗族等组织解决问题"占33.33%;其次是"无能为力,只有忍受"占31.67%;"通过非正式的渠道如托人、找关系"的比例为15%,"通过法律诉讼等渠道"的比例是8.33%,其他方式的选择比例都在5%以下。农业户口受访者(302人)选择"通过非正式的渠道如托人、找关系"的比例最高为33.66%,选择"无能为力,只有忍受"的比例为27.78%,"不用自己关心,别人会管"的占比达到了14.05%,"通过业主委员会、宗族等组织解决问题"占7.52%,"通过法律诉讼等渠道"为5.88%,其余各项比例均在5%以下。这也说明,农业户口和非农业户口受访者的解决渠道有所不同。

表6-45　　　　　　　　受访者对以下各领域的公平感

单位:%、个

	非农业户口受访者				农业户口受访者			
	不公平	公平	不确定	合计	不公平	公平	不确定	合计
教育公平	15.94	65.22	18.84	100	8.46	75.83	15.71	100
语言文字公平	8.7	68.11	23.19	100	7.62	71.65	20.73	100
医疗公平	21.74	68.12	10.14	100	18.9	63.72	17.38	100
住房公平	21.74	65.22	13.04	100	17.38	63.72	18.9	100
社会保障公平	23.53	63.23	13.24	100	14.63	63.72	21.65	100
法律公平	10.14	66.67	23.19	100	8.79	61.82	29.39	100
政治公平	13.04	52.18	34.78	100	8.23	54.88	36.89	100
就业、发展公平	23.19	59.42	17.39	100	18.54	55.02	26.44	100
信息公平	13.04	57.97	28.99	100	10.33	56.24	33.43	100
政府办事公平	17.39	56.52	26.09	100	15.76	58.18	26.06	100
总体上的社会公平状况	10.29	76.47	13.24	100	8.23	75	16.77	100
样本量	70				332			

第六节　伊金霍洛旗城乡受访者的政策评价

一　扶贫政策

从总体来看，当地政府的扶贫政策都有所开展，对农业户口受访者来说，他们比较熟悉的首先是"退耕还林还草补助工程"（56.3%）、"移民搬迁工程"（50.4%），其次是"'两免一补'政策"（25.6%）、"牧区扶贫工程"（18.7%）、"村村通工程（广播电视/道路/通信网络）"（16.3%）、"道路修建和改扩建工程"（15.2%）。对于大部分扶贫政策或项目，受访者都不知道，如"扶贫工程生产项目""技术推广及培训工程""扶贫培训工程"等。在调查中我们发现，除了对当地政策实施十分了解的基层工作人员，大多数受访者都只了解和自己相关的政策，对其余扶贫政策则不清楚。55.3%的受访者对当前参与过的扶贫政策或扶贫活动的整体效果感到满意（其中很满意7.2%、满意48.1%）。

表 6 –46　　　　　　　　当地政府实施过的扶贫政策

单位：人、%

扶贫政策	频数	有效百分比
移民搬迁工程	189	50.4
"两免一补"政策	96	25.6
扶贫工程生产项目	29	7.7
退耕还林还草补助工程	211	56.3
道路修建和改扩建工程	57	15.2
基本农田建设工程	34	9.1
电力设施建设工程	26	6.9
人畜饮水工程	33	8.8
技术推广及培训工程	15	4
资助儿童入学和扫盲教育工程	24	6.4
卫生设施建设项目	22	5.9
种植业/林业/养殖业扶贫金	19	5.1
村村通工程（广播电视/道路/通信网络）	61	16.3
教育扶贫工程	38	10.1
牧区扶贫工程	70	18.7
扶贫培训工程	7	1.9

二 退耕还林（退牧还草）

在本次调查中有 251 户农村受访者家庭实施过退耕还林（退牧还草）政策。从表 6-47 可以看出，在有效样本中，当地实施这一政策主要集中在 2002—2005 年这一时间段（73.1%）。有 70.7% 的受访者表明当地有关部门实施过对退耕（退牧）户的职业培训，有超过一半（59.2%）的家庭参加过培训，在培训的项目里，造林种草的比例最高，达到 72.4%；其次是畜牧业、养殖业占 11%；第三是劳务（外出务工）培训，占 10.3%，最后是种植业培训，占 6.2%。

表 6-47　　　　　　　　退耕还林（退牧还草）的实施情况

	频率（人）	有效百分比（%）
退耕还林（退牧还草）实施的起始年份		
2002 年以前	24	15.4
2002—2005 年	114	73.1
2005—2008 年	13	8.3
2008—2013 年	5	3.2
合计	156	100
退耕还林（退牧还草）政策的效果		
非常好	45	18.6
比较好	100	41.3
一般	60	24.8
不太好	2	0.8
很差	35	14.5
合计	242	100
对退耕还林（退牧还草）政策的看法		
扩大面积和提高补充标准	105	42.7
保持现状	82	33.3
停止执行	2	0.8
不清楚	57	23.2
合计	246	100

总体上看，有几乎六成（59.9%）的受访者认为退耕还林（退牧还草）政策的效果好（包括"非常好"18.6%，"比较好"41.3%），只有

0.8%的受访者认为"不太好",认为效果"一般"的有差不多1/4。

对于这项政策的未来发展,在有效样本中,大多数受访者希望退耕还林(退牧还草)政策继续实施,42.7%的受访者希望扩大面积和提高补充标准,33.3%的人希望保持现状,只有0.8%的受访者希望停止执行。

三　移民搬迁

这一部分我们主要调查了有移民搬迁经历的受访者,调查的内容包括移民搬迁的原因、搬迁户对政策的了解度等。调查数据显示86.1%的受访者离开户籍所在区县的原因是生态保护等大型公共工程项目移民,11.4%的受访者是外地迁入。当回答"如果您是政府要求的搬迁,您当时愿意搬迁吗?"时,12.9%的受访者"非常愿意",38.8%的受访者"比较愿意","不太愿意"和"很不愿意"的各占29.3%和7.5%。对于移民搬迁的政策了解度方面,11%的人"非常了解",33.1%的人"比较了解",41.4%的人"对政策了解一般","一点儿不了解"的占6.9%。对于搬迁户来说,有40%的人有迁回原住地的想法,"生活习惯不适应"是多数人认为最主要的原因(52.4%),其次是"对当地生产方式不熟悉"(42.9%)。

受访者对生态环境恶化最主要的原因分析中,34.8%的受访者认为是"自然气候变化"引起的,30.3%的受访者认为"草场超载,过度放牧"是最主要的原因,20.6%的受访者认为是"资源过度开采"引起的。数据显示,"过度砍伐树木"(5.8%)、"过度开垦"(1.3%)、"人口过多"(4.5%)并不是受访者认为的当地生态环境恶化最主要的原因。从移民搬迁开始到调查之时,76.4%的受访者认为当地的生态趋于好转。

表6-48　　　　　　　　受访者对搬迁及生态的看法

单位:人、%

生态环境恶化的最主要原因	频数	有效百分比
生活习惯不适应	33	52.4
生活条件太差	11	17.5
生产条件太差	10	15.9
生产方式不熟悉	27	42.9
就业困难、收入不稳定	10	15.9
与居民地居民关系不融洽	3	4.8

续表

生态环境恶化的最主要原因		
自然气候变化	54	34.8
草场超载，过度放牧	47	30.3
过度砍伐树木	9	5.8
资源过度开采	32	20.6
过度开垦	2	1.3
人口过多	7	4.5
其他	4	2.6
合计	155	100

第七节　简要结论

受访者个人及家庭的基本情况如下：受访者的教育水平偏低，尤其是农业户口受访者文化程度未上学、小学、初中的比例偏高，这一统计结果受当地教育环境和调查对象的年龄等因素影响；农业户口和非农业户口受访者身体状况较为良好，其中残疾人共 13 人，大部分可以享受政府的残疾补贴；当地平均家庭成员规模是 3.16 人，略高于全国的平均水平。

经济情况如下：大多数农业户口受访者的家庭同时拥有耕地和牧草地，人均占有耕地 4.12 亩，牧草地 71.84 亩；农业户口受访家庭的收入高于非农业户口受访者家庭，在农村，汉族受访者家庭的收入高于蒙古族家庭收入；在城镇，蒙古族受访者家庭收入高于汉族受访者家庭收入。家庭总支出的分布情况与家庭总收入的分布情况十分相似；家庭必备消费品中，电视机、冰柜、冰箱、手机、洗衣机和轿车/面包车的拥有率较高，电脑、照相机、摄像机等现代化的电子产品拥有率较低；89% 的受访者拥有住房，其中大部分认为住房较为便利。

工作情况如下：从农业户口受访者目前的工作状态来看，与以往农民大部分都只是务农这种工作状况不同，只从事非农工作的受访者最多；非农业户口或城镇外来务工人员的就业具有以服务业居多，行业类型多样化的特点；受访者没有工作的原因当中，"已离/退休"所占比例最多，其次是"因本人原因（如家务、健康、辞职等）离开原工作"，第三位的是"料理家务"。

民族文化与教育状况如下：相对于普通话，当地的汉语方言和本民族语言的使用程度要高，少数民族受访者愿意说本民族语言，愿意送子女到双语学校学习并且认为双语教育效果好；对于文字的使用，无论是汉字还是少数民族文字，超过1/3的受访者掌握足够文字，能流利书写；受访者认为留存或传播较好的本民族文化类型首先是"传统节日"，其次是"传统服饰"，第三位的是"传统饮食"，而已经濒危失传急需恢复的文化类型主要有"传统生产方式""人生礼仪""传统民居"，大多数人接受本民族/其他民族民俗文化的主要渠道是家庭内部的口口相传或者耳濡目染。

生活状况如下：大多数公共基础设施体现出便民的特点，可以满足受访者的需求，满意度较低的公共设施主要有"卫生设施（垃圾桶、保洁等）"和"公共厕所"；受访者参加公益活动以捐款捐物和义务献血为主；超过一半的人欢迎到本地的外来流入人员，他们认为外来流入人员增加了当地的投资、扩大了当地的就业机会、开阔了当地人的眼界、增加了当地劳动力市场中的劳动力；当地民族间交往较为密切，民族关系和谐；从受访者参加社会保险的情况来看，参加新型农村合作医疗保险的人数最多，其次是农村居民社会养老保险，绝大部分受访者对目前本人及家人享受的社会保障在覆盖范围、保障水平、保障管理水平方面表示满意。

总之，伊金霍洛旗在经济社会各方面都保持了平稳健康的发展态势，尽管取得了上述成就，但当地经济社会发展中的矛盾和问题也日益凸显。在经济方面，经济结构不尽合理，资源型产业占据主导地位，现代服务业和高新技术产业发展缓慢，政府应对经济风险挑战的能力不强；在公共设施方面，少数公共设施不能满足受访者的需求，在基础设施建设中还存在政府资金投入不足、决策不透明等问题；在社会保障项目中，除了新型农村合作医疗制度、新型农村养老保险制度、城镇居民养老保险制度、城镇职工基本医疗保险、城镇居民基本医疗保险制度以外，其余一些项目和制度的实施性不强，这与政策的实施效果和受访者对政策的了解度等因素有关；在政府的工作效果方面，部分干部的作风、能力与科学发展的要求不相适应，机关效能建设与人民群众的期待存在较大差距，政府自身建设仍需进一步加强等。对于这些在经济社会发展过程中出现的矛盾和问题，当地政府应当高度重视，深入分析，用发展的手段全力予以解决，要提升政府公共服务能力，推进服务型政府建设，加快政府职能转换，提升行政效能，激发经济社会发展活力，逐渐实现公共服务均等化。

第七章

甘肃省肃南裕固族自治县
问卷调查分析报告

肃南裕固族自治县是"21 世纪初中国少数民族地区经济社会发展综合调查"2013 年的调查点之一。

肃南裕固族自治县成立于 1954 年，是我国唯一一个以裕固族为主体，汉、藏、蒙、回等 11 个民族共同聚居的裕固族自治县。该县地处河西走廊中部、祁连山北麓，东邻天祝藏族自治县，西接肃北蒙古族自治县，南与青海省为邻，北面与武威、民乐、酒泉等县市接壤。地形成狭长地带，地势由北向东南倾斜，即西高东低，东西长 650 公里，南北宽 120—200 公里，总面积 2.4 万平方公里。全县现辖 6 乡 2 镇，包括红湾寺镇、康乐乡、大河乡、明花乡、马蹄藏族乡、白银蒙古族乡、皇城镇、祁丰藏族乡。该县还有 9 个国有林牧场、101 个行政村和 3 个城镇社区，有裕固、汉、藏、蒙古等 16 个民族，共 14554 户 37579 人，其中农牧业人口 2.55 万人，占 68%；少数民族人口 2.12 万人，占 56.5%；裕固族人口 1.02 万人，占 27%。① 肃南县行政板块组成特殊，是由三块不连片的地域组成，东部以皇城为一块，中部以马蹄、康乐、白银、大河、祁丰为一块，北部以明花为一块，红湾寺镇为县政府驻地。

第一节 肃南裕固族自治县城乡受访者基本情况

一 肃南裕固族自治县简介

肃南裕固族自治县城乡问卷调查的地点是红湾寺镇。红湾寺镇是肃南

---

① 肃南裕固族自治县人民政府网站，http://www.gssn.gov.cn/Category_ 286/Index. aspx.

裕固族自治县人民政府所在地，也是全县政治、经济和文化的中心。在自治县成立以前，这里曾有一座藏传佛教禅定法旺寺，属裕固族西八个家，又因寺院西北方山峰呈红色，故称为"红湾寺"，红湾寺镇因此而得名。红湾寺镇地处河西走廊中段、祁连山北麓，西北与大河乡喇嘛湾村、松木滩村、营盘村接壤，东南与康乐乡东台子村、桦树湾村交界。地势西高东低、南高北低，四周群山环抱，是一个山间谷地，平均海拔2300米，隆畅河穿城而过，境内长9.9公里。气候属高寒半干旱大陆性气候，昼夜温差大，干燥少雨，冬春长而寒冷，夏秋短而凉爽，全年平均气温3—6摄氏度，年平均降水量在66—600毫米。全镇东西长3.5公里，南北宽1.5公里，区域面积5.2平方公里。下辖红湾、隆畅、裕兴3个社区居民委员会，居住着裕固、藏、汉、回、蒙古、土、满、保安等11个民族共4021户9416人。辖区内有市、县属部门、单位135个，驻地部队3个。

红湾社区地处县城中南端马蹄路、祁丰路一带，占地面积1.65平方公里，现有裕固、藏、汉、回、蒙等8个民族，居民765户2011人。辖区内有部门单位68个，驻地部队2个，便民服务门点42个，医疗服务门点3个。社区现有工作人员12人，党支部下设6个党小组，共有党员241人，其中居民党员45人，60岁以上党员19人，占总人数的42%。

隆畅社区地处县城东南的康乐路、白银路和明花路一带，占地总面积1.8平方公里，居住着裕固、汉、藏、蒙、回、土、东乡、保安、朝鲜9种民族的居民1182户2661人。下设3个居民小组，社区现有工作人员12人，两委班子成员12人，其中交叉任职的4人。成立居民党小组5个。

裕兴社区总占地面积1.68平方公里，辖区居住着裕固、藏族、回汉等八种民族1575户3178人，居委会下设居民小组3个，警务室1个，劳动保障站1个，公务员2名，进村进社大学生1名，公益性岗位工作人员21名，辖区内部门单位35个，商业网点59个，医疗服务门店6个，居民37栋，平房区6处。

二　受访者个人情况

肃南裕固族自治县本次问卷调查共涉及401位受访者，其中男性174人，女性226人。受访者中有44.14%的汉族、21.45%的藏族、30.17%的裕固族和4.24%的其他少数民族。与肃南裕固族自治县的现实民族人口分布相比，本次调查抽取的民族样本比例基本与之相同，差异不大。因而在民族分布上很具有代表性。

表 7 – 1　　　　　　　　　　　　受访者个人情况

单位：人、%

		人数	百分比			人数	百分比
性别	男性	174	43.5	户籍	非农业户口	197	49.13
	女性	226	56.5		农业户口	204	50.87
民族	汉族	177	44.14	受教育程度	小学及以下	100	25
	藏族	86	21.45		初中	130	32.5
	裕固族	121	30.17		高中	99	24.75
	其他民族	17	4.24		大专及以上	71	17.75
年龄分布	30 岁以下	63	15.71	健康状况	健康	363	90.5
	31—45 岁	184	45.88		不健康	38	9.5
	46—60 岁	116	28.93	婚姻状况	已婚	337	84.46
	61 岁及以上	38	9.48		未婚	62	15.54
宗教信仰	佛教	203	51.01	政治面貌	中共党员	95	23.75
	伊斯兰教	10	2.51		共青团员	26	6.5
	其他宗教	10	2.51		其他党派	2	0.5
	没有宗教信仰	175	43.97		群众	277	69.25

注：有 1 位受访者未回答性别，有 3 位受访者未回答宗教信仰，有 2 位受访者未回答婚姻状况，有 1 位受访者未回答政治面貌。

在了解受访者个人基本情况的这部分中，涉及的内容包括个人健康状况、学前教育情况、宗教信仰等。健康方面，401 个受访者中，有 69.4% 的人认为自己很健康，认为自己身体比较健康的占 12.8%，还有 8.3% 的个人觉得身体健康一般，剩下只有 9.5% 的个人认为自己有长期慢性病。有长期慢性病的受访者中，认为自己的慢性病不太影响正常工作或生活的占 8.3%，只有 1.2% 的个人认为其慢性病影响正常工作或生活。

残疾人受访者占整个受访总人数的 1.6%，只有 6 位。其中 2 位有残疾补贴且享受残疾照顾，其余 4 位没有残疾补贴也不享受残疾照顾。

一个以发展畜牧业为主的少数民族自治县，其人口的迁移流动从调查数据来看是很小的，只有 10.2%。在这部分一年当中累计在外居住时间超过 3 个月的人口数中，他们的主要居住地都是在城镇。根据调查组的实地调查得知，肃南县的外出流动人口主要前往红湾寺镇和张掖市内，这两地是肃南人口移动的主要目的地，占整个流动人口的 68.2%。其中，以探亲访友为主要原因的最多，占 52.6%，在外务工的比例是 31.6%，到张掖市上学的只占 15.8%。从实际情况来看，肃南县居民的子女到张掖市上学的比例应该不小，肃南县城红湾寺镇距离张掖市公交车程 2 个小时，如果有私家车一个多小时就能到达。肃南很多经济条件好的家庭都更愿意把子女送到教学质量好的张掖市接受教育。由于肃南县距离张掖市较近，交通也较为便利，肃南县很多经济状况较好的居民都纷纷在张掖市内买了商品房。

大多数受访者表示他们之所以在肃南居住的原因是因为他们是土生土长的肃南人，其户籍从未迁移过，这部分受访者的比例达到 87%。其余的受访者户籍之所以迁移也多是因为婚姻或者工作调动才发生，这两项分别占全部受访者人数的 6.9% 和 2.6%，由于搬迁引起的户籍变动只有 2.0%，通过务工经商才将户籍迁移到肃南的受访者只有 1.5%。务工经商这一数据可以看出肃南裕固族自治县县内商业并不兴盛，以县城所在地红湾寺镇为例，县工商登记个体工商户 205 户，商业服务点 242 个，但实际镇上只有 3 家比较大的百货商店可以购买日常生活用品。餐馆也不足 10 家，县城和张掖市相隔较近，交通方便使得人们更愿意到市里购买所需物品。

裕固族和藏族一样都信仰佛教，受访者中所占比例有 51.01%。该县还有一部分回族人口，毫无疑问，他们信仰的是伊斯兰教，在受访者中占 2.51% 的比例。其余道教、基督教、天主教及民间宗教分别有不足 1% 的受访者信仰。有 43.97% 的受访者表示自己没有宗教信仰。

三　受访者家庭情况

一个社会的生计方式决定了这个社会人与人之间的交往方式与亲远关系。肃南裕固族自治县是一个以畜牧业为主要生计方式的地区，传统的畜牧业生计需要季节性的迁移，定居点、夏季草场、冬季草场这些居住点的维护和照顾需要更多的家庭成员来参与，因此农村畜牧业家庭成员人口数比一般的城镇家庭成员偏多。从表 7-2 中得知，乡村的汉族家庭人口总数与藏族和裕固族家庭相比略多，裕固族家庭的平均总人口数略低。家庭总人口最少的只有受访者 1 人，而家庭总人口最多的达到 9 人，无论是汉族、裕固族还是其他少数民族，其家庭人口多为 3—6 人，平均家庭人口为 3.57 人。家庭总人口数一般比家庭在册人口数多，说明即使已经分家，人们还是习惯以大家庭为单位生活。以裕固族为例，受访者中家庭总人口为 1 人的仅 1 户，但是实际从户籍在册人口来看却有 8 户；家庭总人口有 2 人的有 16 户，但实际户籍上在册人数只有 2 人的有 24 户；总人口有 3 人的有 56 户，在册人口为 3 人的有 59 户；总人口有 4 人的有 33 户，在册人口有 4 人的则是 20 户；总人口有 5 人的为 11 户，但在册人口有 5 人的则是 6 户；总人口数和户籍在册人口数为 6 人的户数都是 3 户，总人口数和户籍在册人口数是 7 人的都为 1 户。

表 7 – 2　　　　　　　　　不同民族的家庭总人口

单位：人、%、个

	非农业户口受访者家庭		农业户口受访者家庭	
	均值或比例	样本量	均值或比例	样本量
平均家庭总人口	3.16	196	3.97	204
汉族家庭平均总人口	3.2	102	4.14	74
藏族家庭平均总人口	3.24	29	3.88	57
裕固族家庭平均总人口	3.03	59	3.77	62
家庭总人口 1—2 人	18.37	36	11.27	23
家庭总人口 3 人	55.61	109	29.41	60
家庭总人口 4 人	18.37	36	27.94	57
家庭总人口 5 人	6.12	12	18.63	38
家庭总人口 5 人以上	1.53	3	12.75	26

调查地居民受本地生产方式的影响，很少外出打工经商，到外地生活的多是因为在外求学或者工作的原因。受访者多是牧民或者城镇公职人员，对于这两个群体来说，家的指向是不同的。对牧民来说，家具有季节性，是随季节变化的。在夏天，家在牧区，冬季到了，青壮年牧民仍旧在冬季草场居住，他们的父母和孩子则是居住在城镇牧民定居点。对县城和各乡镇公职人员来说，家具有周期性。周一至周五，家是在自己工作地点所在地；到了周末或是节假日，家就在自己子女和父母居住的城市，比如张掖市区。因此，不同的人对于家的理解是有差别的，如果说家就是和自己的家人在一起，那么受访者中大部分人都处于"离家"的状态。

肃南没有移民搬迁项目，人们对于"移民搬迁"这个词语比较陌生，对于这个项目涉及的多方责任也多是根据经验来判断其效果。但是县内曾有一个乡村，因为缺水等原因，在县内有过搬迁，但也是以定居点的形式进行移动，这些人还可以回原来的村庄生活、劳动。

第二节　肃南裕固族自治县城乡受访者
个人和家庭的经济情况

家庭是社会的一个细胞。一个家庭的经济状况主要是通过这个家庭经济的收入和支出情况来反映的。在此次调查中，当地居民的经济收支情况通过当地家庭及个人拥有的土地面积、住房情况等来描述。

一　土地拥有情况

土地拥有情况的调查仅仅是限制在 2013 年实际土地的拥有量，包括承包和自垦地。土地种类有五种：耕地、山地、园地、牧草地、养殖地。肃南地区的土地种类只有耕地和牧草地以及极其少量的养殖水地。

农业户口受访者中家庭拥有耕地的比例占调查总数的 34.2%，面积最少的只有几亩，而最多的达到 600 亩。人均拥有耕地面积 6.32 亩。拥有土地的人家多是自家耕种，很少有把土地出租的情况。在 136 位拥有土地的受访者中，只有 6 户将土地出租给他人，出租户占土地拥有者总户数的 4.4%。出租耕地的家庭也并没有把自家土地全部租给他人，一般会留下一部分自己耕种。耕地多被用来种草，也有少数用来种植玉米和土豆。

肃南是处于高寒山区的传统牧业县。家庭牧草地的拥有量是很大的，一户有上千亩的草场在当地是很常见的。最近几年，肃南大力发展畜牧业，再加上市场上牛羊肉的需求量增加，价格上涨，拥有草场的家庭人均收入甚至超过在政府、企事业单位工作的城镇居民收入。同时，公职人员中那些原籍属于本地的，部分人也在自己的老家拥有草场[①]，增加了其经

---

① 这部分人原来未参加工作之前在老家拥有国家分配的草场，后来参加工作之后，原来在家所得的草场仍然为家庭所有。2000 年之后随着草场陆续限牧退牧，国家对每亩参加项目的草场都有补贴，因此这些参加工作的人在不用劳动的情况下，每年都能获得草场补贴。

济收入。我们在肃南的居民调查中，基本没有涉及退耕还林①，几乎都是退牧还草的情况。牧户退牧还草的比例为46.8%，而未参加退牧的牧民家庭占了53.2%。即使国家对退牧还草有一定补贴，大部分的牧户仍然认为退牧还草政策在未来应该提高补助标准而不在于扩大面积。

二　收入和支出

本次调查询问了个人总收入和家庭总收入以及出租、出售房屋、土地收入以及劳务收入。在对消费的调查内容中，也分为个人和家庭，一般包括生活消费支出，节假日等民俗支出（比如信仰或宗教性支出），全年人情往来费用，以及全年借款总额。但是无论在调查受访者个人的年度总收入以及总消费，还是整个家庭的年度总收入以及总消费时，这些数据的获得主要基于两种情况。第一种情况是受访者能够直接根据家庭每月收入和固定支出直接报出年终总收入和总消费。第二种情况是受访者无法估计总收入和总消费，但是通过详细的收入开支计算得出。

从个人总收入的数字来看，大多数受访者的经济收入处于1万—5万的范围内。这一收入段包括被调查者的73.4%。对于受访者家庭来说，年总收入2万—10万的家庭占大多数。家庭总收入相对于家庭个人经济收入更能反映一个家庭的经济能力。从表7-3中可以看出，有11.8%的家庭年收入在2万元以下，换句话说，一个家庭一个月的经济收入不到1700元。同时有超过7.5%的家庭年收入在10万元以上，该县居民平均家庭总收入为54660元，收入差距还是比较明显（见表7-3）。

表7-3　　　　　　　　　　个人与家庭总收入分布情况

单位:%

个人收入分组	个人收入总体	家庭收入分组	家庭收入总体
1万元以下	22.6	2万元以下	11.8
1万—5万元	73.4	2万—10万元	80.5
5万以上	3.5	10万元以上	7.5
缺失值	0.5	缺失值	0.2
合计	100	合计	100

注：样本量为401。

---

①　国家退耕还林政策从2009年开始，对于施行退耕还林的土地也有补助，但是远远没有草场补助额度大。

收入差距还体现在非农业户口受访者家庭和农业户口受访者家庭两个类别的内部。非农业户口受访者家庭主要生活在城市，农业户口受访者家庭的人口有一部分生活在牧区，有一部分生活在城镇的居民安置点。从表7－4看出，农业户口受访者家庭内部贫富差距更大，年总收入在5万元以下的家庭占40.9%，而收入大于10万元的家庭为11.4%，中等经济收入的家庭收入主要集中在5万—10万元。对于非农业户口受访者家庭来说，由于职业的不同，在乡镇公益性岗位上工作的受访者比较多，因此年总收入在5万元以下的家庭占了非农业户口受访者家庭的53.3%，收入在10万元以上的家庭则只占了2.4%，其余的为中等收入家庭（见表7－4）。

表7－4 农业户口受访者家庭与非农业户口受访者家庭总收入分布情况

单位:%、元、个

收入分组	农业户口受访者家庭	非农业户口受访者家庭
5万元以下	40.9	53.3
5—10万元	47.6	44.2
10万以上	11.4	2.4
缺失值	0.1	0.1
合计	100	100
劳务收入（工资、务工）在总收入中所占比例	59.66	98.10
个人收入平均值	24444.08	22789.89
家庭人均收入平均值	16694.5	14818.13
样本量	149	251

从肃南受访居民的经济收入来看，农业户口受访者家庭年总收入的高中低家庭是呈中间宽，顶上比较明显的一个图式。非农业户口受访者家庭的年经济总收入则是呈一个没有特别明显的"尖"的金字塔形。肃南农业户口受访者家庭和非农业户口受访者家庭经济收入的规律恰好相反。一般越发达的地方，经济收入差距会越大，但是在肃南，农业户口受访者家庭（也就是牧户）之间收入差距最大，而非农业户口受访者的家庭总收入差距却相对不是很大。这是因为农业户口受访者家庭的牧户之间拥有的草场面积大小不一，畜牧能力不同而造成差距增大，而非农业户口受访者家庭的经济收入还是主要依靠工资。从受访者个人平均收入和受访者所在家庭人均收入的城乡比较发现，农业户口受访者和所在家庭的人均收入高

于非农业户口受访者和所在家庭。

　　家庭消费水平的各项数据仍然是直接询问受访者而得到。通常是通过详细询问受访者家庭各项消费支出而得出年总支出额。总的来说，每户家庭平均消费 42402 元/年，人均消费 17270 元/年。家庭年生活支出1.2万—3.2万元的频率最高，3.2万—5.2万元的支出频率次之，1.2万元以下，5.2万元以上的年总支出频率最低（见图7-1）。

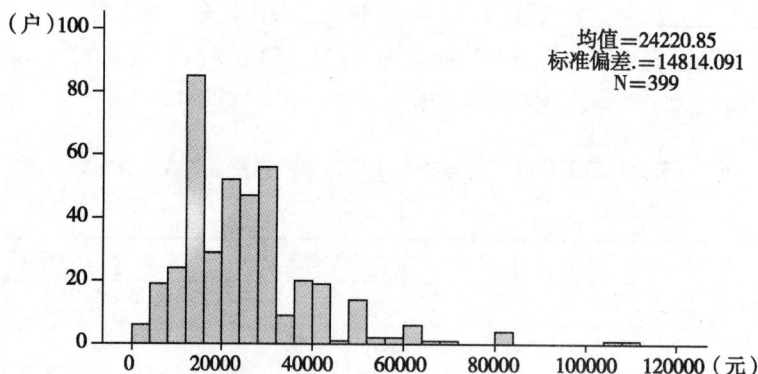

均值=24220.85
标准偏差=14814.091
N=399

图7-1　家庭生活消费总支出

　　构成家庭总支出的四个明细（生活消费、民俗支出、人情往来、借款总额）中，除去家庭生活消费之外，人情往来费用要占整个家庭总支出的主要部分，占1/5—1/3的比例。分城乡看，196位非农业户口受访者个人平均一年消费8579.796元；202位农业户口受访者个人平均一年消费7345.545元。城乡差距为1234.25元，农业户口受访者个人消费占城镇受访者个人消费的85.61%。非农业户口受访者家庭人均消费13592.25元，农业户口受访者家庭人均消费11557.15元。生活消费支出在受访者个人总支出中所占比例：非农业户口受访者为56%，农业户口受访者为55%；非农业户口受访者家庭生活消费支出占家庭总支出的比例是67.18%，农业户口受访者家庭该比例是60.33%。

表7-5　　　　　　农业户口和非农业户口受访者和家庭的支出

单位:%、个

	非农业户口受访家庭	农业户口受访家庭
生活消费支出所占比例	67.18	60.33
民俗支出（包括节日各项支出）	15.03	20.82

续表

	非农业户口受访家庭	农业户口受访家庭
信仰或宗教性支出所占比例	1.59	2.67
全年人情往来费用所占比例	16.20	16.18
家庭人均总支出	13592.25	11557.15
样本量	196	202

从表 7-5 可看出，民俗支出在农业户口和非农业户口受访者家庭总支出的比例差异最大，但也只有 6 个百分点。总体上，消费结构在肃南县的农业户口和非农业户口受访家庭中呈现了相似性。

三 住房

受访者中自有住房（拥有产权）的套数是根据各个家庭的经济能力来决定的。总体上，农业户口受访者家庭的平均住房总面积是 208.42 平方米，非农业户口受访者家庭的平均住房面积是 92.49 平方米；从住房套数分布上，农业户口受访者家庭拥有 1 套住房的比例最高，但拥有 2 套住房以上的比例远高于非农业户口受访者家庭。

平均每户家庭拥有住房面积或宅基地面积为 135.51 平方米。

表 7-6　　　　农业户口和非农业户口受访家庭的住房情况

单位：个、%

	非农业户口受访家庭		农业户口受访家庭	
	样本量	百分比	样本量	百分比
没有住房	24	12.24	30	14.78
1 套住房	151	77.04	120	59.12
2 套住房	20	10.2	36	17.73
3 套住房	1	0.52	12	5.91
4 套住房	0	0	5	2.46
合计	196	100	203	100
平均住房面积	92.49		208.42	

非农业户口受访者家庭中自有住房的比例是 81.63%，农业户口受访家庭中自有住房的比例是 94.09%。

当地的房屋修建，使用钢筋混凝土的占比为60.3%；使用砖木结构的第二多，占比为27.8%；使用混合结构的占了被访家庭的9.8%；还有2.1%使用的是其他建筑类型。

非农业户口受访家庭的住房基本是钢筋混凝土结构，农业户口受访家庭以砖木结构为主，同时也有部分的钢筋混凝土和混合结构。

农业户口和非农业户口受访者对当前的住房表示满意的比例分别是77.66%和71.92%，说明农业户口和非农业户口受访者的满意度差异不大。非农业户口受访者除了对政府两限房政策表示不清楚的比例为44.67%，相应的满意度不高外，其他各项政策的满意度都较高，其中政府廉租房政策的满意度最高达到80.10%。和非农业户口受访者相比，农业户口受访者除农村住房改造政策外，对政府有关廉租房、经济适用房、两限房的相关政策表示"不清楚"的比例都较高；对农村住房改造政策表示"满意"的比例是61.08%，表示"不清楚"的比例是19.21%。

表7-7　　农业户口和非农业户口受访者对住房的满意度

	非农业户口受访者				农业户口受访者			
	满意	一般	不满意	不清楚	满意	一般	不满意	不清楚
对当前住房的满意度	77.66	16.24	5.59	0.51	71.92	16.75	6.40	4.93
对政府商品房的政策	67.01	18.78	6.09	8.12	51.23	17.25	6.89	24.63
对政府两限房政策	41.62	11.17	2.54	44.67	24.62	9.36	2.47	63.55
对政府廉租房政策	80.1	10.2	2.55	7.14	42.36	10.84	2.47	44.33
对政府经济适用房政策	77.04	13.27	3.06	6.63	44.06	12.87	1.99	41.08
对农村住房改造政策	69.39	9.18	2.55	18.88	61.08	15.28	4.43	19.21
样本量	196				203			

四　生活条件

肃南县的道路交通基础设施建设较好。对于非农业户口受访者家庭来说基本上都是水泥或柏油路，农业户口受访者家庭中有61.76%的住宅外道路路面为水泥或柏油路；13.73%的农业户口受访者家庭住宅外道路为沙石或石板等硬质路面。剩下还有24.02%的农业户口受访者家庭住宅外道路为自然土路或其他道路，这种情况主要因为这些农业户口受访者家庭主要居住在面积广大的牧区。

非农业户口受访者做饭用水基本上都是自来水，农业户口受访者用自来水的比例也达到了67.98%。生活于农村或牧区的农业户口受访者家庭使用井水或山泉水的比例为24.63%，还有一少部分农业户口受访者家庭使用雨雪水、江河湖水和窖水。

非农业户口受访者家庭的厕所基本都是水冲式，占被访家庭的95.43%。农业户口受访者家庭中使用水冲式厕所的有33.82%，使用旱厕的为大多数，占比为62.75%，剩下的3.43%农业户口受访者家庭中没有厕所。

非农业户口受访者家庭做饭的燃料主要是煤气、液化气或天然气；农业户口受访者家庭用煤炭的占了50.25%；其次是使用煤气、液化气或天然气；还有少部分受访者使用畜粪、电、柴草（秸秆类）、太阳能灯。实地调查中发现，肃南县有很多农村家庭是用电和用气搭配；有的是用煤炭和用气、用电搭配，并不是单一使用某种燃料。

表7-8　　　　　　　农业户口和非农业户口受访家庭的生活条件

单位:%、个

	非农业户口受访者家庭	农业户口受访者家庭
住宅外道路路面情况		
水泥或柏油路面	98.48	61.76
沙石或石板等硬质路面	0.50	13.73
自然土路	1.02	24.02
其他	0	0.49
合计	100	100
做饭用水		
江河湖水	0	3.94
井水/山泉水	1.02	24.63
雨雪水	0.51	2.96
窖水	0	0.49
自来水	98.48	67.98
合计	100	100
厕所		
水冲式厕所	95.43	33.82
旱厕	4.57	62.75

续表

	非农业户口受访者家庭	农业户口受访者家庭
无厕所	0	3.43
合计	100	100
做饭的主要燃料		
柴草（秸秆类）	0.51	1.97
煤炭	2.04	50.25
煤气/液化气/天然气	91.84	35.47
电	4.59	2.46
畜粪	1.02	8.87
其他	0	0.98
合计	100	100
住房建筑结构		
钢筋混凝土结构	92.78	27.69
混合结构	3.09	16.42
砖木结构	3.61	51.79
其他	0.52	4.1
合计	100	100
样本量	195	203

第三节　肃南裕固族自治县城乡受访者的就业

本节将对农业户口和非农业户口受访者的职业、就业渠道、就业地区、在职工作时间、投资经商以及失业情况、失业原因、工作就业满意度等各方面进行描述分析。同时详细调查了本地居民对于外地流入人员的态度。

本次调查对受访者的工作状况进行了调查。203位农业户口受访者中有54.2%都只是务农；还有15.6%的受访者以务农为主，同时也从事非农工作；而以从事非农工作为主，同时也务农的农业户口受访者为7.4%；只从事非农工作的农业户口受访者有11.8%；学生受访者有1%；其余的农业户口失业待业人员、家务劳动者有4.7%；最后还有1.5%的农业户口退休人员享受职工养老保险待遇。选择其他（不工作也不上学）

的比例是 3.8%，195 位非农业户口受访者中有 4% 在乡镇、城市打工；有 4.7% 的非农业户口受访者为私营或个体从业者；5.3% 的受访者是专职的家务劳动者且均为女性，即通常人们所认为的家庭妇女；4.4% 的非农业户口退休人员；非农业户口人口受访者中还有 0.2% 的牧民比例；在所有的就业分类中，与政府职能部门、企事业相关单位有联系的岗位占了 81.4%，其中 33.8% 为正式工作人员，26.0% 为长期合同工，21.6% 为临时或短期岗位。

就业时间和渠道方面，对于农业户口外出务工人员来说，很难在一个地方长期打工下去，有 23.1% 的受访者都只是在当年外出找过工作，以前从未外出过。农村的农忙四季是有规律的，农村劳动人口外出务工也有规律。农忙时间在家劳动，农闲时候外出打工。外出工作的时间都是机动、临时性的。农村人口由于其居住的地域、血缘关系，大多数外出务工人员都是通过家人、亲戚、朋友介绍，通过这种方式在外工作的有 50%；而通过本乡同民族介绍的有 3.9%；自己通过招聘广告找到工作的有 11.5%；还有 7.7% 的受访者是通过申请（含考试）得到工作的。肃南实行牧民定居工程之后，很多牧民也从草场搬迁到城镇定居点生活，在我们的调查中，通过政府、社区安排工作的比例也比较大，占到 26.9%（见表 7－9）。

非农业户口户口人员在外出务工时，依靠亲戚朋友介绍工作的比例比较低，为 12.3%；但是通过自己申请（含考试）、招聘广告及商业职介（包括人才交流会）找工作的比例分别为 26.0%、1.9% 和 1.9%；而通过政府、社区介绍安排工作的比例则更高，达到 40.9%。

表 7－9　　　　　农业户口与非农业户口受访者外出务工渠道

单位:%、个

农业户口受访者	有效百分比	非农业户口受访者	有效百分比
政府/社区安排介绍	26.9	政府/社区安排介绍	40.9
招聘广告	11.5	商业职介（包括人才交流会）	1.9
直接申请（含考试）	7.7	招聘广告	1.9
家人/亲戚介绍	19.2	直接申请（含考试）	26
朋友/熟人介绍	30.8	家人/亲戚介绍	4.6
通过本乡同民族介绍	3.9	朋友/熟人介绍	7.8
		其他（请注明）	16.9
合计	100		100

　　不同的民族，外出就业渠道略有差异。[①] 因肃南县外出从事非农劳动的比例较低，2013 年有外出经历的受访者仅有 26 人。从表 7 - 10 得知，通过熟人/朋友介绍得到非农工作机会的比例最高，其次是通过政府/社会安排介绍，再次是通过家人/亲戚介绍；凭借招聘广告的比例也有 11.54%。细分为不同民族后发现，不同民族有一定的差异。

表 7 - 10　　　　　　2013 年不同民族农村人口外出务工渠道

单位:%、个

外出务工渠道	民族				合计
	汉族	藏族	土族	裕固族	
政府/社区安排介绍	49.99	22.22	100	10	26.92
招聘广告	0	11.11	0	20	11.54
直接申请（含考试）	16.67	0	0	10	7.69
家人/亲戚介绍	16.67	22.22	0	20	19.23
朋友/熟人介绍	16.67	33.32	0	40	30.77
通过本乡同民族介绍	0	11.11	0	0	3.85
样本量	6	9	1	10	26

　　农业户口受访者中有 42 位有本地自营的经历，占到受访者的 20.59%。其中有 35.71% 的自营者在开业时向亲友借过款，有 47.62% 的自营者在开业时向银行和信用社贷款（见表 7 - 11）。

表 7 - 11　　　　　　从事本地非农自营开业资金借贷情况

单位:%、个

		汉族	蒙古族	藏族	裕固族	合计
是否向亲友借款	是	17.65	0	50	50	35.71
	否	82.44	100	50	50	64.29
样本量		17	1	18	6	42
是否有来自银行或信用社的贷款	是	29.41	0	72.22	33.33	47.62
	否	70.59	100	27.78	66.67	52.38
样本量		17	1	18	6	42

---

　　① 在 2013 年从事本地非农务工时最初找到这份工作的最主要的渠道选项中，有效案例为 26 个，占 6.5%，无效案例 375 个，占 93.5%。因有效样本数量较少，该题目结合当地调研实际进行分析。

在调查非农业户口户口受访者的就业情况时，我们了解到非农业户口户口人员在调查当年从业的主要地区在本乡镇内，其比例占到非农业户口受访者的72.7%；在乡镇外本县内从业的比例为24.7%；而在县外省内从业的比例只有2.6%。

一个地区的经济社会发展还可以通过当地的失业情况来反映。在这里，我们对非农业户口受访者及其家庭中满16岁及以上成员没有工作的原因进行了了解。肃南县共有28位非农业户口受访者自报没有工作，其中有的刚赋闲1个月，而有的人员则是几十年来从未参加过工作，究其原因，以受访者个人的情况来看：在家料理家务的有11位受访者，占比为39.29%；已离/退休的受访者8人，占比为28.57%；因单位原因（如破产、改制、下岗/内退/买断工龄、辞退等）失去工作的受访者4人，占比为14.29%；因个人健康状况等主观原因离开原工作的受访者3人，占比为10.71%；由于上学、失去劳动能力及承包土地被征用而成为无业人员的共2位，占比为7.14%。

没有工作的受访者中有6位回答了在没有工作的期间内寻找工作的渠道。其中有3位受访者委托亲友找工作，有1位受访者参加了用人单位招聘或招考，还有2位受访者采用了职介所、委托亲友、网络及其他媒体应聘、参加用人单位招聘或招考之外的其他途径。

由此可见，肃南县城镇受访者的失业率不高，在不工作的受访人群中有相当部分是自愿退出劳动力市场。

具有外出工作经历的非农业户口受访者数量是17位，农业户口受访者是11人。非农业户口受访者认为第一位障碍的是工作辛苦收入低，留在当地生活成本太高，家里还需要照顾必须返乡的受访者各有4位，占比都是23.53%，选择其他原因的有5位受访者。农业户口受访者中有2位受访者选择工作辛苦收入低是最大的障碍，占比为18.18%；选择"生活习俗不能适应"的比例是27.27%，有3位受访者；选择"家里还需要照顾必须返乡"的有6位受访者，占比为54.55%。

第四节　肃南裕固族自治县民族文化与教育

我们通过对比当地人小时候与现在使用语言种类，文字书写的熟练程度，以及他们对本民族的认同感，对传统的理解等方面来分析当地各民族的民族文化与教育情况。

一　语言文字使用情况

肃南是一个以裕固族为主体的少数民族自治县，其他还有藏族、蒙古族、东乡族等少数民族，因此当地居民的语言运用情况也是比较多样化的，就裕固族本身而言，也分东裕固语和西裕固语，因此当地的语言多样性很丰富。如表 7 - 12 所示，受访者中在小时候会使用本民族语言的有 33.4%，其中汉族会讲汉语方言的占 98.9%，蒙古族从小都会讲自己的语言，藏族有 43.5% 的人从小会讲自己的民族语言，裕固族占 76.9%，其他民族会讲本民族语言的占 0.08%。从表 7 - 12 中我们还可以看出，很少有受访者在小时候会讲其他民族的语言，只有裕固族的部分受访者有这个能力，但也只占裕固受访者数量的 2%。

表 7 - 12　　　　　　　不同民族小时候最先会说的语言种类情况

单位：人、%

	汉族	蒙古族	藏族	土族	裕固族	其他民族	合计
受访总人口	177	1	85	3	121	13	400
汉语方言	175	0	51	3	37	11	277
会讲汉语方言比例	98.9	0	60.0	100	30.6	84.6	69.1
本民族语言	2	1	37	0	93	1	134
会讲本民族语言比例	0.01	100	43.5	0	76.9	0.08	33.4
其他少数民族语言	0	0	0	0	2	0	2
会讲其他少数民族语言比例	0	0	0	0	2	0	0.5
普通话	4	0	0	0	0	1	5
会讲普通话比例	0.02	0	0	0	0	0.08	1.2

从表 7 - 13 可以看出，全体受访者中现在会使用本民族语言的人口总的比例为 37.9%。其中汉族受访者中会讲汉语的占 98.9%，蒙古族现在能讲自己民族语言的为 100%，藏族受访者中现在能讲自己民族语言的有 54.1%，裕固族受访者现在会讲本民族语言的比例为 81.8%，其他民族

现在会讲本民族语言的比例为 7.7%。同时可以对比，不同的民族，会讲其他少数民族语言总的比例为 3.0%。其中汉族受访者会讲少数民族语言的比例为 4.5%，藏族受访者中会讲其他少数民族语言的人数比例为 12.9%，裕固族受访者中会讲其他少数民族语言的比例为 2.5%。

通过比较受访者在小时候最先会说的民族语言及现在会讲的民族语言，可以发现，随着受访者年龄的增长，在和其他民族交往的过程中，也学会了其他民族的语言。比如在以裕固族为主体的肃南，汉族受访者在小时候根本不会其他民族语言，但是现在的情况是 4.5% 的受访者会讲少数民族语言。藏族的情况同样如此，藏族受访者小时候也都不会讲其他民族语言，但是现在会讲其他民族语言的比例达到 12.9%，裕固族作为主体民族这个比例达到 2.5%。总的来说，少数民族习得其他民族语言的需求更大。

表 7 - 13　　　　　　　不同民族现在会说的语言种类情况

单位:%、人

	汉族	蒙古族	藏族	土族	裕固族	其他民族	合计
受访总人口	177	1	85	3	121	13	400
汉语方言	175	1	85	3	119	13	396
会讲汉语方言比例	98.9	100	100	100	98.3	100	98.8
本民族语言	5	1	46	0	99	1	152
会讲本民族语言比例	100	100	54.1	0	81.8	7.7	37.9
其他少数民族语言	8	0	1	0	3	0	12
会讲其他少数民族语言比例	4.5	0	12.9	0	2.5	0	3.0
其他	1	0	0	0	1	0	2
会讲其他语言比例	0.6	0	0	0	0.8	0	0.5
普通话	42	0	15	1	26	2	86
会讲普通话比例	23.7	0	17.6	33.3	21.5	15.4	21.4

在会讲本民族语言的这部分人中，有 58.8% 的人能流利准确地使用，能熟练使用但有些音不准的有 4.6%，能熟练使用但口音较重的为 1.3%，有 15.7% 的受访者能基本交谈但不太熟练，能听懂但不太熟练的有

12.4%，能听懂一些但不会说的有7.2%。我们还可以看出说汉语的人数比例在受访者中比例较高，到现在会使用普通话和汉语方言方面比例都有增长，都是20.0%左右。而且会说本民族语言的当地居民也可以听懂其他少数民族语言，但是不会说，这个比例已经有61.5%。

文字使用方面，有81.0%的少数民族受访者都能书写汉字，15.0%的少数民族受访者会一些，还有4.0%的受访者完全不会书写汉字。在我们的调查中，对于少数民族受访者来说，只有2.5%会写本民族语言，10.6%的受访者会书写一些，26.3%的少数民族受访者不会书写本民族文字，另外60.6%是因为本民族没有语言文字而不能进行书写。从语言的交谈和书写能力反映出肃南县的裕固族、藏族等少数民族都能较好掌握汉语方言和汉字，现实中的肃南少数民族不存在语言障碍。

少数民族受访者中有90.1%很多时候都愿意说自己的民族语言，另外9.9%则表示只有在和本民族的人一起的时候才说本民族话。他们对于送子女到双语学校学习的态度也很积极，从调查数据中可以看到，有55.0%的少数民族受访者表示很愿意送子女去双语学校学习，4.7%的少数民族受访者是较愿意，40.3%的少数民族受访者表示愿意。所有的少数民族都有把子女送到双语学校学习的想法，他们这么做的原因归纳起来主要有以下几点：第一，对于那些本来就会说本民族语言的受访者来说，他们觉得自己的后代也应该学习本民族的语言，传承本民族的文化；第二，对于那些不会讲本民族语言的受访者来说，他们觉得自己作为一个少数民族却不会自己的民族语言，是一件很遗憾的事情，所以自己的后代应该要重新拾回这个传统；第三，对于某些少数民族受访者来说，他们觉得语言是一门技能，如果能到双语学校学习，那么既可以学习汉语，也可以学习自己的本民族语言，多会一门语言，多一门技术，对以后工作就业、与其他民族交往等都有好处；第四，应该要学习本民族语言这个事情在某些少数民族看来是理所当然的，他们有民族自豪感，觉得就应该学。但是对于当地双语教育效果的评价则褒贬不一，觉得效果很好的少数民族受访者比例有17.1%，觉得比较好的有37.1%，觉得一般的有28.9%，觉得不好的有14.9%，觉得很不好的有2.0%。总体是汉族对双语教育的效果满意度比较高，这与学校教育语言为汉语有关。藏族、裕固族有超过20%的比例认为当地双语教育还有待改进。

二　民族文化传统

关于本地到底有哪些民族文化或民俗文化，哪些最具特色或最应该保留这些问题，对于不同的受访者感受是极其不同的。在我们的实地调查中，汉族受访者对这个问题特别纠结，他们觉得汉族没有什么是特别具有特色的，各族都熟悉了解。数据收集中，汉族受访者更多的是对当地裕固族、藏族等民族的民俗文化印象比较深刻。关于最具特色的传统文化、最重要的传统文化和传承较好的文化类型、已经濒危急需保护的文化类型，其得到当地受访者关注的程度差别是不太大的。从民族看，肃南县非农业户口的汉族、藏族、裕固族受访者认为传统服饰、传统节日和传统饮食是最具特色的文化类型的比例位居前三，其次，藏族和裕固族有约1/3的非农业户口受访者选择宗教活动习俗，汉族受访者有34.95%的比例选择传统文娱活动为最具特色的文化类型。农业户口藏族和裕固族受访者中选择比例较为集中的是"传统服饰"和"传统节日"，接下来藏族受访者选择比例依次是"传统文娱活动""传统饮食"和"宗教活动习俗"，裕固族选择比例依次是"传统饮食""宗教活动习俗"和"传统文娱活动"。在最重要和传播或留存较好的本民族文化类型选择中，农业户口和非农业户口藏族和裕固族受访者选择宗教活动习俗的比例都明显增加，此外道德规范和人生礼仪的选择比例也都增加。而在已经濒危急需恢复的本民族文化类型中，无论藏族还是裕固族都对人生礼仪、道德规范、人际交往习俗表示更多的关注。实地调查中受访者反映，民族或民俗文化正在慢慢被消解，传统的人生礼仪、道德规范这些美好的东西都在被当地人所遗忘。而且很多受访者特别提到他们的民族语言，无论是裕固语还是藏语，也正面临失传的危机，急需要发扬传承，所以政府在这方面的工作应该加强。

表7-14　　　　　　　受访者对当地民族文化类型的评价

	非农业户口受访者			农业户口受访者		
	汉族	藏族	裕固族	汉族	藏族	裕固族
最具本地特色的传统文化类型						
传统民居	0	3.45	6.78	1.37	8.77	1.64
传统服饰	66.99	86.21	84.75	36.99	70.18	73.77
传统节日	56.31	68.97	45.76	78.08	73.68	62.3
人生礼仪	8.74	3.45	23.73	4.11	5.26	18.03

续表

	非农业户口受访者			农业户口受访者		
	汉族	藏族	裕固族	汉族	藏族	裕固族
传统文娱活动	34.95	17.24	16.95	17.81	43.86	32.79
传统饮食	46.60	41.38	38.98	53.42	33.33	37.70
道德规范	5.83	6.90	10.17	4.11	0	1.64
人际交往习俗	2.91	0	8.47	4.11	5.26	3.28
传统生产方式	4.85	3.45	1.69	9.59	7.02	8.20
宗教活动习俗	12.62	31.03	32.20	12.33	22.81	34.43
最重要的本民族文化类型						
传统民居	1.94	0	5.08	2.70	3.51	1.61
传统服饰	28.16	46.43	66.10	9.46	19.30	35.48
传统节日	64.08	50	37.29	72.97	66.67	40.32
人生礼仪	9.71	0	20.34	4.05	10.53	17.74
传统文娱活动	17.48	14.29	25.42	10.81	15.79	35.48
传统饮食	27.18	28.57	28.81	37.84	22.81	30.65
道德规范	27.18	21.43	10.17	21.62	12.28	8.06
人际交往习俗	11.65	7.14	13.56	13.51	10.53	9.68
传统生产方式	6.80	3.57	1.69	8.11	7.02	9.68
宗教活动习俗	12.62	64.29	40.68	16.22	66.67	41.94
留存或传播较好的本民族文化类型						
传统民居	0.97	0	1.69	4.11	0	1.64
传统服饰	46.60	51.72	83.05	19.18	28.07	47.54
传统节日	66.02	48.28	33.90	72.60	56.14	39.34
人生礼仪	4.85	0	8.47	1.37	8.77	16.39
传统文娱活动	15.53	13.79	33.90	10.96	22.81	26.23
传统饮食	32.04	41.38	30.51	39.73	29.82	29.51
道德规范	11.65	17.24	0	13.70	5.26	3.28
人际交往习俗	7.77	6.90	6.78	12.33	3.51	3.28
传统生产方式	3.88	6.90	1.69	5.48	3.51	8.20
宗教活动习俗	8.74	48.28	32.20	10.96	70.18	37.70
已经濒危失传急需恢复的文化类型						
传统民居	26.00	31.03	25.86	16.22	35.09	12.90
传统服饰	10.00	10.34	5.17	4.05	15.79	4.84

续表

	非农业户口受访者			农业户口受访者		
	汉族	藏族	裕固族	汉族	藏族	裕固族
传统节日	4.00	6.90	10.34	2.70	5.26	6.45
人生礼仪	22.00	34.48	27.59	37.84	47.37	43.55
传统文娱活动	8.00	3.45	17.24	10.81	10.53	8.06
传统饮食	4.00	0	10.34	1.35	3.51	3.23
道德规范	38.00	27.59	15.52	43.24	35.09	29.03
人际交往习俗	21.00	3.45	13.79	25.68	21.05	29.03
传统生产方式	28.00	27.59	31.03	9.46	12.28	12.90
宗教活动习俗	9.00	3.45	12.07	20.27	1.75	1.61
样本量	102	29	59	74	59	62

　　语言、文化、风俗习惯作为一个民族的重要特征，对于成其为民族是非常重要的，当地人也意识到这一点。有97.6%的少数民族受访者认为他们的子女也很愿意或者比较愿意学习自己民族的语言。只有1.9%的受访者认为他们的子女不愿意接受本民族的文化。对于民族风俗习惯，也有97.9%的少数民族受访者觉得他们的子女是愿意接受的。总体来说，民族地区的居民对传承民族的语言、民族文化和民族风俗习惯大多持积极的态度。

　　在对当地政府保护各项民族文化工作的评价和国家保护各项民族文化政策的评价中，超过半数的城乡不同民族受访者表示满意，尤其是最具本地特色和最重要的本民族文化类型中选择比例高的内容也是对当地政府工作和国家政策满意度最高的，但对国家政策的满意度比例高于对当地政府的工作评价。

三　认同感

　　民族认同是一个个体对自己族属的自觉认同，是群体认同的一种，但其却是基于物质生活的一种心理活动。经过岁月变迁，可能本来具有血缘关系的同族却分散于其他民族，并有心理上的认同，而原本是不同族属的个体却因为某种联结而成为同一个民族。肃南县调查数据显示，藏族和裕固族农业户口和非农业户口受访者选择既认同本民族也认同中华民族的比例最高，其次是更加认同中华民族，两者之和都在85%以上。

表 7－15　　　　　　　　　　　　民族意识发展趋势

单位:%、个

	城镇受访者			农村受访者		
	汉族	藏族	裕固族	汉族	藏族	裕固族
各民族更加认同本民族意识	4	6.90	6.90	0	7.02	6.67
更加认同中华民族	40	27.59	39.66	54.05	24.56	25
既认同本民族也认同中华民族	49	58.62	53.45	40.54	61.4	60
不清楚	7	6.90	0	5.41	7.02	8.33
样本量	100	29	58	74	57	60

　　在调查中询问农业户口和非农业户口受访者在当地社会交往、工作就业和日常生活中有没有因民族身份给自己造成麻烦时,90.6% 的少数民族受访者都表示没有这样的问题,2.3% 的少数民族受访者觉得很少发生,6.7% 的少数民族受访者认为偶尔有,0.4% 的少数民族受访者觉得自己的民族身份经常给自己造成不便(如图 7－2 所示)。

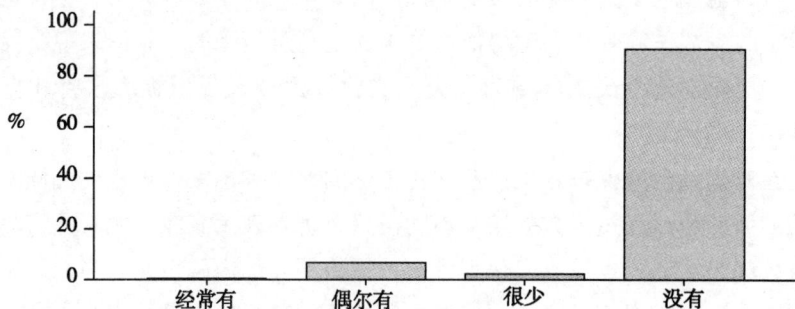

图 7－2　民族身份在对当地社会交往、工作就业、
日常生活中有无不便利

　　对于自己的民族身份在外出旅游、出国时是否给自己造成过不便。只有 0.9% 的少数民族受访者觉得自己的民族身份常常给自己带来不方便。10.0% 的少数民族受访者觉得这种不便偶尔发生,1.4% 的少数民族受访者觉得很少有这种情况,剩下 87.7% 的少数民族受访者都觉得自己的民族身份在外出时不会给自己造成困扰(如图 7－3 所示)。

　　在调查的交谈中,肃南少数民族受访者反映日常生活和外出旅行的不便首先是饮食方面,吃食不方便,信仰伊斯兰教的民族觉得外面清真食物

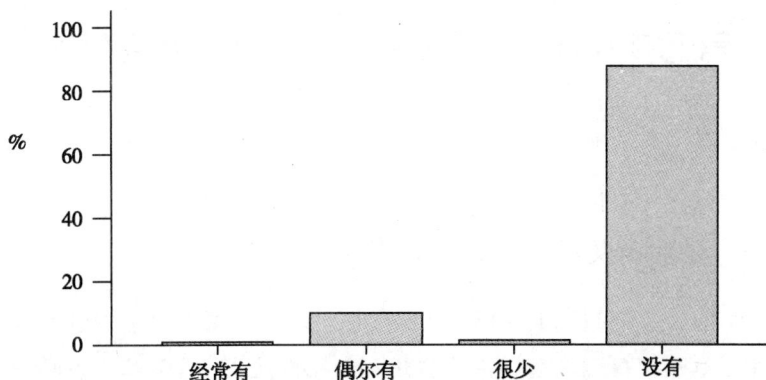

图 7 - 3　民族身份在外出旅游、出国时有无不便利

太少。其次，有藏族受访者觉得自己的民族身份在外出时住宿不便，比如去北京，住酒店要更多的手续。虽然肃南少数民族的汉语方言掌握较好但普通话水平不高，外出时少数民族觉得自己普通话不太好，在外很多时候不方便。最后就是出门在外的时候，有人一听是少数民族，就觉得受访者异于常人，受访者有时候感觉被歧视，被误认为少数民族没文化等。

当外国人问及受访者身份时，问卷中给出了四个回答选项：一是"中国人、本民族"；二是"本民族、中国人"；三是"中国人和本民族不分先后"；四是"不好回答"。有 62.3% 的受访者选择"中国人、本民族"；有 29.4% 的受访者选择"本民族、中国人"；另有 7.0% 的受访者选择中国人和本民族这两者不分先后；剩下 1.3% 的受访者觉得这个问题不好回答。

分民族和城乡两个维度看，选择中国人、本民族的比例超过了半数，选择本民族、中国人的裕固族受访者比例高于藏族受访者。

表 7 - 16　　农业户口和非农业户口少数民族受访者的国家认同

单位:%、个

	非农业户口受访者		农业户口受访者	
	藏族	裕固族	藏族	裕固族
中国人、本民族	51.72	61.02	70.91	53.23
本民族、中国人	24.14	28.81	25.45	40.32
中国人和本民族不分先后	17.24	10.17	1.82	6.45
不好回答	6.90	0	1.82	0
样本量	29	59	55	62

第五节 肃南裕固族城乡受访者的社会生活

对于肃南县农业户口和非农业户口受访者的生活状况主要从当地社会的公共设施、社会生活、社会发展、社会保障等角度来分析。

一 生活有关的公共设施情况

学龄前儿童的教育上，130 户非农业户口受访家庭对家中曾有或现有学龄前儿童的教育方式选择各类幼儿园的比例达到了 76.92%，其中选择上县城内幼儿园或学前班的比例是 69.23%；170 户农业户口受访家庭的该比例是 62.07%，其中选择上县城内幼儿园的比例是 22.41%，选择上乡镇内幼儿园的比例是 30.46%，选择上村内幼儿园或学前班的比例是 9.2%。农业户口和非农业户口受访家庭选择比例位居第二的是由母亲照料学龄前儿童，非农业户口受访家庭该比例是 16.92%，农业户口受访家庭该比例是 27.01%。

文化娱乐方面，调查数据表明，11.8% 的受访者可以收到国外电视、网络收视信号和节目，剩下 88.2% 的受访者表示和国外相隔太遥远，不能收到国外电视、信号和节目。有 81.1% 的受访者称自己是以收看国内电视节目为多，9.4% 的受访者表示自己收看国内节目和国外节目时间差不多，剩下 9.4% 的受访者在收看国内节目还是国外节目的时间上不固定。

交通方面，根据调查数据，非农业户口受访者选择步行为出行方式的比例最高达到了 75.51%，其次是小轿车和公交车；农业户口受访者选择摩托车为主要出行方式的比例最高为 69.80%，其次是步行和小轿车，选择公交车的比例只有 16.83%。

表 7－17　　　　　　　　外出常用出行方式及交通工具

单位:%、个

出行方式及交通工具	非农业户口受访者	农业户口受访者
步行	75.51	45.05
自行车	8.67	2.97
摩托车	19.9	69.80
三轮车/拖拉机	0.51	4.46

出行方式及交通工具	非农业户口受访者	农业户口受访者
货运车	2.04	6.44
小轿车	23.47	30.20
公交车	23.47	16.83
样本量	196	202

　　针对基层社会公共设施调查，是根据受访者家庭距离各项公共设施的距离来判定的。超过60.0%的城镇受访者，他们的房屋所在地离公共厕所、老年服务中心、公共卫生室、医院、广场、幼儿园到高中、警卫室以及运动场所的距离都小于1公里。这些非农业户口受访者多是居住在乡镇和县城，基础设施比较完善。在农村，大多数是牧民，他们没有公共厕所、老年服务中心等设施，个别村庄有卫生院，但距离分散的牧民房屋比较远。肃南县的高中只有县城所在地红湾寺镇和东部的皇城镇有高中，全县的高中学生都分散在这两所中学。有的为了拥有更好的教育资源，到肃南所在的张掖市读高中。

　　对农业生产者来说，土地是最主要的财富，而在土地上是否能够丰收则是依靠水源，以何种方式灌溉是体现一个地区农业基础设施建设状况如何最好的反映。在我们的调查中，自然水灌溉是最主要的灌溉方式的有36.0%，用机电灌溉的有12.0%，依靠人力灌溉的有15.4%。当然，有的地方也修建有人工水窖，但只有2.4%的比例。还有34.2%的土地没有灌溉。

　　同样是针对农业户口受访者的调查，在了解他们对自己本村基础设施建设的评价中，我们得出以下结果。除了村道，受访者们对村道的满意度达到51.8%，其余的各项基础设施——厕所、路灯、垃圾桶、活动中心、教育设施、治安设施等，在调查地的农村有60.0%左右没有这些公共设施。对于农民来说，没有这些基础设施，他们是否也可以达到基本的需要呢？农业户口受访者中有53.9%认为他们目前所居住的社区内的公共基础设施可以满足基本需要，有46.1%的农业户口受访者认为目前所居住的社区内的公共基础设施不能满足基本需求。对于这些不能满足的人群来说，安装路灯是他们要求最多的。另外，硬化道路，增强手机信号，增修水渠，设置幼儿园和医院也均有人提出。农村

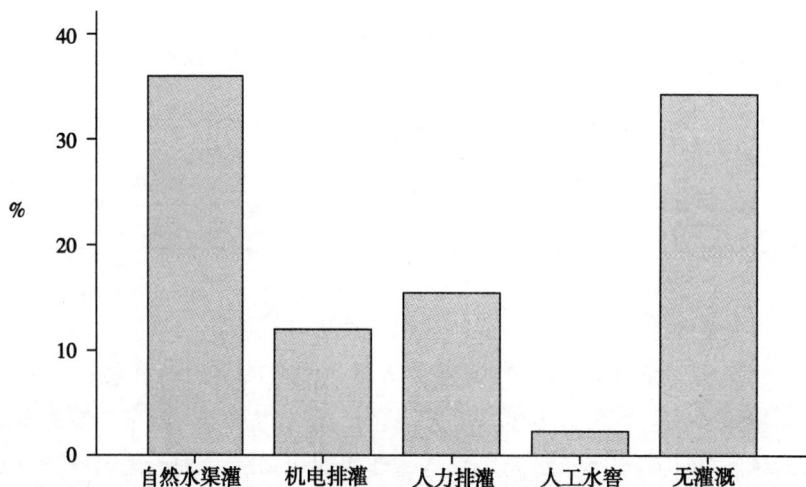

图7-4　农业生产者进行灌溉的主要方式

基础设施建设之所以存在问题，农业户口受访者中的57.8%认为是政府资金投入不足；有49.7%的受访者觉得农村基础设施之所以是现在的面貌主要是因为农村自然环境的约束；29.7%的农业户口受访者觉得领导不重视农村基础设施建设；15.7%的农业户口受访者觉得农民筹资积极性不好；而有15.1%的受访者觉得是村民在要建什么基础设施的意见上不统一；有10.8%的农业户口受访者觉得是政府决策不透明。

二　社会生活

（一）个人生活

在对工作外的个人活动进行调查时我们主要有两方面的内容，一方面是在工作时间之外参与的公益活动，比如义务献血、捐款捐物，参加环境保护活动，义务打扫社区、村的卫生等；另一方面是了解空闲时间时的休闲娱乐活动，比如看电视电影、朋友聚会、读书学习、宗教活动等。

公益活动的调查涉及了7个项目，表7-18列出了当地居民参与各项公益活动人数比例的情况。数据显示，在过去一年，当地居民参与最多的公益活动为捐款捐物，占受访者人数的64.6%。参与社会、村内卫生打扫的也有53.4%的受访者；其余比如义务帮工、义务献血、参加环境保护等活动也占了相当的比例。

表 7-18   过去一年内工作外时间参加公益活动的人数比例

单位：人、%

项目	频率	百分比
义务献血	80	20.0
捐款捐物	259	64.6
义务参加专业咨询活动	24	6.0
义务打扫社区、村的卫生	214	53.4
义务照顾社区、村的孤寡老人	49	12.2
义务参加环境保护活动	137	34.2
义务参加村内（或社区内）无偿帮工	169	42.1
其他志愿服务或助人活动	36	9.0

　　肃南当地居民在空闲时间休闲娱乐活动中，有85%的当地城乡居民把空闲时间都花在了看电视、看电影上面。朋友聚会也是人们打发空闲时间的重要方式，超过一半的人空闲时间会和朋友聚在一起度过。唱歌跳舞等文体娱乐活动以及读书学习也是农业户口和非农业户口受访者休闲活动的内容。和非农业户口受访者相比，农业户口受访者在空闲时间进行宗教活动的比例高于非农业户口受访者。

表 7-19   过去一年内参加休闲活动的人数比例

单位:%、个

	非农业户口受访者	农业户口受访者
看电视或看电影	85.71	84.80
朋友聚会	55.10	56.37
娱乐消遣活动	41.33	31.86
民族文化类的文体活动	30.61	21.57
读书学习	30.61	17.65
宗教活动	15.82	23.53
样本量	196	204

（二）地域间交往

　　在前面分析中得知肃南县当地人去外地务工会有一些不便和障碍，而他们对于在本地的外来流入人员也有各自的态度。外来人口在肃南的心态和生活状况是决定肃南人与外界交流交往程度的一个重要方面。肃南与其他地域之间的沟通也从不同地域居民之间相互的认可程度上得以体现。本次调查不仅询问了肃南县当地人对外来流入人员的态度，还进一步了解了当地人对外来流入人员给当地带来利弊的评价。

表 7 – 20　　　　　　　当地户籍受访者对外来流入人员的态度

单位:%、个

	非农业户口受访者	农业户口受访者
欢迎	62.05	42.57
不欢迎	1.54	3.47
视情况而定	21.54	30.20
无所谓	13.33	23.27
不知道	1.54	0.49
合计	100	100
样本量	195	202

表 7 – 20 中的数据显示，非农业户口受访者比农业户口受访者更欢迎外来流入人员，非农业户口受访者中"视情况而定"的比例达到了30.20%，持"无所谓"态度的比例有23.27%。但非农业户口受访者明确表示不欢迎外来流入人员的比例都很低，非农业户口受访者该比例是1.54%，农业户口受访者该比例是3.47%。

表 7 – 21　　　　　　　欢迎外来流入人员的原因

单位:%、个

	非农业户口受访者	农业户口受访者
增加了当地的投资	94.49	96.59
扩大了当地的就业机会	80.31	81.82
有利于国家安全	74.80	70.45
开阔了当地人的眼界	92.13	87.50
提高了当地的社会服务水平	92.91	90.91
带来了先进技术和管理方式	91.34	90.91
有利于缩小区域间的差距	89.68	87.50
增强了民族间的交往	99.21	94.32
增加了当地劳动力市场中的劳动力	96.03	90.91
有利于弘扬本地的民族文化	94.44	90.91
样本量	126	88

　　根据调查数据，对外来流入人员持欢迎态度的受访者认为外地人到当地生活、工作增加了当地劳动力市场中的劳动力和投资、工作机会，带来了先进的技术和管理方式，提高了当地的社会服务水平，这样不仅有利于缩小地区间的差距，而且对民族间的相互交往也有好处，使当地裕固族和藏族有机会向其他民族介绍自己的民族文化。

　　但是持不欢迎态度的受访者同时认为，大量外来流入人员到本地生活工作给当地增加了负担。因受访者中持不欢迎态度的比例低，只有11人回答了不欢迎的原因，所以就没有再划分为农业户口与非农业户口不同的受访人群而是作为一个整体进行分析。第一位最重要的不欢迎的理由是外来人口增多会破坏当地的自然资源和生活环境，选择这一理由的比例有30.0%，有些比较保守的人看不惯外来人员的行为举止，这一比例有30.0%；第二位重要原因是，选择外来流入人员的到来减少了当地人工作就业机会的比例占33.3%，认为这些外地人赚走了当地的钱，却对当地的经济社会发展没有贡献的比例占33.3%；第三位重要原因是，选择看不惯外来人员的行为举止的比例占了50%，认为外地人的到来会破坏当地环境的比例也占了25.0%。

　　外来人口在肃南工作生活，本次调查中只有3位受访者是外来流入人员，他们对当地社会自然环境、宗教文化、社会交往方面的评价比较好。外来流入人员中共有33.3%的人认为当地在投资管理的效率上还做得不好或很不好。还有33.3%的外来流入人员觉得肃南当地日常生活的便利性和投资时盈利状况很不好。

　　不管是否基于以上外来人员对肃南整个社会的一个感观，总之，当我们在询问这些外来人员是否愿意在肃南继续扩大投资和在当地长期生活时，有33.3%的外来人口表示他们愿意或很愿意在当地继续扩大投资和在当地长期生活。有33.3%的人表示他们不愿意在当地长期生活。

（三）民族间交往

　　肃南是一个多民族聚居的少数民族自治县，县内各民族之间的交流交往很频繁。当地人通过结识朋友、婚姻嫁娶、商贸往来，使得各民族之间了解比较深入。有的甚至能够在交往中学会对方的语言。

　　从表7-22的数据中我们可以看出城乡受访者的绝大多数都有其他民族的朋友，超过80%的城乡受访者有3个以上。只有不足5%的农业户口和非农业户口受访者表示他们没有其他民族的朋友。

表 7 – 22 其他民族的朋友个数

	非农业户口受访者	农业户口受访者
三个以上（%）	80.83	87.44
两个（%）	12.95	6.53
一个（%）	2.07	2.51
一个都没有（%）	4.15	3.52
合计（%）	100	100
样本量	193	199

结交这些好朋友，方式方法有很多，如因为工作关系成为同事，儿女婚姻嫁娶成为亲家，平时休闲娱乐活动时一起聊天，或者住在一起成为邻里等。我们甚至也从这些可能的因素上询问受访者的意愿。从表 7 – 23 可以看出各民族之间相互接受的程度还是比较大的，多数很愿意或者比较愿意相互之间的交往。相比较起来，少数民族更愿意和少数民族结为亲家。在实地调查交谈中得知，民族间成为亲密朋友或者结为亲家的顾虑是不同的宗教信仰和生活习俗所引起的。在肃南，回族人口也占据了一定比例，一些农业户口和非农业户口受访者表示不愿意和回族通婚。

表 7 – 23 与汉族/其他少数民族交往的意愿

单位:%、个

	汉族受访者与少数民族交往		少数民族受访者与汉族交往		少数民族受访者与少数民族交往	
	非农业户口受访者	农业户口受访者	非农业户口受访者	农业户口受访者	非农业户口受访者	农业户口受访者
聊天	97.03	97.22	98.92	97.69	100	99.2
成为邻居	96.04	97.22	98.92	96.88	100	99.19
一起工作	96.04	97.22	98.92	98.44	100	99.19
成为亲密朋	96.04	97.22	98.19	96.88	98.92	98.39
结为亲家	88.12	92.96	93.48	87.40	95.70	90.24
样本量	101	71	93	129	93	123

表 7 – 23 中的数据表明，肃南县城乡汉族和少数民族受访者之间的交往较为密切，民族关系和睦。

三　城乡社会发展

当代城市改造拆迁是社会发展中一个突出的现象，我们在调查中了解了两方面的城市拆迁：一个是对历史建筑的改造拆迁，另一个是城市改造中的居民房屋拆迁。通过了解当地居民对两种拆迁的态度，来分析社会发展中人的发展问题。

从表7-24可以看出，超过62%的受访者认为，即使城市建设涉及改造拆迁，那些历史建筑（以旧的传统民居和祖屋为主）也应该保持原貌不动。8.46%—16.12%的受访者认为如果确实要改造，那么应该保持外形不变，内部可以改造。选择"异地重建"或者拆迁的比例在3.96%—5.38%。表示不清楚的城乡受访者比例在9.46%—15.38%。

表7-24　　　　　　　　　　对当代城市建设中历史建筑改造拆迁的态度

	非农业户口受访者		农业户口受访者	
	汉族	少数民族	汉族	少数民族
保持原貌不动	69.31	62.37	74.32	67.69
保持外形但内部可改造	8.91	16.12	10.81	8.46
拆迁	3.96	5.38	5.41	4.62
异地重建	3.96	5.38	0	3.85
不清楚	13.86	10.75	9.46	15.38
样本量	101	93	74	130

如果面临家中房屋被计划拆迁时，当地农业户口和非农业户口受访居民的态度却与历史建筑的拆迁态度截然不同。表7-25显示，超过半数的城乡居民认为只要拆迁费合理，就可以允许自己房屋被拆。服从国家需要的农业户口和非农业户口受访者比例是37.44%和32.84%。9.74%的城镇受访者和12.26%的农村受访者觉得自己是否配合拆迁工作要看拆迁的方式方法。还有不足3%的农业户口和非农业户口受访者坚持不允许自己房屋防拆，给再高的拆迁费用也不行。最后还有很少一部分人是通过看周围邻居的态度做决定。

表 7 - 25　　　　　　　　城市建设中房屋被计划拆迁的态度

单位:%、人

	非农业户口受访者	农业户口受访者
只要价钱合理就行	51.28	51.47
价钱再高也不愿意拆迁	1.54	2.94
服从国家需要	37.44	32.84
看周围邻居态度	0	0.49
看拆迁工作的方式方法	9.74	12.26
合计	100	100
样本量	195	204

积极开发旅游资源与城市改造都是一个创新破旧的过程。当旅游开发、城市拆迁这些活动与保护本民族文化遗产发生冲突时,肃南县的汉族和少数民族农业户口和非农业户口受访者选择保护本民族传统文化为主,不赞同过度商业化的比例最高,但汉族非农业户口受访者的这一选择比例远远高于汉族农业户口受访者,但少数民族农业户口受访者的这一选择比例高于非农业户口少数民族受访者。

表 7 - 26　　　　　　　旅游开发和保护民族文化冲突时的态度

单位:%、个

	非农业户口受访者		农业户口受访者	
	汉族	少数民族	汉族	少数民族
以发展经济为主,提高现代生活水平为主	26.73	34.41	43.24	24.62
保护本民族传统文化为主,不赞同过度商业化	60.40	58.06	45.95	67.69
不好说	12.87	7.53	10.81	7.69
样本量	101	93	74	130

对于到 2020 年所在地区全面建成小康社会的说法,大多数人都持乐观态度。197 位非农业户口受访者中有 85.79% 的非农业户口受访者表示很有信心或有信心,202 位农业户口受访者中表示很有信心或有信心的比例是 87.13%;非农业户口受访者中有 12.18% 的比例表示没有信心,而农业户口受访者该比例是 9.41%;农业户口和非农业户口受访者中也有一小部分比例(非农业户口受访者有 2.03% 和农业户口受访者有 3.46%)

表示没听说过 2020 年全面建成小康社会。

表示没有信心的受访者认为不可能实现的最主要的三个理由是国家政策扶持不到位、社会保障不完善和基础设施不足。要加快建成小康社会，当地受访者认为首先要加快发展当地经济。其次是中央政策应该落实到位、增加就业工资和发展建设当地基础设施。

在问卷调查过程中问询了农业户口和非农业户口受访者是否知道体现当地发展特色或精神特色的口号时，65% 左右的城乡受访者明确说自己知道当地提出了一些发展口号或者体现精神特色的口号。在这些受访者中又有 80% 的比例知道具体的口号标语，让人印象最深的是："山水肃南，裕固家园"。

四 城乡受访者的社会保障

本次社会保障的调查中，肃南县接受政府补助的低保户比例占所有受访人数的 27.9%，此外，军属占受访人数的 1.2%，残疾人员的受访者占 0.7%。2012 年，受政府补助的受访家庭占到被访户的 71.3%，最低的资助额为 960，最高达到 3.6 万元。

受访者个人为非农业户籍的一般参加城镇居民养老保险和居民医疗保险，农业户籍人口一般参加农村居民社会养老保险和新型农村合作医疗保险。

表 7 – 27　　　　　　　　　非农业户口受访者参加社会保险情况

单位:%、个

	城镇受访者	农村受访者
城镇职工养老保险	69.59	5.03
城镇居民养老保险	32.28	1.52
农村居民社会养老保险	0.54	92.16
城镇职工基本医疗保险	64.77	3.52
城镇居民基本医疗保险	37.89	2.51
新型农村合作医疗保险	0	94.61
工伤保险	31.91	2.01
失业保险	40.53	4.02
生育保险	29.63	2.01
样本量	189	199

　　农业户口和非农业户口受访者在参加社会保险方面表现了差异。非农业户口受访者参加的险种较多，除了城镇职工养老保险和城镇职工基本医疗保险较多、参保比例在 69.59% 和 64.77% 外，失业保险、城镇居民基本医疗保险、城镇居民养老保险、工伤保险和生育保险的参保比例差异不大。农业户口受访者比较集中，主要参加农村居民社会养老保险和新型农村合作医疗保险。受访者家庭成员的参保情况与受访者个人的参保情况基本相同所以就不再详述。

　　在 2012 年有 0.2% 的受访者家庭老年人享受了老年津贴；有 1.0% 的家庭老年人享受了文化性质方面的福利服务；1.0% 的受访者家庭老年人享受了旅游休闲性质方面的服务；0.5% 的老年人享受了公共交通方面的福利服务；4.0% 的受访者家庭老年人享受了康复性质福利服务；另外还有 1.5% 的受访者家庭老年人享受了其他方面的社会福利。

　　受访者有医疗门诊支出占总受访者的 96.8%，平均支出金额 1217.47元；有住院支出的受访者数量占总受访者人数的 95.0%，平均支出金额1477.59 元；报销医疗费用的比例为 95.5%，平均报销金额 771.88 元。在教育支出方面，有 55.6% 的受访者家庭向学校缴纳过费用，平均每户为 1715.93 元；53.7% 的受访者家庭有自愿性教育支出，平均费用为527.42 元。肃南整个县内从幼儿园到高中实行免费义务教育，除去家中受教育的孩子需要接受大学教育的费用之外，只需要每年在开学之初向学校缴纳 10 元的报名费用即可。

　　在我们调查社会养老保险、基本医疗保险、农村五保户、低保户、义务教育学生营养改善计划等各项社会保障项目的满意度中，大多数人对正在享受的社会福利保障无论在保障范围、保障额度还是管理水平等方面都表示比较满意。

五　城乡受访者对生活状况的评价

　　进入 21 世纪以来，肃南县的经济发展取得了令人瞩目的成就，人们的生活水平也随之提高。

　　农业户口受访者自报与 10 年（或 5 年）前相比，生活水平上升很多的比例超出非农业户口受访者 13.75 个百分点；自报下降和下降很多的比例也都低于非农业户口受访者。预期未来 5 年（或 10 年）生活水平会有显著上升的农业户口和非农业户口受访者比例基本一致，预期上升很多和略有上升的农业户口和非农业户口受访者比例达到了 79.70% 和 75.25%，这说明绝大多数农业户口和非农业户口受访者对未来充满信心。

表 7 - 28　　　　　　　　城乡受访者对生活水平变化的评价

单位:%、个

与 10 年（或 5 年）前相比			与未来 5 年（或 10 年）相比		
比较趋势	非农业户口受访者	农业户口受访者	比较趋势	非农业户口受访者	农业户口受访者
上升很多	51.27	65.02	上升很多	40.61	40.10
略有上升	40.61	30.55	略有上升	39.09	35.15
没有变化	4.06	3.45	没有变化	4.06	3.47
略有下降	2.03	0.49	略有下降	2.03	1.48
下降很多	0.51	0	下降很多	0	0
不好说	1.52	0.49	不好说	14.21	19.80
合计	100	100	合计	100	100
样本量	197	203	样本量	197	202

　　我们在了解当地受访者目前的经济状况时，农业户口和非农业户口受访者认为自己的社会经济地位在本地属于中等和中下的比例最高。非农业户口受访者自报处于中下和下层社会经济地位的比例高于农业户口受访者。总体上，农业户口受访者自报的社会经济地位好于非农业户口受访者。当受访者把自己或所在家庭的经济、生活情况与别人比较时，非农业户口受访者的比较对象主要是县里的人（55.90%）和亲戚朋友（14.87%）；农业户口受访者的比较对象集中在本乡村人（65.50%）和县里的人（16.00%）。

表 7 - 29　　　　　　　　目前经济状况和比较对象

单位:%、个

目前经济地位			比较的对象		
在当地的层次	非农业户口受访者	农业户口受访者		非农业户口受访者	农业户口受访者
上	0.51	1.97	同民族的人	0	1.00
中上	5.58	11.33	全国人	1.54	0
中	34.52	55.67	县里的同民族的人	3.08	1.5

续表

目前经济地位			比较的对象		
在当地的层次	非农业户口受访者	农业户口受访者		非农业户口受访者	农业户口受访者
中下	35.53	17.73	城市人	4.62	2.00
下	17.77	12.31	本乡村的同民族的人	2.05	9.00
不好说	6.09	0.99	亲戚朋友	14.87	1.50
合计	100	100	本乡村人	5.13	65.50
样本量	197	203	县里的人	55.90	16.00
			说不清	12.81	3.50
			合计	100	100
			样本量	195	200

第六节　肃南裕固族自治县城乡受访者的政策评价

一　扶贫政策

肃南县委县政府近年实施了退耕还林还草补助工程，道路修建和改扩工程，电力设施建设工程等众多扶贫项目。本次问卷调查给出了 16 项扶贫项目和政策的评价，从表 7 - 30 中可以看出，当地农业户口受访者对 16 项扶贫政策中每一项的满意度都在 90% 以上。选择"不满意"的受访者比例都在 10% 以内。需要指出的是，对于扶贫培训工程，很多受访者都表示听说过，但是不知道这个项目具体做些什么工作，所以无法作出合适的评价。

表 7 - 30　　　　农业户口受访者对政府实施的扶贫项目满意度

单位:%

当地政府实施过的扶贫政策项目	扶贫政策的满意度				
	非常满意	满意	不满意	很不满意	合计
扶贫工程生产项目	12.4	79	8.6	0	100
退耕还林还草补助工程	30.3	65.2	4.2	0.3	100
道路修建和改扩建工程	32.3	59.4	7.7	0.6	100
基本农田建设工程	37.4	57.7	4.9	0	100
电力设施建设工程	33.6	60.4	4.6	1.4	100

当地政府实施过的扶贫政策项目	扶贫政策的满意度				
	非常满意	满意	不满意	很不满意	合计
人畜饮水工程	33.0	60.3	6	0.7	100
技术推广及培训工程	38.5	57.8	3.2	0.5	100
资助儿童入学和扫盲教育项目	34.5	63.3	2.2	0	100
卫生设施建设项目	34.7	60.8	4.1	0.4	100
种植业/林业/养殖业扶贫金	37.6	60.3	1.7	0.4	100
村村通工程（广播电视/道路/通信网络）	29.5	63.3	7.2	0	100
教育扶贫工程	—	—	—	—	—
牧区扶贫工程	39.3	59.6	1.1	0	100
扶贫培训工程	37.8	60.3	1.9	0	100

　　肃南当地政府实施了众多的扶贫政策项目，其整体效果也得到了当地受访者的认可。非农业户口受访者中有76.57%的比例表示对参与过的扶贫政策或扶贫活动的整体效果表示"满意"；农业户口受访者中该比例为84.57%。非农业户口受访者中表示"不满意"的比例是4%，农业户口受访者中表示"不满意"的比例是6.38%，因扶贫政策和扶贫活动主要在农村开展，因此有19.43%的非农业户口受访者表示"不清楚"；农业户口受访者中有9.04%的比例表示"不清楚"。

二　民族政策

　　本次问卷调查对民族政策的调查涉及3个方面：第一是少数民族地区和少数民族的计划生育政策；第二是民族地区和少数民族的高考加分政策；第三是民族地区的干部语言要求。

　　国家对少数民族地区和少数民族的特殊优惠政策表现在较为宽松的计划生育政策上，肃南作为裕固族自治县，居住着十多个民族的少数民族。本次调查主要包括了汉族、藏族和裕固族；其他少数民族的非农业户口受访者样本量是6位，农业户口受访者样本量是11位；因数量较少所以没有进行详述。

表7-31　　　　　农业户口和非农业户口受访者的民族政策评价

单位:%、个

	非农业户口受访者			农业户口受访者		
	汉族	藏族	裕固族	汉族	藏族	裕固族
计划生育政策						
好	85.44	100	84.75	91.78	91.23	91.94
一般	7.77	0	15.25	6.85	0	4.84
不好	0.97	0	0	1.37	8.77	3.22
不清楚	5.82	0	0	0	0	0
样本量	103	29	59	73	57	62
针对民族地区的高考加分政策						
满意	82.52	100	96.61	81.08	89.47	93.55
不满意	13.60	0	3.39	10.81	3.51	1.61
不清楚	3.60	0	0	8.11	7.02	4.84
样本量	103	29	59	73	57	62
针对少数民族的高考加分政策						
满意	81.56	100	94.92	74.33	91.23	91.94
不满意	14.56	0	3.39	17.56	1.75	3.22
不清楚	3.88	0	1.69	8.11	7.02	4.84
样本量	103	29	59	74	57	62
长期居住在城市的少数民族,其子女是否应该加分						
应该	68.93	96.55	96.62	65.75	91.23	88.71
不应该	24.27	3.45	1.69	28.77	0	8.06
不清楚	6.80	0	1.69	5.48	8.77	3.23
样本量	103	29	59	73	57	62
在少数民族地区工作的干部是否需要学习和掌握当地的民族语言						
必要	79.61	100	91.53	62.16	84.21	80.65
一般	8.74	0	1.69	1.35	3.51	1.61
没必要	9.71	0	5.09	31.08	12.28	17.74
不清楚	1.94	0	1.69	5.41	0	0
样本量	103	29	59	74	57	62
对当前政府实施的民族特殊优惠政策						
满意	86.40	93.10	96.61	85.14	94.74	98.39
不满意	6.80	6.90	0	10.81	1.75	1.61
不清楚	6.80	0	3.39	4.05	3.51	0
样本量	103	29	59	74	57	62

　　表7-31中的数据表明,肃南县藏族受访者对计划生育政策表示

"满意"的比例高于汉族和裕固族；汉族和裕固族的评价比例基本一致。藏族和裕固族非农业户口受访者没有表示不好的比例，但藏族和裕固族农业户口受访者各有 8.77% 和 3.22% 的比例表示现行的计划生育政策不好。认为"不好"的非农业户口汉族受访者有 7 位，农业户口受访者有 3 位，因数量较少所以没有具体分类说明。这些受访者认为调整的方式是：全国各地区各民族的计划生育政策应该都一样，应废除计划生育子女数量限制政策，由家庭自主决定。

国家重视少数民族地区的教育发展，在高考时针对少数民族考生实行加分政策，并且在大学开设民族班、预科班，为少数民族提供更多的机会接受高等教育，提高素质修养。针对国家在教育方面对当地实行的优惠政策，本次调查询问了民族地区高考加分政策和少数民族高考加分政策两个问题。肃南县城乡汉族、藏族和裕固族受访者的绝大多数对针对民族地区的高考加分政策表示"满意"，但汉族的满意度低于藏族和裕固族，农业户口藏族受访者对此表示"不满意"的比例高于非农业户口藏族受访者。针对少数民族的高考加分政策评价与针对少数民族地区的高考加分政策的评价较为类似。

高考加分政策是鉴于民族地区教学质量偏低等原因，针对少数民族长期生活在城市，这部分人高考是否应该享受加分政策的调查，绝大部分汉族、藏族和裕固族农业户口和非农业户口受访者表示应该加分，但相比之下，汉族表示认同的比例远远低于藏族和裕固族农业户口和非农业户口受访者。

当在了解少数民族地区工作的干部是否需要学习和掌握当地的民族语言时，虽然汉族、藏族和裕固族农业户口和非农业户口受访者的绝大部分都认为应该，但非农业户口受访者认为应该的比例高于农业户口受访者。

总的来说，国家实行一系列的民族优惠政策可能对有些人来说是公平的，但对另一部分人来说则不是。从调查数据中了解到，有 93% 以上的农业户口和非农业户口藏族和裕固族受访者对政府实施的民族特殊优惠政策表示满意。汉族农业户口和非农业户口受访者中也有 85% 左右的比例表示"满意"，但显然满意度低于藏族和裕固族农业户口和非农业户口受访者。

三　退牧还草政策

肃南是一个畜牧业大县，最近几年该县大力发展养殖业，牧民的经济收入有了大幅度增加。在发展畜牧业的同时，肃南县也注重保护生态环境，对草场载畜量有严格限制。在我们的调查中，牧民参与退牧还草工程的比例为 46.8%。从图 7 – 5 可以看出，牧民们参与退牧还草年份主要集中在 2010 年左右。2011 年参加的人数最多，有 35% 的牧户参与。2008 年、2012 年也分别有超过 10% 的牧户陆续进行退牧还草。从牧民们自参加退牧还草以来退牧草场面积最多的有 5600 亩，最少的为 100 亩，近 80.0% 的牧户退牧还草面积在 2000 亩以内，平均每户牧民退牧还草面积为 1269 亩。2013 年，有超过 80.0% 的牧户已经没有草场再参加退牧还草项目，预计有 18.0% 的牧户还有少量草场可以参加退牧还草。退牧还草项目是每年为一个阶段，如果 2013 年没有继续实施这个项目，那对于已经参加退牧还草的牧户来说，到 2015 年，他们的草场就会全部停止退牧还草。

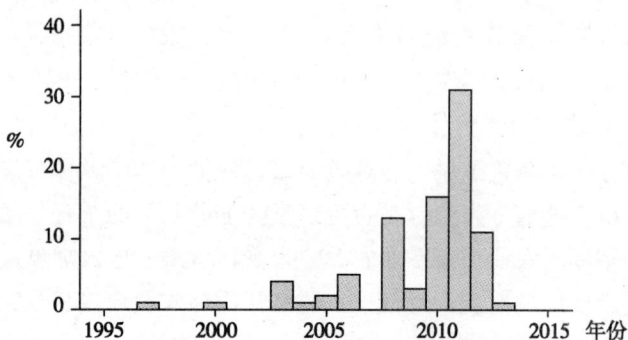

图 7 – 5　牧民退牧还草年份表

　　牧民响应国家政策，参与到退牧还草的项目中。国家虽然对他们的草场有一定补助，但远远弥补不了牧民们的损失，所以政府也积极为退牧户举办各种职业培训。在我们的调查中，有 35.5% 的受访者牧户参加过这类专门针对退牧户的培训，他们的家人有 90.9% 都参加过相关培训。这些培训项目有 72.7% 都是畜牧业、养殖业的培训，有 18.2% 的造林种草培训，还有 9.1% 的种植业培训项目。对于整个退牧还草政策的效果，有 82.1% 的牧户认为"非常好"或"比较好"，7.2% 的牧户认为"不太好"或"很差"，10.7% 的牧户觉得退牧还草政策的整体效果一般（见图 7 – 6）。

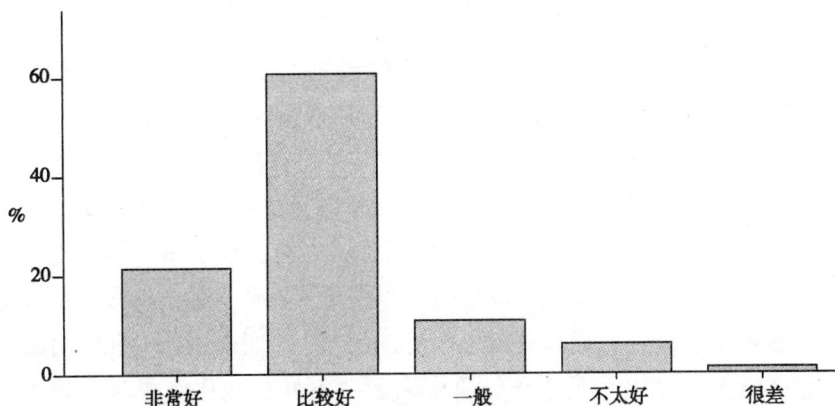

图7-6 退牧还草政策效果

四 对当地政府工作评价

对政府工作的评价主要基于两方面：一是当地政府（本县、县级市政府，下同）应对突发事件能力的评价；二是对当地政府日常工作的效果评价。

对当地政府应对突发事件处理能力的调查设置了6项内容，从表7-32中可以得出，非农业户口受访者对政府应对突发事件能力的评价高于农业户口受访者。因肃南县社会治安良好，群体性突发事件较少，从来没有发生过暴力恐怖事件，因而农业户口和非农业户口受访者表示对此"不清楚"的比例较高。农业户口受访者对政府应对突发的自然灾害能力表示"不满意"的比例最高达到14.21%，其次是一般性社会治安事件的不满意度为12.25%。

表7-32 当地政府应对突发事件能力的评价

突发事件种类	非农业户口受访者				农业户口受访者			
	满意	不满意	不清楚	合计	满意	不满意	不清楚	合计
自然灾害	82.74	4.57	12.69	100	70.59	14.21	15.20	100
生产安全事故	82.23	4.06	13.71	100	69.61	7.84	22.55	100
传染病及公共卫生事故	82.74	2.03	15.23	100	67.49	5.91	26.60	100
一般性社会治安事件	86.80	3.05	10.15	100	66.18	12.25	21.57	100
群体性突发事件	71.94	4.08	23.98	100	54.41	5.39	40.20	100
暴力恐怖事件	60.91	1.53	37.56	100	47.06	2.94	50.00	100
样本量	197				204			

　　对当地政府日常工作的评价涉及 14 项内容，如政府办事的效率、态度、公平性，政府在实施各项政策法规的成效等。表 7－33 的数据显示，绝大部分农业户口和非农业户口受访者对当地政府的日常工作表示"满意"，同时，非农业户口受访者对肃南县当地政府各项日常工作的满意度高于农业户口受访者。农业户口和非农业户口受访者对政府的义务教育工作满意度最高，非农业户口受访者对当地政府的日常工作不满意比例在 10％以上的排序为："政府办事效率""公开、公平、公正选拔干部和官员""政府信息公开，提高政府工作的透明度""廉洁奉公，惩治腐败"。农业户口受访者对政府的工作评价中表示"不好"的比例在 10％以上的排序为："政府办事效率""坚持为人民服务的态度""保护环境、治理污染""公开、公平、公正选拔干部和官员""廉洁奉公，惩治腐败""扩大就业，增加就业机会""政府信息公开，提高政府工作的透明度""依法办事、执法公平"。

表 7－33　　　　　　　　　当地政府日常工作的效果评价

单位:%、个

	非农业户口受访者			农业户口受访者		
	好	不好	不清楚	好	不好	不清楚
坚持为人民服务的态度	88.27	7.65	4.08	76.47	19.61	3.92
政府办事效率	79.70	16.75	3.55	67.16	27.45	5.39
公开、公平、公正选拔干部和官员	72.59	14.21	13.2	59.11	14.78	26.11
提供公共医疗卫生服务	91.88	6.09	2.03	88.73	8.82	2.45
为群众提供社会保障	95.94	2.54	1.52	89.22	7.35	3.43
提供义务教育	96.45	2.54	1.02	96.57	1.96	1.47
保护环境，治理污染	90.86	6.60	2.54	79.41	16.18	4.41
打击犯罪，维护社会治安	92.89	4.07	3.05	90.64	4.93	4.43
廉洁奉公，惩治腐败	73.98	11.73	14.29	53.69	14.78	31.53
依法办事，执法公平	81.22	9.64	9.14	65.69	11.76	22.55
发展经济，增加人们收入	85.79	9.04	5.08	75.00	8.82	16.18
为中低收入者提供廉租房和经济适用房	93.91	4.57	1.52	66.67	4.41	28.92
扩大就业，增加就业机会	85.28	10.66	4.06	62.07	13.79	24.14
政府信息公开，提高政府工作的透明度	73.98	13.26	12.76	57.84	12.74	29.41
样本量	196			204		

第七节　初步结论

本章根据甘肃肃南裕固族自治县的调查数据，从受访家庭的经济情况、受访者就业情况、民族文化教育、农业户口和非农业户口居民生活状况、各项政策实施的效果 5 个方面展开分析。从肃南受访居民的经济收入来看，农业户口受访者和所在家庭的人均收入高于非农业户口受访者和所在家庭。农业户口受访者家庭（也就是牧户）之间收入差距最大，而非农业户口的家庭总收入差距却相对不是很大。这是因为农业家庭即牧户之间拥有草场面积大小不一，畜牧能力不同而造成的差距增大，而非农业户口受访者家庭的经济收入还是主要依靠工资。农业户口受访者个人和所在家庭的消费水平低于非农业户口受访者个人及所在家庭。生活消费支出在受访者个人总支出中所占比例非农业户口受访者为 56%，农业户口受访者为 55%；非农业户口家庭生活消费支出占家庭总支出的比例是 66%，农业户口受访者家庭该比例是 65%。总体上，消费结构在肃南县的农业户口和非农业户口受访者家庭中呈现出相似性。农业户口和非农业户口受访者的自有住房比例都较高，非农业户口受访者家庭的生活质量明显高于农业户口受访者家庭。

肃南县农业户口受访者有 54.2% 仅从事农业劳动，非农就业的比例相对不高。外出务工也表现为：农忙时间在家劳动，农闲时候外出打工。外出工作的时间都是机动、临时性的。农村人口由于其居住的地域、血缘关系，大多数外出务工人员是通过家人、亲戚、朋友的介绍而找到工作。从事非农自营的受访者比例较低。

语言交谈和书写能力反映出肃南县的裕固族、藏族等少数民族都能较好掌握汉语方言和汉字，现实中的肃南少数民族不存在语言障碍。但另一方面，肃南县少数民族的本民族语言掌握程度不佳，藏族受访者中现在能讲自己民族语言的有 54.1%，裕固族受访者现在会讲本民族语言的比例为 81.8%，其他民族现在会讲本民族语言的比例为 7.7%。最具特色的传统文化，最重要的传统文化和传承较好的文化类型，急需保护的文化类型，被当地受访者关注的程度差别不太大。分民族看，肃南县的城镇汉族、藏族、裕固族受访者认为传统服饰、传统节日和传统饮食是最具特色的文化类型的比例位居前三，农业户口藏族和裕固族受访者中选择比例较为集中的是传统服饰和传统节日。而在濒危急需恢复的本民族文化类型中，无论藏族还是裕固族都对人生礼仪、道德规范、人际交往习俗表示更多的关注。肃南县调查数据显示，藏族和裕固族农业户口和非农业户口受访者选择既认同本民族也认同中华民族的比例最高，其次是更加认同中华民族，两者之和都在85%以上。

在农业户口和非农业户口居民生活状况中，与生活有关的公共设施建设不断加快但城乡差异依然存在。农业户口和非农业户口受访者对外来流入人员持积极的欢迎态度，肃南是一个多民族聚居的少数民族自治县，县内各民族之间的交流交往很频繁且融洽。农业户口和非农业户口受访者生活水平提高较为显著且对未来预期充满信心。

肃南县大多数农业户口和非农业户口受访者对当地实施的扶贫政策、民族政策和退耕还草政策表示满意，对当地政府的各项日常工作也较为认可。

第八章

青海互助土族自治县问卷调查分析报告

  2013 年，中国社科院民族学与人类学研究所展开了"21 世纪初中国少数民族地区经济社会发展综合调查"，青海省互助土族自治县是其中的一个调查点。我国是统一的多民族国家，民族地区社会经济综合状况可反映出国家的团结统一和社会的稳定繁荣，调查清楚民族地区的现实社会发展状况，对于制定有效的民族政策、解决民族发展困难具有重要的学理意义和现实作用。本章基于互助土族自治县的调查数据，描述了本县被访对象的人类学特征，从经济生活、民族政策、民族文化、民族关系和社会安全和谐 5 个方面，总结近年来互助土族自治县在社会经济综合发展过程中取得的成就和存在的不足，为进一步的深入分析研究奠定基础并试图为地区发展建言献策。

第一节　互助土族自治县城乡受访者基本情况

  本次调查点之一的互助土族自治县位于青海省东北部，北倚祁连山脉达坂山，与青海省海北州门源回族自治县相接，东北与甘肃省天祝藏族自治县和永登县毗邻，东南与青海省乐都县接壤，南以湟水为界，与青海省平安县相望，西南与青海省会西宁市相接。互助正式建县于1930 年 9 月 29 日，县政府所在地为威远镇。现互助县隶属青海省海东市，辖 8 个镇、9 个乡、2 个民族乡、2 个社区、295 个村（牧）委会。互助县自然资源比较丰富，基础设施建设日臻完善。公路、铁路四通八达，贯穿全境。邮电通信畅通，水电供应充足，是国家确定的全国商品粮基地县和生态建设示范县，也是青海省主要粮油、生猪、禽蛋生产基地。全县有耕地 105 万亩，主产小麦、青稞、蚕豆、土豆、油菜等；有

160万亩可利用天然草场，森林面积196万亩，木材蓄积量名列青海省第二。互助工业以当地资源为依托，初步形成了具有民族地方特色的工业体系。现有酿造、建材、印刷、造纸、采矿、冶炼、搪瓷、地毯、农副产品加工等工业企业。

互助县历史悠久，源远流长。古为羌族故地，公元前111年归属汉帝国版图，唐宋曾为吐谷浑、吐蕃属地。土族的传统节日是春节、端阳节，与汉族相同。本民族的节日和庙会有农历正月十五到威远镇看"社火"；二月初二，在互助车沟大庄举行跳神会；三月初三，在姚马庄举行神舞会；六月十一日的丹麻会。土族建筑文化特点突出，别具一格。农村一般以村落聚居，村庄大多在山脚下，依山傍水搭造房屋。各家都有庭院，院内有牲畜圈棚，院外有厕所、菜园和打谷场。房子是平顶的，上面可储放粮草。房子多以三间为一组，中为堂屋，一侧为卧室，另一侧为佛堂。卧室的炕是暖炕，连着锅灶，烧饭的火可以暖炕。住宅的栋梁和门窗上大多雕刻或描绘象征牛羊健壮、五谷丰登的彩色花纹图案，鲜艳美观。

据2010年全国第六次人口普查数据显示，互助全县人口356437人，占海东地区人口数量的25.52%，人口密度为107人/平方公里。在互助县常住人口中，居住在城镇的人口是57489人，居住在乡村的人口是298948人，城镇化率达到16.13%。互助土族自治县是全国土族最多、最为集中的地方，全县民族构成中以汉族为主，土族约占总人口的17%，此外还有藏族、回族、蒙古族、撒拉族等民族。互助县各民族之间形成了平等、团结、互助的氛围，因而也成就了和谐的民族关系。研究本县的社会经济综合状况，对于反映民族地区的综合发展水平具有一定的代表性意义。

本报告关于"互助土族自治县社会经济综合状况"的分析数据来源于中国社会科学院民族学与人类学研究所于2013年开展实施的中国社会科学院创新工程重大专项"21世纪初中国少数民族地区经济社会发展综合调查"在互助土族自治县的家庭问卷抽样调查数据。青海省互助土族自治县的问卷调查回收了有效问卷406份。本报告主要采用社会统计软件SPSS对其进行分析处理，得出相关数据。

样本受访者的人口特征如表8-1所示。

表 8 -1　受访对象人口特征及社会地位特征基本描述统计情况（2013）

单位:%、个

性别	男	67.5	户籍类型	农业户口	57.0	国家机关党群组织、企事业单位负责人	3.0
	女	32.5		非农业户口	43.0	专业技术人员	6.7
年龄	29 岁以下	8.62	受教育程度	未上学	22.0	职业分类	办事人员和有关人员	2.5
	30—39 岁	19.7		初级教育	50.6	商业人员	5.2
	40—49 岁	39.0		中等教育	18.6	农林牧渔水利生产人员	6.2
	50—59 岁	15.7		高等教育	7.8	生产、运输设备操作人员及有关人员	2.0
	60 岁及以上	15.76		职业技能教育	0.7	不便分类的其他从业人员	10.1
民族	汉族	39.1	宗教信仰	伊斯兰教	2.0	从未工作过	64.3
	回族	1.5		佛教	53.6	个人年收入水平	没有收入	12.2
	土族	53.0		民间信仰	4.3	5000 元以下	26.3
	藏族	6.2		没有宗教信仰	40.1	5001—8000 元	8.0
	撒拉族	0.2		很健康	31.7	8001—10000 元	9.5
样本量：406			健康状况	健康	30.4	10001—20000 元	16.4
				一般	13.4	20001—50000 元	24.4
				长期慢性病	24.5	50000 元以上	3.2

注：（1）在个人年收入水平、职业分类和宗教信仰等考察维度中，有受访者不愿透露相关信息，故此数据信息中并不包含。

（2）职业类型是按照人力资源与社会保障部职业能力建设司公布的国家职业分类目录编制而成，详情可参见网站：http：//ms. nvq. net. cn/nvqdbApp/htm/fenlei/index. html。

（3）"从未工作过"包括学龄前儿童或在校学生、非学生无业人员以及不愿透露此信息的受访者。

　　从互助土族自治县受访者人类学特征来看，性别方面，男性比例明显高于女性。在年龄分布上，29 岁以下的年轻人比例最少，占 8.62%，60 岁以上的老人达 15.76%。在民族成分上，少数民族人口占 60.9%，土族人口最多，其余各民族人口比例相对较少。在户籍类型上，农业户口受访者比例为 57.0%。在受教育程度上，未上学人数占总数的 22.0%，50.6% 的受访者为初级教育水平（小学），只有 7.8% 的受访者接受过高等教育（大学及大学以上）。由此可见，互助县整体受教育水平不高。在个人年收入方面，12.2% 的受访者自报没有收入，26.3% 的受访者自报年收入不超过 5000 元。职业类型分布中，专业技术人员人数最多，占

6.7%。在宗教信仰上，53.6% 信仰佛教。在健康状况的考察项中，62.1% 的受访者自报健康状况良好，24.5% 的受访者有长期慢性病且基本为老人。家庭总人口数在 3 人及 3 人以下的有 138 户，占总数的 34.0%，家庭总人口数 4—6 人的有 243 户，占总数的 59.9%，家庭总人口 7—10 人的有 23 户，占总数的 5.6%，家庭总人口数在 10 人以上的有 2 户，占总数的 0.4%。分户籍性质看，非农业户口受访家庭平均家庭人口为 3.7 人，农业户口受访家庭平均家庭人口为 4.7 人。其中农业户口受访家庭人口主要集中在 3—6 人，家庭人口 3 人的比例达到了 10.78%，家庭人口 4 人的比例是 25%，家庭人口 5 人的比例是 30.17%，家庭人口 6 人的比例是 20.26%。非农业户口受访家庭规模为 3 人的比例是 43.10%，家庭人口 4 人的比例是 19.54%，家庭人口 5 人的比例是 13.22%。由此可见，农业户口受访家庭的人口规模大于非农业户口受访家庭，非农业户口受访家庭以 3 口之家为主，农业户口 5 口和 6 口之家的比例较高。

　　总体而言，互助县抽样调查被访群体的人类学特征符合本县人口基本情况，具有代表性，可用于分析研究互助土族自治县的经济社会发展状况。

第二节　互助土族自治县城乡受访者个人和家庭经济状况

　　本次调查包括了非农业户口受访者和农业户口受访者，两类家庭的经济生活存在一定的差异。

一　家庭土地拥有情况

表 8 - 2　　　　　　　　各民族家庭拥有耕地面积情况和户口比例

单位:%、个

民族	农业户口受访者	非农业户口受访者	样本量
汉族	31.01	68.99	158
土族	75.12	24.88	213
其他民族	64.71	35.29	34

　　户籍构成中，汉族非农业户口受访者比例是 68.99%，为互助县各民

族中最高的，土族非农业户口受访者比例社会24.88%，低于汉族受访者和其他民族受访者。

表8-3　　　　　　　　互助土族自治县各民族土地拥有情况

单位：亩、个

		家庭拥有	家庭人均拥有	自营	出租	样本量
耕地	汉族	1.7924	0.4106	1.6818	0.0954	30
	土族	4.2286	1.0115	3.8462	0.3268	117
	其他民族	1.5938	0.3169	1.5000	0.0938	19
山地	汉族	2.0172	0.4221	1.9066	0.1768	12
	土族	6.0930	1.3230	5.8567	0.1678	78
	其他民族	1.2645	0.2487	1.2000	0	5

在家庭耕地使用情况方面，土族受访者家庭拥有耕地面积的平均值为4.2286亩，高于汉族和其他民族。在山地拥有面积上，土族也高于其他民族，达到6.0930亩的均值。互助县内的土地使用状况绝大部分为家庭自营，自营面积基本与家庭拥有耕地或山地的面积相同。

由于互助地处青藏高原东北部山区，气候干燥寒冷，全年降水量稀少，所以没有大面积种植水果蔬菜、经济作物的地理条件，也没有充足的水源条件来发展水产业，所以绝大多数的受访者没有园林面积和养殖水产面积。至于牧草，绝大多数牧草地处于受国家保护的深山林区，没有将其承包给农户个体。

从耕地面积分布看，自报有耕地的166位受访者中，耕地面积在10亩以内的有127位，占总数的76.50%，耕地面积在10—20亩的有33位，占总数的19.88%，有6位受访者拥有20亩以上的耕地，占总数的3.62%。205位自报有山地的受访者中，147位受访者拥有不到10亩的山地，占总数的71.71%，58位受访者拥有的山地面积超过10亩，占总人数的28.29%。

互助县参加退耕还林的农业户口受访者家庭共30户，占农业户口受访者样本总量的12.9%；而且退耕还林开始的时间都在2005年之前，所以本章就不做具体描述。

二　受访者个人和家庭的收入与支出

互助县受访者个人年总收入的平均值为17846.44元，个人总支出的均值为 10681.66 元。其中，农业户口受访者年收入水平低于非农业户口受访者的收入水平，在支出方面，非农业户口的受访者同样也高于农业户口受访者的支出水平。受访者个人总支出水平均低于个人总收入水平。在家庭收支方面，全县的家庭总收入水平为 33534.2 元，支出 28477.84 元。非农业户口受访者家庭的收入水平和支出水平均高于农业户口受访者家庭，且差距较大。为了更便于比较城乡之间的差距计算了农业户口和非农业户口受访者家庭人均收入和支出，其中农业户口受访者家庭人均总收入为6322.304 元；非农业户口受访者家庭人均总收入为 13268.85 元，两者之间的差距是 1.1 倍；农业户口受访者家庭人均支出是 5986.016 元，非农业户口受访者家庭人均支出是 9641.429 元，两者差距是 0.61 倍。

表 8 - 4　　　　　　　　受访者个人及所在家庭年总收入与支出

单位：元、个

	总收入	样本量	总支出	样本量
个人				
全县	17846.44	295	10681.66	271
农业户口	10784.11	159	7688.656	151
非农业户口	26103.15	136	14447.87	120
家庭				
全县	33534.2	367	28477.84	343
农业户口	25257.49	219	25201.8	206
非农业户口	45781.49	148	33403.87	137
家庭人均				
全县	9123.635	367	7446.05	343
农业户口	6322.304	219	5986.016	206
非农业户口	13268.85	148	9641.429	137

三　家庭消费

互助县政府工作报告指出，2012 年，互助县全县消费品市场继续保持平稳较快增长态势。全年共完成社会消费品零售总额 9.99 亿元，同比增长 17.01%。城乡市场共同发展，城镇消费高于乡村。全县认真实施城镇带动战略，统筹城乡发展，促进了城乡市场健康快速发展。城镇市场实现社会消费品零售额 55107.1 万元，增长 17.4%；乡村市场实现消费品零售额 44836.6 万元，增长 16.53%。零售市场占主导地位，住宿餐饮业活跃。全县批发和零售业、住宿和餐饮业两大行业协调稳定发展。批发业实现消费品零售额 28663.6 万元，增长 15.87%；零售业实现消费品零售额 59259.8 万元，增长 17.17%；餐饮业实现消费品零售额 12020.3 万元，增长 19%。2013 年上半年以来，互助县全县累计实现消费品零售总额 6.07 亿元，同比增长 14.02%，其中：批发业 21114.7 万元，同比增长 12%；零售业 32982 万元，同比增长 15.8%；餐饮业 6645.3 万元，同比增长 12.08%。[1]

随着经济快速发展，城乡居民收入增加，消费结构升级步伐加快，居民逐步转向健康、时尚、休闲式消费，全县各类商品销售热点纷呈，整体呈现出较快增长态势。

表 8-5　　　　　　　　　　家庭耐用消费品拥有情况

	人均拥有总数（台、辆、部）									
	显像管彩电	液晶电视	农用车	轿车	摩托车	冰箱	电脑	手机	洗衣机	照相机、摄像机
全县	0.88	0.29	0.54	0.26	0.53	0.6	0.22	2.65	0.93	0.19
农业户口受访者	0.97	0.18	0.78	0.19	0.72	0.47	0.07	2.69	0.90	0.06
非农业户口受访者	0.75	0.44	0.21	0.36	0.28	0.76	0.43	2.6	0.97	0.36
	拥有比例（%）									
农业户口受访者	88.79	17.24	75.0	18.53	68.10	47.41	6.47	97.41	85.34	5.60
非农业户口受访者	67.82	43.10	19.54	33.33	26.44	74.14	41.38	97.7	91.95	32.18

随着国家一系列相关优惠政策的实施，互助县所辖各地区基本已经覆盖电力设施，绝大多数的受访者家中都有电视（显像管）、洗衣机、手机等基本家电和通信设备，拥有冰箱、电脑、照相机等家电的家庭极少，家庭拥有车辆、自用发电机的比例也非常小，而且，由于互助县地处我国北方地区，属于温带大陆性气候，夏季凉爽，冬季取暖以火炉、暖气为主，

---

[1]　以上数据来自互助县 2013 年《政府工作报告》。

所以绝少有家庭使用空调。在家庭耐用消费品拥有情况上，总体而言，家庭拥有耐用消费品数量最多的是手机，全县平均每个家庭拥有 2.65 部。本县家庭液晶电视、轿车、电脑和照相机、摄像机的拥有数量很少。从城乡差异来看，非农业户口受访者家庭液晶电视、轿车、冰箱、电脑、洗衣机、照相机和摄像机等大部分耐用消费品的平均拥有量都超过农业户口受访者家庭，农业户口受访者家庭只有在显像管电视机、农用车、摩托车的拥有数量上超过城镇家庭。农业户口和非农业户口受访者家庭拥有手机的比例相差不大。从民族维度看，土族农用车拥有数量方面高于汉族和其他民族，汉族在摩托车拥有情况方面不如土族和其他民族，而汉族在电脑拥有方面高于土族和其他民族。在其他家庭耐用消费品拥有数量方面，各民族差异不大。

四　家庭生活条件

家庭住房拥有情况说明互助县 93.8% 的受访者拥有 1 套自有住房，有 2 套的受访者占 6.0%，拥有 3 套的受访者只有 1 位，占总数的 0.2%。互助县农村受访者家庭拥有 1 套自有住房的比例是 92.9%，非农业户口受访者家庭拥有 1 套住房的比例是 94.4%。拥有 2 套自有住房的农业户口受访家庭比例是 6.51%，非农业户口受访家庭该比例是 5.6%。

表 8-6　　　　　　　　　不同户口类型的住房面积

单位：个、%

	农业户口受访者		非农业户口受访者	
	样本量	比例	样本量	比例
100 平方米以下	49	22.07	77	48.43
101—200 平方米	27	12.16	43	27.04
201—400 平方米	119	53.61	31	19.5
400 平方米以上	27	12.16	8	5.03
合计	222	100	159	100
平均值（平方米）	273.94		183.28	

从表 8-6 中的数据看出，农业户口受访者中自有住房面积在 400 平方米以上的比例达到了 12.16%，高出非农业户口受访者 7 个多百分点；因而农业户口受访家庭的自有住房面积均值大于非农业户口受访家庭的自

有住房平均值。232 个农业户口受访者家庭中有 98.71% 的比例是自有住房，173 个非农业户口受访者家庭中该比例是 94.8%。

　　总体上，互助县农业户口和非农业户口受访家庭在住房上差异不很明显。

表 8-7　　　　　　　　　　　　家庭生活设施

单位:%、个

	非农业户口受访家庭		农业户口受访家庭	
	样本量	百分比	样本量	百分比
住宅外道路				
水泥或柏油路面	158	90.8	150	64.94
沙石或石板等硬质路面	12	6.9	70	30.3
自然土路	4	2.3	11	4.76
合计	174	100	231	100
做饭用水				
江河湖水	2	1.16	3	1.29
井水/山泉水	30	17.34	90	38.79
窖水	1	0.58	1	0.43
自来水	139	80.34	138	59.49
矿泉水/纯净水/过滤水	1	0.58	0	0
合计	173	100	232	100
厕所				
水冲式厕所	118	67.82	26	11.26
旱厕	53	30.46	196	84.85
无厕所	3	1.72	9	3.89
合计	174	100	231	100
做饭的主要燃料				
柴草（秸秆类）	34	19.54	178	76.72
煤炭	14	8.05	20	8.62
煤气/液化气/天然气	73	41.95	8	3.45
沼气			1	0.44
电	53	30.46	24	10.34
其他			1	0.43
合计	174	100	232	100

续表

	非农业户口受访家庭		农业户口受访家庭	
	样本量	百分比	样本量	百分比
住宅建筑结构				
钢筋混凝土结构	103	61.68	29	12.95
混合结构	22	13.17	28	12.49
砖木结构	38	22.75	147	65.63
其他	4	2.4	20	8.93
合计	167	100	224	100.01

　　表8-7中数据显示，互助县农村道路设施落后于城镇，90.8%的非农业户口受访者家庭外的道路是水泥或柏油路，有30.3%的农业户口受访者家庭外的道路是沙石或石板等硬质路面；虽然农业户口和非农业户口受访者家庭都以自来水为做饭的主要水源但农业户口受访者家庭中使用井水或山泉水的比例达到了38.79%；非农业户口受访者家庭的厕所以水冲式为主，农业户口受访者家庭的旱厕比例达到了84.85%；非农业户口受访者家庭以电和煤气/液化气/天然气为主要燃料；农业户口受访者家庭使用柴草（秸秆类）为燃料的比例达到了76.72%；非农业户口受访者家庭的住房以钢筋混凝土结构为主，农业户口受访者家庭住房以砖木结构为主。说明城乡之间的生活质量存在差距。

表8-8　　　　　　　　　　有关住房的主观评价

单位:%、个

	非农业户口受访者				农业户口受访者			
	满意	一般	不满意	样本量	满意	一般	不满意	样本量
对当前住房	51.74	29.07	19.19	172	61.9	16.45	21.65	231
对政府的商品房政策	46.66	29.17	24.17	120	67.86	7.14	25.0	28
对政府的两限房政策	58.26	29.13	12.61	103	56.25	37.50	6.25	16
对政府廉租房政策	56.52	29.57	13.91	115	52.63	21.05	26.32	19
对政府经济适用房政策	53.64	34.55	11.81	110	62.5	18.75	18.75	16
对农村住房改造政策	64.66	24.14	11.20	116	66.66	16.67	16.67	96

　　由表8-8可知，多数农业户口和非农业户口受访者对于自己现有住

房表示比较满意。政府的商品房政策、两限房政策、廉租房政策和经济适用房政策因主要在城镇地区实施，互助县农业户口受访者对此给出自己评价的受访者样本量较少。非农业户口受访者对上述政策的满意度除商品房政策外都超过了半数；农业户口受访者虽然人数不多但满意度较高。农村住房改造政策的满意度评价表明，农业户口受访者表示满意的比例达到了66.66%，表示不满意的比例是16.67%。

对现有住房便利程度的自评中，非农业户口受访者中有70.11%，农业户口受访者中有76.19%的比例表示很便利或便利；非农业户口受访者中有12.07%，农业户口受访者中有14.29%的比例表示不便利。从中看出，互助县受访者自有住房的城乡差异不大。

非农业户口受访者中表示改善现有住房的意愿比较迫切或很迫切的比例是42.19%，农业户口受访者中该比例是43.8%。在有意愿改善现有住房的城镇受访者中，选择自建新房的比例是25.41%，选择购买商品房的比例是33.61%，购买经济适用房的比例为27.87%，选择购买单位筹资共建房的比例是9.02%，选择其他形式的受访者比例都在3%以内。有意愿改善现有住房的受访者中农业户口受访者选择自建新房的比例是89.93%；选择购买商品房的比例是6.47%，选择其他方式的比例都不足1%。

总体上，互助县农业户口受访者和非农业户口受访者在家庭拥有住房量、自有住房是否满意、便利程度等方面的自我评价上差异不大。但非农业户口受访者家庭的家庭生活设施优于农业户口受访者家庭；非农业户口受访者家庭对政府商品房政策的满意度不高，这既有可能是非农业户口受访者对政府的商品房政策了解不全面，也有可能是当地的政策执行上存在问题。

第三节　互助土族自治县城乡受访者的就业

通过对调查数据的统计，我们看到互助县农业户口受访者在劳心农事之余会选择打些零工来增加收入。通常，他们外出务工时间短，距离近，绝少选择离开居住地太远的地方，而这些非农工作的上岗要求低，一般没有太多的技能要求，因主要是体力付出所以工资水平也不高。由于互助县毗邻省会西宁，而且大多数互助县县辖区域为山区，所以除县城和威远镇外，其余调查点的受访者基本没有自营经历。

表 8 - 9　　　　　　　　农业户口受访对象目前工作状况

单位：人、%

		只是务农	以务农为主，同时也从事非农工作	以非农工作为主，同时也务农	只从事非农工作	失业或待业人员	家务劳动者	全日制学生	其他不工作也不上学的	合计
汉族	计数	18	18	3	2	0	1	0	0	42
	比例	42.86	42.86	7.14	4.76	0	2.38	0	0	100
土族	计数	70	57	21	2	1	4	0	2	157
	比例	44.59	36.31	13.38	1.27	0.64	2.54	0	1.27	100
其他民族	计数	9	2	3	6	0	0	0	0	20
	比例	45	10	15	30	0	0	0	0	100
合计	计数	97	77	27	10	1	5	0	2	219
	比例	44.29	35.16	12.33	4.57	0.46	2.28	0	0.91	100

　　从表 8-9 中的数据资料来看，互助县农业户口受访者中只是务农的比例最高为 44.29%，其次是以务农为主也从事非农工作的比例达到了 35.16%；以非农工作为主同时也从事农业劳动的比例为 12.33%。分民族看，土族农业户口受访者中仅从事农业劳动的比例略多于汉族农业户口受访者，汉族受访者中仅从事非农劳动和以非农工作为主的劳动力比例之和略低于土族受访者，总体上，互助县汉族和土族受访者的就业状况没有明显的差异。

　　在回答了"得到第一份城镇工作最主要渠道"的非农业户口受访者中，因政府或社区安排而得到工作的受访者人数最多，其次为直接申请和亲友介绍。汉族非农受访者中利用商业职介和招聘广告的比例虽然不高，但土族受访者中没有一位受访者通过这两种渠道找到工作。

表 8 - 10　　　非农业户口劳动者得到第一份城镇工作的最主要渠道

单位：人、%

		政府/社区安排介绍	商业职介	招聘广告	直接申请	亲友介绍	其他	合计
汉族	计数	28	4	2	24	8	10	76
	比例	36.84	5.26	2.63	31.58	10.53	13.16	100
土族	计数	10	0	0	11	4	8	33
	比例	30.31	0	0	33.33	12.12	24.24	100

续表

		政府/社区安排介绍	商业职介	招聘广告	直接申请	亲友介绍	其他	合计
其他民族	计数	5	0	0	2	1	2	10
	比例	50.00	0	0	20.00	10.00	20.00	100
合计	计数	43	4	2	37	13	20	119
	比例	36	3	2	31	11	17	100

自报有过非农自营经历的 40 位受访者中 22 位在其开业时向亲友借过钱，占总数的 55%。这一方面反映了在调查点所在地，亲朋好友是农户的重要社会资本，也可以从侧面反映出这些经营都是小本经营，没有太多的资本投入。自报有外出自营经历的 9 位受访者中 6 位在开业时向亲友借过款，占其总数的 66.7%。

表 8-11　　　　　　　　　外出从事非农就业时间的分布

单位：个、%

时间（月）	1	2	3	4	5	6	7	9	10	11	12	合计
样本量	5	8	15	11	13	4	2	1	12	1	14	86
比例	5.81	9.30	17.44	12.79	15.12	4.65	2.33	1.16	13.96	1.16	16.28	100

由表 8-11 可知，在 86 位回答有外出从事非农就业经历的受访者中，外出务工时间在 3 个月及以下的比例是 32.55%；4—6 个月的比例是 32.56%；达到 6 个月以上的比例为 34.89%，这表明互助县外出务工大都以短期为主。农业户口受访者的非农劳动的从业地区主要是乡内的比例为 31.03%；乡外县内的比例是 62.76%；县外省内的是 5.52%。

农业户口受访者共 221 位回答了从事农林牧渔业的具体劳动类型，其中只有 1 位自报是农业种养大户的雇工，3 位是农林牧渔类企业的经营管理者，其余都是家庭承包经营劳动者。实地调查中得到，互助县农业的生产方式还处在农业生产的初级形态，并没有进一步的加工、销售等行为，产业结构存在极大的提升空间。如何加快转变农民群众传统思维，推动地区农业现代化将是推动互助经济发展、提高农民群众生活水平所面临的最根本问题。

144 位回答了所从事行业的非农业户口受访者中，30 位非农业户口受访者从事农林牧渔行业，比例为 20.8%；5 位从事采矿业，比例为 3.5%；15 位从事制造业，比例为 10.4%；5 位从事电力、燃气及水的生产和供应业，比例为 3.5%；7 位从事建筑业，比例为 4.9%；11 位从事交通运输、仓储和邮政业，比例为 7.6%；22 位从事批发和零售业，比例占到 15.3%；13 位从事住宿和餐饮业，比例为 9%；3 位从事房地产业，比例为 2.1%；6 位从事居民服务和其他服务业，比例为 4.2%；13 位从事教育业，比例为 9%；4 位从事卫生、社会保障和社会福利业，5 位从事公共管理和社会组织，其余行业均为 1 人。

表 8 - 12　　　　　　　　　　劳动的合同性质

单位:%、人

	固定职工（包括国家干部、公务员）	长期合同工	短期或临时合同工	没有合同的员工	从事私营或个体经营人员	其他	合计
全样本	42	26	6	34	20	14	142
所占比例	29.58	18.31	4.23	23.94	14.08	9.86	100
汉族	29	21	5	15	16	5	91
所占比例	31.87	23.09	5.49	16.48	17.58	5.49	100
土族	10	4	0	17	4	5	40
所占比例	25.00	10.00	0	42.50	10.00	12.50	100

从事非农务工的劳动合同性质中，所占比例最多的是固定职工，汉族受访者此比例高出土族受访者约 7 个百分点；没有签订劳动合同的土族受访者比例达到 42.5%，远远高出汉族受访者近 26 个百分点。

在 174 位非农业户口受访者中，毕业后未工作的有 3 人，因本人原因失去原工作的有 6 人，承包土地被征用但还未找到工作的有 2 人。由此可见，互助县非农业户口受访者失业人数和失业率不高。

第四节　互助土族自治县民族文化与教育

虽然互助土族拥有土语但汉语方言和普通话普及很好，双语教育在当地的影响不大，所以本节将不对民族双语教育进行分析。

一　城乡受访者对民族文化的认知

表 8 – 13　　　　土族农业户口和非农业户口受访者对民族或
民俗文化的态度与评价

单位:%

	最具本地特色的 传统文化类型	最重要的本 民族文化类型	留存或传播较好的 本民族文化类型	已经濒危失传急 需恢复的文化类型
非农业户口土族受访者				
传统民居	30.19	13.21	15.38	20.75
传统服饰	58.49	62.26	61.54	30.19
传统节日	20.75	22.64	17.31	16.98
人生礼仪	7.55	15.09	13.46	24.53
传统文娱活动	30.19	32.08	19.23	16.98
传统饮食	18.87	9.43	11.54	15.009
道德规范	0	1.89	3.85	11.32
人际交往习俗	7.55	9.43	3.85	11.32
传统生产方式	5.66	5.66	0	15.09
宗教活动习俗	35.85	26.42	38.46	1.89
农业户口土族受访者				
传统民居	31.41	20.89	20.38	21.94
传统服饰	62.82	69.62	63.06	23.23
传统节日	36.54	25.95	29.94	9.68
人生礼仪	21.15	17.72	14.65	16.77
传统文娱活动	18.59	23.42	16.56	10.97
传统饮食	12.82	9.49	12.10	10.32
道德规范	0.64	6.33	1.27	13.55
人际交往习俗	4.49	8.23	5.73	12.26
传统生产方式	3.85	3.80	2.55	10.97
宗教活动习俗	34.62	31.01	29.94	4.52

　　由表 8 – 13 可知，53 位非农业户口土族受访者和 159 位农业户口土族受访者认为最具本地特色的传统文化类型比例最高的都是传统服饰，之后的依次顺序城乡之间不完全相同。非农业户口受访者的排列顺序是"宗教活动习俗""传统民居""传统文娱活动""传统节日""传统饮食"

以及其他选择比例低于 10% 的"人生礼仪""人际交往习俗""传统生产方式"和"道德规范";农业户口受访者在传统服饰之后的选择比例依次是"传统节日""宗教活动习俗""传统民居""人生礼仪""传统文娱活动""传统饮食",以及低于 5% 的"人际交往习俗""传统生产方式"和"道德规范"。农业户口和非农业户口土族受访者选择最重要的本民族文化类型比例最高的也是传统服饰,农业户口和非农业户口受访者之后的选择顺序同最具本地特色的文化类型选择有一定的排序差异,非农业户口土族受访者选择比例在 10% 以上的排序依次为:"传统文娱活动""宗教活动习俗""传统节日""人生礼仪""传统民居";农业户口土族受访者选择比例在 10% 以上的排序依次是:"宗教活动习俗""传统节日""传统文娱活动""传统民居""人生礼仪"。留存或传播较好的本民族文化类型同最具本民族特色的文化类型选择基本一致。已经濒危失传急需恢复的文化类型中,传统服饰、传统民居的选择比例位居前两位。在调查过程中,笔者确实也感受到当地百姓对此的担忧,很多受访者都感慨,过去的互助"花大院"已经越来越少了。除此之外,精神层面的人生礼仪、道德规范的选择比例也明显升高,说明互助县土族城乡受访者认为精神层面的文化传统应该恢复。

二　民族文化保护工作

共有 109 位非农业户口汉族受访者、53 位非农业户口土族受访者,49 位农业户口汉族受访者和 159 位农业户口土族受访者对当地政府保护民族文化工作和国家保护民族文化政策进行了评价。

表 8－14　　　　　　　　对民族文化保护的评价

单位:%

	受访者对当地政府保护民族文化工作的满意度				受访者对国家保护民族文化政策的满意度			
	非农业户口汉族	非农业户口土族	农业户口汉族	农业户口土族	非农业户口汉族	非农业户口土族	农业户口汉族	农业户口土族
传统民居	71.56	81.13	73.47	70.44	81.65	92.45	85.71	77.36
传统服饰	79.82	84.91	71.43	74.84	84.4	96.23	79.59	81.76
传统节日	85.32	71.70	75.51	74.21	89.91	86.79	83.67	77.99
人生礼仪	65.14	66.04	61.22	71.07	80.73	81.13	67.35	76.73
传统文娱活动	76.15	75.47	61.22	74.84	83.49	86.79	75.51	79.25

续表

	受访者对当地政府保护民族文化工作的满意度				受访者对国家保护民族文化政策的满意度			
	非农业户口汉族	非农业户口土族	农业户口汉族	农业户口土族	非农业户口汉族	非农业户口土族	农业户口汉族	农业户口土族
传统饮食	77.98	73.58	71.43	70.44	82.57	84.91	79.59	77.99
道德规范	64.22	71.70	59.18	70.44	74.31	88.68	71.43	77.36
人际交往习俗	63.60	69.81	61.22	70.44	72.48	84.91	73.47	77.36
传统生产方式	71.56	75.47	67.35	70.44	77.98	86.79	79.59	79.25
宗教活动习俗	74.31	86.79	73.47	74.21	82.57	94.34	79.59	81.76

由表 8-14 可知，无论汉族农业户口和非农业户口受访者还是土族农业户口和非农业户口受访者，对于当地政府保护民族文化工作的满意度都在 59.18% 以上。对国家采取的民族文化保护政策的满意度都在 67.35% 以上。两者相比，农业户口和非农业户口汉族和土族受访者对国家采取的民族文化保护政策的满意度高于对当地政府保护民族文化工作的满意度。具体来看，农业户口和非农业户口汉族和土族受访者对于当地政府保护民族文化工作中的人生礼仪、道德规范、人际交往习俗的评价略低。这说明，农业户口和非农业户口土族受访者对于传统文化中不显而易见的软文化保护意愿较强。

表 8-15　　　　　　　　城市建设中历史建筑的改造拆迁态度

单位:%、个

受访者	保持原貌不动	保持外形但内部可改造	拆迁	异地重建	不清楚	合计	样本量
城镇汉族	53.27	25.23	2.8	5.61	13.09	100	107
城镇土族	47.17	28.3	13.21	3.77	7.55	100	53
农村汉族	36.73	20.41	16.33	0	26.53	100	49
农村土族	38.85	15.29	12.74	2.55	30.57	100	157

表 8-15 给出了互助县城乡汉族和土族对于城市建设中历史建筑的改造拆迁态度，多数农业户口和非农业户口受访者表示要保持原貌不动，也有一定比例的农业户口和非农业户口受访者认可保持外形但内部可改造。农业户口受访者中汉族有 26.53%，土族有 30.57% 对此表示不清楚。其原因应是历史建筑的改造拆迁主要在城镇中进行。

当开发旅游资源和保护本民族文化遗产发生冲突时，城乡不同民族的受访者态度表现见表 8 – 16。

表 8 – 16　　　　农业户口和非农业户口受访者对旅游资源开发和
民族文化保护的态度

单位:%、个

	以发展经济为主,提高现在生活水平	保护本民族传统文化为主,不赞同过度商业化	不好说	合计	样本量
非农业户口汉族	38.53	45.87	15.6	100	109
非农业户口土族	47.17	39.62	13.21	100	53
农业户口汉族	50	31.25	18.75	100	48
农业户口土族	45.81	42.58	11.61	100	155

在对待旅游开发与保护民族文化遗产的冲突问题时,非农业户口汉族受访者选择"以发展经济为主,提高现在生活水平"的比例低于农业户口汉族受访者,相应的选择"保护本民族传统文化为主,不赞同过度商业"的比例高于农业户口汉族受访者;而土族非农业户口受访者选择"以发展经济为主,提高现在生活水平"的比例略高于农业户口土族受访者。除了非农业户口汉族受访者选择"保护本民族传统文化为主,不赞同过度商业化"的比例高于"以发展经济为主,提高现在生活水平"的选择比例;非农业户口土族、农业户口汉族和农业户口土族受访者选择"以发展经济为主,提高现在生活水平"的比例都高于选择"保护本民族传统文化为主,不赞同过度商业化"的比例。这也说明,互助县的多数受访者希望能尽快提高经济发展水平。

三　民族文化的传承

本次调查询问了互助县土族农业户口和非农业户口受访者觉得子女和上辈接受民族语言、民族文化和民族风俗习惯的意愿。

表 8 – 17　　　农业户口和非农业户口土族受访者其子女和上辈相比
接受民族语言、民族文化和民族风俗习惯的意愿

单位:%、个

	民族语言	民族文化	民族风俗习惯
非农业户口土族受访者			
愿意	82.69	82.69	80.77

续表

	民族语言	民族文化	民族风俗习惯
不愿意	13.46	11.54	13.46
无所谓	3.85	5.77	5.77
合计	100	100	100
样本量	52	52	52
农业户口土族受访者			
愿意	78.48	80.38	81.65
不愿意	10.76	8.86	8.22
无所谓	10.76	10.76	10.13
合计	100	100	100
样本量	158	158	158

表 8-17 中，绝大部分农业户口和非农业户口土族受访者认为子女与上辈相比愿意接受民族语言、民族文化和民族风俗习惯。在民族语言上，非农业户口土族受访者认为子女愿意接受的比例略高于农业户口受访者；民族文化和民族风俗习惯上农业户口和非农业户口土族认为子女愿意接受的比例基本一致。非农业户口土族受访者认为子女不愿意接受民族语言、民族文化和民族风俗习惯的比例高于农业户口土族受访者，但农业户口土族认为"无所谓"的比例高于非农业户口土族受访者。

表 8-18　　　受访者了解本民族/其他民族民俗文化的主要途径

单位:%

	家庭内的口口相传或耳濡目染	学校教育	村庄或社区的生产、生活和文化活动	政府部门的保护项目	旅游展示	广播、电视、互联网等	图书报刊
非农业户口汉族	55.66	47.17	32.08	8.49	18.87	63.21	28.30
非农业户口土族	90.57	16.98	43.40	3.77	3.77	35.85	15.09
农业户口汉族	85.71	14.29	47.62	2.38	0	50	2.38
农业户口土族	94.27	5.10	47.13	2.55	5.10	35.67	6.37

在了解自己民族或其他民族的文化时，土族受访者的主要途径是家庭

内的口口相传或耳濡目染；其次是通过村庄或社区的生产、生活和文化活动，以广播、电视、互联网等媒体手段了解的方式位居第三。农业户口汉族受访者的了解手段相较于土族基本一致，只是在比例值上有所差异，非农业户口土族受访者以广播、电视互联网等方式了结本民族或其他民族的文化比例最高，此外，利用图书报刊的比例也达到了 28.30%。

四　民族语言

土族有自己的民族语言，土族语又称"察罕蒙古语"，属阿尔泰语系蒙古语族。土族语可分为互助（包括乐都、天祝）、民和（三川地区）、同仁 3 个方言区。各个方言区间有一定的差异，方言区间的土族人相处一段时间后，方可进行交谈。土族原本没有本民族文字。1979 年，有关研究人员在调查研究的基础上，根据土族本民族的原意，创制了以拉丁字母为基础，汉语拼音字母为字母形式的土族文字方案。其字母的书写法与汉语拼音字母一致。基础方言为互助方言，并以互助方言中的东沟语音为标准语言参照点。1981 年开始在互助方言区试行。1986 年进一步推广使用。经过实验推行，土族文字在诸如扫除文盲、记事、记账、传递信息、收集整理民族民间文学、普及科普知识、进行汉语教学等方面，日益显示出其积极作用，并得到土族人民的承认与欢迎。目前，土族文字已进入学校，小学低年级开设土族语文课。①

调查数据显示，非农业户口土族受访者小时候最先会说土语的比例是62.26%，农业户口土族受访者小时候最先会说土语的比例是 88.13%；现在能用普通话交谈的非农业户口土族受访者比例是 64.15%，农业户口土族受访者该比例是 57.50%；100% 的农业户口和非农业户口受访者都能使用当地汉语方言交谈；能使用本民族语言交谈的非农业户口土族受访者比例是 75.47%，农业户口土族受访者该比例是 95.63%。非农业户口土族受访者的汉字文字水平中，自报书写流利的比例是 41.51%，不能使用的是 24.53%；农业户口土族受访者汉字使用流利的比例达到了15.09%，不能使用的是 29.56%。但是回答本民族文字水平的 26 位城镇土族受访者全部不会本民族文字，农业户口土族受访者也有 97.96% 的比例表示不会本民族文字，2.04% 的农业户口受访者表示掌握文字数量太

---

① 《土族的语言文字》，中国民族宗教网，http：//www.mzb.com.cn/html/Home/report/227154 - 1.htm。

少，只能写点简单字句。这表明互助县的土族受访者不存在语言障碍，但本民族语言文字的传承出现了问题。

　　在使用民族语言进行日常交流的意愿调查中，土族的农业户口和非农业户口受访者说民族语言的态度也呈现出了不同。

表 8－19　　　　　　　　　对民族语言和双语学校的态度

单位:%、个

	非农业户口受访者	农业户口受访者
民族语言的使用		
能用本民族语言交谈	75.47	95.63
样本量	53	159
汉字的文字水平		
掌握足够文字，能流利书写	41.51	15.09
掌握较多文字，能书写书信	13.21	18.87
掌握文字数量不够，书写不流利	20.75	22.64
掌握文字数量太少，只能写点简单字句	0	13.84
完全不能用文字书写	24.53	29.56
样本量	53	159
本民族的文字水平		
掌握文字数量太少，只能写点简单字句	0	2.04
完全不能用文字书写	100	97.96
样本量	26	98
民族语言		
不愿意说	15.69	1.27
很多时候都愿意说	31.37	38.85
只在和本民族一起时才愿意说	35.29	58.61
不好说	17.65	1.27
样本量	51	157
送子女去双语学校		
愿意	60.78	56.05
不愿意	17.65	14.65
无所谓	21.57	29.30
会说当地汉话的好处		
有好处，方便与其他民族交往	19.23	21.38
有好处，方便做买卖	1.92	1.26
对工作生活各方面都有好处	76.93	71.07
不好说	1.92	1.89
没太大好处	0	4.40
样本量	51	157

　　表 8－19 中的数据表明，土族非农业户口受访者不愿意说土语的比例明显高出了农业户口受访者，如果加上选择"不好说"的受访者比例，两者之和达到了 33.34%；农业户口土族受访者选择"只在和本民族一起时才愿意说民族语言"的比例最高超过了半数。大部分城乡受访者愿意送子女前往双语学校学习，绝大部分城乡受访者认为会说汉语对工作生活各方面都有好处。

第五节　互助土族自治县城乡受访者的社会生活

一　公共基础设施情况

　　为了解互助土族自治县城乡公共基础设施状况，本次调查询问了受访者家庭距离公共基础设施的距离。

表 8－20　　　　　　　　受访者家庭到下列公共基础设施的距离　　　　　　单位:%

	非农业户口受访者						农业户口受访者					
	<1公里	1—3公里	3—5公里	5—10公里	>10公里	不知道	<1公里	1—3公里	3—5公里	5—10公里	>10公里	不知道
公共厕所	31.9	20.86	4.29	1.23	0.62	41.1	12.9	1.84	0.46	0.93	0	83.87
老年服务中心	17.07	17.68	7.32	4.27	1.22	52.44	3.74	1.87	0.47	0	0	93.93
公共卫生室或医院	53.8	33.92	9.36	1.76	0.58	0.58	48.91	34.4	10.48	3.06	0	3.06
活动中心	47.09	36.63	9.3	3.49	0.58	2.91	56.71	28.14	4.76	0.43	0	9.96
幼儿园	35.98	36.58	13.41	3.05	0	10.98	29.52	29.52	9.69	5.29	1.31	24.67
小学	48.82	37.65	7.65	1.18	0	4.70	50.43	36.53	7.39	3.48	0	2.17
中学	32.54	36.69	18.34	5.92	0	6.51	7.86	16.59	32.75	24.46	0.87	17.47
治安设施	29.09	30.3	16.36	6.06	0.61	17.58	3.18	14.55	14.09	18.18	0.45	49.55
残疾人无障碍及康复设施	7.05	8.97	7.05	3.85	1.93	71.15	0.46	0.46	0.46	1.85	0	96.77
运动场所	44.44	28.4	8.03	2.47	1.23	15.43	28.64	11.82	0.90	2.73	0	55.91

　　表 8－20 中的数据表明，互助县城镇公共基础设施好于农村。非农业户口受访者家庭距离公共卫生室或医院小于 1 公里的比例最高，达到了 53.80%；距离小学和活动中心小于 1 公里的比例为 48.82% 和 47.09%；

距离运动场所小于 1 公里的比例为 44.44%。表示"不知道"的比例中数值最高的是残疾人无障碍及康复设施,该比例达到了 71.15%;老年服务中心该比例达到了 52.44%,公共厕所该比例是 41.10%。农业户口受访家庭中距离 1 公里以内比例最高的是活动中心,其次是小学和公共卫生室或医院。绝大部分农业户口受访者对公共厕所、残疾人无障碍及康复设施、老年服务中心表示"不知道"。

回答土地灌溉情况的 27 户农业户口受访者家中可以使用自然水灌溉,占比为 10.4%;2 位受访者家中由人力排灌,占比为 0.8%;230 位家中没有灌溉,占到总数的 88.8%。在调查点范围内,除极个别人家因住在河流或水渠附近外,其余所有人家的耕地都没有灌溉条件,当地百姓更多的是指望"老天爷",即靠天吃饭。

表 8-21　农村受访者对本村下列公共基础设施使用效果的满意程度

单位:%

	非常满意	比较满意	一般	不太满意	非常不满	没有此设施	合计
公共厕所	0.7	3.7	1.1	4.4	2.6	87.5	100
路灯	10.5	17.8	6.2	9.5	1.5	54.5	100
卫生设施	7.4	24.3	7.7	17.2	9.6	33.8	100
老年服务中心	1.5	3	2.3	2.7	1.5	89	100
公共卫生室或医院	11.2	40.7	24.6	11.2	6	6.3	100
活动中心	18.2	48.1	15.1	6.6	2.3	9.7	100
教育设施	17	46.2	18.6	6.1	1.5	10.6	100
治安设施	5.6	14.8	18	3.6	0.4	57.6	100
残疾人康复设施	0	0.7	1.1	0.4	0	97.8	100
运动场所及器材	10.7	22.6	8	2.7	0.4	55.6	100
村道	23.5	46.7	11.8	11.4	6.6	0	100

注:农业户口受访者样本量是 198。

由表 8-21 可知,在公共卫生设施方面,40.7% 的农业户口受访者表示比较满意,24.6% 的农业户口受访者表示一般。48.1% 的农业户口受访者对活动中心感到比较满意,46.2% 的农业户口受访者对教育设施表示比较满意,46.7% 的受访者对村道表示比较满意。除去上述几项以外,其余诸项的考察中,多数受访者表示没有此设施。

多数农业户口受访者表示自己居住村庄(或社区)没有公共厕所,

在村庄中，各家各户都有自己厕所，相比之下，公厕的使用成本高，得有专人负责清理和定期的维护、修缮，所以，在调查点范围内，公厕的数量很少。在受访者中对于村社卫生设施和药铺（医务室）改进的需求普遍较高，没有足够的垃圾桶、垃圾站（甚至没有）和专门的清扫人员，村社中乱倒垃圾、污水现象比较普遍，定点堆放的垃圾经常不及时处理。对于药铺（医务室）的抱怨则集中于买的药"不担劲"（不起作用），很多受访者表示在以前，吃药很管用，现在药倒是吃了不少，结果却不见好，怀疑药铺（医务室）作假，做黑心生意。治安设施和运动场及运动器材设立很少，很多运动场、运动器材是学校的配套设施，治安岗亭也基本是一个乡镇有一个，距离较远。加之普通群众平时与派出所、警务室打交道的机会少，所以并不能很清楚地表达自己的看法。调查点范围内基本没有残疾人康复设施、老年服务中心。

二　城乡社会保险和保障

社会保障工作在民族地区的大力推进，使互助县贫困家庭得到了资助，减贫速度加快。本次调查中，232 位农业户口受访者中有 24 位受访者所在家庭属于低保户，占比为 10.34%；174 为非农业户口受访者中有 19 位受访者所在家庭属于低保户，占比为 10.92%。此外，农业户口受访者中有 10 位受访者自报身有残疾。

表 8-22　　　　　　受访者个人以及家人参加社会保险的情况

单位：人

		受访者个人				受访者家庭成员			
		农业户口		非农业户口		农业户口		非农业户口	
		缴纳	领取	缴纳	领取	缴纳	领取	缴纳	领取
城镇职工养老保险	小于1000元	2		17		2		13	1
	1000—1999元			3				4	
	2000—2999元			5	1			5	
	3000—3999元			5				5	
	4000—4999元							2	
	5000元及以上			6	3			1	10	3

续表

		受访者个人				受访者家庭成员			
		农业户口		非农业户口		农业户口		非农业户口	
		缴纳	领取	缴纳	领取	缴纳	领取	缴纳	领取
城镇居民养老保险	小于1000元	8		65	16	9	1	70	17
	1000—1999元			8	1			11	15
	2000—2999元				1			7	
	3000—3999元			1	1			2	2
	4000—4999元								1
	5000元及以上				1			1	1
农村居民社会养老保险	小于1000元	178	10	40	1	199	10	42	3
	1000—1999元	1	27		5		27		13
	2000—2999元					1	19		3
	3000—3999元					1			
	4000—4999元								1
城镇职工基本医疗保险	小于1000元			22	6			20	6
	1000—1999元			5	1			4	
	2000—2999元			5				10	1
	3000—3999元			5	1			5	
	4000—4999元			2	1			1	
	5000元及以上				1			5	2
城镇居民基本医疗保险	小于1000元			78	43	2		101	36
	1000—1999元		1				1		11
	2000—2999元			1				1	
	3000—3999元								1
	4000—4999元								
新型农村合作医疗保险	小于1000元	224	135	44	30	227	132	49	34
	1000—1999元								
	2000—2999元								
	3000—3999元								
	4000—4999元								
	5000元及以上				1				1
工伤保险	小于1000元			9	1			9	1
	1000—1999元								
	2000—2999元								
	3000—3999元								
	4000—4999元								
	5000元及以上	1				1			
失业保险	小于1000元		13	1			13	1	
生育保险	小于1000元							1	

　　由表 8 - 22 可知，多数非农业户口的受访者参加了城镇职工养老保险和城镇居民养老保险，只有 10 位农业户口的受访者（11 户非农业受访者家庭）在城镇养老体系内。178 位农业户口受访者表示自己参加的是农村居民社会养老保险，40 位非农业户口的受访者参加了农村社保。在医疗保险方面，没有农业户口的受访者是城镇职工基本医疗保险，有 2 位农业户口受访者表示自己有家庭成员是享受城镇居民基本医疗保险的，除此以外，也没有农业户口的受访者参加城镇居民基本医疗保险。农业户口受访者多数参加的是新型农村合作医疗保险，共有 227 位受访者（含家庭成员）参加了这项保险。除过养老保险和医疗保险以外，在调查点范围内很少有受访者投保其他保险项目，只有 1 位农业户口受访者家庭成员中有人参加生育保险。

　　由于受访者多数为中年，所以绝大多数参加保险的受访者都还只是在缴纳养老金的过程中，已经开始领取养老金的受访者并不多。多数受访者已经享受到城镇职工基本医疗保险/城镇居民基本医疗保险/新型农村合作医疗保险。大部分受访者在自己所参加的保险项目中缴纳的金额小于 1 千元。

表 8 - 23　　　　　　　　受访者个人和家庭医疗费用支出

单位：人、%

	受访者个人		受访者家庭	
	频率	有效百分比	频率	有效百分比
没有花费	184	47.3	125	32.0
1000 元以下	88	22.6	48	12.3
1000—5000 元	68	17.5	104	26.7
5000—10000 元	24	6.1	58	14.9
10000—50000 元	21	5.4	46	11.8
50000—100000 元	3	0.8	8	2.0
100000 元以上	1	0.3	1	0.3
合计	389	100	390	100

　　由表 8 - 23 可知，184 位受访者在过去一年没有个人医疗花费，占总数的 47.3%。88 位受访者医疗费用在 1 千元以下，68 位在 1000—5000 元。医疗花费在 50000 元以上的受访者有 4 位，占总数的 1.1%。其中极值为 120000 元。非农业户口受访者自报有医疗支出的样本有 101 位，均

值是 4230.475 元；农业户口受访者自报有医疗支出的样本有 104 位，均值是 6865.288 元。农业户口受访者个人医疗费支出大于非农业户口受访者的原因是有极值，为 120000 元。

125 位受访者表示自己全家在过去一年（2012 年）没有医疗费用支出，占总数的 32.0%，48 位受访者全家医疗支出在千元以内，占总数的 12.3%，104 位受访者全家医疗费用支出在 1000—5000 元以内，占总数的 26.7%，58 位受访者全家医疗费用支出在 5000—10000 元，占总数的 14.9%，46 位受访者全家医疗费用支出在 10000—50000 元，占总数的 11.8%，全家医疗费用支出超过 50000 元的有 9 位，占总数的 2.3%。由于存在极值，为 120000 元，农业户口受访者所在家庭的医疗费用均值是 10720.51 元；非农业户口受访者所在家庭的医疗费用均值社会 6615.239 元。

316 位受访者表示自己所支出的医疗费用没有报销过，占总数的 81.9%，70 位受访者有过报销，占总数的 18.1%。266 位受访者表示自己全家的医疗费用支出没有报销，占总数的 68.4%，123 位受访者报过销，占总数的 31.6%。分城乡看，非农业户口受访者医疗费用报销过的有 41 人，所占比例是 39.42%，所在家庭医疗费用报销过的有 56 人，所占比例是 30.26%；农业户口受访者医疗费用报销过的有 49 人所占比例是 41.53%，所在家庭医疗费用报销过的有 84 位受访者，占比是 49.7%。

三　城乡受访者的社会生活

学龄前儿童的教育越来越受到重视，同时这也是生活水平提高的标志。

表 8－24　　　　如果您家曾有或现有学龄前儿童的教育方式

单位：个、%

	非农业户口受访者		农业户口受访者	
	样本量	所占比例	样本量	所占比例
村内（社区内）幼儿园或学前班	22	14.97	42	22.95
乡镇（街道）内幼儿园或学前班	42	28.57	21	11.48
县城（跨区）内幼儿园或学前班	38	25.85	10	5.46

续表

	非农业户口受访者		农业户口受访者	
	样本量	所占比例	样本量	所占比例
母亲照料	24	16.33	44	24.04
父亲照料	2	1.36	1	0.55
祖父母或外祖父母照料	13	8.84	53	28.96
其他	6	4.08	12	6.56
合计	147	100	183	100

由表 8 – 24 可知，非农业户口受访者所在家庭对家中幼儿的照顾方式上，选择各类幼儿园的比例达到了 69.39%，而农业户口受访者所在家庭的该比例是 39.89%。选择父母中主要是母亲照料的非农业户口受访者比例为 16.33%；农业户口受访者所在家庭的幼儿选择中母亲照料的比例达到了 24.04%；选择祖父母或外祖父母照料的非农业户口受访者家庭比例为 8.84%，而农业户口受访者家庭该比例是 28.96%。由此可见，幼儿照料在农村还是以家庭为主，在城镇已基本是幼儿园为主。

表 8 – 25　　　　　　您家外出常用的出行方式及交通工具

单位：人、%

		农业户口受访者	非农业户口受访者
步行	计数	112	112
	比例	48.48	64.37
自行车	计数	12	10
	比例	5.19	5.75
摩托车	计数	72	24
	比例	31.6	13.79
三轮车/拖拉机	计数	3	2
	比例	1.3	1.15
货运车	计数	2	2
	比例	0.87	1.15
小轿车	计数	21	52
	比例	9.09	29.89
公交车	计数	187	106
	比例	81.39	60.92

由表 8 – 25 可知，农业户口和非农业户口受访者采用最多的出行方式是搭公交车或步行，除此之外，农业户口的受访者骑乘摩托车出行较多；

非农业户口受访者乘坐轿车出行和摩托车的比例分别为 29.89%
和 13.79%。

表 8 - 26　　　　　休闲时间（工作或晚上后）您经常参与的活动

单位：人、%

		农业户口受访者	非农业户口受访者
朋友聚会	计数	56	69
	比例	24.57	39.88
看电视或看电影	计数	208	163
	比例	89.66	94.22
娱乐消遣活动	计数	37	68
	比例	15.95	39.31
民族文化类的文体活动	计数	15	30
	比例	6.47	17.34
读书或学习	计数	19	46
	比例	8.19	26.59
宗教活动	计数	5	0
	比例	2.16	0

由表 8 - 26 可知，绝大多数的农业户口和非农业户口受访者在闲暇时
间的活动就是看电视或看电影，其次是朋友聚会和娱乐消遣活动。读书或
学习、进行民族文化类文体活动的非农业户口受访者比例多于农业户口受
访者。非农业户口受访者没有参加宗教活动。

表 8 - 27　　　　　在过去一年受访者参加过的公益活动

单位：%、个

活动类型	非农业户口受访者	农业户口受访者
义务献血	18.59	7.14
捐款捐物	82.05	73.81
义务参加专业咨询活动	8.33	0.95
义务打扫社区、村的卫生	21.79	19.05
义务照顾社区、村的孤寡老人	10.9	7.62
参加环境保护活动	30.77	7.62
村内（或社区内）无偿帮工	18.59	59.05
样本量	156	210

由表 8 - 27 可知，回答参加过公益活动的非农业户口受访者是 156

位，占非农业户口受访者总量的 89.66%；农业户口受访者是 210 位，占农业户口受访者总量的 90.52%。这也说明，互助县城乡受访者参加社会公益活动的比例非常高。农业户口和非农业户口受访者参加最多的是捐款捐物，参加环保活动的城镇受访者比例达到了 30.77%，说明非农业户口受访者爱护环境的意识较强；农业户口受访者的村内无偿帮工比例较高，在调查过程中，调查成员多次遇到乡里之间帮工做活的情形，有帮着操办红白喜事的、有帮着盖房修门的、有帮着割麦打场的，等等。

经济发展是否惠及民生主要体现为百姓生活水平的变化。本次调查对农业户口和非农业户口受访者目前的生活水平同 5 年（或 10 年）之前以及之后 5 年（或 10 年）之后进行主观性的比较。结果如表 8 - 28。

表 8 - 28　　　　　　　　城乡受访者对生活水平的评价

	过去 5 年（或 10 年）		未来 5 年（或 10 年）	
	非农业户口受访者	农业户口受访者	非农业户口受访者	农业户口受访者
上升很多	55.75	41.95	69.4	46.98
略有上升	39.09	37.93	27.59	28.88
没有变化	1.72	6.33	1.72	1.73
略有下降	1.72	1.73	0.43	0.43
下降很多	0.57	0.57	0.86	0.43
不好说	1.15	11.49	0	21.55
合计	100	100	100	100
样本量	174	232	174	232

由表 8 - 28 可知，认为自己目前的生活水平较之 5 年（或 10 年）前上升的非农业户口受访者比例接近 95%，农业户口受访者该比例也接近 80%。其中认为上升很多的非农业户口受访者比例为 55.75%，农业户口受访者比例是 41.95%。认为生活水平下降很多的城乡受访者比例完全一样，选择不好说的农业户口受访者有 11.49%，认为没有变化的农业户口受访者比例是 6.33%。这也说明互助县城乡居民在 5—10 年生活水平明显提高，但城镇居民的生活水平提高快于农村居民。对未来 5 年（或 10 年）的预期表明，非农业户口受访者有约 97% 的比例认为生活水平会提高，农业户口受访者有约 76% 的比例持此观点，选择不好说的农业户口受访者比例达到了 21.55%。由此可见，互助县应不断

提高农民收入缩小城乡差距。

当问及农业户口和非农业户口受访者对自己所处社会阶层的自评时，认为自己处于上层或中上层的非农业户口受访者比例是 7.56%，农业户口受访者该比例是 4.74%；非农业户口受访者中有 72.67%，农业户口受访者中有 68.97% 认为自己处于中等或中下的社会阶层；认为自己处于下层的非农业户口受访者比例是 12.79%，农业户口受访者比例是 21.55%，选择不好说的非农业户口受访者有 6.98%，农业户口受访者有 4.74%。

非农业户口受访者在进行生活水平的比较时选择本乡村人的比例是 31.69%，选择亲戚朋友的比例是 30.99%，选择县里人的比例是 26.06%，其他的比较对象选择都低于 3%。农业户口受访者的选择都集中在本乡村人，其比例达到了 88.18%，其他比较对象的选择都低于 4%。互助县的农业户口和非农业户口受访者的生活比较对象主要是周围的人。

互助县绝大多数农业户口和非农业户口受访者对 2020 年全面建成小康社会有信心，非农业户口受访者该比例为 83.91%，农业户口受访者该比例是 73.16%；表示没有信心的非农业户口受访者比例是 14.94%，农业户口受访者该比例是 12.99%；表示没听说过的非农业户口受访者比例是 1.15%，农业户口受访者比例是 13.85%。选择小康社会建成没有信心的受访者认为，收入提高慢，中央扶持不到位，基础设施不足是主要原因。因而为了加快小康社会建设的步伐，绝大多数农业户口和非农业户口受访者认为应加快经济发展，加强基础设施建设，干部应更加清廉。

四　民族交往

不同民族间的关系表现为交友、日常生活和工作的交往等方面。

表 8－29　　　　　　　　　　有几个其他民族朋友

单位:%、个

	三个以上	两个	一个	一个都没有	合计	样本量
城镇汉族	49.04	25	18.27	7.69	100	104
城镇土族	50.98	13.73	7.84	27.45	100	51
农村汉族	24.49	10.21	28.57	36.73	100	49
农村土族	38.12	19.38	10.62	31.88	100	160

民族之间的交友方面，农业户口受访者不同民族间的交往要相对少；非农业户口汉族受访者没有其他民族朋友的比例只有 7.69%，农业户口汉族该比例达到了 36.73%；非农业户口土族没有其他民族朋友的比例和农业户口土族差异约 4 个百分点，城乡差异不明显。总体来说，互助县民族间交往较为频繁。

表 8 - 30　　　　　　　　　　**汉族受访者与少数民族的交往**

单位:%

	很愿意	比较愿意	不太愿意	不愿意	合计
聊天	51.63	38.56	8.50	1.31	100
成为邻居	48.03	38.16	11.18	2.63	100
一起工作	48.02	41.33	8.67	2.00	100
成为亲密朋友	47.62	38.10	10.88	3.40	100
结为亲家	39.23	24.62	22.31	13.84	100

由表 8 - 30 可知，多数汉族受访者都愿意和少数民族聊天、成为邻居、一起工作、成为亲密朋友以及结为亲家，只是在考虑结为亲家时，表示"不太愿意"这样做的受访者比例较高，达到 22.31%。

表 8 - 31　　　　　　　**土族受访者与汉族/其他少数民族的交往**

单位:%

	汉族					其他少数民族				
	很愿意	比较愿意	不太愿意	不愿意	合计	很愿意	比较愿意	不太愿意	不愿意	合计
聊天	76.19	23.33	0	0.48	100	65.15	30.81	3.03	1.01	100
成为邻居	73.68	25.84	0	0.48	100	60.10	34.97	3.45	1.48	100
一起工作	73.33	26.67	0	0	100	61.39	34.65	1.98	1.98	100
成为亲密朋友	69.86	29.66	0.48	0	100	62.69	32.84	2.49	1.98	100
结为亲家	72.59	23.86	0.51	3.04	100	58.96	25.43	7.52	8.09	100

由表 8 - 31 可知，绝大多数土族受访者愿意或很愿意与汉族聊天、成为邻居、一起工作、成为亲密朋友以及结为亲家，有 3.55% 的受访者表示不太愿意或不愿意与汉族结亲。在于其他少数民族交流相处方面，多数受访者亦表示沟通没有问题，但在"结为亲家"一项上，15.61% 的土族受访者表示不太愿意或不愿意这样做。

通过以上各表的显示，我们可以看到调查点范围内各民族相处关系融洽，沟通交流并无障碍，没有致使相互关系紧张的因素存在。在调查过程中，对于是否在意自己的亲属与其他民族通婚时，绝大多数受访者表示除了对信仰伊斯兰教的回族特殊外，并不介意不同族际间的通婚，只要当事人喜欢，家人就会祝福，甚至还比较喜欢这样的婚姻，没有很强的民族区隔意识。而在问及予以特殊对待的回族时，受访者在很大程度上归因于生活习惯，尤其是饮食禁忌。伊斯兰教特殊的饮食禁忌会让其他没有这样禁忌的民族备感压力。除此以外，也没有其他的理由。

五　民族身份认同

非农业户口土族受访者认为自己的民族身份在当地社会交往、工作就业、日常生活中没有不便利的比例达到了 80.77%；认为很少有或偶尔有的比例达到了 17.31%，认为经常有的非农业户口土族受访者有 1 位，所占比例是 1.92%。农业户口土族认为民族身份没有不便利的比例为 84.91%；认为民族身份所引起的不便利很少有或偶尔有的比例是 8.81%；认为经常有的比例达到了 5.03%，此外，另有 1.26% 的农业户口土族受访者表示不清楚民族身份是否会对当地社会交往、工作就业、日常生活带来不便利。

157 位农业户口土族受访者中选择既认同本民族也认同中华民族的比例是 45.22%；选择更加认同中华民族的比例为 27.39%；两者之和达到了 72.61%；选择更加认同本民族的比例很少，仅是 2.55%，选择"不清楚"的比例为 24.84%。49 位城镇土族受访者选择既认同本民族也认同中华民族的比例是 36.73%，选择更加认同中华民族的比例是 40.82%，两者之和达到了 77.55%；选择不清楚的比例是 16.33%，选择更加认同本民族的比例是 6.12%。

如果外国人问您的民族身份，53 位土族非农业户口受访者选择"中国人、本民族"的比例是 73.08%，选择"本民族、中国人"的比例是 13.46%；选择"中国人、本民族不分先后"的比例是 9.62%；选择"不好回答"的比例是 3.84%。158 位农业户口土族受访者中有 65.82% 的比例选择的是"中国人、本民族"；有 9.49% 的比例选择的是"本民族、中国人"；18.99% 的比例选择的是"中国人、本民族不分先后"；选择"不好回答"的比例有 5.7%。

六　民族关系的评价

表 8 – 32　　　　　　　　　　受访者对民族间关系的评价

单位:%

		全国		当地					
		非农业户口汉族	非农业户口土族	农业户口汉族	农业户口土族	非农业户口汉族	非农业户口土族	农业户口汉族	农业户口土族
改革开放前	好	51.86	62.26	61.22	50.63	45.37	66.04	73.47	61.25
	一般	19.44	13.22	2.05	8.11	29.63	15.09	2.04	8.74
	不好	9.26	7.54	6.12	6.26	5.56	5.66	0	1.88
	说不清	19.44	16.98	30.61	35.00	19.44	13.21	24.49	28.13
改革开放初期	好	52.29	69.81	73.47	50.00	51.85	69.81	79.59	64.38
	一般	30.28	11.32	6.12	12.50	29.63	15.09	6.12	8.75
	不好	0.92	5.66	0	4.38	1.85	3.78	0	1.24
	说不清	16.51	13.21	20.41	33.12	16.67	11.32	14.29	25.63
建立社会主义市场经济体制时期	好	61.47	69.81	67.35	57.5	65.74	73.58	81.63	70.00
	一般	22.02	13.21	10.2	13.13	22.22	15.09	4.08	11.86
	不好	3.67	3.77	0	16.98	0.93	1.89	0	2.51
	说不清	12.84	13.21	22.45	12.39	11.11	9.44	14.29	15.63
最近五年	好	51.38	71.70	65.31	55.63	63.89	77.36	83.67	74.38
	一般	24.76	11.32	4.08	13.12	13.89	9.43	2.05	8.74
	不好	12.85	5.66	10.2	6.25	9.26	3.78	4.08	2.50
	说不清	11.01	11.32	20.41	25.00	12.96	9.43	10.20	14.38

关于全国民族关系的评价,非农业户口汉族受访者中选择建立社会主义市场经济体制时期民族关系好的比例最高;选择最近五年民族关系好的比例和改革开放初期选择民族关系好的比例差异不大。非农业户口土族受访者中选择最近五年全国民族关系好的比例最高,达到了 71.70%;改革开放初期和社会主义市场经济体制时期民族关系好的比例基本一致且都高于改革前该比例。和非农业户口汉族受访者相比,非农业户口土族受访者各时期选择民族关系好的比例明显偏高。农业户口汉族受访者认为全国民族关系好的比例在改革开放初期最高,达到了 73.47%;其次是社会主义

市场经济体制建立时期、最近五年和改革前；农业户口土族受访者对各个时期的全国民族关系评价好的比例都低于农业户口汉族受访者和非农业户口汉族与土族受访者。出现这一现象的主要原因是农业户口土族受访者表示"不清楚"的比例较高。

对于当地民族关系的评价，和全国相比，农业户口和非农业户口汉族和土族受访者对民族关系好评的比例都较高，而且随着时间的推移，好评比例越来越高。这既表现出了互助县当地民族关系和谐，也说明随着经济的发展，生活水平的提高，汉族和土族之间的关系更加亲密。

七　区域间交往

不同区域间的交往表现在对外来人员的评价上。

表 8 - 33　　　　当地户籍受访者对到本地的外来流入人员的态度

单位：人、%

		如果您是当地户籍住户，对于到本地的外来流入人员，您的态度是						合计
		非常欢迎	比较欢迎	不欢迎	非常不欢迎	视情况而定	无所谓	
汉族	计数	39	69	2	0	28	12	150
	比例	26.00	46.00	1.33	0	18.67	8.00	100
土族	计数	99	93	6	1	7	3	209
	比例	47.37	44.50	2.86	0.48	3.35	1.44	100
其他民族	计数	8	18	0	0	4	2	32
	比例	25.00	56.25	0	0	12.50	6.25	100
合计	计数	146	180	8	1	39	17	391
	比例	37.34	46.04	2.05	0.25	9.97	4.35	100

在对外来人的态度方面，总体而言，83.38%的本地受访者欢迎流入本地的外来人员。从民族维度看，绝大部分汉族受访者、土族受访者和其他民族受访者都对外来流入人员表示欢迎，在持反对态度的人口比例中，土族受访者人数最多。多数受访者欢迎外来人口流入的原因主要是外来人口能增加当地就业机会、有利于国家安全、提升当地社会服务水平、带来先进技术和管理方式、缩小地区差距、增加当地市场的劳动力等。

表 8 – 34　　　　　　受访者欢迎外来人员到当地工作、生活的原因

单位:%

	很同意	同意	不太同意	不同意
增加了当地投资	15.7	65.3	11.3	7.7
扩大了当地的就业机会	14.4	63	13.9	8.7
有利于国家安全	9.2	51.6	26.8	12.4
开阔了当地人眼界	13.1	72.6	9.2	5.1
提高了当地的社会服务水平	10.8	56.6	26.3	6.3
带来了先进技术和管理方式	17.9	64.9	12.6	4.6
有利于缩小区域间的差距	12.5	59.1	22.4	6.0
增强了民族间的交往	13.1	78.9	5.6	2.4
增加了当地劳动力市场中的劳动力	15.6	65.4	11.2	7.8
有利于弘扬本地的民族文化	12.8	70.8	10.8	5.6

由表 8 – 34 可知,多数受访者对于表中所列各项都表示同意,但在有利于国家安全、提高了当地的社会服务水平、带来了先进的技术和管理方式、有利于缩小区域间的差距这几项中,持不太同意态度的人较多。其分别为 26.8%、26.3%、12.6% 和 22.4%。

八　社会生活评价

对于当前我国社会出现的一些群体间或地区间利益冲突,本次调查询问了关于干部与群众间的冲突、民族间冲突、城乡居民间冲突、医患冲突、不同收入水平者间的冲突、不同宗教信仰间冲突、不同受教育水平者间的冲突、不同职业的人之间的冲突。

非农业户口受访者对于干部与群众间的冲突,医患冲突和不同收入水平者间的冲突评价"严重"及"有点严重"的比例都高于对民族间冲突的比例;农业户口受访者对于各项冲突的评价"严重"及"有点严重"的比例都低于非农业户口受访者,在农业户口受访者对各项冲突的评价中,认为干部与群众间的冲突、不同收入水平者间冲突、医患冲突评价"严重"或"有点严重"的比例都高于民族间冲突的评价。

表 8 - 35 您对民族间冲突的严重程度进行评价

单位：人、%

				您对民族间冲突的严重程度进行评价				合计
				非常严重	有点严重	不算严重	完全不严重	
汉族	户口类型	农业户口	计数	0	2	23	20	45
			比例	0	4.45	51.11	44.44	100
		非农业户口	计数	10	29	37	20	96
			比例	10.42	30.21	38.54	20.83	100
土族	户口类型	农业户口	计数	0	6	44	100	150
			比例	0	4.00	29.33	66.67	100
		非农业户口	计数	0	9	16	22	47
			比例	0	19.15	34.04	46.81	100
其他民族	户口类型	农业户口	计数	1	1	5	12	19
			比例	5.26	5.26	26.32	63.16	100
		非农业户口	计数	0	1	6	5	12
			比例	0	8.33	50.00	41.67	100

本次问卷通过询问得到了当在生活中遭遇到某种不公平时，农业户口和非农业户口受访者所选择的解决途径。

表 8 - 36 中非农业户口汉族土族受访者选择解决途径最为集中的是"通过法律诉讼"等渠道和"无能为力，只有忍受"；农业户口汉族受访者选择解决途径最为集中的是"无能为力，只有忍受"和"通过法律诉讼等渠道"；农业户口土族受访者选择"无能为力，只有忍受"的比例最高，达到了 45.10%，其次是"上访或集体上访"，为 28.76%。

表 8 - 36 当受访者在生活中遭遇了某种不公平，选择可以发挥作用的途径

单位:%、人

	非农业户口汉族	非农业户口土族	农业户口汉族	农业户口土族
无能为力，只有忍受	25.93	22.64	55.20	45.10
不用自己关心，有别人会管的	3.69	1.89	0	1.31
自己想办法在网络上发信息	2.78	0	0	3.92
找相关报纸电视等媒体反映问题	6.48	7.54	2.04	1.96
通过非正式的渠道如托人、找关系	4.63	3.77	0	7.84
通过业主委员会、宗族等组织解决问题	7.41	11.32	8.16	1.96
上访或集体上访	2.78	1.89	2.04	28.76

续表

	非农业 户口汉族	非农业 户口土族	农业户口 汉族	农业户口 土族
通过法律诉讼等渠道	45.37	37.74	26.53	0.65
其他	0.93	13.21	6.12	8.50
样本量	108	53	49	153

现代社会的发展伴随着生活节奏的加快和生活压力的增大。

由表 8 - 37 可知，农业户口和非农业户口受访者感受到的总体社会生活压力很大或有压力的比例分别是 55.23% 和 57.8%，说明有近一半的城乡受访者没有感受到明显的压力。农业户口受访者感受到经济压力的比例最高达到了 87.02%；其次是个人发展，选择的比例达到了 53.48%；医疗健康方面感受有压力的农业户口受访者比例是 46.32%；孩子教育感受到有压力的比例是 43.04%；住房有压力的比例是 37.56%；社交、赡养父母和婚姻生活感受到压力的比例都较低。

表 8 - 37　　　　　　受访者所面临的各种生活压力的程度

单位:%、个

		压力很大	有压力	压力很小	没有压力	样本量
经济压力	农业户口	73.16	13.86	5.19	7.79	231
	非农业户口	42.77	35.26	15.61	6.36	173
个人发展	农业户口	30.00	23.48	13.48	33.04	230
	非农业户口	23.26	43.02	18.60	15.12	172
社交压力	农业户口	4.76	9.96	12.12	73.16	231
	非农业户口	8.72	25.00	29.65	36.63	172
孩子教育 压力	农业户口	22.61	20.43	13.48	43.48	230
	非农业户口	32.18	31.04	13.79	22.99	174
医疗/健康 压力	农业户口	29.00	17.32	17.75	35.93	231
	非农业户口	15.52	32.75	29.89	21.84	174
赡养父母 的压力	农业户口	3.91	9.57	9.13	77.39	230
	非农业户口	7.51	21.97	21.97	48.55	173
住房压力	农业户口	23.01	14.55	14.55	47.89	213
	非农业户口	17.82	28.74	22.41	31.03	174

续表

		压力很大	有压力	压力很小	没有压力	样本量
婚姻生活压力	农业户口	2.18	3.49	2.18	92.15	229
	非农业户口	5.17	12.07	20.69	62.07	174
总体的社会生活压力	农业户口	16.59	41.05	33.19	9.17	229
	非农业户口	14.45	43.36	34.68	7.51	173

非农业户口受访者感受压力比例最高的也是经济压力，达到了78.03%，个人发展感受到压力的比例有66.28%；孩子教育感受到压力的比例是63.22%；医疗健康方面感受到压力的比例是48.27%；住房有压力的比例是46.56%；社交有压力的比例为33.72%，赡养父母有压力的比例为29.48%，婚姻有压力的比例是17.24%。农业户口和非农业户口两组对比，非农业户口受访者除了感受经济压力的比例低于农业户口受访者，但其余各项感受压力的比例都高于农业户口受访者。

由表8-38可知，大多数受访者的担忧来自交通、医疗和食品方面，109人认为自己在交通方面不安全或很不安全，99人认为自己在医疗方面不安全或很不安全，135位受访者认为自己在食品方面不安全或很不安全，且这种担心多来自非农业户口的受访者。不过总的来说，受访者大都表示社会安全状况总体较好。

表8-38 受访者安全感的体会

单位:%、个

		很不安全	不太安全	比较安全	很安全	样本量
个人和家庭财产安全	农业户口	1.32	7.49	55.51	35.68	227
	非农业户口	1.76	12.36	60.59	25.29	170
人身安全	农业户口	0	4.98	61.08	33.94	221
	非农业户口	0.60	13.10	61.90	24.40	168
交通安全	农业户口	2.86	25.24	50.00	21.90	210
	非农业户口	4.85	25.45	52.12	17.58	165
医疗安全	农业户口	0.50	23.88	50.25	25.37	201
	非农业户口	4.82	25.30	54.22	15.66	166
食品安全	农业户口	5.98	23.91	47.28	22.83	184
	非农业户口	13.69	33.93	37.50	14.88	168

续表

		很不安全	不太安全	比较安全	很安全	样本量
人身自由	农业户口	0.46	0.46	57.34	41.74	218
	非农业户口	3.03	11.52	50.30	35.15	165
劳动安全	农业户口	2.86	12.86	56.19	28.09	210
	非农业户口	4.29	15.95	58.90	20.86	163
个人信息隐私安全	农业户口	2.81	10.11	50.56	36.52	178
	非农业户口	5.19	24.03	53.25	17.53	154
生态环境安全	农业户口	3.27	7.48	56.54	32.71	214
	非农业户口	5.03	16.98	61.64	16.35	159
总体的社会安全状况	农业户口	0.90	7.21	67.57	24.32	222
	非农业户口	1.23	15.34	65.64	17.79	163

由表 8-39 可知，互助县内绝大部分农业户口和非农业户口受访者都认为总体的社会公平状况较好，其中非农业户口受访者认为较公平或很公平的比例是 84.43%，农业户口受访者该比例是 87.1%。农业户口受访者感觉受到的不公平对待的选择比例排序依次是："政府办事"（31.91%）、"就业和发展"（24.46%）、"住房"（22.28%）、"信息"（20.39%）、"医疗"（12.28%）、"社会保障"（11.17%）、"政治"（9.24%）、"教育"（7.37%）、"语言文字"（4.78%）。非农业户口受访者感受到的不公平选择比例排序依次是："政府办事"（33.33%）、"就业和发展"（30.41%）、"住房"（27.27%）、"信息"（20.71%）、"社会保障"（19.65%）、"教育"（18.83%）、"政治"（18.66%）、"医疗"（12.95%）、"语言文字公平"（6.28%）。

表 8-39　　　　　　　　受访者对各领域的公平感体会

单位:%、个

		很不公平	不太公平	比较公平	很公平	样本量
教育公平	农业户口	0.92	6.45	69.59	23.04	217
	非农业户口	1.76	17.07	58.82	22.35	170
语言文字公平	农业户口	1.06	3.72	73.41	21.81	188
	非农业户口	2.52	3.76	61.64	32.08	159
医疗公平	农业户口	2.73	9.55	69.08	18.64	220
	非农业户口	1.19	11.76	61.76	25.29	170

续表

		很不公平	不太公平	比较公平	很公平	样本量
住房公平	农业户口	6.74	15.54	56.48	21.24	193
	非农业户口	5.45	21.82	52.12	20.61	165
社会保障公平	农业户口	3.05	8.12	71.06	17.77	197
	非农业户口	4.17	15.47	60.12	20.24	168
法律公平	农业户口	3.50	9.00	67.00	20.50	200
	非农业户口	3.21	17.31	52.56	26.92	156
政治公平	农业户口	1.09	8.15	67.93	22.83	184
	非农业户口	3.33	15.34	54.00	27.33	150
就业、发展公平	农业户口	1.06	23.41	56.38	19.15	188
	非农业户口	4.73	25.68	51.35	18.24	148
信息公平	农业户口	5.10	15.28	59.24	20.38	157
	非农业户口	3.57	17.14	56.43	22.86	140
政府办事公平	农业户口	6.38	25.53	52.66	15.43	188
	非农业户口	7.33	26.00	46.00	20.67	150
总体的社会公平状况	农业户口	1.38	11.52	71.43	15.67	217
	非农业户口	2.99	12.57	65.88	18.56	167

第六节　互助土族自治县城乡受访者的政策评价

国家对民族地区的教育、计划生育、干部任用等方面制定了相应的特殊优惠政策，本次问卷调查也询问了受访者对此的评价。

一　少数民族地区及少数民族实行的计划生育政策

表8－40　　对少数民族地区及少数民族实行的计划生育政策的评价

单位:%、个

计划生育政策	非农业户口受访者		农业户口受访者	
	汉族	土族	汉族	土族
好	46.79	81.31	83.67	91.88
一般	32.11	11.14	10.20	2.49
不好	11.01	1.89	2.04	1.88
不清楚	10.09	5.66	4.09	3.75
样本量	109	53	49	160

　　互助县的农业户口和非农业户口受访者对于我国现行的少数民族地区计划生育政策给予普遍好评，农业户口受访者的认为该政策好的比例高于非农业户口受访者。与土族相比，非农业户口汉族受访者认为对民族地区或少数民族实行的计划生育政策不好的比例明显偏高，农业户口受访者无论是汉族还是土族，对计划生育政策的评价差异不大。如果认为针对民族地区和少数民族的计划生育政策不好，需要调整的主要集中在 3 个方面：全国各地区各民族都一样；全国城市地区生育子女数量统一；废除计划生育子女数量限制政策，由家庭自主决定。

二　高考加分政策

表 8 – 41　　农业户口和非农业户口受访者对高考加分政策的评价

单位:%、个

	非农业户口受访者		农业户口受访者	
	汉族	土族	汉族	土族
民族地区的高考加分政策				
满意	48.70	92.45	71.43	81.88
不满意	39.37	1.89	10.2	1.24
不清楚	11.93	5.66	18.37	16.88
少数民族的高考加分政策				
满意	44.95	96.23	69.39	85.63
不满意	43.12	0	14.28	1.25
不清楚	11.93	3.77	16.33	13.12
如果是少数民族且长期在城市居住，其子女的高考加分				
应该	20.37	66.67	32.65	68.13
不应该	62.04	11.76	34.69	13.12
不清楚	17.59	21.57	32.66	18.75
样本量	108	51	49	160

　　互助县土族农业户口和非农业户口受访者的绝大多数都对民族地区和针对少数民族的高考加分政策表示满意；非农业户口汉族受访者表示满意的比例不足半数，农业户口汉族受访者虽然表示满意的比例超过半数但也明显低于土族受访者的满意度。对于非农业户口长期居住的少数民族子女的加分态度，非农业户口汉族受访者表示应该的比例只有 20.37%，农业

户口汉族受访者对此的比例为32.65%；土族农业户口和非农业户口受访者的满意度基本一致，但也明显低于对民族地区和少数民族的高考加分政策评价的满意度。

三 对当地政府的工作评价

在对当地政府实施的民族特殊优惠政策评价方面，互助县农业户口和非农业户口受访者满意度普遍比较高。非农业户口土族受访者表示"满意"的比例达到了94.34%，农业户口土族受访者的满意度是91.19%；非农业户口汉族对此的满意度比例是70.64%，农业户口汉族该比例是73.47%。

表8-42 受访者对现住地方政府（本县、县级市政府）应对突发事件的能力满意度

单位:%

	汉族				土族			
	满意	不满意	不清楚	合计	满意	不满意	不清楚	合计
自然灾害事件	61.47	15.59	22.94	100	66.04	15.09	18.87	100
生产安全事故	59.63	17.43	22.94	100	60.38	16.98	22.64	100
传染病及公共卫生事故	55.96	19.26	24.78	100	61.54	11.54	26.92	100
一般性社会治安事件	58.72	30.27	11.01	100	73.58	22.64	3.78	100
群体性突发事件	45.87	17.43	36.7	100	50.94	7.55	41.51	100
暴力恐怖事件	41.67	13.89	44.44	100	47.17	11.32	41.51	100
农村								
自然灾害事件	46.94	26.53	26.53	100	51.25	18.75	30	100
生产安全事故	40.82	22.45	36.73	100	46.88	9.37	43.75	100
传染病及公共卫生事故	48.98	10.2	40.82	100	50.31	7.55	42.14	100
一般性社会治安事件	55.1	26.53	18.37	100	58.12	16.88	25	100
群体性突发事件	26.53	10.2	63.27	100	28.93	2.52	68.55	100
暴力恐怖事件	28.57	6.12	65.31	100	27.67	3.15	69.18	100

注：非农业户口受访者样本量174，农业户口受访者样本量229。

表8-42中显示，和汉族农业户口和非农业户口受访者相比，土族农业户口和非农业户口受访者的满意度更高。农业户口和非农业户口受访者对当地政府应对的一些突发事件表示"不清楚"的比例最高，达到了69.18%，这也说明互助县当地没有发生过群体性突发事件、暴力恐怖事件；农业户口和非农业户口受访者对传染病及公共卫生事故等的政府应对

能力表示"不满意"的比例最低只有 10.2%。非农业户口受访者因选择不清楚的比例远远低于农业户口受访者，因而满意度明显高于农业户口受访者，同时，非农业户口汉族和土族受访者的不满意度也基本上高于农业户口汉族和土族受访者。从各项内容中看，非农业户口汉族和土族都是选择一般性社会治安不满意的比例最高。

第七节　初步结论

本章基于互助土族自治县的调查数据，从经济生活、民族政策、民族文化、民族关系和社会安全与和谐 5 个方面进行了描述性的分析。主要结论体现为：

农业户口受访家庭人均总收入为 6322.304 元；非农业户口受访家庭人均总收入为 13268.85 元，两者之间的差距是 1.1 倍；农业户口受访者家庭人均支出是 5986.016 元，非农业户口受访家庭人均支出是 9641.429 元，两者差距是 0.61 倍。从城乡差异来看，非农业户口受访者家庭液晶电视、轿车、冰箱、电脑、洗衣机、照相机和摄像机等大部分耐用消费品的平均拥有量都超过农业户口受访者家庭，农业户口受访者家庭只有在显像管电视机、农用车、摩托车和手机的拥有数量上超过城镇家庭。互助县农业户口受访者外出务工时间短，距离近，绝少选择离开居住地太远的地方，而这些非农工作的上岗要求低，一般没有太多的技能要求，因主要是体力付出，所以工资水平也不高。

互助县绝大多数城乡受访家庭拥有 1 套住房，在生活设施、公共服务上，非农业户口受访者家庭明显好于农业户口受访者家庭。社会保障在城乡受访者及所在家庭中的覆盖面较广，生活水平提高显著，同时对未来的发展预期持积极乐观态度。

在有关计划生育、高考加分、少数民族语言等民族政策的评价上，互助县以土族为主的少数民族绝大多数表示满意。

在民族文化方面，互助县以土族为主的少数民族注重精神层面的民族文化，民族文化传承家庭和社会等渠道共同起作用。

互助县的民族关系和睦融洽，民族交往密切。对国家和中华民族的认同感很高。

互助县农业户口和非农业户口受访者的安全感和公平感都较高，生活压力不是很大，有一半左右的农业户口和非农业户口受访者表示有经济压力。对互助县当地政府的各项工作较为满意。

　　上述各方面反映了互助县 21 世纪以来的经济和社会发展成就，在五大文明建设中进展显著，得到农业户口和非农业户口受访者的认可。民族关系和睦融洽、社会稳定、农业户口和非农业户口受访者对经济社会生活总体较为满意。但互助县的城镇化还不是很高，城乡在公共服务、收入水平上存在差距的问题需引起关注，并尽快在经济发展和城镇化建设中予以解决。